Gunnar Decker
Zwischen den Zeiten

aufbau

GUNNAR DECKER

ZWISCHEN DEN ZEITEN

DIE SPÄTEN JAHRE DER DDR

aufbau

Mit 2 Abbildungen

MIX
Papier aus verantwortungsvollen Quellen
FSC® C083411

ISBN 978-3-351-03740-6

Aufbau ist eine Marke der Aufbau Verlag GmbH & Co. KG

1. Auflage 2020

Einbandgestaltung Anzinger und Rasp, München
Satz und Reproduktion LVD GmbH, Berlin
Abbildung »Was nun?« von Wolfgang Mattheuer

Druck und Binden CPI books GmbH, Leck, Germany
Printed in Germany

www.aufbau-verlag.de

Meiner Frau Kerstin, der besten Ratgeberin

»… wir alle hatten uns an diesen Zustand zwischen Hoffnung und Hoffnungslosigkeit gewöhnt.«

Christa Wolf *Sommerstück*

Der Jahrhundertschritt, Wolfgang Mattheuer

INHALT

Schwarzsehen und Weitblick

Reue und Renitenz

PROLOG

Jahrhundertschritt trifft Wendegeist von 1985

»›Vielleicht lohnt es nicht‹, sagte ich. ›Wozu die bösen Geister wecken?‹ – ›Wir wollen sie wecken‹, sagte sie fest. ›Sonst bleibt alles nutzlos. Wozu wäre ich denn hergekommen? Ich muss doch meine Reise rechtfertigen.‹«

Daniil Granin, *Die Spur ist sichtbar noch*

Gehen wir im Folgenden auf eine Zeitreise durch die späte DDR. Die Biermann-Ausbürgerung hatte 1976 die Gesellschaft in wütende Melancholie gestürzt, aus der sie mit dem weltpolitischen Auftritt Michail Gorbatschows 1985 erwachte, sich gleichsam erstaunt die Augen reibend. War das möglich?

Jetzt kehrte auch die Utopie zurück. Vor allem Intellektuelle, Künstler und Aussteiger aller Art lebten sie und stritten dabei mit der eigenen Skepsis. War dieser Sozialismus überhaupt noch reformfähig?

Aus der Sowjetunion kam ein neuer Geist, der nicht nur in Werke der Literatur, des Films, des Theaters und der Bildenden Kunst einzog, sondern auch eine neue Haltung bei nicht wenigen prägte – jene Einübung in den aufrechten Gang, von der Ernst Bloch sprach.

Dem westlichen Siegerblick nach 1990, der die Geschichte der Ostdeutschen bis heute dominiert, entgeht zumeist dieser Emanzipationsprozess, der lange vor 1989 einsetzte. Umso mehr scheint hier eine Korrektur nötig: die Aneignung der eigenen – höchst widersprüchlichen – Geschichte durch die Akteure dieser Geschichte.

Mit seiner Skulptur *Der Jahrhundertschritt* zeigt Wolfgang Mattheuer das 20. Jahrhundert einer immensen Gefahr ausgesetzt. Wie der von Max Ernst geschaffene *Hausengel* (ein übles Trampeltier) alles niedertritt, was zu seinen Füßen wächst, so hinterlässt auch dieser im Stechschrittmodus voranstürmende Bewegungsautomat eine Schneise der Verwüstung.

Entstanden 1984, wurde er auf der X. (und letzten) Kunstausstellung der DDR in Dresden von Oktober 1987 bis April 1988 gezeigt.

Es gibt Fotos vom Ausstellungsbesuch der SED-Parteispitze um Erich Honecker – auffallend, dass sie gleichsam einen Sicherheitsabstand zum *Jahrhundertschritt* beibehielten, ihn nur aus der Distanz betrachteten.

Tatsächlich geht von der Skulptur eine Gefahr aus, denn sie scheint nur aus Extremitäten zu bestehen. Das stechschrittartig nach vorn geworfene rechte Bein wird zur Waffe, der man sich besser nicht in den Weg stellt. Dazu kommt der rechte nach vorn oben gereckte Arm.

Ein Mensch geht so nicht. Welch aggressiver Ausfall der Extremitäten, hier wird nur blindwütig voranmarschiert. Doch wozu und mit welchem Ziel? Die Hand spitz wie ein Dolch – das hat man als Hitlergruß interpretiert. Mit dem linken, rechtwinklig gebeugten Bein verbindet sich der linke, ebenfalls rechtwinklig gebeugte Arm, dessen Hand zur Faust geballt ist. Zeigt er den Rotfrontkämpfergruß?

Man kann den *Jahrhundertschritt* auf diese Weise ansehen, faschistische Ideologie trifft auf kommunistische Ideologie. In einem überaus reduzierten (ausgelaugten) Körper gehen sie ineinander über – nur ein kaum wahrnehmbarer, fast spinnenartiger Kopf sitzt stecknadelgleich auf dem Rumpf. Welch Inbegriff des Totalitären, das alle Kultur, jeden Humanismus mit seiner Militanz von innen heraus zerrissen hat.

Mir erscheint diese Sichtweise allein jedoch nicht ausreichend. Denn dieses gehetzt wirkende Wesen ist auch ein Fluchttier, jedoch ein aggressives. Es ähnelt Graf Dracula in Murnaus Stummfilmadaption. Ein »Nosferatu«, ein Untoter, der, einem Zwischenreich aus Leben und Tod entsteigend, sein Unwesen treibt. Über sein Handeln bestimmt er längst nicht mehr selbst. Niemand ist unfreier als er, der flüchtend immer nur angreift.

Die gegensätzlichen Ideologien, die ihn okkupieren, machen ihn zum kopflosen Gespenst im Vernichtungsfuror. Eine jener Furien der Vernichtung, wie sie durch die Geschichte rasen – ein mythologisches Untier.

Hier geht es um den Verlust jener Mitte, die den Menschen erst zum Träger der Geschichte, zum Gestalter der eigenen Zukunft qualifiziert. Mattheuer selbst sah in dieser Albtraumfigur die Absurdität verkörpert, die im »Zwiespalt zwischen sehnsüchtigem Geist und enttäuschender Welt« (Albert Camus) liegt. Dies hier ist also eine Endzeitfigur, Sinnbild einer aus den Fugen geratenen Welt. In den Schützengräben des Klassenkampfes wurde diese aggressive Kreatur erzeugt. Ein liebloser, geistloser, seelenloser Feindbildfetischist. Mattheuers bitteres Fazit: »Kein Versuch der Selbstfindung gelingt mehr.«[1]

Ist das von dem Anspruch der DDR in ihrer Frühzeit übriggeblieben, den Abgrund, der zwischen einem barbarischen Gestern und einer lichtvollen Zukunft liege, nicht mit vielen kleinen, sondern mit einem einzigen großen – einem Jahrhundertschritt! – zu übersteigen?

Vergleiche ich Mattheuers grotesken *Jahrhundertschritt* von Mitte der achtziger Jahre, entstanden in einer Zeit wahnsinniger atomarer Hochrüstung zwischen den feindlichen Militärblöcken, mit Fritz Cremers *Der Aufsteigende* von Mitte der sechziger Jahre, dann fällt mir auf, dass die innere Dynamik des halb steigenden, halb fallenden Aufsteigenden sich in geradezu hysterisch übersteigerter Form im *Jahrhundertschritt* wiederfindet. Doch nun von jeder menschlichen Substanz entleert, eine hochtourig arbeitende Maschine.

Da ist keine Hoffnung mehr in Szene gesetzt, es droht vielmehr das Ende der menschlichen Zivilisation. Gibt es noch Rettung, ein befriedendes Ende der atomaren Hochrüstungsspirale zwischen Ost und West?, so fragte nicht nur ich mich damals. Im Ganzen schienen die Sinnzusammenhänge zerbrochen, die scharfkantigen Splitter aber blieben dem Einzelnen zur weiteren Verwendung überlassen.

Ein Satz aus Fernando Pessoas *Das Buch der Unruhe* lässt mich nicht los: »Ich wurde zu einer Zeit geboren, in der die Mehrheit der jungen Leute den Glauben an Gott aus dem gleichen Grund verloren hatte, aus welchem ihre Vorfahren ihn hatten – ohne zu wissen warum.« Warum verliert man einen Glauben aus den gleichen Gründen, aus denen dieser sich – bei einer anderen Generation – einst speiste?

Natürlich braucht der Glaube, woran auch immer, keine plausiblen Gründe. Es ist wie mit der Liebe, entweder ist sie da oder nicht. Diese immer wieder neu herzustellende Balance von Glaube und Skepsis in uns konstituiert das, was man Biographie nennt. Sie bleibt dabei ein Teil der Jahrhundertgeschichte, die sie gleichermaßen trägt und bedroht. Eine paradoxe Situation, der der Einzelne nicht entkommt.

Man darf nicht vergessen, dass die Sowjetunion und ihre sogenannten Satellitenstaaten, darunter auch die DDR, Realisierungen einer großen humanistischen Idee waren, die letztlich im Christentum wurzelt. Alle folgenden großen Emanzipationstheorien der Neuzeit, von den französischen Enzyklopädisten über die utopischen Sozialisten, den klassischen Idealismus bis hin zu den Junghegelianern, führten geradewegs zu Karl Marx und Friedrich Engels und von da zu Lenin und der Oktoberrevolution. Das Muster christlicher Heilsgeschichte, der vorbestimmte Weg zum Reich Gottes (der über das Jüngste Gericht führt) kehrte in der Theorie des Kommunismus wieder: Der Weg ins Reich der Freiheit führt durch eine Reihe von Klassenkämpfen. Bevor es für immer schön und friedlich ist, wird es noch mal richtig hässlich und militant. Die Idee verwandelt sich auf diesem Weg durch das »dunkle Loch der Praxis«, wie es Ernst Bloch formulierte, unweigerlich in Ideologie – nach Marx einem verkehrten Bewusstsein.

Die Märchen, so hatte der kluge Franz Fühmann in den fünfziger Jahre in aller unschuldigen Euphorie geglaubt, würden im Kommunismus wahr werden. Aber die Bindungskräfte dieser Heilsgeschichte, der Glaube an den verheißenen »neuen Menschen«, an die glückselige Zukunft vor uns, für die man das Elend der Gegenwart erdulden muss, ließen immer mehr nach.

Auf die Frage: Lohnen die Opfer, die wir einer ungewissen Zukunft bringen, denn überhaupt?, begannen in der zweiten Hälfte der siebziger Jahre nicht nur immer mehr Künstler und Intellektuelle, sondern auch eine jüngere Generation immer häufiger mit »Nein« zu antworten.

Von der Utopie eines herrschaftsfreien Raumes, in dem man ebenso demokratisch wie sozialistisch miteinander umgeht, schreibt Stefan Heym 1984 in *Schwarzenberg*, einem Buch, das in der DDR nicht erscheinen durfte. Es nimmt eine tatsächliche Begebenheit vom Mai 1945 zum Anlass. Der um das erzgebirgische Aue gelegene Landkreis Schwarzenberg ist für einige Wochen ohne Besatzungsmacht. Russen und Amerikaner habe ihn offenbar vergessen, ahnen nichts vom hier verborgenen Uran, wegen dem dann bald ein anderer Staat im Staate, die »Wismut«-AG, unter sowjetischer Aufsicht entstehen sollte. Unmittelbar nach der Befreiung gründen hier Antifaschisten verschiedenster

Couleur in Eigenregie die »Republik Schwarzenberg«, ein Gebilde jenseits der Großmächte und ihrer Machtpolitik.

Der Roman wirkt wie ein visionärer Fingerzeig auf jene 89er-Herbstwochen in der DDR, als die Utopie eines demokratischen Sozialismus Gestalt annahm. Aber dann war der Augenblick gelebter Freiheit auch hier – wie in Schwarzenberg 1945 – schon wieder vorbei, zum »Nicht-Ereignis« degradiert: »Die Republik Schwarzenberg ist nicht mehr auffindbar. Selbst das Gebiet, das einst zu ihr gehörte, ist aufgeteilt worden. Fast scheint es, als hätten gewisse Personen ein Interesse daran gehabt, alles Gedenken an sie auszulöschen, so als wäre diese Republik, geleitet von wohlmeinenden und ehrlichen Leuten, keiner von ihnen hat sich in jenen Hungertagen auch nur um eine Krume Brot bereichert, etwas Schlimmes gewesen, ein Art Krankheit, eine Pestbeule, die man ausbrennt.«[2]

Oder gab es in den gesamten achtziger Jahren in der DDR mehrere solcher verborgenen Schwarzenberg-Republiken? »Stirb nicht im Wartesaal der Zukunft« hieß ein Slogan der Punkbewegung der achtziger Jahre, die sich für den DDR-Sozialismus als solchen nicht mehr interessierte. Sie wollte selbsteroberte Freiräume mit Leben erfüllen, egal womit, aber hier und jetzt: mit Musik, Malerei, Töpferei, Modedesign oder Kommune-Experimenten. Es war die Stunde der »genialen Dilettanten«, die für sich das im Kleinen lebten, woran sie im Großen nicht mehr glaubten: das Versprechen einer nichtentfremdeten Existenz. Und auch nicht in dieser Szene beheimateten Künstlern und Intellektuellen war Nietzsches Vision eines »Klosters für freie Geister« nah – die Autonomie des Geistes, die gemeinsam zu verteidigen (oder auch erst zu erlangen) als höchstes Ziel erschien. Geist traf auf Ideologie, manchmal sogar in einer einzigen Person, die dann schmerzhafte Metamorphosen durchlief. Ganz am Ende der DDR, als der Anschluss an die Bundesrepublik kurz bevorstand und die D-Mark bereits Zahlungsmittel geworden war, wurde – in diesem Geiste, aber auch schon als postmoderne Spielmarke – in Dresden Neustadt die »Bunte Republik Neustadt« gegründet. In der Parodie auf Modrow- und de-Maiziere-Regierung lebte ein echter Utopie-Funke weiter. Schilder markierten das Territorium: »Hier beginnt die freie Republik Neustadt.« In der »ordentlichen provisorischen Regierung«, die gegründet wurde, gab es einen »Monarchen ohne Geschäftsbereich«, Minister für Wehrkraftzersetzung und »Pfuinanzen und andere Kirchenfragen«, »Unkultur und Unterseeboote«. Währung war die »Neustadtmark«. Man forderte den Anschluss an den Vatikan. In dieser Burleske auf den 89er-Herbst und den darauf folgenden Vereinigungsprozess lebte eine Volkssouveränität weiter, die provokant mit erfahrenen Kränkungen und Ohnmachtsgefühlen angesichts der neuen Realitäten – die sie nicht gewollt hatten – spielte.

Im Folgenden also geht es um eine Zeitreise, in der sich Persönliches der Weltgeschichte aussetzt. Genauer, um die achtziger Jahre in der DDR und der Sowjetunion. Eine Endzeit, in der meine Generation den Glauben an den Sozialismus verlor, um ihn 1985 mit Gorbatschows »Perestroika« auf andere, sehr viel klarer blickende Weise für kurze Zeit wiederzufinden. Dann dominierte erneut die Skepsis. Wohin ging die Reise? Pessoa warnt: »Wenn das Herz denken könnte, stünde es still.«[3] Vielleicht aber steht es ja nur für den Bruchteil einer Sekunde still, stolpert über etwas, von dem man erst noch herausfinden muss, was es ist.

Der Versuch, das sich anbahnende Ende der DDR zu verhindern, misslang. Gewiss aber gehören die Korrekturversuche Einzelner mit zu dieser Geschichte, auch wenn sie deren Verlauf im Ganzen nicht mehr ändern konnten. Der Zeitpunkt dafür war längst verpasst. Dennoch scheint vieles von dem, was sich in den letzten Jahren der DDR in allen Lebensbereichen vollzog, mit dem Begriff Agonie nur unzureichend beschrieben.

Die Verhältnisse wurden unübersichtlicher. Es gab viele Milieus (mehr als bloße Nischen), in denen man unter sich das lebte, was in der Gesellschaft blockiert schien. Die Utopie machte sich klein, war aber immer noch da.

Vieles wurde mit dem Ende der DDR an Entwicklungslinien mitsamt Gedanken, Ängsten und Träumen gekappt und vom sich siegreich globalisierenden Kapitalismus, der sogleich das »Ende der Geschichte« ausrief (so der Titel eines 1992 erschienenen Buches von Francis Fukuyama), aus dem eigenen Kanon aussortiert und zu wertlosem Abfall erklärt. Doch die Geschichte hat die Angewohnheit, lang zu sein. Der Westen hatte den Kalten Krieg, der Anfang der achtziger Jahre an der

Schwelle zum heißen (Atom-)Krieg stand, zweifellos gewonnen, er war der Sieger der Geschichte.

Selbst linksliberale Köpfe wie Jürgen Habermas gerieten angesichts dieses Befundes in einen Zustand trunkener Hybris und sprachen gleichzeitig von der ungerechten »Unterwerfung« und der »nachholenden Revolution« des Ostens, von dem sie – wie sie gern und offen zugaben – keine Ahnung hatten, für den sie sich nie interessierten. Aber eines war für sie fraglos: Das aufklärerisch-liberale Denken komme allein aus dem Westen, im Osten wohne die Despotie, die gesellschaftliche Rückständigkeit!

Das wurde dann auch zur intellektuellen Nachwendeprogrammatik. Für den Widerspruch einiger Ost-Intellektueller wie Christa Wolf, Volker Braun, Heiner Müller oder Friedrich Dieckmann zeigte man sich taub. Die Antwort von Christa Wolf am 7. Dezember 1991 auf einen Brief von Jürgen Habermas vom 26. November 1991, der im Grunde nur wieder eine demütigende Maßregelung mehr war, klingt bis heute nach. Habermas hatte in seinem Brief an Christa Wolf geschrieben: »Diese Westorientierung hat keine Verkrümmung der deutschen Seele bedeutet, sondern die Einübung in den aufrechten Gang.«[4]

Des Weiteren wiederholte er seine Einschätzung, dass die Zerstörung der fortschrittlichen Idee des Sozialismus durch den real existierenden Sozialismus »für die geistige Hygiene in Deutschland« fataler gewesen sei als das Erbe des Nationalsozialismus. In dieser Optik war der Osten somit wiederum im Zustand der Unmündigkeit angelangt, ein Objekt der Beaufsichtigung und der Umerziehung. Und das keine zwei Jahre nach dem Aufstand des mündigen Bürgers im Herbst 89!

Folgt man dieser Logik heute, dann muss man den »aufgeklärten« Westen nur immer weiter in den Osten ausdehnen, derzeit ist er bis an die Ostgrenze der Ukraine gekommen. Aber ist das klug, ist es erfahrungstief? Christa Wolfs eher freundlich-moderat formulierter Einspruch gegen diese pauschale Gleichsetzung von Westen und Freiheit verhallte ungehört: »Dabei berufen Sie sich auf die geistigen Anstöße, die Sie aus dem Westen, aus dem Geist der Aufklärung erfahren haben. Der Osten hat auch geistig für Sie keine Rolle gespielt: Könnte darin doch auch eine Verengung liegen?«[5] Fortan glich der Osten dem Igel, an dem sich die Schlange verschluckt hat.

Klaus Schlesinger (neben Ulrich Plenzdorf und Jurek Becker 1976 einer der energischsten Protestierer der jüngeren Generation gegen die Biermann-Ausbürgerung), der ab 1980 mit einem Dauervisum in Westberlin lebte, schrieb 1993 in dem Aufsatz »Sehnsucht nach der DDR?«: »Die Wahl zwischen BRD und DDR war mir immer schon vorgekommen wie die Wahl zwischen Pest und Cholera. Oder zwischen der luxuriösen und der gemütlichen Grube. Was soll ich für einen Grund haben, der einen nachzuweinen oder die andere zu feiern? In beiden Ländern ist es mir bekleckert genug gegangen, und ich sehe nicht ein, warum ich die paar Freuden, die ich natürlich auch hatte, den Systemen zuschlagen soll. Am besten ging es mir, wenn ich den beiden deutsche Staaten den Rücken kehrte, ob nun Richtung Krakow, Budapest oder Paris.«[6]

Nur der Trotz sei es, der ihn dazu herausfordern könne, »ein paar Sätze über die verschwundene DDR zu sagen«. Trotz all jener westlichen Bescheidwisser, von denen die Ehrlicheren immerhin zugeben würden, dass die Sahara sie mehr beschäftigt habe als der Osten Deutschlands, die Einheit Deutschlands sei eine »Geldheirat« gewesen, mehr nicht. Der »Tatbestand der Vergewaltigung in der Ehe« scheine ihm erfüllt. Was jetzt allein noch helfen könne? Dass der Westen die moralische Größe aufbringe, die DDR noch einmal völkerrechtlich anzuerkennen: »Sozusagen postum, und mit allen Konsequenzen. Das könnte den Leuten, die im Osten geblieben sind, vielleicht das wiedergeben, was ihnen tagtäglich genommen wird: ihre Geschichte.«[7]

Auch darum will sich dieses Buch dem voreilig Begrabenen, das auf unheilvolle Weise umhergespenstert, wieder zuwenden. Denn vielleicht ist auch ein Stück Zukunft mit begraben worden? Geschichte, wusste Walter Benjamin, verheißt nicht eine bessere Zukunft, sondern die Erlösung von der Vergangenheit. Damit beginnt Christa Wolf, einen Satz von William Faulkner aufnehmend, ihre *Kindheitsmuster*: »Das Vergangene ist nicht tot; es ist nicht einmal vergangen. Wir trennen es von uns ab und stellen uns fremd.«[8] Aber das geht eben nie auf Dauer. Irgendwann bricht das lang Zurückgestaute wieder hervor.

Wer kommt zu früh, wer zu spät? Und wann ist er da, der richtige Augenblick? Die dem Staatsuntergang atmosphärisch vorauseilende

Melancholie der Vergeblichkeit, die Erosion der Verhältnisse, war in den achtziger Jahren der DDR unter Autoren, Malern und Regisseuren stilprägend geworden.

Doch 1985 passierte das Unerhörte. Die dämmrig-romantische Untergangsszenerie wurde plötzlich von jenem hellen Hoffnungsfunken erleuchtet, der von dem weltpolitischen Auftritt Michail Gorbatschows und den beginnenden Reformen in der Sowjetunion ausging. Plötzlich stritt man wieder über den Sozialismus, darüber, wie er sein könnte, wenn man ihn reformierte. All die bis dahin gültigen Bannsprüche der Dogmatiker versagten, angefangen von »Revisionismus«, »Reformismus«, »Trotzkismus«, »Titoismus« bis zu »Eurokommunismus« – plötzlich waren dies stumpfe Waffen im Kampf gegen »Abweichler«, die ihre »Plattformen« (eine in ihrer Gefährlichkeit heute kaum mehr begreifbare Vokabel) bildeten.

Nun betrieb die KPdSU selbst als wichtigstes Ziel einen »Reformismus«, genannt »Perestroika« (»Umbau«) und »Glasnost« (»Offenheit«). Darauf konnte man, von der Sowjetunion beharrlich lernend, auch in Kontroversen mit SED-Funktionären bauen. Die eigentliche »Wende« in der DDR fand somit – vier Jahre vor dem Herbst 89 – bereits 1985 statt!

Seltsamerweise, so stellte ich nach dem Putsch gegen Gorbatschow fest, mit dem die Sowjetunion 1991 auseinanderbrach, waren die Sowjetbürger nicht annähernd so von Michail Gorbatschow begeistert gewesen wie die Menschen in der DDR. Den Ursachen dafür wird im Detail nachzugehen sein, aber gewiss scheint, dass das, was die meisten Ostdeutschen an ihm faszinierte – seine Intellektualität, seine Belesenheit, seine Rhetorik, sein Mut zum freiwilligen Machtverlust –, ihn den Russen (außer einem kleinen Kreis von Intellektuellen der mittleren Generation) eher suspekt machte.

Ein seltsamer Effekt stellte sich ein: Stalin schien persönlich für nichts verantwortlich, was an Gräuel während seiner Herrschaft passiert war, aber Gorbatschow machte man persönlich für alles verantwortlich, was im Lande nicht funktionierte. An erster Stelle natürlich für den – politisch gewollten – Mangel an Alkohol. Von einem Mann an der Spitze erwarten die Russen – bis heute, wie der Erfolg Putins zeigt – Stärke und Durchsetzungskraft und auch die gleichen geteilten Vorurteile, mit denen die Bevölkerung lebt. Gorbatschow jedoch war wie ein weißer Rabe, eine schillernde Figur, aber eben auch ein Außenseiter, dem man misstraute, der nicht richtig dazugehörte. Die Ostdeutschen dagegen hätten sich, des graumäusig-dogmatischen SED-Politbüros bis zum Ekel überdrüssig, niemanden so sehr wie Gorbatschow an der Spitze der DDR gewünscht – ein klassischer Fall von unerfüllbarer Fernstenliebe.

Auch die Nähe zu den deutschen Intellektuellen suchte Gorbatschow, vor und auch nach seinem Sturz 1991. Sein Nachkriegs-Deutschlandbild war, wie er bekannte, geprägt von Christa Wolfs *Der geteilte Himmel* aus dem Jahr 1962, der Geschichte einer Liebe, die an der Berliner Mauer zerbricht. Dieses Bild einer unnatürlichen Teilung Deutschlands trug Gorbatschow mit sich – und es war keine revisionistische Geschichte, sondern eine des sozialistischen Realismus im besten Sinne.

Nicht allein als Ermöglicher der deutschen Einheit, als den man ihn vor allem im Westen anerkennt, bewundern ihn die Ostdeutschen, sondern mehr noch als Reformer eines schier nicht-reformierbaren Gesellschaftssystems und als Visionär jenes »europäischen Hauses«, das selbstverständlich auch ein Zimmer für Russland bereithalten sollte. Denn in ihrer geistigen Tradition haben die Russen seit Dostojewski beständig den Widerstreit zwischen Slawophilen und Westlern thematisiert – und damit eine Brücke zwischen Europa und Asien gebaut.

Heiner Müller, der letzte Präsident der Akademie der Künste der DDR vor ihrer Vereinigung mit der Westberliner Akademie 1993, wurde für Gorbatschow Anfang der neunziger Jahre zu einem wichtigen Bezugspunkt in der deutschen Nachwende-Kultur. In seinem weltpolitischen Auftritt hatte Müller Mitte der achtziger Jahre zum letzten Mal das Flügelschlagen des »Engels der Geschichte« vernommen, über den Walter Benjamin in seinen Thesen »Über den Begriff der Geschichte« schreibt.

Michael Gaißmayer, der Gorbatschow bei seinem Deutschlandbesuch 1993 begleitet hatte, erinnert sich: »Für Gorbatschow war es wichtig, deutsche Intellektuelle kennen zu lernen. Er ist ans Berliner Ensemble gekommen, weil Müller eine feste Größe in der deutschen Kultur war. … Ich hatte ihm sehr viel von Müller und seiner Theaterarbeit erzählt, die er nicht kannte, auch, dass Müller vieles aufgenommen hatte, was in Russland vernichtet worden ist: Anregungen von Gladkow, Tretjakow, Scholochow, die transformiert in sein Werk eingingen.«[9]

Wegen Müller fuhr Gorbatschow dann auch nach Bayreuth, wo dieser *Tristan und Isolde* inszeniert hatte. »Müller war für ihn auch der Inbegriff einer nichtamerikanischen Kultur.«[10] Am 30. Dezember 1992 schickt Müller einen Neujahrsgruß an Gorbatschow nach Moskau mit folgendem Inhalt: »Ein Bekannter von mir, der Chefredakteur der Akademiezeitschrift SINN + FORM, traf in New York einen sehr alten + berühmten Wissenschaftler aus der Schule Sigmund Freuds, der wichtige Bücher z. B. über Goethe + Leonardo da Vinci geschrieben hat. Der alte Mann sagte ihm: Sie haben New York gesehn, dieses System funktioniert nicht und wird nie funktionieren. Ich bedaure, daß ich es nicht erleben werde, aber ich bin sicher, daß es in 50 Jahren eine Renaissance des Sozialismus geben wird.«[11] Gorbatschow also interessierte sich für Heiner Müller, aber das war keine Selbstverständlichkeit. Als der nach Bayreuth gereiste Gast aus Moskau vom Bayrischen Ministerpräsidenten Edmund Stoiber empfangen wurde und Müller hinter ihm ging, wurde dieser von Stoiber gefragt: »Sprechen Sie Deutsch?« Das waren dann wieder jene deutsch-deutschen Realitäten, für die man im Osten einst den Namen »Mühen der Ebene« erfunden hatte.

Man sollte in diesem Zusammenhang nicht vergessen: Die DDR war der westlichste Vorposten des sowjetischen Imperiums – was für uns bis heute einiges an Widersprüchen wie an Besonderheiten gewärtig hält, die dem angelsächsisch geprägten Westen ganz und gar unbekannt geblieben sind.

Dieses Buch will keine soziologische Studie sein, auch keine Politik-, nicht einmal eine Kulturgeschichte, obwohl diese Bezeichnung das Folgende noch am ehesten träfe. Ich suchte nach Bildern für die Schlussphase der DDR – und damit korrespondierend immer auch für jene der Sowjetunion. Da geht es um hochfliegende Menschheitshoffnungen, die von tiefen Ängsten begleitet werden, um mühsame Versuche Einzelner, den Widerspruch zwischen Anspruch und Realität, Wahrheit und Lüge auszuhalten. Es geht auch um Verrat und Verbrechen.

Das Paradox jener Situation, die man – gegen die universalistischen Großlogiken von Jürgen Habermas, der die Tragödie der Geschichte in einer »Theorie des kommunikativen Handelns« geheilt wissen wollte – eine postmoderne nennen kann, bezeichnet wie kein zweiter Text im deutsch-deutschen Kontext Heiner Müllers *Hamletmaschine* von 1977. In diesem Hamlet-Kommentar wird die Tragödie in der Farce aufgehoben. Nicht ausgeschlossen ist, das sie blutig wird. Realpolitisch bedeutet dies, dass auf dem Höhepunkt des Kalten Krieges sich der Gegensatz der Systeme aufzulösen beginnt.

Die Konvergenztheorie (das langsame Ineinander-Übergehen der Systeme) hatte vermutlich im Osten mehr heimliche Anhänger als im Westen bekennende. Denn im Befund, dass beide Systeme immer stärker nach den gleichen Gesetzen moderner Gesellschaften funktionierten, steckte die eigentliche Utopie. Willy Brandt und Egon Bahr machten aus ebendieser Einsicht die SPD-Politik des »Wandels durch Annäherung«.

So ist auch Heiner Müllers Ortsbestimmung in *Hamletmaschine* zu verstehen: »Mein Platz, wenn mein Drama noch stattfinden würde, wäre auf beiden Seiten der Front, zwischen den Fronten, darüber.« Den Konjunktiv in diesem Satz sollte man nicht überhören – wenn Hamlets Drama, das Drama des jungen Intellektuellen vor der Macht – noch stattfinden würde, dann wäre sein Platz auf beiden Seiten der Front. Aber findet es denn noch statt? Ein Hoffnungsfunke als Platzhalter.

In *Krieg ohne Schlacht* hat Müller das Thema des jungen Intellektuellen Hamlet noch einmal aufgenommen und für zentral erklärt. In seiner Argumentation schließt er interessanterweise an Ernst Jüngers *Adnoten zum »Arbeiter«* an, wenn er über die Transformation des »Banausentums der Revolutionäre in Kunstfragen« notiert: »Die Kraft für die notwendigen Säuberungen reicht höchstens bis in die zweite Generation. Schon die dritte Generation fängt an, musische Neigungen zu entwickeln. Von da ab wird ein neuer Tanz gefährlicher als eine Armee. Der Riss zwischen den Generationen in der Führungsschicht war die Initialzündung für die Implosion des Systems.«[12] Dieses Buch ist aus der Perspektive der dritten Generation geschrieben.

Daniil Granin hat 1997 in seinem Buch *Das Jahrhundert der Angst* darüber geschrieben. Er verknüpft auf eindringliche Weise Lebenserinnerung mit Essay, sieht nicht nur sein Leben, sondern das ganzer Generationen in der vom Stalinismus vergifteten Sowjetunion im Zeichen der Angst: »Das Leben in Angst währte bei vielen Menschen Jahre, vergiftete ihre beste Zeit. Alle Kraft war auf den Kampf gegen eingebildete Gefahren gerichtet, die nicht zu bannen waren. Das ist ja das Furchtbare: Sie sind unbesiegbar.«[13]

Die Angst selbst ist nicht zu sehen, nicht zu messen, sie bleibt unsichtbar – aber beherrscht im schlimmsten Falle nicht nur das Leben Einzelner, sondern eine ganze Gesellschaft. Nach einer Filmvorführung, so berichtet Granin, fragte der anwesende Stalin, wer der Regisseur sei. Dieser fiel, als er die Frage hörte, ohnmächtig vom Stuhl. Stalin gefiel das offenbar, sah darin die größtmögliche Unterwerfung.

Ein Leben ohne Angst, so Granin, sei nicht möglich, denn sie helfe Gefahren zu erkennen und zu überleben – aber was, wenn sie übermächtig, gar allmächtig wird? »Wer an einen Abgrund tritt, sagte Sartre, fürchtet nicht, daß er hineinfallen, sondern daß er sich hinunterstürzen könnte.«[14]

Das Großartige, was sich mit Gorbatschows Erscheinen 1985 ereignete, war das Aufhören dieser übermächtigen Angst, das Aufleuchten von Hoffnung. Den Einfluss der sowjetischen Kultur der Perestroika-Phase auf das Selbstbewusstsein von Künstlern und Intellektuellen in der DDR kann man nur gewaltig nennen. Friedrich Schorlemmer dazu: »Wir, die Opposition in der DDR, konnten uns in den Folgejahren mit unserer Systemkritik und dem neuen Problembewusstsein auf Gorbatschow berufen. Die Apparatschiks mussten schlucken, was ihr oberster Genosse in die Debatte warf.«[15]

Klaus Schlesinger erinnert an subversiven Einfluss sowjetischer Kunst auf kritische DDR-Intellektuelle seit der Chruschtschow-Ära: »Fortan war unser Blick auf die Sowjetunion nur von einem Interesse bestimmt: Was ändert sich in ihr, und ist es für uns von Vorteil? Die Botschaft brachte wiederum die Kultur, brachten die Filme, die Literatur, brachten Jewtuschenko, Wosnessenski, Solschenizyn über die Grenzen.«[16]

Die ökonomischen Perspektiven dieser achtziger Jahre in der DDR waren schlecht, aber nicht völlig desaströs. Denn die Wirtschaft erwies sich, mitten in einer Dauerkrise, als unerwartet erfindungsreiche Überlebenskünstlerin – und auch Erich Honecker, der Ulbricht einst wegen seiner marktwirtschaftlich orientierten Wirtschaftspolitik und des angestrebten deutschen Sonderweges gestürzt hatte, begann Anfang der achtziger Jahre ebendiese Politik wieder aufzunehmen – nach mehr als zehnjähriger Pause. Zwei Milliardenkredite, durch den Bayrischen Ministerpräsidenten Franz Joseph Strauß 1983 und 1984 vermittelt, machten die DDR in Sachen Devisen wieder handlungsfähig, also auf dem Weltmarkt kreditwürdig.

Die nun auch von Honecker angestrebte Verzahnung von ostdeutscher und westdeutscher Wirtschaft war für Moskau jedoch ein Dorn im Auge: Man sah am Horizont bereits den Bündnisverrat, die deutsch-deutsche Konföderation.

Unter diesem Blickwinkel wird dann das politische System der DDR, das Volker Braun in seinem Theaterstück »Die Übergangsgesellschaft« beschrieb (Übergang wohin?, so fragte nicht nur ich mich), dann doch wieder interessant. Bemerkenswert, dass auch der westdeutsche Publizist – und Weggefährte Egon Bahrs – Peter Bender 1992 über diese achtziger Jahre der DDR sagte, in ihrem letzten Jahrzehnt habe die DDR versucht, etwas Drittes zu werden, ein europäischer Staat zwischen Moskau und Bonn.

Wenn Geist und Macht aufeinanderprallen, passieren ungeahnte Dinge – großartige ebenso wie schreckliche. Für diese Gemengelage – die man auch die Utopie vom Anderswerden nennen kann – suchte ich keine strenge Chronologie, sondern symbolische Kreise, die für die späten Jahre der DDR stehen. Der eine hört nicht auf, wenn der andere beginnt, vieles bleibt paradox – dennoch verändern sich Atmosphären.

Wann war nun Schluss mit allen hochfliegenden Träumen vom Anderswerden? Der Anschluss der DDR an die Bundesrepublik gelang dem Wahlsieger von 1990, der »Allianz für Deutschland«, mit dem Slogan: »Keine Experimente!« Das klang bereits nach Pyrrhussieg. Hans Mayer schrieb 1991 in *Der Turm zu Babel*: »Die Deutsche Demokratische Republik war stets eine deutsche Wunde. Sie wird es bleiben und nicht heilen, solange man nicht erkennt, daß hier eine deutsche Möglichkeit zugrunde ging. Vielleicht gar verspielt wurde.«[17]

Es ist diese Sieger-Versuchung, über die Heiner Müller 1993 urteilte: »Auf den toten Gegner kann man jedes Feindbild projizieren, das vom Blick in den Spiegel abhält.«[18]

DIE ZEIT DER GROSSEN BEERDIGUNGEN

Dostoprimetschatelnosti

Diese für nicht im Russischen Trainierte schier unaussprechbare Vokabel – Dostoprimetschatelnosti – heißt: Sehenswürdigkeiten. Jeder, der in der DDR eine zehnklassige Polytechnische Oberschule besuchte, kannte sie. Denn in jeder Stadt, gleich ob in der Sowjetunion oder der DDR, gab es solche Sehenswürdigkeiten, die es aufzuzählen und mit neuen Vokabeln zu verbinden galt. Der Russischunterricht dauerte lange. Sechs Jahre auf der Polytechnischen Oberschule, acht Jahre auf der zwölfklassigen Erweiterten Oberschule – und wer dann an der Universität studierte, bekam noch mal zwei weitere, macht zehn Jahre. Doch für diese immense Unterrichtsdauer war unser aktives russisches Sprachvermögen gering.

Ein Stück antirussischer Sprachverweigerung scheint immer im Spiel gewesen zu sein, denn die russischen Freunde waren schließlich auch die Besatzer. Doch ein Zungenbrecher war das Wort Dostoprimetschatelnosti für uns nun nicht gerade. Und immerhin, zehn Jahre Russisch reichten, dass ich als Richtschütze bei den NVA-Panzertruppen in Eggesin/Torgelow alle ausschließlich auf Russisch (mit kyrillischen Buchstaben) beschrifteten Bedienungs- und Warnhinweise samt dazugehöriger Knöpfe, Schalter und Hebel des ziemlich modernen T-72 drücken lernte, ohne größere Katastrophen zu verursachen – was durchaus im Bereich des Möglichen gelegen hätte.

So also begleitete uns nicht nur die russische Sprache wohl oder übel durch den Alltag der DDR, auch das Denken und Fühlen der Russen sickerte mit den Jahren in uns ein – obwohl nicht jeder die passiven

Neigungen von Gontscharows Gesellschaftsverweigerer Oblomow in sich fühlte.

Das Prinzip »Zeit ist Geld« haben wir jedenfalls nicht erfunden. Chef sein war eine Strafe und Karriere ein Schimpfwort.

Aitmatows, Granins, Bulgakows, Schatrows oder Rasputins Bücher, Michalkows, Abuladses, Tarkowskis oder Klimows Filme prägten uns. Aber es waren auch politische Koordinaten (der potenzielle Feind stand nun mal im Westen), mit denen wir aufwuchsen – aber gegen deren Indoktrination fanden wir reichlich westliche Korrektive, von Radio Luxemburg bis zur »Tagesschau«, nur nicht bei der NVA, da war das mediale Auswandern auf Zeit strikt verboten. Außerhalb derartiger kaderschmiedender Sicherheitszonen war es in den achtziger Jahren längst so normal geworden wie Westgeld im Portemonnaie und der Besuch im Intershop.

Doch die – sichtbare wie unsichtbare – Daueranwesenheit der Russen hatte nicht nur einen freundlichen folkloristischen Aspekt, wir waren – als Teilstaat des östlichen Imperiums – auch ein Teil der osteuropäischen Geschichte geworden, mit Stalin, dem Gulag, der Wolokolamsker Chaussee, die ebenso zu uns gehörten wie Chruschtschows Entstalinisierungsversuche oder die bleierne Zeit unter Breschnew, dann der Hoffnungsfunke 1985 mit Gorbatschow und seiner Politik der Umgestaltung.

Die aber sollte, was uns als Studenten geradezu umstürzlerisch stimmte, laut SED-Spitze in der DDR gar nicht (niemals!) stattfinden, denn so SED-Propagandachef Kurt Hager am 9. April 1987 im Interview mit dem *Stern*: »Würden Sie, wenn Ihr Nachbar seine Wohnung neu tapeziert, sich verpflichtet fühlen, ihre Wohnung ebenfalls neu zu tapezieren?«

Solche Dostoprimetschatelnosti aller Art gehören zum östlichen deutschen Teilvolk, das ohne sie und die – komisch-grotesken, aber auch tragischen – Schatten, die sie warfen, nicht zu verstehen ist.

Darum blickten wir, anders als es der gegenwärtige Zeitgeist suggeriert, nicht bloß nach Westen, sondern immer auch nach Osten.

Erwin Strittmatter, anfänglich ein politisch eher konformistischer Schriftsteller, der erst durch die heftigen Reaktionen, die einige seiner Bücher erfuhren, vor allem *Ole Bienkopp* von 1963 und *Wundertäter III* von 1980, immer stärker auf Distanz zur herrschenden SED-Politik ging, registriert in seinen Tagebüchern diesen Wandlungsprozess, der wesentlich von sowjetischen Autoren angestoßen wurde. Am 27. November 1979 sieht er im Deutschen Theater in Berlin Majakowskis *Schwitzbad* von 1929 in der Regie von Friedo Solter, mit Dieter Franke in der Hauptrolle als Koprochef, der sich im selbst geschaffenen bürokratischen System gefangen gesetzt hat. Diese Inszenierung steht viele Jahre auf dem Spielplan, in 131 Aufführungen sind die Reaktionen des Publikums von überbordender Begeisterung. Strittmatter notiert: »Es war ein kräftiger Spaß. Der größte Teil des Publikums amüsiert sich. Funktionäre, zumindest etwas höhere, besuchen, vermute ich, die Vorstellungen nicht, sonst wären sie durch die tosenden Zuschauer, ihren Nebenleuten, in die Lage versetzt, über ihre Dummheiten zu lachen und sie auszuklatschen.«

Aber dann erinnert er sich, dass er das Stück 1960 schon einmal an der Volksbühne gesehen hatte, von einem sowjetischen Regisseur inszeniert – und da war er selbst, als Sekretär des Schriftstellerverbandes, noch ein Funktionär und reagierte beleidigt: »Ich hielt das Stück politisch für gefährlich und verließ meine Loge vor dem Schluss-Applaus. In einer anderen Loge saß Lotte Ulbricht. Im Foyer sprach sie mich an. Sie wollte wissen, was ich ›vom Stück‹ halte. ›Es richtet ich gegen uns‹, sagte ich, L. U. atmete auf: ›Gottseidank‹, sagte sie, ›ich dachte schon, ich wär's allein, die so denkt.‹«

Knapp zwanzig Jahre später fällt Strittmatters Urteil vernichtend aus: »Damals wagte ich noch nicht zu erkennen, dass die Parteibürokratie, die Majakowski schon erkannte und aufs Korn nahm, keine behebbare Unart oder Schwäche war, sondern dem marxistischen System inhärent ist.«[19]

Reisen gen Westen waren bekanntlich für die allermeisten DDR-Bürger, vor allem die jüngeren, unmöglich. Es blieben nur wenige Ziele im Ausland, die man auch individuell bereisen konnte. Offiziell konnte man sich um Auslandsreisen bei Intourist oder Jugendtourist (dem Reisebüro der FDJ) bewerben, aber deren Reisen waren »geleitet«, also auch immer überwacht. Der visafreie Verkehr nach Polen wurde schon 1980, wenige Jahre nach seiner Einführung, bei Ausrufung des Kriegsrechts im Nachbarland im Zusammenhang mit den

Solidarność-Protesten, wieder ausgesetzt – ein herber Schlag. Es blieb als visafreies Ziel so nur noch die Tschechoslowakei – und als im Frühherbst 1989 auch hier die Visafreiheit auf unbestimmte Zeit ausgesetzt wurde, fühlten wir uns endgültig gefangen gesetzt.

Der Protest gegen diese Aufhebung jeglichen visafreien Reisens (und nicht nur der Wille, auch einmal in die Bundesrepublik zu kommen) war dann auch einer der Antriebskräfte des 89er-Wendeherbstes. Wer ein Visum nach Bulgarien oder Rumänien hatte, fuhr zumeist per Transit durch Ungarn. Aber es gab auch die Möglichkeit eines Transitvisums durch die Sowjetunion, das in der Regel nur zwei oder drei Tage gültig war. In den siebziger und achtziger Jahren entwickelte sich, vor allem in der alternativen Szene, eine Art Sport, mit diesen Transitvisa wochen- oder monatelang die Sowjetunion zu durchstreifen, bis zum Kaukasus oder dem Mittleren Osten. Die Strafen für derartigen Transitvisamissbrauch, die bei der Ausreise aus der Sowjetunion fällig wurden, waren in der Regel so milde, dass dies niemanden abhielt.

Der spätere SPD-Politiker Thomas Krüger kolportiert in dem Buch *Unerkannt durch Freundesland*: »Es geht die Legende von einem Transitnik um, der mit einem DDR-Sozialversicherungsausweis, in den er ein Passfoto geklebt und dann mit einem geliehenen Stempel der Betriebsgewerkschaftsleitung zu einem noch offizielleren Dokument veredelt hat, zunächst die sowjetisch-mongolische Grenze, in weiteren Legenden sogar auch die Innere Mongolei in China erreicht haben soll.«[20] Krüger selbst fuhr mittels Transitvisum in den Kaukasus und sah dies als »Trainingslager für die Freiheit«. Ein ebenso offizielle Stellen verwirrendes Phänomen wie die Freejazz-Szene, die Modeszene, oder Super-8-Film-Szene – von der Punkszene mit z. B. »Feeling B« nicht zu reden.

Der Protest des Undergrounds war längst nicht mehr klar politisch definiert, sondern entsprach einem – oft diffusen – alternativen Lebensgefühl: »Wie sollte der Stasi-Offizier den politischen Widerstand der Autoperforationsartisten beschreiben und die Zersetzungskraft der Punkband ›Demokratischer Konsum‹ erfassen?«[21]

Auch Ekkehard Maaß, dessen Wohnküche im Prenzlauer Berg ein legendärer Szene-Treffpunkt war, reiste mehrfach unerkannt in die Sowjetunion. Halb war es auch eine Flucht, »weil meine Frau sich in einen Stasi-Spitzel [Sascha Anderson, Anm. G. D.] verliebt und von mir getrennt hatte«.[22] Seine Reisen werden zu ambitionierten Exkursionen, bei denen er gezielt Autoren wie Tschingis Aitmatow oder den Sänger Bulat Okudshawa aufsucht. Okudshawa, von dem Wolf Biermann das Lied »Ach die erste Liebe« übersetzte (ein Lied über den Verrat), kommt am 2. Dezember 1976 zu seinem ersten Konzert nach Ostberlin in den Palast der Republik – keinen Monat, nachdem Wolf Biermann ausgebürgt worden war.

Verboten, aber stark gesucht und in zuverlässigen Freundeskreisen kursierend, war nicht nur Solschenizyns *Archipel Gulag*, sondern auch *Doktor Schiwago* von Boris Pasternak. Fritz Mierau erinnert sich in *Mein russisches Jahrhundert* daran, dass es selbst für Slawisten gefährlich war, sich darauf einzulassen.

Nach Osten blickt auch der britische Historiker Timothy Garton Ash, der 1980 als Doktorand aus Oxford für neun Monate an die Humboldt-Universität nach Ostberlin kam. Das studentische Wohnungsbüro besorgte ihm ein Zimmer im Prenzlauer Berg, in einer der als nicht vermietbar eingestuften Wohnungen, die an Studenten vergeben wurden. Seine Wohnung teilte er mit einem Tierpräparator aus Angola, der ihn morgens, mittags und abends mit »Good night« begrüßte: »Mein Zimmer hatte einen Balkon, dessen Absturz unmittelbar bevorzustehen schien, und eine riesige, dunkle Anrichte.«[23]

In den Kneipen des damaligen Arme-Leute-Bezirks wurde er zwischen Bier und Korn examiniert: »›Na gut, Sie behaupten also, dass Sie Historiker sind‹, schnauzte ein junger Arbeiter. ›Dann sagen Sie mir, wo wurde Karl Marx geboren?‹ Glücklicherweise wusste ich die Antwort.«[24] Zwischen der Staatsbibliothek Unter den Linden, dem legendären Ballhaus mit Tischtelefonen (die selten funktionierten) und Eckkneipen lernt er den Alltag in der DDR kennen.

Sein Dissertationsthema ist Berlin unter Hitler, aber die DDR unter Honecker interessiert ihn bald viel mehr (darüber wird er dann auch ein Buch schreiben, aufgrund dessen ihm die weitere Einreise in die DDR verweigert wird). Die neue Gewerkschaftsbewegung Solidarność in Polen fasziniert ihn ebenso wie die Friedensaktivitäten der evangelischen Kirche in Ostberlin.

Aber auch an den Aktivitäten seiner »Hausgemeinschaft« hat er teil und lernt dabei Sein und Schein im Sozialismus zu unterscheiden. Als an der Wandzeitung eine »Mach-mit-Aktion« angekündigt wird, ein anderes Wort für den sowjetischen »Subotnik«, Sonnabend um 11 Uhr, steht er pünktlich bereit zum Arbeitseinsatz auf dem Hof. Aber außer ihm ist keiner gekommen. So erfährt er etwas über die »Konterrevolution der Realität«. Der Dreck im Hof jedenfalls bleibt liegen.

Für ihn ist das ein Indiz für eine Art »Doppelleben« der DDR-Bewohner, ihre »innere Emigration« – vor allem verbreitet unter Intellektuellen. Diese Art »kulturelle Abstinenz vom politischen Leben« habe, so notiert Ash, »unter der heutigen DDR-Intelligenz überlebt«. Dem britischen Pragmatiker Ash ist der Rückzug aus der öden Tagesaktualität auf Geist und Kunst offenbar suspekt. Eine romantische Ausweichbewegung vor den eigentlichen Notwendigkeiten zur Kritik?

Die achtziger Jahre in der DDR bestätigen das, was Ernst Jünger einmal als Wesenszug des Stoizismus charakterisiert hatte: Beibehaltung der äußeren Rituale bei Verweigerung der inneren Anteilnahme.

Ash ist gewiss niemand, der sich für Details alternativer Sozialismus-Modelle interessiert. Dennoch liest man in seinem 2019 erschienenen Buch *Ein Jahrhundert wird abgewählt*, dem er seine Notizen von 1988 voranstellt, Unerwartetes: »Heimweh ist ein Gefühl, das für gewöhnlich kaum jemanden mit der DDR verbindet. Doch hier in Oxford, beim Betrachten kurzer Fernsehspots aus Dresden und Ost-Berlin, fühle ich einen seltsamen Stich im Herzen.«[25]

Immerhin, diese nicht eindeutige Gefühlslage, verbunden mit der Irritation des vegetativen Nervensystems bei einem ansonsten kühl-pragmatischen Angelsachsen, lässt erstaunen. Solcherart zwiespältigem inneren Zustand zu folgen, heißt nach Marcel Proust, sich auf die »Suche nach der verlorenen Zeit« zu begeben: ein unweigerlich tief melancholisches Unternehmen, das nichts mit Beschönigung hässlicher Zustände zu tun hat.

Drei tote Generalsekretäre

Drei tote Generalsekretäre der KPdSU in nicht einmal zweieinhalb Jahren! Das sprengte jeden kommunistischen Zeitbegriff, der ja immer nah an der Ewigkeit angesiedelt war. Immerhin war es so etwas wie Bewegung, die sich da in der Sowjetunion zwischen dem 10. November 1982 und dem 10. März 1985 ereignete. Wenn auch in negativer Hinsicht. Starben im Mutterland des Sozialismus etwa die Kommunisten aus? Drei tote Generalsekretäre der KPdSU in so kurzer Zeit wogen schwer.

Breschnews sich lange ankündigender Tod war so vorhersehbar gewesen, dass es eher erstaunte, dass der jahrelang Siechende nun tatsächlich starb. Außer an eine eilige Aktualisierung der Wandzeitung am Eingang der Erweiterten Goethe-Oberschule in Bad Doberan, an der wir Schüler in frühmorgendlicher Schlaftrunkenheit vorbeiströmten, ohne den Blick zu wenden (die Nachricht kannten wir bereits, zuallererst natürlich aus den Westnachrichten), erinnere ich nichts. Nachrichten aus der Sowjetunion hatten für uns nicht gerade Priorität, genauso wenig wie wir uns für einen Mosfilm (oder für die DEFA) interessierten, wobei uns allerdings einiges entging, worauf noch zurückzukommen sein wird.

Als Leonid Breschnew am 10. November 1982 starb, war dies das Ende einer Ära. Eine Zeit der Stagnation seien seine achtzehn Amtsjahre gewesen, heißt es gemeinhin. Breschnew beendete nach Chruschtschows Sturz Ende 1964 dessen Reformen, was auch fatale Auswirkungen auf Ulbrichts Reformbestrebungen in der DDR nach dem VI. SED-Parteitag von 1963 hatte.

Stagnation ist einerseits eine richtige Zustandsbeschreibung. Der Versuch Ulbrichts, mittels tiefgreifender Reform der Ökonomie mehr Dynamik zu verleihen, mit marktwirtschaftlichen Elementen auch mehr individuelle Freiheiten zuzulassen, wurde von Breschnew im Dezember 1965 gebremst – jedoch weniger aus eigenem Antrieb als auf Drängen einer Gruppe von SED-Funktionären um Politbüro-Sicherheitschef Erich Honecker, die Moskau genötigt hatten, den marktwirtschaftlichen Experimenten in der DDR ein Ende zu setzen. Mit Breschnews Machtübernahme war die unmittelbare Phase des Tauwetters beendet, die mit Chruschtschows Geheimrede über Stalins Verbrechen auf dem XX. KPdSU-Parteitag 1956 begonnen hatte.

Mit Breschnew verbunden ist auch eine Phase der Stabilität und alltäglichen Normalität. Die Menschen im Lande brauchten nach Stalins Terrorherrschaft und Chruschtschows Entstalinisierungsversuchen dringend eine Atempause. Zeit für das private Leben, für Familie, Freizeit und Konsum. Mit Breschnews Kurs begann sich der Alltag im Osten dem des Westens langsam anzugleichen, wenn auch auf niedrigerem Niveau.

Die ersten Jahre unter Breschnew waren dann auch durchaus erfolgreich. Das Lebensniveau der Menschen im Lande stieg, es ging ziviler zu in der Gesellschaft. Aber nicht nur der Konsum blühte auf, auch die Bürokratie. Und in Fragen von Kunst und Literatur blieb es widersprüchlich. Der Reformer Chruschtschow war wegen seines bäurisch groben Wesens bei Intellektuellen und Künstlern im Lande unbeliebt. Allerdings erschien 1962 – als sichtbares Zeichen der Entstalinisierung im Lande – auch Alexander Solschenizyns *Ein Tag im Leben des Iwan Denissowitsch.*

Der dagegen in seinen Anfangsjahren recht machohaft auftrumpfende Breschnew (dem eine Nähe zum militärisch-industriellen Komplex des Donezk-Beckens nachgesagt wird) kümmerte sich offenbar um viele Dinge einfach nicht. So konnte dann auch ein Roman wie Bulgakows *Der Meister und Margarita*, der bislang verboten gewesen war, 1966 erscheinen. Boris Pasternaks *Doktor Schiwago* (der außer Landes geschmuggelt zuerst bei Feltrinelli in Italien herauskam), für den der Autor 1958 den Literaturnobelpreis erhalten hatte, durfte jedoch erstmals 1987 zur Zeit der Perestroika in der Sowjetunion erscheinen.

Breschnew war ein Mann der Gremien, der Alleingänge mied (was heilsam war angesichts seiner autoritären Vorgänger) und sich gern auf kollektive Beschlüsse berief. Die Weisheit des Kollektivs wurde neu entdeckt, nun unter kleinbürgerlichem Vorzeichen – das »Wir« wurde dabei jedoch mehr und mehr zum Deckmantel für kollektive Verantwortungsflucht. Wenn etwas anhob mit: »Wir sind einstimmig der Meinung …«, war es auch schon egal, was für einer Meinung.

Warum ist hier so viel vom innenpolitischen Klima der Sowjetunion, den Machtverhältnissen in der KPdSU die Rede? Weil diese beständig direkte Auswirkungen auch auf die DDR hatten. Wir lebten schließlich an der Peripherie des sowjetischen Großreiches, auf der östlichen Seite des Eisernen Vorhangs. Die Breschnew-Zeit mit ihren neuen zivilgesellschaftlichen Standards, ein bisschen mehr an bürgerlichen Freiheiten und Wohlstand im Rahmen der herrschenden Funktionärs-Apathie, fand im gebürtigen Saarländer Erich Honecker, an der Spitze der SED stehend, ihr ideales Pendant.

Diese Grundstimmung prägte dann auch das politische Klima in der DDR der siebziger und frühen achtziger Jahre. Die Gesellschaft war nicht mehr annähernd so militant, wie es eine »Diktatur des Proletariats« vermuten ließ und wie sie es bis weit in die fünfziger Jahre gewesen war. Die neuen Apparatschiks waren keine Kommissare mehr mit Pistole im Gürtel, sie waren blasse und konfliktscheue Angestellte von Staat und Partei, vermieden jede offene Diskussion, die das Risiko von Kritik barg. Sie wollten ihre Ruhe und sich vor allem nicht entscheiden müssen. Alles sollte immer weiter irgendwie seinen sozialistischen Gang gehen, jedenfalls noch eine Weile und noch eine. Man war sich der eigenen Macht längst nicht mehr sicher. Also bloß keine Veränderung!

Staatsbegräbnisse von Generalsekretären der KPdSU waren lange nicht mehr vorgekommen. So lange nicht, dass sie Neuigkeitswert hatten. Das letzte war das von Stalin gewesen, denn Chruschtschow, der trotz seiner Bauernschläue Opfer einer Machtintrige seiner Genossen geworden war, hatte keines bekommen. Und der berüchtigte Geheimdienstchef Berija unter Stalin – und sein potenzieller Nachfolger – war noch Ende 1953 hingerichtet worden. Das war dann ein Staatsbegräbnis der anderen Art. Obwohl einige Historiker heute der Meinung sind, man tue Geheimdienstchef Berija Unrecht – dieser sei zwar zweifellos ein Massenmörder gewesen, jedoch habe er nach Stalins Tod ebenfalls Reformen im Lande geplant, vor allem eine andere Deutschland-Politik gewollt. Berija sei, die Politik der Stalin-Noten von 1952 forcierend, schon 1953 bereit gewesen, sich aus der DDR militärisch zurückzuziehen und so den Weg zur Wiedervereinigung – im Rahmen einer Neutralität Deutschlands – freizumachen. Solchen für deutsche Ohren (ausgenommen die für ostelbische Belange tauben eines Konrad Adenauers) durchaus verheißungsvoll klingenden Plänen bereitete die Berija beseitigende Fronde ganz nebenbei ein schnelles Ende. Auch weil Adenauer kein Interesse an diesem Angebot zeigte und lieber die bürgerlichen Reste der Gesellschaft in der DDR den Sowjets opferte, als die eigenen NATO-Ambitionen aufzugeben. 1955 trat die Bundesrepublik – nach der durch die Pariser Verträge von 1954 beschlossenen Wiederbewaffnung – schließlich der NATO bei, gegen den Widerstand der SPD. Die DDR wurde daraufhin Mitglied des neu gegründeten Warschauer Paktes. So standen sich beide deutsche Staaten plötzlich auf gegnerischen Seiten im Kalten Krieg gegenüber.

Die DDR hatte nichts einem byzantinischen Totenkult wie der Stalin-Beisetzung Vergleichbares zu bieten. Der Tod Walter Ulbrichts während der X. Weltfestspiele der Jugend und Studenten im Sommer 1973 in Berlin glich eher einer irgendwie zu managenden Verlegenheit. Honecker hätte seinen zwei Jahre zuvor eigenhändig gestürzten Vorgänger überhaupt am liebsten still und heimlich begraben lassen. Ganz so ging es zwar nicht, aber für einen kommunistischen Parteiführer war es dann doch nur ein Begräbnis zweiter Klasse. Daran kann ich mich dann auch gar nicht erinnern, obwohl ich mit meinen acht Jahren durchaus beeindruckt war, als der Chefsprecher der »Aktuellen Kamera« Klaus Feldmann den angeblich letzten Wunsch Ulbrichts verlas, die feiernde Jugend der Welt solle sich keinesfalls durch seinen Tod die Laune verderben lassen. Tat sie auch nicht.

Es gibt einen kurzen inoffiziellen Film, am 17. September 1973 vom Straßenrand aus gedreht, der einen Kovoi zeigt, unterwegs mit Ulbrichts Sarg zur Gedenkstätte der Sozialisten in Berlin Friedrichsfelde. In ungebührlicher Eile fährt dieser, fast rast er, die Straße entlang. Zuerst einige Armee-Lastkraftwagen der Marke W 50, auf denen Kränze, Soldaten und Ulbrichts Sarg transportiert werden. Das hat wenig Schauwert und wenig Würde. Aber was danach kommt, ist umso erstaunlicher: eine lange Doppelreihe von schwarzen Staatslimousinen sämtlich östlicher Bauart zieht vorbei – eine Selbstfeier der Hofschranzen. Mitte der siebziger Jahre wird Honecker dann bereits einen Peugeot 604 fahren, andere Funktionäre steigen auf Volvo um, die russischen Benzin-Säufer werden während der Ölkrise schrittweise ausgemustert.

Aber jetzt fahren sie noch alle. Erst kommen die wie amerikanische Packard-Straßenkreuzer der fünfziger Jahre über die Straße wippenden chromglänzenden Tschaikas (im Russischen: »Möwe«) für die Politbüromitglieder. Es folgen die tschechischen Tatras, das ist der fast schon schnittig zu nennende Wagen für mittlere Funktionäre des Zentralkomitees, unter die sich einige russische Wolgas mischen. Viel zu weich gefedert und mit hohem Kraftstoffverbrauch war dieser Wagen bis zur Wende auch als Taxi für Jedermann im Einsatz. Wolgas nutzten Betriebsdirektoren und Funktionäre der Kreisebene.

In Moskau fuhr die oberste Parteiprominenz den SIL, eine Art Rolls-Royce russischer Bauart – eine riesige Luxuslimousine, gefertigt in Einzelstücken im gleichnamigen Traktorenwerk. Willy Stoph, heißt es, habe als Ministerpräsident jenen SIL geerbt, den einst Chruschtschow Walter Ulbricht geschenkt hatte. Ein museales Einzelstück.

Leonid Breschnew also war am 15. November 1982 der erste von drei Generalsekretären, der seit 1953 wieder ein Begräbnis byzantinischen Ausmaßes erhielt. Die Feierlichkeiten dauerten zwar lange, aber mehr wegen des ornamentalen Drumherums – es folgte die Aufbahrung des offenen Sargs in der Säulenhalle des Hauses der Gewerkschaften, mitsamt langer Pausen. Aber die Fernsehbilder zeigen Unerhörtes. Sicherheitsleute und Mitarbeiter des Organisatorenteams laufen lässig durchs Bild oder stehen desinteressiert herum. Die Reden, die auf Breschnew gehalten werden, vor allem die seines Nachfolgers Juri Andropow, sind kurz und unpersönlich. Kein Vergleich mit dem schweren Pathos, das über Stalins Beisetzung lag. Nein, diese Veranstaltung lief überaus schnöde ab, von Schmerz und Trauer war, außer bei der Witwe, wenig zu spüren. Aber dafür etwas anderes: Der Ablauf schien schlecht organisiert, alles wirkte irgendwie schlampig.

Das Pathos war noch da, aber auf eine merkwürdige Art: als ungewollte Parodie auf dieses Pathos! Die äußeren Abläufe stammten noch aus dem Drehbuch der Stalin-Beisetzung. Der Sarg des toten Generalsekretärs wurde auf einer Geschützlafette transportiert, was ich zugleich ungewöhnlich und eindrucksvoll fand. Es war allerdings nicht das erste Mal seit Stalins Tod, dass der Staat sich wieder in Totenkult erging, auch Politbüromitglieder wurden mit Pomp beerdigt, allerdings ohne hochrangige ausländische Gäste. Kreml-Kenner meinen, die Begräbnisse von Ministerpräsident Kossygin (1980) und Michail Suslow (1982), dem dogmatischen Chefideologen, seien feierlicher gewesen, die Reden länger.

Kommunistische Herrscher lassen sich offenbar nicht wie normale Menschen beerdigen. Das hatte sich bereits bei Lenins Tod 1924 gezeigt. Die Leiche des Staatsgründers wurde bis heute nicht beerdigt, sondern ist im Geiste des Ägyptizismus auf dem Roten Platz der öffentlichen Besichtigung im eigens errichteten Mausoleum preisgegeben. Dieses vorherbestimmte Schicksal einer Mumie ereilte anfangs auch Stalin, der ebenfalls einbalsamiert wurde und in einem Glas-Sarg neben Lenin zu liegen kam. 1961 brachte man ihn dann ohne viel Aufhebens an der Kremlmauer unter die Erde.

Die Kamera zeigt die holprige Inszenierung dieses Breschnew-Staatsbegräbnisses, die offenbar vom Militär einstudiert wurde. Uniformierte Protokollführer dirigieren die Politbüromitglieder wie Schuljungen, bis sie endlich auf den ihnen angewiesenen Plätzen stehen. Deren Gesichter sind sorgenvoll – offenbar denkt hier jeder an seine eigene Zukunft, so er denn noch eine haben sollte.

Höhepunkt der verunglückten Zeremonie ist das Herablassen des Sargs ins Grab, das man seltsamerweise nur zwei Trägern, die wie simple Friedhofsangestellte wirken, überlassen hat. Diese scheinen damit kräftemäßig überfordert, zumal sie – einer am Kopf-, der andere am Fußende – den Sarg noch eine viel zu lange Zeit über dem offenen Grab halten müssen. Offenbar ist nicht klar, wer das Signal zum Herablassen geben soll. Doch dann verlassen einen der Träger die Kräfte, ihm rutscht das Seil aus der Hand, der Sarg kippt gleichsam kopfüber in die Grube. Es knallt laut – unklar ist, ob dieses Geräusch vom Aufschlag kommt oder vom ersten eilig abgefeuerten Salutschuss. Während die Witwe herbei wankt, stürzen die Politbüromitglieder an ihr vorbei zum daneben aufgeschütteten Sand, den sie händeweise ins Grab befördern, so hastig, als gelte es den dort Liegenden zu bewerfen. Mehrere Totengräber drängen sich dazwischen und schaufeln Erde – während die lange Reihe von Trauergästen aus aller Welt Schlange steht. Die Grabstätte ähnelt so bereits nach Sekunden einer Baustelle. Offenbar hat der Sarg den Absturz nicht heil verkraftet, und der sich bietende Anblick soll nun möglichst schnell kaschiert werden.

Das wird zum Symbol für die späte Breschnew-Ära: Man kaschiert die Pannen, aber eher leidenschaftslos, voller Gleichgültigkeit. Die Sowjetunion ist ein an allen Ecken und Enden bröckelndes Imperium, das man besser vor den Augen der Welt verbirgt.

Innerhalb kurzer Zeit gleich drei tote Generalsekretäre, die – immerhin – eines natürlichen Todes im Amt gestorben sind. Der sieche Breschnew hatte den Anfang gemacht. Seit langem war der in seinen besseren Jahren Wein, Weib und Gesang zugewandte Generalsekretär, der nicht zuletzt aufgrund dieser freudvollen Lebensführung sofort einen Draht zu dem ihm darin verwandten SPD-Hedonisten Willy Brandt hatte, krank und wurde auf offener Bühne immer kränker. Als ich ihn Anfang der achtziger Jahre im Fernsehen auf einer Tribüne stehen sah, wirkte er bereits wie ein Scheintoter, mehr Maske als Mensch. Manchmal verschwand er dann sogar während einer Liveübertragung – vermutlich unter einem Sauerstoffzelt.

Keine zwei Wochen vor seinem Tod hatte er seinen letzten öffentlichen Auftritt – stand dabei im eisigen Wind auf einer Tribüne wie erstarrt irgendeinem Vorbeimarsch beiwohnend, wenn auch vollkommen abwesend. Dieses zugleich Anwesend-und-abwesend-Sein war typisch für die späte Breschnew-Zeit.

Mit der im November 1982 beginnenden Generalsekretärs-Begräbnis-Orgie in drei Teilen und immer der gleichen melodramatischen Regie, den Trauermärschen aus Beethovens *Eroica* und Chopins b-moll-Sonate begann so etwas wie die Götterdämmerung der allein herrschenden Partei. Wenn man nicht einen, sondern kurz nacheinander gleich drei Führer des Volkes beerdigt wie Pharaos, dann öffnet man dadurch ungewollt dem Prinzip Pluralismus Tür und Tor.

Dem erst halbtoten, dann toten Breschnew folgte im November 1982 der vormalige KGB-Chef Juri Andropow – 1964 der Hauptrivale Breschnews. Dass man nun – fast zwanzig Jahre nach dem verlorenen Machtkampf – auf ihn setzte, spricht für ein gewisses träges Element von ausgleichender Gerechtigkeit im greisen Politbüro. Der wollte mal große Dinge bewirken, nun soll er es doch beweisen. Leider zwanzig Jahre zu spät. Andropow galt als der wohl fähigste Kopf im Kreml.

Möglich, dass er Mitte der sechziger Jahre die Weichen der Entwicklung in der Sowjetunion, und damit auch in den Satellitenstaaten, anders gestellt hätte, als dies unter dem auf die Groß- und Rüstungsindustrie orientierten Breschnew passierte. Vor allem, was eine Neuauflage der Neuen Ökonomischen Politik der frühen zwanziger Jahre betraf, deren Ideengeber Bucharin 1929 von Stalin als »rechter Abweichler« stigmatisiert und – nach Schauprozess – 1938 während der großen »Säuberung« hingerichtet wurde. Chruschtschow hatte diesen von dem sowjetischen Ökonomen Jewsei Liberman erneut angestoßenen Reformen nicht ablehnend gegenübergestanden, und Andropow nahm sie als Modellversuch in mehreren Großbetrieben wieder auf, mit Erfolg, wie es hieß.

Üben wir uns in »kontrafaktischer« Geschichtsbetrachtung. Hätte Andropow und nicht Breschnew 1964 den Machtkampf im Kreml gewonnen – vielleicht wäre dann die Marktwirtschaft in der Sowjetunion möglich geworden, gleichsam ein vorgezogener chinesischer Weg? Der erzwungene Abbruch der von Ulbricht begonnenen Wirtschaftsreformen in der DDR Ende 1965 geht jedenfalls auf Breschnews Intervention zurück, zu deren sichtbarem Zeichen der Tod Erich Apels, des Chefs der Staatlichen Plankommission, gehört. Offiziell wurde auf Selbstmord befunden.

Breschnews Nachfolger Andropow galt als eher kalter Intellektueller, der gar nicht erst versuchte, volkstümlich zu wirken. Sogar der Westen brachte ihm Respekt entgegen, denn er hatte das nicht geringe Kunststück fertiggebracht, den ihm unterstellten KGB als seine eigene Machtbasis zu stärken und gleichzeitig die Mordmaschine stillzulegen. Für kurze Zeit änderte sich nach seinem Amtsantritt Ende 1982 bereits das Klima in der Sowjetunion. Von Breschnew war eine Anekdote im Umlauf gewesen, die die Apathie im Lande charakterisierte: Nachts klingelt es bei Breschnew, er schlurft zur Tür, zieht umständlich einen Zettel aus der Tasche und liest vor: »Wer ist da?« Das sollte sich jetzt ändern.

Andropow pflegte einen eher westlichen Lebensstil. Er spielte Tennis, solange er gesund genug dafür war, ein in Russland für dekadent gehaltener Sport, sprach frei und wenn nötig auch Englisch. Er war auch eigentlich noch nicht alt, als er an die Macht kam, 68 Jahre – sein schneller körperlicher Verfall ist auf ein Nierenversagen Anfang 1983 zurückzuführen. Der neue Generalsekretär machte sich sofort unbeliebt beim Parteiapparat und allen, denen der Schlendrian zur Heimat geworden war. Er erklärte der Korruption im Land den Kampf, scheute auch vor spektakulären Großaktionen nicht zurück wie dem Absperren des Moskauer Kaufhauses GUM für eine Großrazzia. All die wie gewohnt in ihrer Arbeitszeit ungestört einkaufenden Bürger der Hauptstadt standen nun am Pranger.

Am schlimmsten erschien vielen, dass Andropow im Alkoholismus kein angestammtes Recht der Russen, sondern ein Symptom der Degeneration erblickte – und ihn entsprechend bekämpfte (vor vierzehn Uhr durfte Alkohol weder verkauft noch in Gaststätten ausgeschenkt werden).

Der Tod Juri Andropows im Februar 1984 traf mich während meines Grundwehrdienstes bei der NVA. Ich war zu der Zeit Soldat im ersten Diensthalbjahr an der Unteroffiziersschule in Eggesin, wo auch die Richtschützen des relativ neuen Panzers T-72 (die Ziffer verweist auf das Konstruktionsjahr) ausgebildet wurden. Gegenüber dem T-54 war der tatsächlich neu – hatte statt eines Ladeschützen ein automatisches Ladekarussell, das Granaten zur waagerecht stillgestellten Kanone beförderte. Mittels eines Kolbens stieß die Maschine die ausgewählte Granate (Splitter-Spreng, Hohlladung oder Unterkaliber) ins offene Rohr. Hauptsache, der Verschluss des Rohrs war wirklich offen, denn sonst hätten die Panzertruppen der NVA einen hochmodernen Kampfpanzer samt Besatzung weniger gehabt. 332 dieser T-72 besaß die NVA (Nachwendestückpreis 1,8 Millionen Dollar). Sie waren unter der Führung von Generalmajor Erdmann in der 9. Panzerdivision vereinigt, die aus drei Panzerregimentern bestand. Der T-72 war bereits mit einem Laser-Entfernungsmesser ausgestattet. Der rote Punkt musste aufs Ziel – mehr als abdrücken war nicht zu tun.

»Raubtiere bekämpft man mit Waffen des Sieges« stand als Losung auf einem Plakat im Panzerregiment 21 »Walter Empacher« in Torgelow-Spechtberg, darauf war ein Leopard-Panzer der NATO abgebildet (Stückpreis 10 Millionen Dollar). Allzu genau nahmen es die Militärs, vermutlich auf beiden Seiten, nicht mit der friedlichen Koexistenz. Jedenfalls galt der T-72 innerhalb der NVA als so modern, dass man auch die Richtschützen auf der Unteroffiziersschule ausbildete, statt dies wie in den anderen Panzertruppenteilen, die mit älteren Modellen hantierten, den Besatzungen zu überlassen. Der uralte T-54 war zumeist nahe der Westgrenze, etwa in Goldberg, stationiert und sollte bei einer westlichen Offensive als bloße Aufhaltmasse für 24 Stunden dienen. Auf dem T-54 fing man als Ladeschütze an und wurde sehr schlecht behandelt, zum Teil sogar misshandelt. Die malträtierten Soldaten des ersten Diensthalbjahrs hielten aus, wie Lehrlinge im ersten Lehrjahr, denn irgendwann wurden sie Richtschützen, alle niedere Arbeit ging dann auf den frischen Ladeschützen über und sie nichts mehr an. Richtschützen wurden immer gut behandelt, denn sie hatten den Finger am Abzug. Eine Machtposition. Wenn sie keine Lust hatten zu treffen, dann fiel die Mission »Treffer mit dem ersten Schuss« ins Wasser, ebenso wie der Sonderurlaub für die ganze Besatzung.

Der T-72 dagegen sollte Teil der Strategie einer schnellen Gegenoffensive auf westdeutschem Boden sein. Darum wurde auch jedes Jahr im Sommer die Unterwasserfahrt durch die Elbe bei Magdeburg geprobt.

Die 9. Panzerdivision war eine Eliteeinheit. Als Privileg beim T-72 galt, dass man gleich als Richtschütze anfing; die Besatzung im flachen und engen Panzerturm bestand nur aus drei Personen. Vom ersten Tag an wurde ich also gebraucht. Die dümmsten Unteroffiziere mussten sich zusammenreißen. Erstaunlich war nun jedoch, daran erinnere ich mich, dass Ende 1984 eine Delegation von NATO-Offizieren in Spechtberg auftauchte (die »Raubtier«-Plakate wurde für diese Zeit entfernt, die Bordsteine extra geweißt) und den bis dahin hochgeheimen T-72 besichtigte, sogar ein Probeschießen stand auf dem Programm, bei dem sich die NATO-Gäste in den engen Panzer-Turm quetschten und die Position des Richtschützen einnahmen. Ich fand das eine großzügige Geste, den potenziellen Gegner die eigenen Waffen ausprobieren zu lassen.

Das war die Szenerie, in der Andropow zu Grabe getragen wurde. Kein Westfernsehen hatte uns in Eggesin darauf vorbereitet, denn bei der NVA war das Sehen und Hören feindlicher Sender nicht nur verboten, sondern auch durch Sendersperren an den Geräten technisch unmöglich gemacht. So wurden wir dann am 14. Februar 1984, dem Beisetzungstag, in einen überheizten Fernsehraum gebracht, um der Liveübertragung der Zeremonie im DDR-Fernsehen beizuwohnen.

Im Nachhinein las ich, dass die Beisetzungszeremonie etwa anderthalb Stunden dauerte, damals kam es mir so lang vor wie ein ganzer Tag. Beethoven und Chopin quoll abwechselnd aus den scheppernden Boxen des in Staßfurt produzierten Schwarz-Weiß-Modells wie uns der Schweiß aus den Poren. Uniformjacken-Öffnen war des feierlichen Anlasses wegen verboten, nur der oberste Knopf der Winterbekleidung durfte geöffnet und die Mützen abgelegt werden. Die Offiziere verließen schnell den Ort des tristen Fernsehprogramms, um mich herum schwitzte und schlief bald alles. Einmal kam der Unteroffizier vom Dienst, die Tür aufreißend, herein und brüllte, bis alle wieder wach waren. Ich selbst allerdings schaute interessiert zu, glaubte, solch einer Veranstaltung in Langfassung nicht so bald wieder beizuwohnen.

Das war ein Fehler. Denn im März 1985, kurz vor meiner Entlassung, wiederholte sich die Szenerie auf gespenstische Weise. Ich war inzwischen als Richtschütze Gefreiter geworden (was eine Solderhöhung von 150 auf 180 Mark bedeutete), ein Entlassungskandidat (EK), der ständig und ungeniert ein Reclam-Taschenbuch mit sich herumtrug und bei Leerlauf im Tagesablauf – der Tagesablauf bestand aus lauter Leerlauf – darin las.

An dem Tag, als Konstantin Tschernenko zu Grabe getragen wurde, waren es die Gedichte von Vicente Aleixandre, übersetzt von Erich Arendt. Wieder die gleiche klagende Beethoven-Chopin-Musik, die gleichen monotonen Reden, der Sarg auf der Geschützlafette. Jetzt sah ich nur noch ab und zu hin, beherrscht von innerer Verweigerung, und verpasste so den neuen Politstar der Russen. Er hielt als Nachfolger Tschernenkos die Gedenkrede auf ihn, aber mir entging dies völlig. Ich glaube auch, dass man in stillem Einverständnis aller im Raum den Ton des Fernsehers leise gestellt hatte. Was da ablief, interessierte uns überhaupt nicht mehr, die meisten nutzten die Pause vom Kasernenalltag zum Schlafen.

Eines aber spürte ich auf unheimliche Weise: Die Zeit kreist, oder war sie gar schon stehen geblieben? Und wer war eigentlich dieser Tschernenko gewesen? Aber das wollte ich eigentlich gar nicht wissen, ich las stattdessen die surreal rankenden Gedichte des Spaniers, dessen Ekstasen in befremdlichem Kontrast zur entseelten Szenerie standen.

Kürzlich fand ich eine Anstreichung von mir darin: »Sterben heißt Worte, Aufbruch, Glas, Wolken vergessen/und sich an eine Ordnung halten.«

Nach dem dritten toten Greis an der Staatsspitze brauchte der Kreml ein unbeschriebenes Blatt jüngeren Datums. Ein Risiko, aber man musste es eingehen, wenn man nicht einen vierten Toten an der

Spitze des Staates riskieren wollte. Das wäre dann eine Staatskrise ersten Ranges gewesen – eine Einsicht, die alle Machtzirkel im Land einen Augenblick lang vereinte. Aus diesem Grunde, eben weil er erst Mitte fünfzig war, wurde Michail Gorbatschow Generalsekretär der KPdSU. Mitgewählt sogar von den Gegnern noch der kleinsten Reform im Lande. Das nennt man eine historische Fügung.

Angesichts seiner drei Vorgänger versteht man den Satz Gorbatschows im Herbst 1989, in deutsche Fernsehkameras gesprochen, gleich besser: »Wer zu spät kommt, den bestraft das Leben.« Der unmittelbare Anlass dieser Äußerung war zwar die Reformverweigerung der SED-Spitze – jedoch die lange Reihe verpasster Gelegenheiten hat aus der Geschichte des sozialistischen Machtblocks eine Tragikomödie werden lassen. Wen also meinte er? Honecker kam nicht zu spät, er war ohnehin von gestern und keineswegs dabei, irgendwo anzukommen. Gorbatschow selbst war auch schon mehr als vier Jahre im Amt – aber kam er nicht doch zu spät?

Nur ein Ereignis war mit Sicherheit zu früh gekommen, oder hätte besser noch gar nicht erst stattgefunden: die Oktoberrevolution 1917 in einem rückständigen ländlich geprägten Land – angeführt von einer putschistischen Umsturzpartei unter Lenin. Die Bolschewiki errichteten zur Machtsicherung ein Terrorregime. Korrekturversuche dieser kriegskommunistischen Militarisierung der Gesellschaft wurden immer mal wieder unternommen (auch bereits vom sterbenden Lenin selbst), aber erreichten nie ihr Ziel. Man kam immer zu spät, nur Stalin leider nicht (und blieb dann fast dreißig Jahre!) – nach dem Willen des sterbenden Lenin wäre er gar nicht erst an die Parteispitze gelangt.

1956, mit dem XX. Parteitag der KPdSU, begann nicht nur für die Sowjetunion, auch für alle anderen sozialistischen Länder in ihrem Einflussbereich der Wettlauf darum, dieses unheilige Erbe eines Zwangssystems, das nur in den Untergang führen konnte, wieder loszuwerden – aus den Strukturen, den Köpfen und den Herzen. Chruschtschow, Breschnew, Andropow, Tschernenko und Gorbatschow versuchten es auf ihre je eigene Weise, am entschlossensten natürlich Gorbatschow.

Es vereint sie im Scheitern die Tatsache, dass sie alle zu spät kamen, weil wichtige Voraussetzungen einer Reform durch ihre jeweiligen Vorgänger nicht gelegt oder wieder zurückgenommen wurden. »Wer zu spät kommt, den bestraft das Leben« – das Wort aus dem Munde des Perestroika-Vordenkers Gorbatschow wurde so zu einer Art sich selbst erfüllender Prophezeiung.

Ungeliebte Ökonomie

Mit Fragen der Wirtschaft kann man Leser furchtbar langweilen. Das dachte ich anfangs auch. Aber dann merkte ich, dass dies das Zeug zum Thriller auf Leben und Tod hat. Und ob die DDR an ihrer allzu bekannten wirtschaftlichen Misere tatsächlich untergehen musste, da bin ich mir im Nachhinein nicht mehr so sicher – und nicht nur, weil man dagegen die gigantische Staatsverschuldung des EU-Problemfalls Griechenland in Höhe von 349 Milliarden Euro (2018) oder die der Bundesrepublik in Höhe von knapp 2 Billionen Euro stellen könnte.

Gewiss, seine Schulden rechnet jeder anders zusammen. Laut Wirtschaftshistoriker Jörg Roessler war die DDR 1989 im Westen mit 13,76 Milliarden DM (also knapp 7 Milliarden Euro) verschuldet, das waren immerhin 5 Milliarden DM weniger als 1982[26]. Zu der Zeit hatte die Bundesrepublik selbst eine Verschuldung von 474 Milliarden DM zu Buche stehen. Nun kann man zwei verschiedene wirtschaftliche Systeme, auch was den Umgang mit Krediten betrifft, gewiss nicht eins zu eins vergleichen – und ganz unabhängig von solchen Zahlenspielen gilt: Die Dynamik der Wirtschaftsentwicklung der Bundesrepublik machte sie der DDR-Wirtschaft zweifellos haushoch überlegen.

War die DDR Ende 1989 zahlungsunfähig? Das ist ein Punkt, den die de Maizière-Regierung als Grund für einen schnellen, fast bedingungslosen Anschluss der DDR an die Bunderepublik statt eines schrittweisen Vereinigungsprozesses anführt. Fakt ist, wenn die Einnahmen- und Ausgabenstruktur unverändert geblieben wäre, dann hätte man die laufenden Kredite in absehbarer Zeit nicht mehr bedienen können. Im sogenannten Schürer-Papier vom 30. Oktober 1989 stellt der langjährige Chef der Staatlichen Plankommission fest, dass ein kritischer Punkt im Staatshaushalt erreicht sei. Er fordert schnellstmöglich eine erhebliche Reduzierung von staatlichen Planvorgaben und Bilanzen, die Stärkung von Ware-Geld-Beziehungen, die größtmögliche Selbstständigkeit der Kombinate und die Unterstützung von kleinen privaten oder genossenschaftlichen Handwerks- und Dienstleistungsbetrieben. Das sind Forderungen bereits der Neuen Ökonomischen Politik der sechziger Jahre. Zudem die Änderung der Subventionspolitik für Lebensmittel, die Beendigung der kampagnenhaften Wohnungspolitik (von 1980 bis 1989 wurden zwar drei Millionen neue Wohnungen gebaut, aber zumeist in großen Siedlungen und in abnehmender Qualität – zu Lasten von Instandhaltung und Sanierung), die Beendigung der überteuerten Entwicklung von »Schlüsseltechnologien« im Alleingang und weitere Korrekturen. Alles Weichenstellungen, die längst hätten erfolgen müssen. Aber gab es keine Alternativen zum schnellen Anschluss? Schürer rechnet vor, dass ein Kredit in Höhe von zwei bis drei Milliarden DM die finanzpolitische Handlungsfähigkeit der DDR (wie bereits Anfang der achtziger Jahre) wiederherstellen könnte. Die Frage ist: Wer hatte daran überhaupt noch Interesse?

Doch selbst wenn man die Zahlen der Deutschen Bank von 1990 zugrunde legt, die von einer Gesamtschuldenlast der DDR in Höhe von 86 Milliarden DM spricht, dann lag – auch bei dieser ungünstigen Rechnung – die Pro-Kopf-Verschuldung der DDR-Bürger mit 5000 DM nur ein Drittel so hoch wie die Pro-Kopf-Verschuldung der BRD-Bürger mit 15 000 DM.

Wie es dann jedoch die Treuhand Anfang der neunziger Jahre fertigbrachte, durch den Verkauf des DDR-Volkseigentums (zu 90 Prozent an West-Investoren), vor allem an Grund und Boden sowie Immobilien, eine Negativbilanz von fast 250 Milliarden DM zu erwirtschaften, bleibt ihr Geheimnis. Eine Umverteilungsmaschine von gigantischen Ausmaßen scheint hier am Werk gewesen zu sein.

Das gesamtgesellschaftliche Problem liegt jedoch tiefer. Vielleicht sollte man das Problem der Innovations- also Existenzfähigkeit einer Gesellschaft in Hinblick auf ihre volkswirtschaftlichen Grundlagen auch einmal anders betrachten als nur unter dem gegenwärtig offenbar einzigen Kriterium der Effizienz. Natürlich war es verhängnisvoll, dass die auf dem VI. SED-Parteitag 1963 beschlossenen Wirtschaftsreformen, die auch von Reformen der Kulturpolitik, des Bildungswesens oder Jugendpolitik begleitet wurden und für gut zwei Jahre tatsächlich für eine Aufbruchsstimmung im Land sorgten, mit dem 11. ZK-Plenum im Dezember 1965 de facto beendet wurden. Dies geschah auf persönlichen Druck Erich Honeckers und eines Kreises seiner Gefolgsleute, zu dem Kurt Hager (Ideologie) und Joachim Herrmann (Medien) gehörten. Das war der Anfang vom Ende der Ära Walter Ulbricht, über dessen kleinbürgerlichen Kunstgeschmack die freien Geister im Lande zu Recht klagten, aber den doch eines auszeichnete: Er war politischer Realist. Die Crux: Die DDR war im ökonomischen Wettbewerb verdammt zur Modernisierung fast um jeden Preis. Denn wenn das Produktivitätsgefälle zwischen Ost und West zu groß werden würde, der Osten langfristig der arme Teil Deutschlands bliebe, dann hätte der Sozialismus und damit auch die Zweistaatlichkeit keine Basis in der Bevölkerung. Ulbricht also nahm die ökonomische Konkurrenz zur Bundesrepublik ernst, er war bereit, für die Zukunftsfähigkeit der materiellen und geistigen Basis der DDR-Gesellschaft viele ideologische Dogmen zu opfern.

Der Slogan »Überholen ohne einzuholen« ist nicht ohne visionären Mut. Der Kybernetik-Fan Ulbricht, der das Land – unter Kopfschütteln der Funktionärskaste – mit Zukunftsforschungsinstituten überzog, wusste, was es mit diesem Slogan auf sich hatte. Wirtschaftswissenschaftler nennen dieses Phänomen »Leapfrogging«, das meint das Überspringen oder auch Auslassen einzelner Stufen in einem vorgegebenen Prozessablauf. Die Ulbricht-Zeit im Einzelnen ist hier nicht das Thema – hier geht es nur um verfehlte Chancen und falsche Weichenstellungen, deren Auswirkungen bis in die achtziger Jahre hinein reichten.

Einige der Fehler der unter Honecker restaurierten Planwirtschaft, der Bilanz- und Kommandowirtschaft von oben mit all ihren fatalen Auswirkungen, wurden dann Ende der siebziger und in den achtziger Jahren halbherzig korrigiert. Nun sollten die neu geschaffenen Kombinate wie Konzerne agieren, auch erwirtschaftete Gewinne – wenigstens teilweise – wieder selbstständig investieren können. Aber diese Korrekturen kamen zu spät, um noch eine die Gesamtwirtschaft dynamisierende Wirkung zu entfalten. Die falsche Subventionspolitik für Mieten und Grundnahrungsmittel, die aufgrund von Honeckers hartnäckiger Weigerung – trotz Interventionen des auf Veränderung drängenden Chefs der Staatlichen Plankommission Gerhard Schürer – nie aufgegeben wurden, verschlangen unsinnigerweise einen immer größeren Teil des Staatshaushalts. Vor allem: Zu einer wirksamen Preisreform, die die Preise am tatsächlichen Wert bemaß, kam es nie.

Von einstigen Mitschülern weiß ich, dass in den Gärten der Nachbarschaft oft staatlich geförderte Kleintierhaltung betrieben wurde. Man hielt fast alles, was man gegen gute Bezahlung bei den staatlichen Aufkaufstellen abliefen konnte: Kaninchen, Enten und Gänse, auch Schafe und Schweine. Hühner eher nicht, für die gab es die KIM, die Kombinate für industrielle Mast, im Volksmund auch Hühner-KZ genannt. Die Aufkaufstellen waren eingerichtet worden, um die Versorgung der Bevölkerung zu verbessern.

Der Haken dabei: Nicht nur Brot war billiger als Getreide, auch subventionierte Fleischendprodukte oder Milch konnte man billig im Laden kaufen und seine Tiere damit füttern, um sie dann – wiederum subventioniert – an staatliche Stellen zu verkaufen. Und ähnlich unwirtschaftlich waren auch die niedrigen Mieten. Für unsere Zwei-Zimmer-Wohnung mit Außentoilette in der Warschauer Straße, Berliner Hinterhof, zahlten meine Frau und ich mit Kind als DDR-Jungfamilie ab 1986 bis zur Wende an das studentische Wohnungsbüro der Humboldt-Universität statt der Einheitsmiete von 1936, die 42,50 Mark betrug, nur den Preis für zwei Wohnheimplätze, je 10 Mark, das waren zusammen 20 Mark! Schön für uns, aber nicht gut für den Zustand des Hauses.

Es war nicht Schuld der kommunalen Wohnungsverwaltung, dass ganze Straßenzüge verfielen. Bei unserer Heirat hatten wir auch einen zinslosen Ehekredit von 5000 Mark erhalten, mit einer Laufzeit von zehn Jahren – damit konnte wir uns eine Waschmaschine, Kühlschrank und einige Möbel kaufen. So lebten wir als Studenten mit einem Grundstipendium von jeweils 200 Mark zuzüglich eines Leistungsstipendiums von 60 bis 150 Mark plus 50 Mark fürs Kind recht gut (Kohlen, Strom und Gas kosteten ebenfalls fast nichts). Geld spielte in diesen Jahren, trotz Studium, Wohnung und Kind (Krippen- und Kindergartenplätze kosteten nichts), eigentlich keine Rolle. Und da wir gerade bei Zahlen sind: Sogar als Oberschüler der 11. und

12. Klassen, so wurde es 1981 eingeführt, bekamen wir monatlich 100 Mark im ersten und 150 Mark im zweiten Jahr als Schülergeld, was als Pendant zum Lehrlingsgeld gesehen wurde.

Nun kann man sagen, kein Wunder, dass die DDR 1989 pleite war – aber das noch Erstaunlichere ist doch, dass diese, gemessen an der Bundesrepublik, nicht sehr reiche Gesellschaft sich das überhaupt so lange leisten konnte. Zurück zu den ökonomischen Turbulenzen der DDR-Ökonomie zwischen Ende der siebziger und Ende der achtziger Jahre. Keine Erfolgsgeschichte, aber auch nicht das zwangsläufig in den Untergang führende Desaster, als das es oft hingestellt wird. Das Dauerproblem ab Mitte der siebziger Jahre war das Auf und Ab der Rohstoffpreise auf dem Weltmarkt. Am Beispiel des Kaffees kann man die Unlust des Politbüros verstehen, Preise für Konsumgüter zu erhöhen. Diese Unlust rührt aus dem Jahr 1953. In dem Jahr, als sich die SED-Führung erstmals entschloss, eine eigene Preispolitik zu machen, ging die Sache ziemlich schief. Bis dahin hatte die sowjetische Besatzungsmacht die Sache geregelt, mit ihrem Befehl Nr. 9, womit im Juni 1945 festgelegt wurde, dass alle Preise sich an denen des Jahres 1944 orientieren mussten. Natürlich gab es den Schwarzmarkt mit seinen vom Mangel bestimmten Wucherpreisen. Für Grundnahrungsmittel wurden Lebensmittelkarten eingeführt, und ab 1948 gab es die Handelsorganisation (HO), die ohne Karten Preise knapp unterhalb des Schwarzmarktniveaus anbot.

Mit den Jahren und verbessertem Angebot sanken die HO-Preise wieder bis 1953 – da stiegen sie in der ersten Jahreshälfte, und das führte dann, zusammen mit den beschlossenen Normerhöhungen, zum Arbeiteraufstand vom 17. Juni, den die DDR als Staat nur mit Hilfe russischer Panzer überlebte. Danach war dem Politbüro erst einmal die Lust auf Preiserhöhungen vergangen.

Mit einer Ausnahme: dem Kaffee! Der Staat musste drei, am Ende sogar über vier DDR-Mark aufwenden, um eine DM zu erwirtschaften. Wenn dann noch die Weltmarktpreise rasant stiegen wie bei den Kaffeebohnen, waren die Folgen katastrophal. Ohne die vielen Pakete mit Kaffee aus dem Westen an die Ostverwandten wäre damals vermutlich bereits die Revolution der Kaffeetrinker ausgebrochen. Man schätzt, dass bis zu einem Viertel des in der DDR verbrauchten Kaffees als Verwandtengeschenk aus dem Westen kam. Weil dies ein durchaus gewollter Effekt war, wurde auf geschenkten Kaffee, Kakao und Schokolade kein Zoll erhoben.

Den ebenfalls koffeinhaltigen Tee gab es in der DDR ausreichend und überaus preiswert zu kaufen – aber die Deutschen trinken nun mal lieber Kaffee als Tee, da ist wenig zu ändern. Doch für diejenigen, die die winzigen 125-Gramm-Kaffeepackungen der Marken »Kosta«, »Rondo« oder »Mona« in Konsum oder HO kaufen mussten, war das überaus kostspielig. Der seit 1958 festgeschriebene Kaffeepreis lag – je nach Marke – drei bis viermal so hoch wie im Westen. Das war – bei etwa halb so hohen Einkommen in der DDR – sehr teuer, aber eigentlich noch nicht teuer genug. Denn um Kaffee auf dem Weltmarkt einzukaufen, musste die DDR 1972 etwa 150 Millionen DM aufwenden, 1977 jedoch bereits 670 Millionen.[27] Das dazu benötigte Geld versuchte man durch Kredite zu beschaffen, was immer schwieriger wurde.

Schließlich entschloss man sich zu handeln – mit dem Ziel, den Kaffeeverbrauch zu reduzieren. Also beschloss am 26. Juli 1977 (auf dem Höhepunkt der »Kaffeekrise« nach einer Missernte in Brasilien) das Politbüro die »Versorgungslinie Kaffee«. Das Kilo »Rondo«, bis eben noch zum HO-Kilo-Preis von 1958 für 70 Mark im Handel, sollte jetzt 140 Mark kosten, »Mona« nicht mehr 80, sondern 160 Mark (Preissteigerungen von 100 Prozent!), die mit 60 Mark preiswerteste Sorte »Kosta« wurde ganz aus dem Sortiment genommen.

Dafür kreierte man eine billige neue Marke, die aber auch nur zur Hälfte aus Kaffeebohnen bestand: den »Kaffee-Mix«, der mit »Surrogaten« wie Zichorie und Gerste versetzt war. Beim ersten Schluck wusste es jeder: Das Gebräu war schlicht ungenießbar und verstopfte zudem die Kaffeemaschinen. Doch, so war beschlossen worden, Betriebskantinen und Gaststätten der einfachen Kategorie sollten fortan nur noch Kaffee-Mix ausschenken.

Wohl noch niemals zuvor hatte das Ostvolk so geschlossen empört aufgeschrien: Sollen wir nach fast dreißig Jahren Sozialismus wieder Muckefuck wie nach dem Krieg trinken? Niemals! Tausende Beschwerden über »Erichs Krönung«, wie man das Produkt bissig nannte, wurden geschrieben, die »Kaffee-Mix«-Affäre wurde immer explosiver – bis man bereits Anfang 1978 den Mixkaffee schleunigst aus den

Läden nahm, und alles wieder wurde, wie es zuvor gewesen war – zum alten Preis.

Auch im Westen hatte es einen Preissprung beim Kaffee gegeben. Von Januar 1976 verteuerte er sich von etwa 17 DM pro Kilo auf über 28 DM pro Kilo im August 1977 – ebenfalls fast eine Verdoppelung.

Vor Preisexperimenten scheute man nach diesen Erfahrungen in der Staatsführung fortan noch mehr zurück – dann lieber irgendwie neue Kredite beschaffen! Die Preise für Grundnahrungsmittel und Mieten blieben bis zum Ende der DDR eingefroren, sogenannte Luxuswaren dagegen waren extrem teuer. Und wieder betraf das nicht alle gleich im Osten. Unsere Familie zum Beispiel wurde von Westverwandten mit Kaffee, Schokolade und (abgelegten) Jeans versorgt, brauchte diese Dinge nicht in HO oder Konsum zu kaufen. Den Farbfernseher bekamen wir Anfang der achtziger Jahre über »Genex«, einer Handelsorganisation aus Schalck-Golodkowskis Handelsimperium, die Westdeutschen anbot, gegen DM gehobene Ost- und auch einige Westwaren für ihre Verwandten in der DDR zu kaufen. Auch DDR-Bürger im Auslandseinsatz erhielten Genex-Gutscheine. Wer also in der DDR nicht länger als zehn Jahre auf einen Trabant warten wollte, konnte ihn sich sofort von Bruder oder Schwester aus dem Westen schenken lassen – zum halben Preis in DM.

Mit Westverwandten hatte man auch immer – zumindest etwas – Westgeld. Bis 1974 war Valuta-Besitz für DDR-Bürger allerdings verboten. Dann nicht mehr, die Intershops wurden auch für DDR-Bürger freigegeben (die dafür ab 1979 ihre DM allerdings zuvor gegen sogenannte Forum-Schecks umtauschen mussten). Die DM avancierte so zur gefragten Zweitwährung im Lande. Im Grunde war dies – ob bewusst initiiert oder nicht – der erste Schritt zu einer Konföderation.

Einen Intershop zum Einkaufen zu betreten, war schon ein bisschen wie Ausreisen. Oder waren da bereits die Vorboten der westlichen Wirtschaft in all ihrem Glanz eingereist? Ein unwiderstehlicher Duftmix aus Kaffee, Deodorant und Seife lag in der Luft: die Verführung im Rahmen des Käuflichen. Gegründet worden war der Intershop 1962 für Valuta-Ausländer vor allem an Grenzübergangsstellen, Flughäfen und Seehäfen. 1974 gab es 271 Intershops, 1988 bereits 416. Der Jahresumsatz betrug schließlich eine Milliarde DM.

Von nun an gab es zwei Klassen DDR-Bürger, die mit und die ohne Westgeld. Handwerker gaben beiläufig zu verstehen, dass Termine bei Zahlung in DDR-Mark kaum zu haben wären, sehr viel schneller, ja sofort, würde es welche für DM geben – das war ungefähr so wie heute der Unterschied zwischen Kassen- und Privatpatienten. Erwin Strittmatter erinnert sich im Gespräch mit dem Filmemacher Thomas Grimm: »In den letzten Jahren der DDR verfiel die Akademie auf den Gedanken, Politbüromitglieder zu Vorträgen einzuladen, um sie dann zur Sache zu befragen. Der erste, der eingeladen wurde, war Günter Mittag. Es war in jener Zeit, als die Handwerker nur noch für Westmark arbeiten wollten; daher habe ich ihn gefragt, ob es jetzt bei uns zwei Währungen gebe und was ich machen solle, wenn mein Klempnermeister mir die Dachrinne nicht mehr repariert, weil ich mindestens die Hälfte des Honorars in Westgeld bezahlen soll. Da sagte Mittag: ›Bring mir den, der so etwas macht.‹ Ich sagte: ›Wie denkst du dir das? Ich werde es mir doch nicht endgültig mit meinem Klempnermeister verderben.‹ Darauf hat Mittag sich umgedreht, ohne Antwort.«[28]

Um zahlungsstarken Bürgern ohne Westmark ebenfalls Zugang zu gehobenem Konsum zu ermöglichen (und die ständig wachsende Kaufkraft abzuschöpfen), wurden sogenannte »Delikat«- und »Exquisit«-Läden eröffnet, in denen es neben DDR-Exportware auch West-Ware im Kurs von etwa eins zu vier zu kaufen gab. Was den »normalen« Versorgungsstandard noch schäbiger aussehen ließ. Alles in allem entstand so ein gespaltenes Bewusstsein in der Gesellschaft, aber auch in jedem Einzelnen: Ein Teil dachte in Mark, der andere in DM. So erodiert jedes staatsbürgerliche Bewusstsein.

Für die DDR-Wirtschaft katastrophal war der Ölpreisschock, der diese gleich doppelt traf. Beim ersten Mal improvisierte sie sich recht gut durch die heikle Situation, beim zweiten Mal aber ging sie in die Knie. 1972 begannen die Preise für Rohöl auf dem Weltmarkt zu steigen. 1974 hatten sie sich bereits verfünffacht – und noch war kein Ende in Sicht. Gleichzeitig drosselte die Sowjetunion ihre Ölexporte in die DDR um pauschal 10 Prozent – sie verkaufte ihre Rohstoffe lieber gegen Devisen auf dem Weltmarkt. Für die DDR wurde es 1981 fast unmöglich, weitere Devisen-Kredite zu erhalten – denn die Zinsen waren bis auf 20 Prozent gestiegen!

Man beschloss die Sache quasi geheimdienstlich anzugehen, auch um die verschärften Technologieboykotte der USA gegen die sozialistischen Länder zu umgehen. Die Arbeitsgruppe Kommerzielle Koordination (Koko) unter Schalck-Golodkowski wurde gegründet – und machte sich durchaus erfolgreich daran, dicht an und unterhalb der Legalitätsgrenze Devisen und moderne Technologien ins Land zu holen. Die beiden Milliardenkredite, die Franz Josef Strauß vermittelte, gehören in diese Erfolgsgeschichte. Sie machten die DDR wirtschaftlich wieder handlungsfähig.

Die Reaktion auf den Ölpreisschock war rigoros, aber nicht falsch. Die richtige Erkenntnis: Öl ist zu schade zum Verbrennen, man muss es veredeln und die Produkte dann wieder auf dem Weltmarkt verkaufen. Also wurde in Leuna eine hochmoderne Raffinerie zur Aromaten-Erzeugung gebaut – das »Derivategeschäft« lief gut an. Man erzielte erhebliche Devisenüberschüsse – zwischen 1980 und 1985 sanken die Verbindlichkeiten der DDR gegenüber dem Westen netto von 23,1 auf 15,5 Millionen DM.[29]

Doch diese Entwicklung hatte eine Kehrseite: den massiven Ausbau der Braunkohleförderung, ohne Rücksicht auf Natur und Mensch. Ölheizungen von Schulen, Betrieben und Wohngebieten wurden Ende der siebziger Jahre wieder auf Kohlebetrieb umgestellt. Die Reichsbahn setzte statt Dieselloks nun wieder häufiger Dampflokomotiven ein, das erhöhte zwar die Romantik des Bahnfahrens, aber schleuderte eine Menge Dreck in die Luft.

Seltsame Einfälle hatte man. So erinnere ich mich an einen Umbau, der ein fast heiteres Kopfschütteln bei allen Augenzeugen hervorrief. Denn alle Anlangen des Kurbads Heiligendamm wurden plötzlich wieder zentral per Kohle beheizt. Dazu stellte man neben das moderne Heizhaus drei Lokomotiven-Dampfkessel, die ab jetzt das Heizen übernahmen. Das Heizen klappte gut, aber die drei stillgelegten Lokomotiven produzierten eine Menge dicker Luft. Von Ökologie durfte man überhaupt nicht mehr laut reden. Die Werte der Schwefeldioxid-Belastung der Luft waren Verschlusssache.

Aber dann gab es den zweiten Ölpreisschock, diesmal fielen die Preise ins Bodenlose, das Barrel Öl kostete 1986 auf dem Weltmarkt statt eben noch 35 Dollar nur noch 10 Dollar! – das »Derivate«-Geschäft war vorbei, die DDR erzielte mit ihren Produkten nun keine ausreichenden Gewinne mehr auf dem Weltmarkt. Die Schulden stiegen wieder, Mittel für einen Strukturwandel waren nicht vorhanden. Man kämpfte mit dem Verschleiß. Instandhaltung der bestehenden Maschinen und Anlagen war jetzt eine zentrale volkswirtschaftliche Aufgabe. Denn für Neuanschaffungen fehlte das Geld.

Während meines Philosophiestudiums an der Humboldt-Universität stand 1987 ein Seminar im Fach »Politische Ökonomie des Sozialismus« auf dem Plan. Es versprach langweilig zu werden. Die übliche Affirmation? Keineswegs. Der Seminarleiter Wilfried Ettl zeichnete zum Auftakt eine Kurve an die Tafel, die ging steil nach oben. Das sei die Entwicklung der Konsumptionsrate in der DDR der letzten zehn Jahre. Dann zeichnete er eine zweite Kurve, diese verhielt sich geradezu spiegelverkehrt zur ersten und stürzte steil ab. Das sei die entsprechende Akkumulationsrate im gleichen Zeitraum, also die der Investitionen in die produktiven Bereiche. Sie lagen zu dieser Zeit gerade einmal noch bei einem Prozent, was bedeutete, dass sich die Abschreibungszeiten für Maschinen auf etwa achtzig Jahre beliefen, Tendenz steigend. Was ich daraus schlussfolgerte? Erst einmal noch nicht das Äußerste. Jedoch wusste nun auch ich, der Staat gab viel mehr Geld aus, als er hatte. Eigentlich ein urkapitalistisches Prinzip, dieses Sich-bewusst-Verschulden, aber im Rahmen einer Bilanzwirtschaft desaströs. Erstmals befiel mich eine konkrete Ahnung davon, wohin die ökonomischen Zwänge das Land führen mussten.

Die Aussonderungsrate sank in den achtziger Jahren auf 1,1 Prozent, das heißt weggeworfen wurde fast nichts. Die Lagerhaltung allerorten war enorm – man konnte alles noch gebrauchen oder aus allem etwas machen, was man noch gebrauchen konnte. Reparieren und immer wieder reparieren war die Devise.

Das ist das Gegenteil des Alles-immer-wieder-wie-neu-Prinzips des Westens, der Wegwerfgesellschaft. »Das hält noch, muss noch halten!«, war der Hauptslogan – und Instandhaltungsarbeiter ein Berufsbild mit Konjunktur. Die Zahl der Instandhaltungsarbeiter lag 1988 bei 9 Prozent, in einigen Industriebereichen wie in der Braunkohleverstromung sogar bei 40 Prozent! Das ist so, als wollte man mit einem rostigen Schiff voller Löcher im Schiffsboden den Atlantik überqueren und heuerte zu diesem Zweck hundert Matrosen extra an, die nur zum Wasserschöpfen da sind. Ein Seelenverkäufer? Gewiss auch das, aber eben auch der verzweifelte Versuch, im Rückgriff auf eigene Ressourcen die neuerliche Krise zu überstehen.

Dennoch war etwa die Zinspolitik gewinnorientiert; ab Anfang der siebziger Jahre verzinsten die DDR-Sparkassen Guthaben einheitlich mit 3,25 Prozent (das war zeitweise mehr als das, was die Sparkassen im Westen zahlten). Durchaus ein Anreiz zum Sparen, das auch notwendig war, denn die geringen Renten in der DDR – in den achtziger Jahren betrug die Mindestrente nach 44 Arbeitsjahren 300 Mark – erforderten die Sparvorsorge der Bürger.

Es gab bis zuletzt den Versuch, in wenigen ausgewählten Industrien »zukunftsfähig« zu werden. Vor allem in »intelligenzintensiven« Bereichen, in denen man sich weitgehend unabhängig von der schwierigen Rohstoffsituation machen konnte. So war die Mikroelektronik das Prestige-Thema, mit der man die Überalterung großer Teile der Industrien wettmachen wollte. Alle Ressourcen gingen in die Entwicklung des 1-Megabyte-Speicherelements, das Honecker noch Anfang 1989 stolz der Öffentlichkeit präsentierte. Die Kosten dafür waren auch wegen des westlichen Technologieboykotts enorm, der Effekt dieser im Alleingang entwickelten »Schlüsseltechnologie« jedoch gering, denn im Westen gab es den Ein-Megabyte-Speicher bereits seit Mitte der achtziger Jahre. Die DDR vermochte nicht mehr, im Entwicklungstempo neuer Technologien mit dem Westen mitzuhalten. Eine Einsicht, vor der man 1989 nicht länger die Augen verschließen konnte.

Aber dieses ökonomische Desaster war von Honecker selbst verschuldet gewesen. Denn Ulbricht hatte trotz des 11. ZK-Plenums im Dezember 1965, auf dem Honecker Ulbricht im Stile eines Großinquisitors die Instrumente gezeigt hatte (und dabei einen kulturpolitischen Kahlschlag anrichtete), an seiner Variante der Neuen Ökonomischen Politik festgehalten, zu der eine Industriepreisreform gehörte und die forcierte Entwicklung von Zukunftstechnologien: rechnergestützte Maschinen, genauer »numerische Steuerungen«. Entwicklungstechnisch lag die DDR mit der Bundesrepublik im Bereich der »numerischen Werkzeugmaschinen« in dieser Zeit gleichauf; die im Fritz-Heckert-Werk in Karl-Marx-Stadt gefertigten rechnergestützten Werkzeugmaschinen »Prisma 22« und »Rota F« waren dem Entwicklungsstand der Bundesrepublik sogar um mehrere Jahre voraus.[30] Diese Phase der ökonomischen Reform hieß ÖSS (Ökonomisches System des Sozialismus). Sie basierte auf der Idee gemischter Eigentumsformen – staatlichem, genossenschaftlichem und privatem – und arbeitete bewusst mit Marktanreizen.

Und wie erklärt sich dann der folgende Absturz dieser Technologien ins Mittelmaß? Der Machtkampf zwischen Walter Ulbricht und seinem Stellvertreter Erich Honecker eskalierte im Sommer 1970, während der Vorbereitung des XIII. SED-Parteitags. Und diesmal ging es nicht mehr nur um die Fortführung von Ulbrichts marktorientiertem Wirtschaftskurs (dem partiellen Brechen des Primats der Politik über die Ökonomie), sondern auch um Honeckers eigenes politisches Schicksal. Denn Ulbricht hielt Honecker – angesichts der wissenschaftlich-technischen Herausforderungen – für nicht geeignet, seine Nachfolge anzutreten (um die ging es dem achtzigjährigen Ulbricht durchaus). Honecker war aber bereits zweiter Mann im Staate und als Leiter des Sekretariats des ZK der SED ein Mann der Administration. Statt in Honecker sah Ulbricht in Günter Mittag, dem Wirtschaftsfachmann, seinen Nachfolger: »Am Abend des 1. Juli, als das Politbüro seine Tagung unterbrach, war Honecker faktisch aus seinen Funktionen entlassen.«[31]

Honecker ruft sofort Leonid Breschnew in Moskau zu Hilfe – Ulbricht wird von diesem angewiesen, die Absetzung Honeckers rückgängig zu machen. Dennoch ist der SED-Führungszirkel uneins, ob er sich wirklich hinter Honecker stellen soll – bis Anfang 1971 dauert es, dass Honecker eine Mehrheit gegen Ulbrichts Kurs hinter sich weiß. Im Mai 1971 wird Ulbricht dann zum Rücktritt gezwungen. Der Historiker Stefan Wolle verweist darauf, dass es den »Putschisten« im Politbüro um Erich Honecker gelang, Breschnews Eitelkeit herauszufordern. So denunzierte man Ulbricht in Moskau: »Aus vielen Bemerkungen und manchem Auftreten geht hervor, daß sich Genosse Walter Ulbricht gern auf einer Stufe mit Marx, Engels und Lenin sieht.«[32] Einen selbsternannten Klassiker wollte Breschnew nicht in Ostberlin, also gab er seine Zustimmung zu Ulbrichts schrittweiser Entmachtung.

Nun hat Honecker freie Hand in der Vorbereitung des XIII. Parteitags – und sein Ziel dabei ist nach wie vor: Schluss mit den marktwirtschaftlichen Spielen, mit den kybernetischen sowieso! Und so kann Honecker als neuer Erster Sekretär des ZK der SED (Generalsekretär wird er erst 1976) dann auf dem Parteitag im Juni 1971 die »Einheit von Wirtschafts- und Sozialpolitik« als neue »Politik der Hauptaufgabe« verkünden – was bedeutet: zurück zu den bequemen Mitteln und Methoden der Administration und der sozialen Versprechungen ohne ökonomische Gegenleistungen. Alle verstehen, was gemeint ist, als Honecker in seiner Parteitagsrede (Ulbricht hatte aus »gesundheitlichen Gründen« seine Teilnahme abgesagt) ausruft: »Genossen, das ökonomische System der Industrie des Sozialismus entwickelt sich gut, nur zu viele ›außerplanmäßige Wunder‹ kann es nicht verkraften. Es braucht den bilanzierten Plan.«[33]

Die Vision des Wissenschaftsstaates, die Ulbricht hatte, ist damit als Spintisiererei vom Tisch gewischt. Kritiker bescheinigen der SED-Führung, mit dieser Volte vor der wissenschaftlich-technischen Revolution kapituliert zu haben – und das trotz guter Ausgangsbedingungen. Günter Mittag wurde von Honecker als der Mann Ulbrichts, der ihn fast um seinen Posten als ersten Mann im Staate gebracht hatte, in die zweite Reihe zurückverwiesen. Numerik und rechnergestützte Maschinensteuerungen waren plötzlich kein Thema mehr.

Honecker startet wirtschaftspolitisch gleich mit mehreren folgenschweren Fehlern. Dazu gehört 1972 auch die Verstaatlichung von 11 000 privaten und »halbstaatlichen« Betrieben (eine von Ulbricht eingeführte Eigentumsform). Diese in vier Monaten durchgepeitschte Umwandlung feiert man propagandistisch als »Neubildung tausender volkseigener Betriebe«. Da diese Klein- und Familienbetriebe meist Nischenproduktion betrieben oder im Dienstleistungsgewerbe tätig waren, stürzte in diesen Bereichen umgehend das Versorgungsniveau ab. Die Wirtschaftshistorikerin Monika Kaiser nennt diese Aktion den »Knock Out für den Mittelstand«.

Kurz darauf kam der Ölpreisschock, die extensive Wirtschaft der DDR geriet in Bedrängnis. Der Export von Werkzeugmaschinen war rückläufig, die Erlöse erst recht, denn eine moderne Numerik für die Maschinen, die die DDR selbst nicht mehr entwickeln konnte, musste hinzugekauft werden. In den westlichen Industriestaaten wurden bis

Mitte der siebziger Jahre in hohem Tempo intelligenzintensive Produkte entwickelt, just in dem Moment, als dies die SED-Spitze nicht mehr für eine vorrangige Aufgabe hielt.

Erst 1976 wurde Mittag wieder der wichtigste Mann für die Wirtschaft, und damit kehrte auch die Mikroelektronik auf die Tagesordnung zurück – viel zu spät, der Entwicklungsrückstand gegenüber dem Westen war unaufholbar geworden, zumal die US-Regierung unter Jimmy Carter die Handelsbeschränkungen verschärfte, besonders auf dem Gebiet der Mikroelektronik. Die DDR, so wurde im Laufe der achtziger Jahre klar, hatte den Wettlauf um die »digitale Revolution« verloren.

Einer der wenigen Hoffnungsschimmer war die Entwicklung der Multispektralkamera bei Carl Zeiss Jena – das war Mitte der achtziger Jahre wirklich eine Weltneuheit, im Ganzen aber nicht viel mehr als ein Tropfen auf den heißen Stein. Im Wettbewerb der Systeme (zumal unter den Bedingungen des Kalten Krieges) gab es das Prinzip »Ein bisschen langsamer geht es auch« nun mal nicht. Mit Effizienz und Tempo gewann das westliche System den Kalten Krieg – aber was verlor es dabei?

Natürlich lockte auch uns der Konsum. »Westsachen« waren immer Statussymbole. Ich lernte mit einem Pelikan-Füller schreiben und bekam 1979 zur Jugendweihe von einer West-Tante eine Quarzuhr, so was hatte damals noch Seltenheitswert. Ab 1978 gab es auch in der DDR vereinzelt Ruhla-Quarzuhren zu kaufen, aber es war wie mit den Farbfernsehern aus Eigenproduktion, sie waren hässlich und unglaublich teuer. So eine Uhr kostete mindestens dreihundert Mark.

In den fünfziger Jahren hatte die DDR noch den Kampf gegen den Empfang von Westmedien geführt. Zeitungen und Zeitschriften aus dem Westen blieben bis zur Wende verboten – aber Radio und Fernsehen gab es frei Haus. Vorbei die Zeit, über die Wolf Biermann in seiner Autobiographie berichtet, als er Anfang der fünfziger Jahre mit anderen FDJ-Aktivisten die nach Westen zeigenden Antennen von den Dächern holen wollte – das war auch nach DDR-Recht Sachbeschädigung. Spätestens in der zweiten Hälfte der siebziger Jahre fühlten sich die DDR-Bürger dann bereits als halbe Bundesbürger – mit »Tagesschau«, Hans Rosenthal und Fernsehwerbung, mit Intershop und

Genex. Die SED hatte dem nichts mehr entgegenzusetzen, an das Versprechen einer besseren Zukunft glaubte man selbst nicht mehr, man war schon froh über den äußeren Anschein von Frieden im Land.

Dass man sich an der SED-Parteispitze auf eine intensivere Verbindung mit der Bundesrepublik einstellte, in welchen Strukturen auch immer, war ab Ende der siebziger Jahre klar – und wurde von Moskau argwöhnisch beobachtet. Stefan Wolle hat zweifellos recht, wenn er bemerkt, dass sich hinter der Meldung über den Verkaufsbeginn von »Zwei-System-Farbfernsehgeräten« aus DDR-Produktion vom 3. Dezember 1977 eine »historische Kapitulation«[34] verbirgt. Denn das DDR-Fernsehen sendete seit 1969 sein Farbprogramm in dem französischen SECAM-System, das Westfernsehen kam nur per PAL-System in Farbe. Bislang also war Westfernsehen in der DDR nur Schwarz-Weiß zu empfangen. Jetzt baute man die PAL-Empfänger für die Westsender standardmäßig in den Chromat 1062 (für 4100 Mark) und in den Chromalux 1063 (für 4730 Mark) mit ein. 1980 kam dann der Chromat 67 mit 61er-Bildröhre für stattliche 6250 Mark heraus. Was konnte man gegen den Westen in Farbe nun noch ausrichten? Nichts, man wollte schließlich nur noch irgendwie daran teilhaben. Manch einer der SED-Spitzenfunktionäre träumte da schon von einer Konföderation mit der Bundesrepublik. Für den Ost-Konsumenten war es empörend, dass solch hoher Preis nicht für ein West-, sondern ein Ostprodukt fällig wurde. Als Konsumenten, man kann es nicht anders sagen, waren wir westgierig und verachteten unsere eigenen – dabei nicht immer schlechten – Produkte. Aber natürlich wollten wir nicht in erster Linie Konsumenten sein, sondern hatte andere – höhere! – Werte.

Dieses Doppelleben war vor allem eins: anstrengend. Für eine einfache Identität hätte ich damals viel gegeben. Zum Beispiel sagen zu können: Ich bin Deutscher. In dieser Schlichtheit war der Titel jedoch bereits vergeben. So musste ich etwa bei Reisen ins sozialistische Ausland zugeben, dass ich zwar Deutscher sei, aber eben »nur« aus der DDR. Das war vor allem währungstechnisch gesehen weniger als zweitklassig.

Diese die ostdeutsche Volksseele demütigende Ungleichheit zwischen Deutscher Mark und Mark der DDR wurde 1990 immerhin behoben, wenn auch mit ungeahnten Nebenwirkungen, vor allem der, dass nicht wenige von denen, die am lautesten nach der DM gerufen hatten (also die in der DDR als herrschende Klasse hofierten Arbeiter), nun auch die ersten waren, die sehr wenig Geld hatten, weil sie als Erste ihre Arbeit verloren. Und schon fühlten sie sich wieder betrogen, diesmal um die Früchte ihres Einheits-Patriotismus!

Zwischen Ende 1976, mit der Ausbürgerung des unbequemen kommunistischen Großmauls Wolf Biermann, der auch ein hochbegabter Poet war und in seinem seit 1965 andauernden Auftrittsverbotsmodus seine beste Zeit hatte, und der Wahl Michail Gorbatschows zum Generalsekretär der KPdSU im März 1985 lastete die Apathie auf der ostdeutschen Gesellschaft. Die große gesellschaftliche Utopie schien verbraucht, immer mehr Künstler und Intellektuelle schlossen erst innerlich mit der DDR ab, dann auch äußerlich. Sie besaßen, so sie denn prominent genug dazu waren, ein Dauervisum für die Bundesrepublik oder stellten gleich einen Ausreiseantrag.

Frank Beyer hat dies in seinen beiden Filmen *Geschlossene Gesellschaft* (mit Jutta Hoffmann und Armin Mueller-Stahl) und *Das Versteck* (mit Jutta Hoffmann und Manfred Krug) von 1977/78 gezeigt. Beides sind Endspiele einer Beziehung im Beckett'schen Sinne. In *Das Versteck* sagt die Frau irgendwann zu ihrem Mann, dass er arbeitsam sei, nichts mit anderen Frauen habe und sich regelmäßig wasche, sei schön, aber es reiche ihr nicht mehr. Sie wolle die Trennung.

Und der Zuschauer fragte sich: Soll auch ich mich scheiden lassen, und wenn ja, nur von meinem Ehepartner oder gleich von meinem Land – und dann etwas Neues wagen? Dieser anarchistische Stachel war es (nicht nur, aber vor allem), weshalb die Kunst so wichtig für das Leben im Osten wurde: Es schmerzte.

Alle drei Hauptdarsteller der beiden Filme – Manfred Krug, Armin Mueller-Stahl und Jutta Hoffmann – haben in den folgenden Jahren die DDR verlassen, Regisseur Frank Beyer wurde 1980 aus der SED ausgeschlossen und bekam ein Arbeitsvisum für den Westen. Das ist die eine Seite: das Ausbluten. Die andere ist die des dennoch möglichen schöpferischen Impulses Einzelner trotz widriger Umstände.

DER PREUSSISCHE IKARUS

Der Beginn vom Ende: Die Biermann-Ausbürgerung im November 1976

Christa Wolf notiert am »Tag des Jahres«, dem 27. September 1977, in ihr Tagebuch, wie sie es an jedem 27. September seit 1960 macht (einem Aufruf der *Iswestia* folgend) – aber dieser hier ist der erste nach der Biermann-Ausbürgerung und mit dem ging ein Paradigmenwechsel einher. Ihre weitere DDR-Existenz ist ihr plötzlich tief suspekt geworden – wie so vielen anderen Künstlern und Schriftstellern auch, die nun in einem wahren Exodus der Elite das Land entweder ganz verlassen oder aber sich mit einem Dauervisum außer Landes begeben.

Wer vor 1989 als Künstler in den Westen kam, wurde dort geschätzt und oft sogar hofiert. Christa Wolf aber kann sich nicht entschließen zu gehen. Nicht wegen irgendwelcher politischer Überzeugungen, sondern wegen der vielen Leser, für die ihre Anwesenheit (und die von manch anderem) wichtig zum Weiterleben war: als ebenso geistige wie moralische Bestärkung im eigenen Aushalten.

Kunst war in der DDR eben nicht allein Lebens-, sondern Überlebensmittel. Auch mir ging es so – und das im Nachhinein zu denunzieren wäre billig, dann hätte es auch keine Wende gegeben, sondern bloß einen Zusammenbruch von Staat und Moral. Der Eintrag Christa Wolfs vom 27. September 1977 lautet: »Immer noch geht es, wenn ich unwillkürlich ›mich denken lasse‹, um die Bewältigung des Schocks dieses Jahres – Biermann-Ausbürgerung und die Folgen. Immer noch bin ich verstrickt in einen inneren Monolog über dieses Thema, bemüht um Rechtfertigung und Selbstrechtfertigung.«[35]

Und zwei Jahre später, am 27. September 1979, formuliert sie jenen

Widerspruch, der sie umklammert hält: »Und ich werde mich immer an den Augenblick erinnern – es war nach der Biermann-Ausbürgerung, es war in Ungarn, im Bus von Hevis zum Flughafen, als ich mir versprach: Wenn ich mich frei machen und weiter schreiben kann, ganz unabhängig, kann ich hier bleiben; wenn nicht, muss ich gehen.«[36]

Das ist wohl die schwierigste Übung, die nie ganz gelingen kann: Inmitten äußerer Unfreiheit, deren Bedrückung enorm ist, sich eine innere Freiheit zu schaffen, die einem erlaubt, das zu denken und zu schreiben, was nottut – ohne Abstriche und faule Kompromisse.

Die Biermann-Ausbürgerung ist das Trauma der späten DDR. Jener 16. November 1976, als die Nachrichtenagentur ADN die Meldung vom Ausbürgerungsbeschluss verbreitete, teilt die ostdeutsche Geschichte in ein Davor und ein Danach. Die späte DDR, um die es in diesem Buch geht, begann am 16. November 1976. Biermann hatte seit Sommer 1965 in der DDR Auftrittsverbot, er sang zu Hause in seiner Wohnung in der Berliner Chausseestraße 131 auf Tonband – und die Kopien wurden dann (meist per Diplomatengepäck) in den Westen geschmuggelt und dort verbreitet. Er hatte mit Klaus Wagenbach einen Verleger in Westberlin gefunden, der ihn in seinen »Quartheften« (*Mit Marx und Engelszungen*) präsentierte und das überaus erfolgreich.

Am 13. November 1976 ließ man Biermann – zu seinem eigenen Erstaunen – zu einem Konzert in die Bundesrepublik ausreisen, die IG-Metall hatte ihn eingeladen. Das Konzert fand vor 7000 Zuschauern in der Kölner Sporthalle statt, das Radio übertrug es live. Biermann sang das, was man von ihm erwartet hatte – er trat wie das leibhaftige kommunistische Gewissen auf, das sich gegen die staatssozialistischen Deformationen wehrte. Bei aller Kritik ließ er keinen Zweifel daran, dass er die DDR für den besseren, weil antifaschistischen, deutschen Staat hielt. Biermann selbst erinnert sich in seiner Autobiographie: »Ich griff an diesem Abend die DDR gewiss radikal an, aber im gleichen Atemzug verteidigte ich sie mit meiner bolschewistischen Nibelungentreue.«[37]

Nichts Neues also von Biermann. Darum verblüffte die Meldung, die ADN am 16. November verbreitete. Darin heißt es: »Die zuständigen Behörden der DDR haben Wolf Biermann, der 1953 aus Hamburg in die DDR übersiedelte, das Recht auf weiteren Aufenthalt in der Deutschen Demokratischen Republik entzogen. ... Biermann befindet sich gerade in der Bundesrepublik Deutschland. Mit seinem feindseligen Auftreten gegenüber der Deutschen Demokratischen Republik hat er sich selbst den Boden für die Gewährung der Staatsbürgerschaft der DDR entzogen.« Was hier wie eine administrative Maßnahme daherkommt, wird zu einem Erdbeben. Heute weiß man, dass die Ausbürgerung Biermanns seit Jahren beschlossen war, er bereits 1974 nach einer privaten Besuchsreise zu seiner Mutter nach Hamburg nicht wieder ins Land gelassen werden sollte. Aber wegen der schwierigen außenpolitischen Situation, bei der für die DDR die internationale Anerkennung auf dem Spiel stand, wurde die Aktion wieder abgeblasen.[38]

Erich Honecker hatte sich 1976 im Oktober – nicht einmal einen Monat zuvor – zum Generalsekretär des ZK der SED krönen lassen, bis dahin war er seit 1971 als Nachfolger Walter Ulbrichts »nur« 1. Sekretär gewesen. Die ersten Jahre unter seiner Führung waren von einer spürbaren Liberalisierung bestimmt, es sollte – so hatte er bei seinem Amtsantritt verkündet – keine Tabus für die Kunst mehr geben, vorausgesetzt sie stehe auf dem Boden des Sozialismus (und ob das der Fall war, entschied weiter die Partei).

Die DDR wurde in diesen Jahren international von immer mehr Staaten diplomatisch anerkannt. 1975 war auch die Schlussakte der »Konferenz über Sicherheit und Zusammenarbeit in Europa« (KSZE) unterzeichnet worden – die DDR saß gleichberechtigt mit der Bundesrepublik am Verhandlungstisch. Honecker fühlte sich nun stark genug für Machtdemonstrationen.

Doch die Intellektuellen in der DDR hatten in Biermann immer einen Gradmesser dafür gesehen, wie weit sie gehen konnten. Zu weit immer, aber – mit dessen eigenen Worten – auch nicht zu weit zu weit. Darin war er ein Virtuose – und sah sich nun doch schnöde vor die Tür gesetzt.

Die Ausbürgerung wird ein mediales Ereignis ersten Ranges – damit hatte das SED-Politbüro vermutlich nicht gerechnet. Bereits am 17. November bringt das WDR-Fernsehen einen zweistündigen Zusammenschnitt des Konzertes (den Sender konnte man in der DDR aber nicht empfangen). Am 19. November schließlich wird das gesamte vierstündige Konzert ab 22.05 Uhr in der ARD übertragen – wer wissen wollte, wie es um den Sozialismus in der DDR stand und um die Freiheit des Einzelnen, ihn auszulegen, saß damals vor dem Fernseher.

In der DDR regt sich unerwarteter Widerstand. Angeführt wird er von der Aristokratie der DDR-Intelligenz, Stephan Hermlin und Stefan Heym. Otto Gotsche, der schriftstellernde Sekretär Walter Ulbrichts, hatte sich Hermlin gegenüber einmal mit dem 1961 erlassenen Einreiseverbot für Kurt Scharf in die DDR gebrüstet, dem Präses der Brandenburger Bekenntnissynode. Eine Drohung: Das könnte auch ihn treffen. Worauf Hermlin ihm auf drastische Weise antwortete: »Wenn ihr das tut, werdet ihr etwas Merkwürdiges erleben. Ihr werdet nämlich zum ersten Mal jemanden von vorn erschießen müssen. Sonst habt ihr ja die Angewohnheit, in den Rücken zu schießen.«[39]

Hermlin also ist es, der sofort auf die Ausbürgerungserklärung reagiert. Er ruft Heym und eine Reihe anderer Autoren an und bittet sie – noch am 17. November –, zu sich nach Hause in die Kurt-Fischer-Straße in Niederschönhausen zu kommen. Er will mit ihnen beraten, wie man sich öffentlich wirksam dazu erklären könne. Das Ziel lautet: Die Ausbürgerung muss rückgängig gemacht werden! Biermann notiert dazu im Rückblick: »Chronisch auf sich fixierte Einzelkämpfer treffen sich bei Hermlin und beschließen, zum ersten Mal gemeinsame Sache zu machen. Ihr gemeinsamer Nenner: Sie fühlen sich selbst bedroht. Stefan Heym formuliert es lapidar: ›Wir haben Angst, dass sich das Ausbürgern in der DDR einbürgern könnte.‹«[40]

Heym erinnert sich an die Szenerie: »Vorkriegsbau, verwilderter Garten. Am Garteneingang keine Klingel, auch an der Haustür nicht. Hermlin gehört nicht zu den Großverdienern unter den Schriftstellern, er schreibt wenig, und was er schreibt, eignet sich nicht zu Massenauflagen; auch besondere Förderung, die sich finanziell niederschlagen würde, wird ihm nicht zuteil.«[41]

Die Erklärung, die Hermlin geschrieben hat und die er den Anwesenden vorliest, hat es in sich. Eigentlich ist es ein Stück Literatur! Sie hebt mit einem historisch-philosophischen Exkurs an, der die Dimension des Geschehens deutlich machen soll: »Wolf Biermann war und ist ein unbequemer Dichter – das hat er mit vielen Dichtern der Vergangenheit gemein. Unser sozialistischer Staat, eingedenk des Wortes aus Marxens ›18. Brumaire‹, demzufolge die proletarische Revolution sich unablässig selbst kritisiert, müsste im Gegensatz zu anachronistischen Gesellschaftsformen eine solche Unbequemlichkeit gelassen nachdenkend ertragen können.«

Dann folgt die – auf Wunsch einiger Anwesender eingefügte – Einschränkung, dass man sich nicht mit jedem Wort Biermanns identifiziere und sich von Versuchen, die Vorgänge um Biermann gegen die DDR zu missbrauchen, distanziere. Aber sicher sei auch, dass Biermann niemals, auch nicht bei seinem Kölner Konzert, Zweifel daran gelassen habe, »für welchen der beiden deutschen Staaten er bei aller Kritik eintritt«.

So weit, so intellektuell ambitioniert – und auch für DDR-Verhältnisse noch keine skandalöse Positionierung. Aber nun folgt der Satz, der zum Stein des Anstoßes wird: »Wir protestieren gegen die Ausbürgerung und fordern die Rücknahme der beschlossenen Maßnahme.«[42]

Jurek Becker hält sich gerade in Jena zu einer Lesung auf. Ihm wird der Text am Telefon vorgelesen, und er lässt seinen Namen mit auf die Liste der Unterzeichner setzen. Ebenso hat Franz Fühmann Hermlin autorisiert in seinem Namen den Protest zu unterzeichnen. Erich Arendt gibt seine Zustimmung telefonisch. Nicht weit von Hermlin weg wohnt der Bildhauer Fritz Cremer – Hermlin geht mit Gerhard Wolf zu ihm mitsamt der Erklärung. Er unterschreibt, aber hat eine Bedingung. Der letzte Satz müsse entschärft werden. So steht da nun statt »fordern«: »und bitten darum, die beschlossene Maßnahme zu überdenken«. Jetzt liest man nach »protestieren« gleich »bitten«. Wird Letzteres die Macht daran hindern, hart zuzuschlagen gegen Protestierer, die zugleich Bittende sind?

Natürlich springt das erste Wort hervor, das in der DDR sonst nur für Staatsfeinde reserviert ist: »Wir protestieren«. Stephan Hermlin und Stefan Heym (Letzterer in der US-Armee für psychologische Kriegsführung trainiert) wissen, was dieses Wort in den Ohren der Funktionäre bedeutet: eine Kriegserklärung. Doch die Unterzeichner, die sich bewusst sind, was sie mit dem Wort »protestieren« für eine

Ungeheuerlichkeit in die sozialistische Welt setzen, entschließen sich bewusst dazu.

Die Mächtigen sind mit der Biermann-Ausbürgerung zu weit gegangen, das hätten sie nicht tun dürfen. Ausbürgern ist Nazipraxis!, so der Grundtenor in der späteren Diskussion, auf dem die beiden Antifaschisten, die auch Exilanten waren, Hermlin und Heym bestehen. Sie haben ein Recht, das zu sagen.

Aber natürlich wissen sie, dass »protestieren« nicht nach Einsicht, sondern nach der Staatssicherheit ruft, oder wie Heym notiert: »Wir kennen doch unsere Leute im Apparat, ihre Denk- und Verhaltensweisen. … sie können sich überhaupt nicht vorstellen, dass Menschen aus eigenem freien Willen etwas Gemeinsames unternehmen möchten; sie wittern vielmehr den gleichen Modus operandi, den sie praktizieren, und nennen es: Verschwörung.«[43]

Unterzeichnet haben Sarah Kirsch, Christa Wolf, Volker Braun, Franz Fühmann, Stephan Hermlin, Stefan Heym, Günter Kunert, Heiner Müller, Rolf Schneider, Gerhard Wolf, Jurek Becker, Fritz Cremer und Erich Arendt. Rolf Schneider hatte zufällig, wie er sagt, bei Hermlin geklingelt, er wollte ihn in anderer Sache besuchen. Nun gehört er zu den Erstunterzeichnern. Und Fritz Cremer, der nicht fordern, sondern bitten wollte, zieht nach einigen Tagen seine Unterschrift wieder zurück – lässt durchblicken, Hermlin habe ihn dazu genötigt. Cremer, der sich energisch für die moderne Kunst einsetzt, als diese nach Shdanows Naturalismus-Doktrin noch »Formalismus« heißt, ist in seiner Generation vielleicht der wichtigste Bildhauer der DDR, aber auch, wie Heym bemerkt, ein Mensch voller Widersprüche. Immer schon Kommunist, war nicht er, sondern seine Frau unter den Nazis eingesperrt gewesen, aber er durfte im Dritten Reich nicht nur arbeiten, sondern bekam absurderweise auch noch einen Staatspreis! Vielleicht machte ihn das besonders vorsichtig, wenn es ums Protestieren gegen die SED-Spitze ging.

Alle Anwesenden können ihre Aufregung kaum verbergen, sie wissen von der Bedeutung dieses Protestschreibens gegen die Staatsmacht. Das Schlimmste aber wird sein, das auch noch im Westen zu verbreiten. Ein Tabubruch! Aber haben sie denn eine andere Chance? Sie alle haben schon einmal Briefe an Honecker sowie den obersten Ideologiewächter Kurt Hager geschrieben und meist keine oder eine nichtssagende Antwort bekommen. Heym sieht Hermlin vor sich, der nie seine Fassung verliert, immer souverän wirkt – und nicht ganz ohne Neid notiert Heym: »Er steht da wie immer, sehr aufrecht, sehr elegant, er kann tragen, was er will, er wird immer elegant aussehen ...«[44]

Doch wie nun diese Protesterklärung dahin bringen, wohin sie hingehört: in die Öffentlichkeit? Von einem Missbrauch ihrer Erklärung von westlicher Seite gegen die DDR hatte man sich schon beim Protestieren distanziert. Also die Erklärung nicht im Westen verbreiten, sondern nur den führenden Genossen übergeben? So naiv sind die zwölf nun doch nicht. Also beschließen sie, die Erklärung zuerst dem *Neuen Deutschland* zu übergeben (damit ADN es melden kann) und dann – mit einer Sperrfrist von drei Stunden – einer westlichen Agentur, aber keiner westdeutschen, sondern der französischen AFP und Reuters.

Also lässt sich Hermlin von Rolf Schneider zum *Neuen Deutschland* chauffieren, dort dringen sie aber nur bis zum Pförtner vor, dem sie das Schreiben übergeben. Zur gleichen Zeit ist Stefan Heym unterwegs zu Reuters. Die bringen dann die Meldung von der Protestresolution (nach Einhaltung der Sperrfrist), während das *Neue Deutschland* in bewährter SED-Medienpolitik den Protest selbst unterschlägt, aber dann beginnt, Stellungnahmen von Künstlern und bald auch von »Werktätigen« aller Art gegen die Protestresolution und für die Ausbürgerung Biermanns zu drucken.

Plötzlich ist die Ausbürgerung ein Politikum. An den folgenden Tagen schließen sich immer mehr Künstler dem Protest an – die Sache eskaliert, ein Kulturkampf droht. Aber worum geht es dabei eigentlich? Als Stefan Heym am Abend, nachdem sie das Protestschreiben auf den Weg gebracht haben, auf dem Weg nach Hause ist, stellt er Überlegungen dazu an, wohin dies alles noch führen könnte: »Natürlich könnte man sagen: ein Sturm im Wasserglas. Was ist das schon, Ausweisung eines Liedersängers aus einem kleinen Lande, ein Dutzend Schriftsteller protestieren, darauf zentral gelenkte Hysterie auf ein paar Zeitungsseiten, die morgen schon vergessen sein werden.«

Das ist die eine Möglichkeit, die andere: »Man kann es aber auch als Teil einer größeren Entwicklung sehen, die mit dem XX. Parteitag in Moskau begann und die, wenn kein Krieg kommt, zu einer echten Demokratisierung des Sozialismus führen kann.«[45] Hofft Heym hier auf ein »neues Denken«, auf Umbau (»Perestroika«) und Offenheit (»Glasnost«), die erst neun Jahre später aus Moskau kommend die Atmosphäre grundsätzlich verändern werden? Genau darauf hofft er – und auch, dass es nicht zu spät dafür sein wird. Aber wie sich die Biermann-Affäre weiterentwickelt, gibt wenig Anlass zur Hoffnung auf eine Reform.

Am 20. November 1976 wird Manfred Krug zum Gastgeber einer ungewöhnlichen Zusammenkunft. Der Chef der Abteilung Agitation und Propaganda im Politbüro Werner Lamberz will sich mit Abgesandten der Protestierer informell zu einer Aussprache treffen. Krug lässt heimlich – welch Aberwitz! – ein Tonband mitlaufen, darum ist das Protokoll dieser denkwürdigen Zusammenkunft erhalten. Unter dem Titel *Abgehauen* veröffentlichte es Krug 1996.

Warum dieses Treffen ausgerechnet bei ihm stattfand? Krug über das Szenario des von Lamberz einberufenen Treffens: »Hastig ließ er mit Hilfe des Schauspielers Hilmar Thate einen gemischten Künstlertrupp zusammentelefonieren, man beschloss, sich in meiner Wohnung zu treffen, wahrscheinlich hatte ich den längsten Tisch und die meisten Stühle. Was niemand wusste: Ich besaß auch eines der damals modernsten Tonbandgeräte aus dem Westen. Das hatte eine Knopf, mit dem man eine Bandgeschwindigkeit von 2,5 cm pro Sekunde einstellen konnte.« Begleitet wird Lamberz vom Chef des DDR Fernsehens Heinz Adameck und einem Herren, der später für Krug nicht mehr zu identifizieren war. (Heym weiß jedoch, wer das ist: Eberhard Heinrich, Sekretär der Agitationskommission beim Zentralkomitee.)

Krug kennt Lamberz, ob das von Vorteil oder Nachteil ist, wird sich erst noch herausstellen. Jedenfalls: »Mir war Lamberz vor Jahren in einer Dresdner Hotelhalle begegnet, wo er mit offenen Armen auf mich zukam und mir nach wenigen Minuten das ›Du‹ anbot. Wer mich kennt und meinem proletarischen Charme je ausgesetzt war, weiß, dass das möglich ist.«[46]

Lamberz, der für intelligent gilt und bereits als Honecker-Nachfolger gehandelt wird (wozu es nicht kommen wird), hatte da noch seinen Tschaika, jene riesige benzinsaufende sowjetische Staatslimousine; jetzt bei Krug – dem Mercedesbesitzer – fährt er im Volvo vor, der wohl noch recht neu ist, denn mehrfach kommt Lamberz auf seinen Wagen zu sprechen, auch auf die Witze in der Bevölkerung, die über »Volvograd« gemacht werden.

Aber da steht er drüber; wo er nicht drüberstehe, das seien Biermanns Ausfälle über das Wandlitzer »Ghetto« und die »Stasischweine«. Die jungen Personenschützer vom MfS, die ihn begleiteten (und von denen, so betet Krug im Stillen, hoffentlich keiner auf den Einfall kommt, hinter die Tür des Nebenzimmers zu blicken, wo das Tonbandgerät steht), seien prima Jungs und keine Schweine. Und was ein Ghetto sei, wisse er durchaus. Wandlitz sei keins, das sei einfach ein bewaldetes Wohngebiet der Regierung bei Berlin.

Die Dramaturgie der Runde ist eindrucksvoll. Stefan Heym will als Erstes eine Erklärung bekommen, wie der Beschluss, Biermann auszubürgern, zustande gekommen sei. Lamberz blockt ab, er wolle hier keine Referate halten, sondern suche das Gespräch. Schnell wird klar, er will wissen, ob es weitere Unterschriften unter die Liste geben wird – und auch, wer sich beim Unterschriften-Sammeln am eifrigsten profiliert. Heiner Müller hält sich auffällig zurück, seine Wortmeldungen haben etwas von vorsätzlicher Unverständlichkeit – im Jahr zuvor hatte er eine Gastprofessur in Austin, Texas, inne und gedenkt offenbar nicht, wegen eines Politclowns wie Biermann weitere Aufenthalte dort aufs Spiel zu setzen.

Heym dagegen setzt Lamberz unaufhörlich zu. Wann die Entscheidung der Ausbürgerung gefallen sei – der Auftritt Biermanns in Köln sei am Montag gewesen, am Dienstag kam die Meldung von der Ausbürgerung. Heym: »Die Entscheidung fiel innerhalb von zwölf Stunden. Sie selbst sagen, vorher gab es keine Absicht. Das sollten wir doch mal festhalten.« Lamberz reagiert nervös: »Jetzt möchte ich doch mal folgendes sagen: Halten wir hier etwas fest? Ich bitte, eins zu klären, ja?: Wir halten hier nichts fest.«[47] Schade, dass man an dieser Stelle nicht das Gesicht von Manfred Krug sehen kann.

Neben Stefan Heym ist es vor allem Jurek Becker, der Politbüromitglied Lamberz und Fernsehchef Adameck in die Defensive treibt (was diese ihm nicht vergessen werden). Warum man sich nicht vertrauensvoll an die führenden Genossen gewandt habe, wenn es Unklarheiten gebe, will Adameck wissen. Wo sei da das Vertrauen? Jurek Becker: »Nach 27 Jahren Sozialismus in diesem Land habe ich den festen Wunsch, solche Meinungsverschiedenheiten, die mich betreffen und die meisten Emotionen hochfliegen lassen, in der Öffentlichkeit auszutragen. Und wenn man 27 Jahre die Leute für zu blöde hält, so was zur Kenntnis zu nehmen, dann wird das Irre passieren, dass sie allmählich wirklich zu blöde werden. Und mit der Zeit schafft man es, diesen Weg wirklich zu verschließen.«[48]

Christa Wolf wirft ein, der Kommentar von einem »Dr. K.« im Neuen Deutschland, sei »derart demagogisch und verlogen«, wenn da etwa stünde, Biermann sei »zu jeder Schandtat bereit« (dieser hatte in der Moderation während des Konzerts ironischen Tons gesagt: »Ich bin ja zu jeder Schandtat bereit …«). Jurek Becker merkt zur Person des »Dr. K.« an, dass der SFB die NSDAP-Mitgliedsnummer von Dr. Kertzscher veröffentlicht habe: »Ich könnte heulen vor Scham, wenn ich solche Nachrichten höre.« Heym macht Lamberz darauf aufmerksam, dass »die Terminologie dieses Artikels wörtlich entnommen ist den Ausbürgerungsdokumenten des nationalsozialistischen Staates«.[49]

Christa Wolf erklärt, dass sie kein Biermann-Fan sei, das wüsste sogar Biermann selbst. »Aber es ging hier, glaube ich um eine andere, grundsätzliche Sache. Wenn man so von einer Keule getroffen ist von einer Entscheidung, dass einem alles aus der Hand fällt, dann muss man doch fragen: Was ist jetzt hier eigentlich los?«[50]

Tage nach diesem Treffen ruft Erich Honecker bei Stephan Hermlin an und bittet ihn zu sich. Die beiden können offen miteinander reden, denn 1933 waren sie beide in einer Untergrundzelle des kommunistischen Widerstands aktiv. Hermlin unterrichtet Heym von dem Gespräch, das freundlich, geradezu herzlich, aber ergebnislos verlaufen sei: »Auf die Frage, ob und wann Biermann wieder ins Land dürfe, habe Honecker geantwortet: Nie. Auf die Frage, wie lange nie denn dauere, ob vier Wochen oder sechs, habe Honecker gelächelt: Natürlich gäbe es in der Politik niemals ein Nie, aber für die absehbare Zukunft sei die Rückkehr völlig ausgeschlossen.«[51]

Deutlich wird bei beiden Gesprächen, dem von Honecker mit

Hermlin und dem von Lamberz mit den Erstunterzeichnern der Protestresolution, dass das Interesse des Politbüros einzig in eine Richtung weist: Wann hört das mit weiteren Unterschriften endlich auf?

Lamberz verwendet beim Gespräch im Hause Krug immer wieder die Vokabel »Plattform« – Plattformbildung ist eine gefährliche Diagnose, knapp unterhalb der konterrevolutionären Verschwörung. Die Protestunterzeichner versuchen dagegen zu erfahren, warum man an der Parteispitze den hausgemachten Widerspruch, den Biermann verkörpert, auf einmal nicht mehr länger ertragen will – weiß man dort nicht, wie man mit einer derartigen Willkür unabhängige Geister brüskiert?

Für Drohungen hat man in dieser Runde ein feines Gehör. Etwa wenn Lamberz sagt, er wisse nicht, wie lange man sie noch schützen könne. – Schützen wovor?, will Krug wissen. Vor dem berechtigten Zorn der Werktätigen, so Lamberz. Volkszorn? Hoffentlich seien das nicht die gleichen bestellten Störer wie bei den wenigen Vorstellungen von Frank Beyers *Spur der Steine* im Jahr 1966!, kontert Krug. Die Atmosphäre des Gesprächs wendet sich unaufhaltsam ins Bedrohliche.

Wie alle anderen SED-Funktionäre hat auch Lamberz offenbar keine Vorstellung vom Seelenleben der Künstler, die normalerweise nicht sehr mutige Egomanen sind – bis zu einem bestimmten Punkt. Und an dem befindet man sich jetzt. Heym prophezeit dann auch Lamberz, dass Biermann, der die DDR von links kritisiere, »Ihnen ein Pfahl im Fleische sein wird für viele Jahre«. Aber das stößt auf taube Ohren auch bei dem sonst so offenen Lamberz, dem Fähigsten, den sie im Politbüro haben (und gerade erst Ende vierzig).

Am Ende des Gesprächs fragt Heym, nie um das Notwendige, das zu sagen ist, verlegen, ob sie jetzt mit Repressionen zu rechnen hätten. Lamberz: »Was heißt ›keine Repressionen‹? Sie denken in Kategorien, die keine sozialistischen sind, so denken Sie.« Heym reagiert: »Ich habe die Stalin-Zeit miterlebt, Genosse Lamberz. Sie müssen verzeihen, wenn wir noch manchmal daran denken.«[52]

Natürlich gibt es dann doch Repressionen gegen jene, die gegen Biermanns Ausbürgerung protestierten. Die treffen die Prominenten weniger hart als die eher Unbekannten. Letztere werden eingeschüchtert, verhaftet (Jürgen Fuchs!) oder, wenn sie noch Studenten sind, zumindest exmatrikuliert. Der Staat demonstriert Härte. Niemand soll es wagen, noch mal öffentlich »wir protestieren« zu sagen.

Aber auch die Prominenten trifft es – Christa Wolf wird über die sie zermürbende Observation ihren Text *Was bleibt* schreiben. Schließlich spricht sie mit Akademiepräsident Konrad Wolf (der die Biermann-Ausbürgerung in einer Erklärung unterstützt hat) über den Psychoterror gegen sie. Der unterrichtet davon offenbar seinen Bruder Markus Wolf, den stellvertretenden Minister für Staatssicherheit und Chef der DDR-Auslandsspionage – die Telefonüberwachung bleibt zwar, aber die Herren vor der Tür verschwinden.

Manfred Krug, bis eben viel beschäftigter Schauspieler, erhält von einem Tag auf den anderen keine Aufträge mehr, bereits Geplantes wird unter Vorwänden abgesagt. Man will demonstrieren, was man mit ihm machen kann. Kann man das mit ihm machen? Nein.

Krug stellt einen Ausreiseantrag. Lamberz und Kulturminister Hoffmann geben sich entsetzt und wollen ihn zur Rücknahme überreden, nun gibt es plötzlich auch wieder Aufträge für ihn. Aber für Krug ist es vorbei – er will nur noch weg. Und steht ein halbes Jahr später mit Tränen in den Augen (samt seinem Mercedes) auf der anderen Seite der Mauer, wo er nie hinwollte – wie auch nicht Thomas Brasch, Katharina Thalbach, Sarah Kirsch, Jurek Becker, Hilmar Thate, Angelica Domröse, Jutta Hoffmann, Armin Mueller-Stahl, Frank Beyer und zahlreiche andere. Ein Aderlass an schöpferischen Kräften, den die DDR nicht mehr kompensieren kann.

Die Abstrafungsmaschinerie arbeitet schnell und gründlich. Bereits am 23. November 1976 findet die erste einer Reihe von Parteiversammlungen des Berliner Schriftstellerverbandes statt. Man kann die zweihundert Seiten Protokoll nachlesen, wenn man will, es ist im Ganzen unerquicklich. Es ist einerseits großartig, wie sich Stefan Heym, Klaus Schlesinger, Volker Braun, Gerhard Wolf (Christa Wolf sei vor der Sitzung kollabiert, teilt er mit) oder Jurek Becker hier schlagen – andererseits erbärmlich, wie die große Mehrheit sich dem Willen der anwesenden Politprominenz (so dem Berliner SED-Chef Konrad Naumann, einem ordinären Menschen mit massivem Alkoholproblem) unterwirft.

Der Spötter Adolf Endler wird in seinen Notaten *Tarzan am Prenz-*

lauer Berg über diese Ausschluss-Szenerie im Juni 1979 festhalten: »Aber ich höre auch noch Gisela Steineckert, wie sie dem ›Verräter‹ Karl-Heinz Jakobs mütterlich-feldwebelhaft ins Gewissen zu reden versucht: ›Du hast dir also neue Freunde gesucht, Karl-Heinz?‹ (Ja, Karl-Heinzchen ist in ›schlechte Gesellschaft geraten‹, z. B. in meine ...) Jakobs, unwillig und kurz angebunden: ›Ja!‹ Es hätte mich nicht verwundert, wenn er ›Ja, Mamma‹ gezischt hätte; auch ein harsches ›Gebt Feuer!‹ konnte assoziiert werden ...«[53]

Die Folge sind Strafmaßnahmen aus dem Katalog der stalinistischen Scholastik. Gerhard Wolf (mit 109 Ja- und 12 Nein-Stimmen) und Jurek Becker (mit 114 Ja- und 8 Nein-Stimmen) werden aus der Partei »ausgeschlossen«. Sarah Kirsch wird als Mitglied der SED »gestrichen«. Stephan Hermlin erhält eine »strenge Rüge« und Volker Braun eine »Rüge«. Aber diese Art von Stigmatisierung hat eine andere Art Wirkung als erwartet – man wirft Fesseln ab und lässt sich nicht mehr einfach mundtot machen. Das stalinistische Prinzip Kritik und Selbstkritik funktioniert nicht mehr, jedenfalls nicht mehr reibungslos.

Zwanzig Jahre nach der Biermann-Ausbürgerung wird Stefan Heym sein Tagebuch, das er zwischen dem 16. November bis Weihnachten 1976 führte, veröffentlichen. Auch, weil die »Republik in der Mitte Europas, die einst DDR hieß«, im Begriff sei, »zu einer Art Atlantis zu werden«, einem Mythos. Dagegen helfen Dokumente einerseits und andererseits sehr persönliche Notate aus jener Zeit, um die es hier geht. Heym gesteht, dass er bei Manfred Krugs Ausreise in den Westen im Juni 1977 es diesem sehr übelgenommen habe, dass er dem Politbüromitglied Werner Lamberz sein Tagebuch »über Interna der Vorgänge« überlassen habe. Warum er das getan hat? Um seine Ausreise zu beschleunigen? Kaum. Eher, damit der Genosse Lamberz was lernt über die DDR und die Menschen, die in ihr leben – oder eben nicht mehr in ihr leben wollen.

Doch Heym muss es verblüfft haben, dass Krug Tagebuch geführt hat – vom Tonbandprotokoll ihrer Zusammenkunft mit Lamberz erfährt er auch erst kurz vor der Veröffentlichung von Krugs *Abgehauen* 1996, im gleichen Jahr, in dem er sein eigenes Tagebuch unter dem Titel *Der Winter unseres Missvergnügens* herausbringt (der Titel ist übrigens ein Zitat aus Shakespeares Machtdrama *Richard III*) – mitsamt den Observationsnotizen der Geheimdienstler vor seiner Tür. Von der Existenz dieses Manuskripts informierte die als IM Frieda für die Staatssicherheit arbeitende Haushaltshilfe ihre Führungsoffiziere – und die hatten sich während einer Urlaubsreise Heyms mittels Nachschlüssel in die Wohnung begeben, das Manuskript zum Kopieren mitgenommen und es dann auf gleichem Wege zurückgebracht.

Nach dem Protest gegen die Biermann-Ausbürgerung leben auch Stefan und Inge Heym – sie sind nicht die Einzigen – unter ständiger Beobachtung. Selbst einem durchaus hartgesottenen, in jeder Hinsicht welterfahrenen Menschen wie Stefan Heym genügte diese Inszenierung, wie er notiert, »um einen das Gruseln zu lehren«. Und so heißt es im Rückblick auf diese Wochen und Monate nach der Biermann-Ausbürgerung: »Wir hatten gelebt wie unter Glas, aufgespießten Käfern gleich, und jedes Zappeln der Beinchen war mit Interesse bemerkt und ausführlich kommentiert worden.«[54]

Dennoch, so Heym, sei die Biermann-Ausbürgerung ein »Menetekel« gewesen, danach war nichts mehr wie zuvor. Nach diesem November 1976 war plötzlich die Bundesrepublik eine Alternative, auch für überzeugte Sozialisten, die nun sagten: So lassen wir uns nicht behandeln, wir wollen hier weg!

Der Ausreise-Entschluss bei vielen, die den Protest gegen die Biermann-Ausbürgerung unterschrieben hatten, traf die Regierenden unvorbereitet. Darauf hatten sie keine Antwort mehr. Biermann wollten sie nicht wieder ins Land lassen, aber aus dem Land herauslassen mussten sie die Unzufriedenen dann doch irgendwann, wenn auch nach vielen Schikanen – schließlich hatte die DDR 1975 die Schlussakte von Helsinki, die die Einhaltung der Menschenrechte garantiert, unterzeichnet.

Und so konstatiert Heym die neue Lage: »Ein Bruch hatte sich gezeigt in dem scheinbar so fest gefügten System, ein Bruch, der nicht mehr verdeckt werden konnte, ein innerer Widerstand, kollektiv noch dazu, der nicht mehr zu verschweigen war.« Plötzlich steht es nackt vor aller Augen da, »das Ende dieser missratenen Revolution, dieser Republik ohne eigne Legitimierung«.[55]

Und so beginnt der Exodus derer, die wenige Monate zuvor noch humane Umgangsformen mit dem »inneren Widerspruch« des DDR-Sozialismus in Gestalt Wolf Biermanns gefordert hatten. Die Art und Weise, wie die SED-Parteispitze darauf reagierte – mit einer Mischung aus Arroganz, Dummheit und Machtanmaßung –, ernüchterte nicht wenige unter ihn so stark, dass sie nur noch wegwollten aus diesen unwürdigen, ihnen Ekel bereitenden Umständen.

So beschließt auch Sarah Kirsch auszureisen, zum Entsetzen von Franz Fühmann, der zu jenen Autoren zählt, die beschlossen haben, was auch immer ihm passieren wird, im Lande auszuharren. Als er von der angekündigten Ausreise Sarah Kirschs erfährt, schickt er ihr jenes berühmt gewordene Telegramm: »Sarah liebe Schwester der Pirol hat die ganze Nacht geweint. Sollen denn hier nur mehr die Krähen krächzen?«[56]

Sigrid Damm, im Kulturministerium, Hauptverwaltung Buchhandel und Verlagswesen, angestellte Literaturwissenschaftlerin, schreibt am 2. August 1977 an Fühmann, ihre gemeinsame Freundin Sarah Kirsch werde im Westen »nicht leben und dichten können«. Und sie fügt die Bitte hinzu, Fühmann solle versuchen, Sarah Kirsch zurückzuhalten, denn: »Ich kann mir – trotz allem, was man sagen kann und sicher sagen muss – nicht vorstellen, dass Sie für ein Leben in dieser Kälte plädieren.«[57] Fühmann antwortet: »Ich weiß, dass es dort eisig kalt ist, aber wie soll man den Zustand bei uns bezeichnen? Vielleicht als den schönen warmen Mief voll Sauerstoffmangel, in dem es sich oft schwerer atmen lässt als in der Eisluft, und dann ist es eine müßige Frage, welcher Tod vorzuziehen ist: Ersticken oder Erfrieren. – Aber ich werde sie zu halten suchen, im Interesse der Vielen (oder Nicht-Vielen), je nachdem, die es hier wie überall gibt, jener 10 Prozent (mehr sind das nicht, unsere alte Diskussion), denen Kunst etwas bedeutet.«

Doch politisch sei es ein Desaster, dass die »bedeutendste Dichterin deutscher Sprache« dieses Land verlassen wolle: »Es wird Folgen haben; die Kreise werden größer, die Verhärtung schwärender.«[58]

Die Zeichen des Unheils hatten sich längst gezeigt – auch im Privaten. Am 21. August 1976 hatte Sarah Kirsch an Christa Wolf noch launigen Tons berichtet: »Die Brandgefahr ist ja wohl vorüber. Fühmann wäre auch bald abgebrannt, aber die deutsche Volksarmee hat ihn gerettet.«[59] Auch vor dem Sommerhaus von Christa und Gerhard Wolf in Meteln, das sie seit 1973 besitzen, brennt in diesem heißen

Sommer ein Feld. Das Haus übersteht diese Gefahr – um 1983 dann doch abzubrennen. Die Apokalypse rückt näher, es bedarf nur irgendwelcher Störfälle, dass sie über uns hereinbricht – das hat Christa Wolf nun am eigenen Leib, auch jenseits des politischen Kesseltreibens nach der Biermann-Ausbürgerung, erfahren.

Für Sarah Kirsch ist es für über ein Jahr der letzte Brief an Christa Wolf. Dann meldet sie sich am 22. September 1977 aus Westberlin (wohin sie einen Monat zuvor übergesiedelt war) mit der Nachricht: »Ich esse und trinke nichts, fühle mich lebendig, wenn es auch komisch klingen mag.«[60] Die Wolfs sind 1976 von Kleinmachnow in die Berliner Friedrichstraße umgezogen, aber der Lärm der Großstadt macht ihnen, neben all den anderen Beschwernissen (und Schikanen nach der Biermann-Ausbürgerung), zu schaffen. Sie sei schon »halb verrückt«, weil sie in »diesem irren Berlin-Mitte« nicht arbeiten könne, schreibt Christa Wolf in ihrem Antwortbrief an Sarah Kirsch nach Westberlin. Doch diesen Brief schickt sie erst im Januar 1978 ab. Inzwischen war sie bei der Freundin in Westberlin zu Besuch gewesen, auch sie hat nun ein Visum.

Ist ihr Sarah Kirsch nur vorausgegangen? Diese Frage steht im Raum. Eine Antwort hat sie darauf nicht, aber sie schwankt: »Nur frag ich mich, wie arbeitet man ohne die gewohnte Reibung (die ja Reibungswärme erzeugt, die man manchmal in Produktionswärme umsetzen kann), und doch, und doch, diese Dauerreibung nutzt sich ja auch so unglaublich ab, also: Wie arbeitet man m i t der nicht aufhörenden Reibung …«[61]

Die Folgen der Biermann-Ausbürgerung unter Intellektuellen und Künstlern gleichen in den folgenden Jahren einem Flächenbrand, der nicht mehr zu stoppen ist. Sigrid Damm, die sich doch so für Sarah Kirschs Fortexistenz in der DDR einsetzte, wird 1979 ihre Stelle im Kulturministerium kündigen und fortan als freie Schriftstellerin leben.

Keine zwei Jahre nach dem Treffen mit den Erstunterzeichnern des Protests gegen die Biermann-Ausbürgerung im Hause Krug, im März 1978, sind zahlreiche prominente Protestierer ausgereist, und Werner Lamberz ist tot, mit dem Hubschrauber abgestürzt nach einem Treffen mit Revolutionsführer Gaddafi in der libyschen Wüste – die Umstände dieses Absturzes werden nie aufgeklärt.

Erwin Strittmatters *Wundertäter III* als »Sprengstoff«

Nach der Biermann-Ausbürgerung notiert Erwin Strittmatter am 17. November 1977 in sein Tagebuch, ihm sei nie klar gewesen, was der »politische Querkopf«, der »unsere selbstherrlichen Politiker in Liedern verspottete«, eigentlich anzubieten gehabt habe außer eine Art von »reinem Kommunismus«. Nein, ein Freund Biermanns ist Strittmatter nicht, er sieht in ihm pure Hybris am Werk: »Wild gewordener Intellektualismus. Jedenfalls hätt ich von B. nicht mögen regiert werden.«[62]

Dennoch strotze der Akt der Ausweisung vor »politischer Plumpheit«. Was nun folgt, ist Strittmatter zuwider: die geforderten Treuebeweise der »Untertanen«, zu denen auch er sich genötigt sieht. Nein, auf die Seite der Protestierer »gegen den hirnkranken Schreihals B.«[63] mag er sich nicht stellen, aber vor der Verkommenheit der Macht ekelt ihn: »Das Scherbengericht hat begonnen. Wie viele erlebte ich, und wie müde bin ich ihrer!«[64]

Und dann passiert, was in der unheilvollen Logik der Sache liegt: »Die Stalinisten im Polit-Büro fordern ihre Schriftsteller-Opfer. … Der Macht wird Geist zum Fraß vorgeworfen.« Strittmatters Wahrnehmung des nun folgenden Tribunals ist glasklar: »Die Genossen der Parteileitung saßen da wie die Mannschaft eines Schlachthauses.«[65] Und dennoch will er sich nicht als Kritiker zu erkennen geben, »stimmte allen Beschlüssen zu wie neunundneunzig Prozent der Genossen«. Ist es Feigheit? Eher die Egozentrik des Autors, der nur das Schicksal seines neuen Romans vor Augen hat, des *Wundertäter III*, den er auf keinen Fall gefährden will. Dieses Buch soll in seiner Kritik radikal sein, an die Wurzel der Missstände gehen. Das sei wichtiger als aller Parteiversammlungsmut, der in seinen Augen nichts bewirkt. Und so fragt er am 8. Dezember: »Weshalb nur trat ich damals dieser Sekte bei?« Und notiert einige Zeilen weiter in seinem Tagebuch: »Die eigentliche Antwort werde ich in meinem Roman geben.«[66]

Im März 1978 ist der *Wundertäter III* abgeschlossen, am 4. April trifft er sich mit Aufbau-Cheflektor Günter Caspar und seiner Lektorin

Helga Pankoke. Strittmatter notiert: »Literaturklatsch bei teurerem französischen Cognac. Mir will der Mut sinken.«

Er hört gar nicht zu, sieht nach dem Treffen die beiden mit drei Abschriften davongehen und denkt: »Sie schleppen Sprengstoff davon.« Die Unruhe rumort in ihm, wie wird es weitergehen? Am 8. April hält er fest: »Der Roman ist abgegeben, aber ich gehe umher wie ein Mörder, der bangt, dass man seine Tat bald entdecken wird.« Am 16. April: »An der Romanfront alles ruhig. Verdächtig ruhig. Immer wieder ertappt man sich dabei zu denken, dass man sich ausgeliefert hat.«

Am 21. April kommen die beiden wieder, haben den Roman gelesen, aber scheinen nicht beglückt: »Mit soviel Verständnislosigkeit hätte ich nicht gerechnet. Sie sind nicht imstande ein Manuskript zu lesen, ohne Angst, ihre Funktion zu verlieren. Nein, sie können nicht unvoreingenommen lesen. … Die Pankoke: ›Der zweite Teil fällt künstlerisch ab.‹ Caspar: Komposition und Dramaturgie stimmen nicht. Außerdem historische Ungenauigkeiten.«[67] Strittmatter ist erschüttert, überlegt, wie er sich verhalten soll angesichts solch offenkundig vorgeschobener Einwände: »Zur Zeit neige ich dazu, das Manuskript zurückzuziehen.« Eva Strittmatter versucht ihn aufzubauen, indem sie Gäste einlädt und ihnen den zweiten Teil vorliest. Von wegen, der fällt künstlerisch ab!

Es beginnt das große Warten auf zwei Gutachten, mit denen zusammen das Manuskript an Klaus Höpckes Hauptverwaltung Verlage (die Zensurbehörde) gehen soll. Die Gutachten kommen, sind positiv, ungeduldig wartet Strittmatter auf die Entscheidung – aber die wird vertragt. Der Kulturminister Hoffmann wolle zuvor das Manuskript lesen. Wieder hört der Autor eine ganze Weile nichts mehr. Dann am 2. März 1979 ein Anruf aus dem Büro Kurt Hagers, des obersten Ideologiewächters im Politbüro. Er wolle mit Strittmatter reden, käme auch nach Schulzenhof zu ihm. Der Termin ist in zwei Wochen. Strittmatter ahnt Übles: »Alles sehr höflich, aber dass H. sogar nach hier gekommen wäre, wenn ich es gewünscht hätte, verrät, was er mir mitteilen will: Es wird nicht gedruckt.«[68]

Vielleicht wird man ihm ein Angebot machen, unter welchen Umständen das Buch vielleicht herauskommen könnte. Denn es gibt tatsächlich einen heiklen Punkt im *Wundertäter III* – die Vergewaltigung und Ermordung einer jungen Frau durch Soldaten der Roten Armee.

Ein offenes Geheimnis ist, dass es nach dem Krieg nicht wenige solcher Übergriffe gab – aber es bleibt eben auch ein Tabu, das mehr noch als die DDR die Sowjetunion betrifft. Es steht uns nicht zu, Genosse, solche bedauerlichen Vorfälle öffentlich zu machen, damit liefern wir dem Klassenfeind nur Munition gegen die Sowjetunion! Mit dieser Argumentation musste man rechnen, sie war sogar überaus wahrscheinlich. Aber was, wenn er die Vergewaltigung aus dem Buch herausnehmen würde? Das hieße, er müsste statt diesem ein anderes Buch schreiben. Aber könnte er das überhaupt?

Er hat nach der Biermann-Ausbürgerung geschwiegen, sich stillschweigend auf die Seite der Parteispitze gegen die Protestierer gestellt. Und er hat dies vor sich damit gerechtfertigt, dass er nicht den dritten Teil des *Wundertäter* gefährden wolle, der sehr viel subversiver werden würde als all die Polemiken für und gegen Biermann. Und wenn er sich jetzt bei diesem Buch auf faule Kompromisse einließe, dann könnte er nicht mehr in den Spiegel blicken. Nein, er wird nichts am *Wundertäter III* ändern: »Ich musste mir mit dem ›Wundertäter III‹ den Weg freischreiben für das, was ich sonst noch im Leben zu schreiben, zu machen gedenke.«[69]

Als Strittmatter am 16. März zu Kurt Hager ins Politbüro kommt, liegt bei dem schon eine Westzeitung, die in ihrem Messebericht die Nachricht bringt, der *Wundertäter III* dürfe in der DDR nicht erscheinen. Hager selbst gibt sich jovial, er wäre dafür, das Buch zu drucken, aber dazu bräuchte er Verbündete im Politbüro – und wie die Reaktionen der sowjetischen Freunde (Botschafter Abrassimow spielt sich gern als Statthalter Moskaus auf) sein würden und auch die der Kreis- und Bezirksfunktionäre, das möchte er sich lieber nicht ausmalen. Viel heftiger noch als einst bei *Ole Bienkopp*, da könne Strittmatter sicher sein. Das ist nicht Strittmatters Sorge, seine Sorge ist, dass der *Wundertäter III* verboten wird. Hager gibt sich als sein Verbündeter zu erkennen, er werde die Druckgenehmigung erteilen. Dann trennen sie sich und Strittmatter hört wiederum wochenlang nichts. Er liest derweil Hermann Hesses *Politische Schriften*, bereitet sich auf eine »innere Emigration« vor.

Am 18. Juni wird er wiederum zu Hager bestellt, dieser entschuldigt sich damit, sehr beschäftigt gewesen zu sein. Ob ihm, Strittmatter, noch etwas eingefallen wäre, was man am Manuskript ändern, vielleicht streichen könne? Nein, na gut, man werde die Druckgenehmigung auch so geben. Mit dieser Auskunft war der Autor bereits drei Monate zuvor verabschiedet worden. Im August kommt »DEVIL Höpcke, der mit zwei Zungen redet und wechselnd in zwei Gefühlslagen lebt«, zu ihm nach Schulzendorf. Nun lässt sich Strittmatter auf zwei Seiten doch auf Änderungen ein. Hagers Bedingung jedoch lehnt er ab: »Hager im Oberbüro wollte, dass im Anschluss an die Stelle, an der Lenka Meura von der Vergewaltigung der Risse-Tochter erzählt (um den russischen Zensor zu beruhigen) sogleich von der Schuld der Deutschen geredet wird, und daß es zu Frauen-Vergewaltigungen gar nicht gekommen wäre, wenn die Deutschen nicht in Rußland eingefallen wären usw. usw. Also ›agitatorische Absicherung‹, wie sie es nennen.«[70]

Strittmatter ahnt, er wird an dieser Stelle reagieren müssen, damit Bewegung in die Sache kommt. So lässt er es eine der Figuren sagen, das ist dann Teil des Dialogs und damit können dann alle leben – und Höpcke erteilt im am 4. September die Druckgenehmigung, der *Wundertäter III* erscheint am 30. Mai 1980.

Es gibt viel Lob und Zustimmung von Lesern für dieses wichtige Buch. Aber dann Ende 1980 plötzlich der Umschwung in der öffentlichen Berichterstattung: »Mein Name darf in Zeitungen, Zeitschriften, im Rundfunk und im Fernsehen zur Zeit nirgendwo genannt werden.« Zentrum der Fronde gegen Strittmatter ist die SED-Bezirksleitung Cottbus. Die anstößigen Stellen im *Wundertäter III* werden zusammengetragen, und mit diesen versucht man nun dies Unding von Buch aus der Welt zu bringen. Und tatsächlich, es ist keineswegs nur die Szene, in der sowjetische Soldaten eine deutsche Frau vergewaltigen, die für Empörung sorgt, sondern der Grundgestus des Buches von der ersten bis zu letzten Seite.

Es ist eine Sittengeschichte der DDR von den Anfängen bis in die Gegenwart des Jahres 1980 geworden. Eine andere DDR-Geschichte? Jedenfalls eine, die ihre grotesken Seiten nicht auslässt. Wie überhaupt die Größe Strittmatters als Erzähler darin besteht, die Grundfragen menschlicher Existenz mit allen Absurditäten des Alltags zu verbinden. Sein Blick ist durchdringend, überaus klar, aber nicht kalt – er mag die Menschen, über die er schreibt, die einen mehr und die anderen weniger. Aber sie alle gehören zur menschlichen Komödie unter den Bedingungen der DDR. *Wundertäter III* ist die Fortsetzung der Lebensgeschichte von Stanislaus Büdner, einem Bäckergesellen aus Waldwiesen. Der wird – nach politischem Schnellkursus – einer der »Ingenieure der Seele« (eine Wortschöpfung Stalins), also Journalist, und leitet die Lokalredaktion Kohlhalden. So was ging in den ersten wundersamen Jahren der DDR, wenn auch immer unter den drohenden Blicken Stalins: »Es war die Zeit, in der noch nichts erstarrt, nichts in Diplomatie übergegangen war, und wenn einem ein Parteivorgesetzter sagte, ab morgen bist du Direktor, dann war man Direktor, und wenn man nicht allzu grobe Fehler machte, blieb man auch Direktor und wurde allmählich ein guter Direktor. Und so konnte ein Lehrer über Nacht Schuldirektor, ein Gärtner Baumschuldirektor, ein Artist Zirkusdirektor, ein Maurer Minister werden, und Büdner wurde … ausersehen, eine Kreisredaktion zu leiten.«[71]

Da steht er dann etwa – gerade hat er den »Schnellkurs für Kulturredakteure« hinter sich – vor Ernst Barlachs *Bettler*-Figur, die man unter Kriegsschutt gefunden hat, und weiß nicht recht, was er davon halten soll. Aber Dreistigkeit hilft auch in diesem Falle weiter. So also notiert er: »›Mit der Bettlerfigur klagte Barlach die sozialen Mißstände seiner Zeit an‹, schrieb er, obwohl er das nicht genau wusste; er kannte Barlach und sein Werk zu wenig; trotzdem, es war nie verkehrt, die Unzulänglichkeiten der sozialen Verhältnisse vergangener Zeiten ins Spiel zu bringen. … Nie wieder Bettler!«[72]

Doch bald schon blüht die Parteibürokratie, das Klima im Lande bekommt auf gefährliche Weise etwas muffig Vorhersehbares. Die Kreiszeitung muss einen Helden der Arbeit (einen Adolf Hennecke, eine Frida Hockauf) kreieren, dazu bedarf es des »Heldenrohstoffs« – aber wie Strittmatter das beschreibt, ist es pure Demontage. Der einstige dichtende Bäckerlehrling erkennt, dass ein Journalist in diesem Land zuerst ein Funktionär sein soll, und das verstimmt ihn. Schnell gerät er auf Kollisionskurs mit Propagandasekretär Wummer, einer »kreisbekannten Persönlichkeit« – ein überaus beschränkter Mensch, der wenig weiß, aber dafür eine betonfeste Überzeugung sein Eigen nennt. Ein Karrierist mit »Feldwebelstimme«, dessen Motto lautet: »Besser gefürchtet als lächerlich!« Was ihn nur noch lächerlicher macht.

Aber diese Leute, das unterschätzt Büdner, der sich intellektuell in dieser Ideologieblase zu langweilen beginnt, haben die Macht, andere zu vernichten.

Und weil er alte und unpassende Geschichten aufgeschrieben hat, auch jene von der Vergewaltigung, bekommt er bald Besuch von einem Fremden, der seinen Übermut jäh bremst. Er hat das Gebaren eines Inquisitors. Aber wenn das, was er geschaffen hat, »ein kleines Kunstwerk« sei?, versucht sich Büdner zu behaupten und bekommt die Instrumente gezeigt: »Kunst hat parteilich und nützlich zu sein, hab ich gelernt, und anders gehts auch nicht. Komm' wir zur Sache: Du wirst uns ... sämtliche Abschriften übergeben, und du wirst danach ein rehabilitierter Genosse sein.«[73]

Was er geschrieben habe, das sei doch in seinem Kopf, das könne er jederzeit wieder neu schreiben. Davon würde er dringend abraten, bekommt er zur Antwort. Außerdem habe er »mit einem Klosterbruder trotzkistische Gespräche geführt« – und nun überfällt Büdner doch die Angst.

Liest man den *Wundertäter III* heute, ersteht die DDR von innen her wieder auf, erzählt von einem Freigeist, der das nicht als feindlichen Akt missverstanden wissen will. Das sind ja auch seine Verrenkungen, die eines »politischen Wechselbalgs« vor der Geschichte, von denen hier erzählt wird, sie folgen dem Motto des Romanciers, der weit über die sich oftmals abrupt ändernden Äußerlichkeiten des Lebens hinausblickt: »Aber die Zeit teilt, eilt, heilt.«[74]

Eine Attacke gegen den *Wundertäter III* kommt dann auch von Jürgen Kuczynski, der einen offenen Brief gegen das Buch schreibt, mit dem Grundtenor, darin sei alles »Klein-Klein«, er vermisse den »großen Zug der Zeit«. Der Wirtschaftshistoriker Kuczynski, enger Vertrauter Erich Honeckers, veröffentlicht ebenfalls ein – erfolgreiches – Buch *Dialog mit meinem Urenkel.* Dieses kommt auf eine so abgemilderte Weise kritisch daher, dass dies die führenden Genossen eher erfreute denn verärgerte. Ein Hohelied auf den Marxismus-Leninismus! Jürgen Kuczynskis Schwester Ruth Werner arbeitete während des Krieges für die sowjetische Militärspionage, auch in China und Großbritannien, sie war dabei, als Richard Sorge die Führung in Moskau vor einem bevorstehenden Angriff Hitlerdeutschlands warnte (was als Falschmeldung bewertet wurde), in England fungierte sie als Kurier für den Atomspion Klaus Fuchs.

Im Alter schrieb sie Kinderbücher – und ihre Autobiographie *Sonjas Rapport*. Dass nun Kuczynski ihn angreift, indem er eine positive Kritik von Hermann Kant in der *Neuen Deutschen Literatur* zu *Wundertäter III* aufgreift, ist ein Manöver, das Erwin Strittmatter durchaus amüsiert: »›Wundertäter III‹ ist das Gegenbuch zu ›Sonjas Rapport‹ von der Werner. Von der Geheimdienst-Gruppe, die sich um dieses Buch schart, erhielt Jürgen Kuczynski wahrscheinlich den Auftrag, gegen WU 3 zu polemisieren. Er machte das verzwickt. Solche Leute machen das so. ... Gleichzeitig schrieb er Eva einen Brief, sie möge bei mir ein gutes Wort für ihn einlegen, denn ich wäre doch ein so wundersamer Freund und Mitmensch, den er hochschätze.«[75]

Maxie Wander interviewt zweifelnde Frauen: *Guten Morgen, du Schöne*

Dieses Buch ist bei seinem Erscheinen 1977 eine Sensation. Es zeigt alltägliche Menschen, Frauen zwischen sechzehn und vierundsiebzig, die über ihre Hoffnungen und Enttäuschungen sprechen, auch über sehr Intimes zwischen Mann und Frau. Maxie Wander, Österreicherin in der DDR, ist die Ehefrau des Schriftstellers und Holocaust-Überlebenden Fred Wander (fast seine ganze Familie wurde von den Nazis ermordet), der sich in Geselligkeit flüchtete und keinen Seitensprung ausließ.

Ein Protokollbuch im Gestus des Dokumentarischen – danach verlangt es die Leser in der DDR nach der Biermann-Ausbürgerung. Zwar wird politisch Brisantes ausgespart, die Mauer etwa kommt nicht vor, dafür aber Fragen nach Sexualität und Partnerschaft. Für Maxie Wander ist die Mauer vielleicht auch darum kein Thema, mit dem sie andere konfrontieren will, weil sie als Österreicherin fahren kann, wann und wohin sie will.

Die Interviews führt sie 1975. Aus Dialogen werden schließlich auf Druck ihrer jungen Lektorin Annelie Kaduk in sich geschlossene Monologe, auch mit fiktiv-verfremdenden Elementen versetzt. Heinfried

Henniger, Cheflektor des Buchverlags Der Morgen, im Besitz der Blockpartei LDPD, der Liberaldemokratischen Partei Deutschlands, der auch Stefan Heym zu seinen Autoren zählte (aber der war seit dem 11. ZK-Plenum 1965 quasi verboten), hatte mit dem Ehepaar Wander über das Projekt der Frauenprotokolle gesprochen. Er sei daran interessiert. Maxie Wander nahm diese eher vage Mitteilung als Arbeitsauftrag, nicht ahnend, dass das Manuskript, das sie Monate später abliefern würde, auf dem Stapel »unverlangt eingesandter« Manuskripte landen würde.

Aber es gefällt, man will es bringen.

Bleibt das Problem der Druckgenehmigung. Ein Gutachten für die Zensurbehörde, die Hauptverwaltung für Verlage und Buchhandel mit dem stellvertretenden Kulturminister Klaus Höpcke an der Spitze, muss in Auftrag gegeben werden. Es muss ohne Abstriche positiv sein, soll *Guten Morgen, Du Schöne* überhaupt eine Chance auf Veröffentlichung haben. Der Clou hierbei: Die Verleger können selbst einen Gutachter benennen – sie wissen in der Regel, auf wen sie sich verlassen können. Henniger beauftragt Joachim Schreck, Lektor im Aufbau Verlag, der im Ruf steht, etwas von Literatur zu verstehen, und unerschrocken genug ist, das auch kundzutun. Nach dem 11. ZK-Plenum – dessen Beschlüsse er für fatal hält – holt er Sarah und Rainer Kirsch zu Aufbau.

Schreck empfiehlt das Buch, und es kann gedruckt werden – jedoch ist es Hennigers letztes Projekt als Cheflektor. Nach dem unerwarteten Erfolg von *Guten Morgen, Du Schöne*, das den Hardlinern an der SED-Spitze missfällt (für sie klingt jede offene Rede bereits nach Umsturz), wird er abgesetzt und durch einen bequemeren Kader ersetzt.

Im Herbst 1977 wird *Guten Morgen, du Schöne* auf der Leipziger Buchmesse vorgestellt – inzwischen ist Maxie Wander an Brustkrebs erkrankt, sie kann nicht selbst auftreten, überlässt es der Schauspielerin Annekathrin Bürger, im Gohliser Schlösschen daraus zu lesen. Die Rezensionen sind anfangs nicht gut. Die Zeitschrift *Für Dich*, die ein Monopol in Sachen Frauenfragen innehat, verreißt *Guten Morgen, du Schöne*, Grundtenor: So sind unsere Frauen nicht! Aber viele Frauen (und nicht wenige Männer) in der DDR sehen das anders. Die Erstauflage betrug 6000 Exemplare, innerhalb eines Jahres wurden dann über 60 000 verkauft.

Auch unter Jugendlichen (die jüngsten interviewten Frauen sind sechzehn Jahre alt, noch Schülerinnen oder Lehrlinge) erregt das Buch Aufsehen. Da wurde offen ausgesprochen, was sonst nicht in die Öffentlichkeit kam. Ich erinnere mich, dass ich kein Exemplar im Buchladen bekam und es mir – wie später dann auch Bücher von Nietzsche, Orwell oder Bloch – von Verwandten aus dem Westen mitbringen ließ, zusammen mit den Tagebüchern ihrer Krankheit *Leben wär' eine prima Alternative*. 1978 war *Guten Morgen, Du Schöne* mitsamt den Tagebüchern bei Luchterhand erschienen – aber da war Maxie Wander schon an ihrem Krebs gestorben.

Sich Bücher aus dem Westen mitbringen zu lassen, war bis 1989 ein brisantes Thema. Manches kam durch, wenn an der Grenze kontrolliert wurde, anderes nicht. Eine Tante schickte mir per Paket zur Jugendweihe eine zweibändige Weltgeschichte: »30 000 Jahre – Weltgeschichte in Farbe. Vom Höhlenbewohner zur Eroberung des Universums«. Als es ankam, fehlte der zweite Band, der die »Eroberung des Universums« behandelte. Gegenwartsgeschichte aus dem Westen war tabu. Man hatte eine Entnahme-Quittung beigelegt, darin stand, dass es sich dabei um Literatur gehandelt habe, die nicht zur Einfuhr in die DDR geeignet sei – samt Hinweis auf irgendeinen Paragraphen.

In der neunten Klasse der EOS, erinnere ich mich, veranstaltete eine Mitschülerin eine Lesung aus *Guten Morgen, du Schöne*. Im ganzen Land, vor allem an den Theatern, standen jahrelang Lesungen aus dem Buch auf dem Programm. Wir waren vierzehn – und gebannt von dem, was das weibliche Geschlecht mitzuteilen hatte. Ganz etwas anderes, als das offizielle Frauenbild von der selbstbewussten Arbeiterin, Ehefrau und Mutter uns sonst suggerierte. Da ging es immer zuerst um Parteiarbeit und staatsbürgerliche Tugenden. Aber hier sprachen die Frauen über ihr privates Leben – und das ganz und gar ungeschönt.

Sexuelles Verlangen, so erfuhren wir, geht auch im Sozialismus nicht vorherbestimmte Wege. Es ist eine Quelle des Aufbruchs und Glücks, aber auch des Gegenteils, von Verzweiflung und Zerstörung.

Maxie Wander, das Wiener Proletarierkind, entdeckt an sich das Talent, Frauen sehr direkt anzusprechen – und sie bekommt offene Antworten. Vorangestellt hat sie dem Buch ein »Zigeunerlied«. Der Titel *Guten Morgen, Du Schöne* ist die erste Zeile dieses Liedes. Eine Herbeirufung der Geliebten, keinen Widerspruch zulassend. Das »Zigeunerlied« endet brutal: »Kommst Du nicht,/ziehe ich das Messer aus dem Brot,/wische die Krumen vom Messer, und treffe dich mitten ins Herz.«

In einem Radiogespräch mit Annemarie Auer (dem einzigen Interview zum Buch, das im Juni 1977 geführt wurde) sagt Maxie Wander, die Fragen, die sich die Frauen stellen, stelle sie sich ja auch selber. Da sei eine Angst, das zu tun, was man gern für sich tun möchte: »Mich interessiert immer der Spielraum, den ein Mensch hat, oder den er sich erkämpft. Also, dass man immer abwägen muss: Schöpft man die Möglichkeiten annähernd aus?«[76]

Die Frage nach echten und falschen Autoritäten spielt in den Gesprächen eine unübersehbare Rolle. So bekennt die zweiundzwanzigjährige Serviererin Ruth, sie habe Vorbilder gesucht, aber es seien da immer nur Menschen gewesen, die an ihr herumerzogen hätten, dies mache sie falsch und das sähe sie nicht richtig. Dabei sei sie gar nicht schwierig, »ich fresse nur nicht, was man mir vorsetzt«. Und dann hören wir ein für die DDR-Gesellschaft (die keine Befreiung der Alltagskultur durch die 68er erfahren hatte wie der Westen) ungewöhnlich direktes Bekenntnis: »Ich möchte mich selber finden und nicht irgendeinen anderen, vielleicht so einen kleinen Spießer wie meinen Stiefbruder, den mein Vater mit in die Ehe gebracht hat. Den haben sie mir als Vorbild hingestellt, ein Mensch ohne eigenen Gedanken, nur mit dem Drang nach viel Geld, was darzustellen, Sicherheit zu haben. Solche Typen unterscheiden sich doch überhaupt nicht von meiner West-Oma. Dabei ist der in einer leitenden Stellung.«[77]

Sie interviewt auch die sechsunddreißigjährige Physikerin Margot W., hinter der sich die damals noch ganz am Anfang ihres Schreibens stehende Helga Königsdorf verbirgt, die in den achtziger Jahren mit Büchern wie *Respektloser Umgang* gerade unter Studenten sehr viel gelesen wurde – eben weil sie Fragen nach Verantwortung und Gewissen des Intellektuellen stellte. Sie war aber nicht Physikerin, sondern Mathematikerin, Professorin an der Akademie der Wissenschaften, wurde 1990, mit zweiundfünfzig Jahren, in den Ruhestand geschickt, die Bundesrepublik meinte, so viele Mathematiker nicht zu brauchen.

In dem Gespräch mit Maxie Wander geht es auch um die Unsicherheit ihrer künstlerischen Berufung, die hier als die zur Malerei beschrieben wird. Sie resultiert aus einer Lebenskrise, die eine Umkehr erzwang.

Noch ist nicht die Parkinson-Erkrankung gemeint, an der sich Helga Königsdorf dann dreißig Jahre bis zu ihrem Tod 2014 abkämpfen würde, ohne das Schreiben aufzugeben, sondern die fragwürdig gewordene Selbstverständlichkeit eines privilegierten, sicheren Professorenlebens. Auch der ständige Arbeitszwang erscheint ihr auf einmal ein Problem: »Ich wollte alles aus eigener Kraft machen. Auch im gewöhnlichen Leben. Mein Mann liebt mich, die Kinder sind intelligent und nett, ich habe alles erreicht. Und jetzt ist es plötzlich aus, jetzt macht es plötzlich keinen Spaß mehr.«

Macht der »Leistungskomplex« krank – und wie kommt man da raus, ohne seine Existenz leichtfertig zu zerstören? »Auf einmal spürt man, man ist nicht mehr unterwegs, man ist irgendwo angekommen, man hat seine eigenen Möglichkeiten ausgeschöpft. Es gibt nichts mehr zu kämpfen. Aus!«[78]

Da ist er, der Traum vom Anderswerden, der nicht aufhört, in uns zu arbeiten. Diesem Traum bietet Maxie Wander eine Bühne. Als utopischer Aufbruch in ein freieres Leben (was nicht zuerst etwas mit Reisefreiheit zu tun hat) wurde das Buch in der DDR gelesen. Vielfalt der Lebensformen, etwas Erfüllendes tun, den Lebenstraum in der tristen Alltäglichkeit nie vergessen! Darum geht es in den Monologen. Emanzipation der Frau? Ja, auch das, aber wie sie darin verstanden werden will, sagt Maxie Wander auch in ihrer Vorbemerkung zum Buch: »Nicht gegen die Männer können wir uns emanzipieren, sondern nur in der Auseinandersetzung mit ihnen. Geht es doch um die Loslösung von alten Geschlechterrollen, um die menschliche Emanzipation überhaupt.«[79]

Auch Christa Wolf, die Freundin, hat über *Guten Morgen, du Schöne* geschrieben. Der Text hebt an mit dem Satz, der auch den Erfolg – nicht nur den Verkaufserfolg, sondern den emanzipatorischen beim Leser – von *Guten Morgen, du Schöne* erklärt: »Dies ist ein Buch, dem jeder sich selbst hinzufügt.«[80]

Das – unter Autoren – eher seltene Talent, »rückhaltlos freundschaftliche Beziehungen zwischen Menschen herzustellen«, ist ein kostbares Gut Maxie Wanders. Jede Selbstüberhebung ist ihr fremd. Sie fragt, weil sie wirklich wissen will, das Leben ihres Gegenübers sie interessiert. Auf dem »schmalen Grat zwischen Selbstoffenbarung und Selbstentblößung« balanciert Maxie Wander souverän.

Für den Erfolg in der DDR ist nicht zu unterschätzen, dass dies kein didaktisch motiviertes Unternehmen sein will. Es bleibt ergebnisoffen: »Hier wurde niemand ›ausgefragt‹, kein wohlkalkuliertes Unternehmen unter Dach und Fach gebracht ... Diese Texte entstanden nicht als Belege für eine vorgefasste Meinung; sie stützen keine These, auch nicht die, wie emanzipiert wird doch sind. Kein soziologischer, politischer, psychotherapeutischer Ansatz liegt ihnen zugrunde. Maxie Wander, in keiner Weise umfrageberechtigt, war durch nichts legitimiert als durch Wissbegierde und echtes Interesse.«[81]

Dass Maxie Wander kurz nach dem Erscheinen von *Guten Morgen, du Schöne* starb, machte sie zur Legende. Denn das Buch verströmte noch jahrelang eine für DDR-Verhältnisse unerhörte Vitalität. 1979 erschienen im Buchverlag Der Morgen die von Fred Wander herausgegebenen *Tagebücher und Briefe*, die ein Jahr später auch bei Luchterhand herauskamen. Ein Tagebuch ihrer Odyssee als Krebskranke durch die Krankenhäuser der DDR. Ein doppelter Schock. Die lebenshungrige Maxie Wander, in der das Trauma des frühen Unfalltodes ihrer Tochter Kitty frisst, sieht sich nun selbst jener schweren Beunruhigung ausgesetzt, über die Lothar Warnecke seinen berühmt gewordenen DEFA-Film *Die Beunruhigung* (mit Christine Schorn) drehte.

Am Anfang ist da nur eine Auffälligkeit, die man »im Auge behalten« müsse, so die Frauenärztin, die sie im Juli 1976 konsultiert. Ein Knoten in der Brust. Überweisung in die Frauenklinik der Charité – da hebt das Tagebuch ihrer Krankheit an, das sie bis zu ihrem Tod im November 1977 führte: »Eine Stunde im Keller warten. Mit mir warten noch andere Frauen, darunter ein sehr dickes Mädchen. Wir kommen ins Gespräch, die Dicke merkt meinen Akzent, fragt mich, wie eine aus Wien hierherkommt. Es klingt fast wie ein Vorwurf.«[82]

Aber es herrscht Urlaubszeit, die Sache könne warten, sagt man ihr nach der Untersuchung. Sie solle erst einmal Ferien machen und im September wiederkommen. Am 9. September notiert sie: »Na ja, also fuhr ich – und dachte an nichts Schlimmes mehr, obwohl es tief in mir ganz schön rumort hat. Dann hatte ich sofort nach den Ferien einen Termin, diesmal untersuchte mich eine andere Ärztin, auf deren Station ich kommen sollte. Die sagte: ›Warum kommen Sie erst jetzt?‹«[83]

Man sagt ihr nicht, ob es Krebs ist, hüllt sich in nebulöse Formulierungen. Die Geschwulst in mittlerweile walnussgroß. Sie wird zur Operationsvorbereitung stationär aufgenommen. Immer die gleiche Szenerie bei der Visite: »Sie schauen nur auf die Tabellen am Fußende. Und der Mensch interessiert sie nicht? Was ist das für eine Person, die hier liegt. Aber sie interessiert nur der Tumor.«[84]

Es ist ein Mehrbettzimmer, bunt zusammengewürfeltes Frauenvolk. Noch vor Kurzem hätte sie das fasziniert, jetzt nervt es sie. Denn sie spürt die Angst vor dem Tod in sich arbeiten. Auch das beschreibt sie, sich selbst beobachtend, mit Präzision: »An Krebs zu denken ist, als wäre man in einem dunklen Zimmer mit einem Mörder eingesperrt. Man weiß nicht wo und wie und ob er angreifen wird.«[85]

Gleichgültigkeit begegnet ihr überall. Sie bekommt zu spüren, dass dies ihr Krebs ist, an dem stirbt sie, und die Ärzte, die nicht einmal das Wort Krebs in den Mund nehmen, flüchten sich in Gerede von »Irritationen«: »Und immer wieder frag ich die Ärzte, ob ich die Pille weiternehmen soll. Niemand äußert sich. Aber das sind doch Hormone!, sag ich. Darauf haben sie nur Achselzucken.«[86]

Nach der Operation bleibt die Unklarheit – die Brust ist amputiert worden, die Lymphknoten entfernt. Eine Bestrahlung werde notwendig sein. War das Geschwulst denn nun bösartig, gibt es Metastasen? – Maxie Wander, mit Wiener Naturell, will es genau wissen. Aber darauf, sich von Patienten befragen zu lassen, sind die meisten DDR-Ärzte nicht vorbereitet. Vorerst sei sie geheilt, heißt es. Vorerst? Alleingelassen mit ihrer Angst und der schockierenden Einsicht: »Wie bewusst ich auf einmal das Leben liebe.«[87]

Da hat sie noch über ein Jahr Martyrium vor sich. Dass *Guten Morgen, du Schöne* ein großer Erfolg geworden ist, freut sie schon nicht mehr, es beginnt ihr alles egal zu werden, sie reagiert auf Alltägliches gereizt, geradezu aggressiv. In ihrem letzten Brief am 11. November 1977 schreibt sie an eine Freundin in Paris: »Die Ärzte werden seit vielen Wochen mit dem Fieber nicht fertig. Große Schwäche, Schmerzen, Übelkeit – und nichts wird besser.«[88] Das ist dann wie ein Omen für die kommenden Jahre der DDR-Gesellschaft, wo auch das Gefühl wie eine Krebsgeschwulst immer weiter wucherte: Es wird nicht besser!

Monika Marons *Flugasche* über Bitterfeld

Monika Marons Stiefvater Karl Maron war DDR-Innenminister. Das ist gewiss eine doppelte Provokation für eine Heranwachsende, die zu allergischen Reaktionen auf angemaßte Autoritäten führen muss. Und doch bleiben – selbst da, wo sich später ein negatives Vorzeichen dazwischenschieben wird – die Grundeindrücke des Herkommens. »Ich bin das Kind von Kommunisten. Ich hab gelernt, dass die Welt sich nicht nach Nationen teilt, sondern in Klassen, und daß das Vaterland aller Proletarier die Sowjetunion ist.«[89] Was wird aus diesem Glauben, wenn die Skepsis wächst? Wirft man ihn eines Tages einfach über Bord, oder schließt man ihn tief in sich weg, rührt nicht mehr daran? Das sind die Fragen, die in Monika Marons Schreiben immer gegenwärtig sind.

In ihrer im Dezember 1989 in den Münchner Kammerspielen gehaltenen Rede »Ich war ein antifaschistisches Kind« hören wir von ferngerückten Kindheitstagen und der fremd gewordenen DDR. Wer kann es wissen, welche Empfindungen in welcher Lebensphase dominierten und wo die Projektion einsetzt (wo wir uns doch schon unserer gegenwärtigen Empfindungen nicht sicher sind)? Wann waren die Paradiese endgültig verloren?

Wie Monika Maron sich dieser fragilen Erinnerung zuwendet, das zeigt, dass sie sich der Fragwürdigkeit von Bildern, die wir mit uns tragen, jederzeit bewusst ist. Ihnen ist nicht recht zu trauen – aber etwas anderes haben wir nicht, es den von außen kommenden Fakten und Dokumenten entgegenzustellen: »Das Unheimliche unserer Erinnerung schrumpft zur Heimlichkeit des Wiedersehens. Ein Hauch von Selbstmitleid umweht uns: Wie klein müssen wir gewesen sein, daß uns diese Straße so breit, jenes Haus so hoch und dieser kurze Weg so weit erscheinen konnte. Und die Frage, ob das Kind, das sich in uns erinnert, wirklich derselbe Mensch war, und ein Gefühl, als wäre unser Ich ein Wir.«[90]

Ein Rest der Kindergläubigkeit rumort lange in ihr – trotz Distanz gebietendem Stiefvater. Wenn schon nicht an ideale Zustände, so doch an ihre ständige Verbesserbarkeit will sie glauben. Sie studiert Journalistik, arbeitet für das Frauenmagazin *Für Dich* und das journalistische Flaggschiff unter den Wochenzeitungen *Wochenpost*, eine Zeitung jenseits der Tagespolitik und damit auch aller vordergründigen Ideologie. Auch aus der Rückschau von heute ist die *Wochenpost* eine solide Zeitung gewesen, die man las, weil sich hier – ähnlich wie im *Sonntag* – immer lesenswerte, kluge und gut geschriebene Beiträge fanden. Doch auch diese mussten immer wieder erkämpft werden und nicht alles ließ sich veröffentlichen – wie die junge Reporterin Monika Maron, die von 1974 bis 1976 in der Redaktion arbeitete, erfahren musste.

Diese drei Jahre bei der *Wochenpost* werden zum Stoff ihres ersten Romans *Flugasche*, den sie 1981 im Fischer Verlag in Frankfurt a. M. veröffentlicht. In der DDR darf er erst in der Wendezeit erscheinen. *Flugasche* gilt als staatsfeindlich. Dabei birst der Text schier vor gutem Willen, Mißstände auch als solche zu benennen und damit teilzuhaben an ihrer Überwindung. Es ist jener sozialistische Realismus, den die SED-Ideologie samt ihrer bestellten Zensoren nie zulassen wollte. Liest man *Flugasche* heute, dann ist es nicht mehr und nicht weniger als ein Stück früher »Glasnost«-Literatur, wie sie ab Mitte der achtziger Jahre als Übersetzungen aus dem Russischen mehr und mehr in der DDR erschienen.

Worum geht es in *Flugasche*? Um die Beschreibung jener brutalen menschenfeindlichen Lebensverhältnisse, wie sie das industrielle Zeitalter mit sich brachte. Hochöfen, rußige Schornsteine, Chemiefabriken, die giftige Abwässer in Flüsse leiteten, das ganze rauchende Nibelheim. Im Westen steht es in den siebziger Jahren bereits in der Kritik von Umweltschützern. Im Osten versucht man, diese zum Schweigen zu bringen. Man würde ja gern bessere Umweltstandards durchsetzen, aber die Mittel dazu fehlen, so heißt es halböffentlich. Und produziert werden muss schließlich weiter, sonst gehen die Lichter aus im Staate DDR.

Das ist die Situation, auf die die junge Journalistin Josefa Nadler in Bitterfeld trifft: überalterte Anlagen, mit desaströsen Nebenwirkungen für Mensch und Natur, die man zu verschleiern versucht. Kein Stoff für eine Reportage in der »Illustrierten Woche«, so heißt die Zeitschrift im Roman. Und Bitterfeld ist eine Stadt namens B. – mehr nicht. So also versucht man mit Salpetersäure, Ammoniak und Schwefeldioxid zu leben, es zumindest eine Zeitlang zu überleben. Bronchitis ist hier fünfmal so häufig wie anderswo, von Krankheiten, die sich im Verborgenen vorbereiten, nicht zu reden. Jeder, der in der DDR aufwuchs und mit dem Zug von Berlin nach Leipzig fuhr, hat den beißenden Geruch von Bitterfeld noch in der Nase: Luft anhalten und schnell durch, so der erste Impuls. Funktionierte bloß nicht. Auch in Leipzig war, je nach Windrichtung, häufig dicke Luft.

Erster Eindruck Josefine Nadlers von B.: »Diese Schornsteine, die wie Kanonenrohre in den Himmel zielen und ihre Dreckladung Tag für Tag und Nacht für Nacht auf die Stadt schießen, nicht mit Gedröhn, nein, sachte wie Schnee, der langsam und sanft fällt, der die Regenrinnen verstopft, die Dächer bedeckt, in den der Wind kleine Wellen weht. Im Sommer wirbelt er durch die Luft, trockener, schwarzer Staub, der dir in die Augen fliegt, denn auch du bist fremd hier … Nur die Fremden bleiben stehen und reiben sich den Ruß aus den Augen.«[91]

Damit ist eigentlich bereits alles gesagt, das Bild stimmt in seiner Expressivität mit der schmutzigen Wirklichkeit überein. Was nun folgt, ist der Bericht über den Zustand der Medien, mehr noch der Journalisten oder noch grundsätzlicher der intellektuellen Elite im Lande. Wer ruft hier sein »J'accuse« (»Ich klage an!«), wie es einst Émile Zola in der Dreyfus-Affäre tat? Gibt es so etwas wie ein moralisches Gewissen der DDR-Elite?

Ein »lebensnaher« und mit den Denkverboten vertrauter Freund von Josefa rät ihr, zwei Fassungen der Reportage zu schreiben. Eine, wie es wirklich ist, und eine, die gedruckt werden kann. Sie reagiert empört: »Ein zynischer Verzicht auf Wahrheit. Intellektuelle Perversion.«[92]

Nachdem sie den Vorschlag in aller Empörung zurückgewiesen hat, bleibt das Problem: Wie soll sie beschreiben, was keine Öffentlichkeit bekommen soll? Der erste Satz, der einzig richtige, wäre dieser: »B. ist die schmutzigste Stadt Europas.«[93]

Und die liegt ausgerechnet in einem sozialistischen Land, in der DDR? Dass dieser erste Satz danach schreit, gestrichen zu werden, ist ihr völlig klar. Den braucht sie gar nicht erst hinzuschreiben. Die Begründung kann sich die Genossin Josefa Nadler selbst geben: »Wenn wir uns schon die traurige Tatsache leisten, so wenigstens nicht ihre öffentliche Bekanntmachung.« Und schon ist sie im falschen Modus. Nicht: Was will ich schreiben, wie soll ich es formulieren, sondern: Was darf ich schreiben?

Kein Kompromiss in Sicht? Doch, es gibt immer die Möglichkeit etwas zu umschreiben. Ist denn die halbe Wahrheit tatsächlich eine ganze Lüge? Besser doch, man sagt überhaupt etwas als gar nichts, oder? Josefa Nadler tröstet sich mit Zynismus: »Wenn schon nicht die ganze Wahrheit, dann wenigstens einen schönen Satz.«

Und den findet sie schließlich. Es ist nicht der Satz, den sie zuerst schreiben wollte, aber immerhin fast: »In B. steigt nur aus, wer hier aussteigen muss, wer hier wohnt oder arbeitet oder sonst hier zu tun hat.«[94] Vielleicht ist der Satz sogar besser, eben weil er nicht der erste war, der sich aufdrängte – und mit der Tür ins Haus fiel?

Vielleicht. Aber das ewige Kompromisse-machen-Müssen, weil die Wirklichkeit einem bestimmten vorgefertigten Bild angepasst werden soll, man nicht in aller Drastik aussprechen darf, was doch der Fall ist, zehrt an ihr. Der Kreislauf der Ideologie bereitet ihr Ekel. Ist sie Journalistin geworden, um immer nur zu schreiben, dass die DDR das beste alle möglichen Länder sei und jeder weiß, dass dies gelogen ist? »Ich habe mir schon fast abgewöhnt, öffentlich über Alternativen zu reden, Gedanken auszusprechen, deren Undruckbarkeit ich ermessen kann. Wozu auch? Ich weiß vorher, was man mir antworten würde, und es hängt mir zum Halse raus: Damit lieferst du dem Gegner die Argumente. Du kannst alles schreiben, wenn du es nur richtig einordnest. Und wenn ich es erst richtig eingeordnet habe, dann hat alles seine unantastbare Ordnung, und nichts kann anders sein als es ist.«[95]

Man kann dieses Buch – wie jedes gute Buch – verschieden lesen. Als mühsame Emanzipation einer jungen Frau, als Umwelt-Roman, als Medienkritik. Natürlich steckt von all dem etwas im Buch – aber die Innenansicht einer Redaktion scheint mir heute immer noch am lebendigsten zu sein. Wie bildet sich eine Meinung darüber, was wichtig ist, auf welche Weise gelangt diese in die Öffentlichkeit? Und was macht der ewige Opportunismus mit den Menschen?

Flugasche endet damit, dass die Reportage nicht erscheint, Josefa in die Mühlen der Parteibürokratie gerät, an deren Ende dann entweder die Selbstkritik steht oder der Ausschluss. Aber dem kommt sie zuvor, indem sie sich verweigert und aussteigt. Und als Hoffnungszeichen, dass vielleicht doch noch nicht alles verloren ist, die Vernunft sich auf Umwegen durchsetzt, wenn auch langsam. Und mit dieser Vision, die etwas von einem Appell hat, endet *Flugasche.* Der »Höchste Rat« habe beschlossen, das alte Kraftwerk »unter Berücksichtigung der Gesundheit der Bürger von B. und unter Nichtberücksichtigung kurzfristiger volkswirtschaftlicher Vorteile stillzulegen«.[96]

Das ist die Fiktion des Romans – in der Wirklichkeit der DDR und der *Wochenpost* geht die Bitterfeld-Geschichte anders aus. Das Kraftwerk wird nicht abgeschaltet, aber am 21. Juni 1974 erschien von Monika Maron unter der Überschrift »Drachentöter« eine Reportage aus Bitterfeld. Die gedruckte Reportage hebt mit dem Satz an: »In Bitterfeld steigt nur aus, wer aussteigen muß, wer hier wohnt oder arbeitet oder sonst hier zu tun hat. Die weiterfahren, sehen durch die Fenster ihres Zuges bedenklich oder betroffen in den Himmel über der Stadt, den diesigen nebligen Himmel, den die Sonne nicht durchdringt, den Schornsteine durchbohren, in dem weithin sichtbar eine aprikosenfarbige Flagge aus Stickoxiden weht.«[97]

Der »Drache« soll – wie im gleichnamigen gesellschaftspolitischen Märchen bei Jewgeni Schwarz – mit sozialistischem Optimismus befreit werden. Drachentöter Lanzelot erscheint in Gestalt eines neuen Kraftwerks am Horizont.

Die Vergiftung von Luft und Wasser durch die Industrie ist erst seit Anfang der siebziger Jahre ein weltweites Thema. 1972 wurde das Umweltprogramm der Vereinten Nationen beschlossen. Beide deutsche Staaten reagierten darauf – aber bald zeigte sich, dass es der DDR an technischen Möglichkeiten mangelte, den Schadstoffausstoß wirksam zu reduzieren. Je schlechter die Bilanzen, desto so stärker die Verschwiegenheit der staatlichen Stellen über das wahre Ausmaß der Verschmutzung. Im Westen ließ es sich nicht verschweigen – das Umweltbewusstsein war ein öffentlich präsentes Thema.

Während also in der Bundesrepublik der Schadstoffausstoß sank, stieg er in der DDR immer weiter an. Vor allem die Schwefeldioxidemissionen stiegen auf alarmierende Weise. Lagen sie 1978 in der Bundesrepublik bei 58 kg je Einwohner (14,6 t pro Quadratkilometer), so beliefen sie sich im gleichen Zeitraum in der DDR auf 236 kg je Einwohner (37 t pro Quadratkilometer)[98]. Eine Stilllegung der Schwefelanlagen in Böhlen/Espenhain, die noch aus den dreißiger Jahren stammten, erfolgte nicht – im Gegenteil, ihre Leistung wurde weiter in die Höhe getrieben. Nur ein einziges Kraftwerk (in Rummelsburg bei Berlin) war mit einer modernen Rauchgasentschwefelungsanlage ausgestattet – es fehlte sowohl an entsprechenden Technologien als auch am politischen Willen, hier eine Veränderung herbeizuführen.

1974 war die Situation dagegen noch offen. Weichen hätten gestellt werden können. Klingt es nach Einsicht in die Notwendigkeit oder Kapitulation vor ebendieser, wenn die Autorin Monika Maron 1974 ihre *Wochenpost*-Reportage mit den Sätzen schließt: »Bitterfeld ist in dieser Zeit keine schöne Stadt geworden, aber im Kreis Bitterfeld werden zwei Prozent des Nationaleinkommens produziert. … Trotzdem oder besser: Gerade durch diese zwei Prozent wurden die Möglichkeiten geschaffen, dem Drachen die Köpfe abzuschlagen, die Umwelt zu schützen und zu verändern und auch aus der Chemiestadt eine saubere Stadt zu machen, die keinen Ersatzhimmel braucht.«[99]

Es klingt unbedingt ehrlich – das hier Geschriebene entspricht der Hoffnung der Autorin im Jahr 1974. Doch nach der Biermann-Ausbürgerung im November 1976 und dem Ausschluss kritischer Schriftsteller aus dem Berliner Schriftstellerverband 1979 erlischt auch diese Hoffnung. In Widerspruch und Kritik kann die SED immer nur Angriffe des Klassenfeindes erkennen.

Der Roman *Flugasche*, erschienen 1981 bei Fischer in der Bundesrepublik, ist dann ein Dokument der Ernüchterung, mehr noch: des Ekels. Dieser bleibt auch, nachdem Klaus Höpcke 1987 in einem Beitrag für die ZDF-Sendung »Kennzeichen D« angekündigt hatte, einem Erscheinen des Buches in der DDR stünde nichts im Wege, wenn sich Monika Maron mit einem Verlag einige. Daraufhin wendet sich die Autorin an den Verleger des Aufbau Verlages Elmar Faber, der kurz zuvor noch das Erscheinen von *Flugasche* aus »literarischen Qualitätsgründen« ausgeschlossen hatte.

Nachdem Höpcke derart öffentlichkeitswirksam grünes Licht gegeben hatte, nimmt Aufbau den Titel in die Verlagsplanung für 1988 auf. Schließlich kann man sich der Auswirkung von »Glasnost« in der Sowjetunion nicht ganz entziehen.

Als jedoch Monika Maron im *ZEITmagazin* einen »deutsch-deutschen Briefwechsel« mit dem westdeutschen Schriftsteller Joseph von Westphalen beginnt – und in diesem die Politik der SED-Führung kritisiert –, interveniert Höpcke umgehend bei Faber, der daraufhin seine Publikationszusage an die Autorin zurückzieht.[100] Nach diesem endgültig gescheiterten Versuch, *Flugasche* in der DDR veröffentlichen, siedelt Monika Maron 1988 nach Hamburg über.

Ingrid Mittenzwei, Bernhard Heisig und Stephan Hermlin gehen auf die Suche nach der sozialistischen Nation und rückversichern sich bei Luther, Friedrich II. und Bismarck

Anfang der achtziger Jahre gehen offenkundig Veränderungen im Geschichtsbild vor sich. Die DDR rückversichert sich ihrer Geschichte. Man findet nun überall Linien, die – richtig, also parteilich gelesen – in den ersten sozialistischen Staat auf deutschem Boden münden. Das nennt man Erbepflege und die geht von Spartakus bis zu Werner Seelenbinder: allesamt Kämpfer für die Sache des Volkes!

Die DDR verstand sich als rechtmäßige Erbin aller progressiven Traditionen deutscher Geschichte. Aber gehörte dazu nun auch Luther und nicht mehr nur der revolutionäre Thomas Müntzer? Im Lutherjahr 1983 entdecken marxistische Historiker die Vorzüge des Reformators und Bibelübersetzers, der bis eben wegen seiner Schrift »Wider die Morderischen und Reuberischen Rotten der Barbaren« von 1525 als Fürstenknecht galt. Kein Wunder, liest man seine Forderung, wie brutal man mit den aufständischen Bauern umgehen solle, nämlich sie »zerschmeißen, würgen, stechen, heimlich und öffentlich, wer da kann, wie man einen tollen Hund erschlagen kann«.

Und wieso war der bis eben als Militarist geächtete Friedrich der Große plötzlich Teil des zu pflegenden Erbes? 1980 erscheint Ingrid

Mittenzweis Biographie *Friedrich von Preußen*, und auch das mit bilderstürmerischer Wut einst beiseitegeschaffte Reiterstandbild des Preußenkönigs von Christian Daniel Rauch kommt im gleichen Jahr an seinen Platz Unter den Linden zurück. Die Preußen haben plötzlich Konjunktur, Theaterstücke wie Claus Hammels *Die Preußen kommen* werden an mehreren DDR-Bühnen aufgeführt.

Am Deutschen Theater in Berlin inszeniert Alexander Lang 1983 *Die traurige Geschichte von Friedrich dem Großen* von Heinrich Mann. Der sensible Kronprinz Friedrich (Katrin Klein) wird von seinem Vater Friedrich Wilhelm I. (Kurt Böwe), dem Soldatenkönig, regelrecht misshandelt. Zwei Welten stoßen aufeinander. Aber in der Konsequenz wird Friedrich II. die Kriege führen, die sein Vater, der die Armee – sein Lieblingsspielzeug – nicht kaputt machen wollte, nie führte.

Im Jahr 1985 erscheint der Briefwechsel Voltaires mit Friedrich dem Großen bei Reclam Leipzig, mit einem umfangreichen Vorwort wieder von Ingrid Mittenzwei. Was ist das Besondere an diesen Briefen? Da schreibt ein preußischer König als Philosoph, ebenbürtig dem großen Franzosen. Es geht um Naturrecht und Willensfreiheit, letztlich um praktische Philosophie. Freiheit ist für Friedrich II. immer die Freiheit zu handeln. Und wie sieht die ideale Regierung eines Landes aus? Für Friedrich II. ist nicht die Republik das Ideal, sondern die aufgeklärte Monarchie. Das Vertragsrecht, über das Pufendorf und Thomasius grundlegende Arbeiten verfassten, steht ihm dabei vor Augen. Ein aufgeklärter Monarch ist wie jeder Bürger dem Gesetz untertan.

Die Legende über den Streit Friedrich II. mit dem Müller von Sanssouci (der König will diesem wegen der klappernden Mühlräder zwangsweise die Mühle abkaufen, der wehrt sich mittels Kammergericht gegen das Ansinnen seines Königs) fand schon Ende des 18. Jahrhunderts Eingang in französische Schulbücher. Ein schönes Bild für eine ideale aufgeklärte Monarchie!, aber wohl erfunden. Denn Friedrich II. war ein Förderer der Landwirtschaft, ihm gefiel es, die Mühle vor Augen zu haben.

Eine nicht unwichtige Frage für die Leser in der DDR lautete: Wie soll er aussehen, der ideale, aufgeklärte Mann an der Spitze des Staates? Friedrich II., ein Machtpolitiker durchaus, war eben auch musisch talentiert und ungeheuer belesen. So etwas stimmte uns – das intellektuell armselige SED-Politbüro vor Augen – ganz und gar melancholisch. Was für ein geistiger Reichtum, der sich in der Vergangenheit zeigte. Welch marxistisch-leninistischer Schmalspurgeist hingegen umgab uns!

Bernhard Heisig malt 1986 sein dreiteiliges Gemälde *Fritz und Friedrich*. Darauf ist das fatal nachwirkende Trauma des jungen Prinzen dargestellt. Die Hinrichtung seines Jugendfreundes Katte, die mitanzusehen er gezwungen wurde. Kurz davor war er ohnmächtig geworden – eine barbarische Szenerie. Links in ganzer Bildgröße der alte Friedrich, einen Totenschädel in der Hand und mit grau-versteinertem Gesicht. Rechts daneben in einer irren Albtraumunordnung Reihen von Soldaten, die wie Schlachtvieh eng aneinandergepresst in endlosen Reihen auf den Betrachter zutorkeln.

Ein Spruchband wird von zwei Engeln über diesen Zug der Todgeweihten gehalten: »Vivat Fridericus, Victoria«. Da siegt sich einer voran, der als dichtender und Flöte spielender, zudem homoerotischer Schöngeist angetreten war – aber dem man die Seele herausgerissen hatte. Heisig setzt jenes traumatische Schlüsselerlebnis in Szene, das Ingrid Mittenzwei dann bei ihm selbst in »Zynismus und Menschenverachtung« umschlagen sieht. Eberhard Roters erkennt in dem Bild nicht nur den Vaterkonflikt bei Friedrich, sondern darüber hinaus auch eine dramatische Urszene der Deutschen dargestellt.

Tatsächlich, Heisigs Historienmalerei bebildert nichts, sondern erwächst aus dem inneren Widerspruch des Dargestellten. Halb Tragödie, halb Komödie – der absurde Charakter dieser Geschichte ist ebenso sichtbar wie die Suche nach jenem Schmerzpunkt, aus dem Wahrheit entspringt.

Die Nestorin der Leipziger Maler-Schule, die Malerin Elisabeth Voigt, die dem neuen Optimismus der Nachkriegszeit eine kühle Skepsis entgegenbrachte, hatte bekannt, es sei »beides bestens«, sowohl das Der-Zeit-voraus-Sein als auch das Hinter-ihr-Zurückbleiben, denn: »Kunst schlägt Wellen, Politik zertrümmert.« Und Heisig, dem es, wenn er Geschichte malte, um archetypische Urszenen, nicht aber um Abbilder ging, hatte erklärt: »Kunst ist keine Illustration von politischen Konzeptionen, und wo solches gefordert und gemacht wird, erzeugt das bei bester Absicht schlechte Bilder.«

Vordenker einer neuen Art, auf sich selbst inmitten der Geschichte zu blicken, ist nicht zuletzt Stephan Hermlin. In einer Rede vor dem PEN hatte er 1986 die »manipulierte Geschichtslosigkeit« der Epoche beklagt. Auf einem DDR-Schriftstellerkongress acht Jahre zuvor schockierte er die anwesende Parteiprominenz mit dem Satz: »Ich bin ein spätbürgerlicher Schriftsteller – was könnte ich als Schriftsteller auch anderes sein.« Er fügte hinzu: »Ich hörte nicht auf einer zu sein, während ich Jahrzehnte hindurch Kommunist war und blieb.«[101]

Da will jemand, dass die Widersprüche unübersehbar werden, die im eigenen Leben wie die in der Geschichte. Diese Herkunft, das sagt er dezidiert, sei keine Marginalie: »Ich erinnere mich an Hanns Eislers Rede über Arnold Schönberg; er nannte die Epoche eine ›Abendröte‹, ›und‹ fügte er hinzu, ›welch eine Abendröte‹. Wenn ich diese Herkunft verleugnen oder verdrängen würde, müßte ich mich selbst verlieren und könnte demnach für etwas Anderes, Neues gar nicht nachhaltig eintreten.«[102]

Wie überwindet man den immer noch herrschenden Dogmatismus, der mit dem Namen Stalin verknüpft ist? Indem man so viel wie möglich andersartige Ideen aufnimmt, sich an ihnen reibt, fasziniert oder abgestoßen ist. Das nennt man Bildung über den Horizont des bloß Humanistischen hinaus. Hermlin spricht vom Erbe aller »nach vorn und nach rückwärts gewandten Utopien«. Bereits 1976 hatte er ein *Deutsches Lesebuch* herausgegeben, in dem sich zum Erstaunen vieler auch Texte noch niemals in der DDR verlegter Autoren finden wie Friedrich Nietzsche, den Georg Lukács in seiner *Zerstörung der Vernunft* in die auf direktem Wege zu Hitler verlaufende Unheilslinie des Irrationalismus gestellt hatte. Hermlin als Kommunist, Emigrant und Jude plädiert für den fortgesetzten Versuch, zur schwierigen deutschen Tradition ein Verhältnis zu finden, das diesen Reichtum nicht leichtfertig missachtet. Sein Leben habe ihn mit einer Anzahl von Kulturen in Verbindung gebracht: »Ich wusste aber immer, daß deutsche Kultur mein Mittelpunkt war und der Grund, auf dem ich stand.«[103]

In einem Gespräch, das sein Westberliner Verleger Klaus Wagenbach 1979 mit Hermlin über die Frage »Wo sind wir zu Hause?« führt, wird Hermlin die schwierige und nie bruchlose Suche nach nationaler Identität erklären. Das »unglückliche Bewusstsein« denken zu können (oder zu müssen), gehört zu dem, was Hegel in der *Phänomenologie des Geistes* eine »konkrete Identität« nennt: die Identität von Identität und Unterschied. Es bleibt etwas, das in sich nicht einheitlich ist. Das Sich-nicht-zu-Hause-Fühlen in Deutschland habe, so Hermlin, eine lange Tradition. Er schränkt ein: »Es blieb aber im wesentlichen beschränkt auf die Intellektuellen.«[104]

Er selbst wurde mit dieser Frage konfrontiert, als er sich entscheiden musste, ob er nach dem Krieg nach Deutschland zurückkehren wolle, oder nicht. Der befreundete Kommunist und Bühnenbildner Theo Otto, ein Mitarbeiter Brechts, rät ihm in Zürich im Mai 1945 dringend von Rückkehr ab: »Sie können ja mit Deutschland in Kontakt bleiben, von Zeit zu Zeit dorthin reisen, aber warum bleiben Sie nicht hier oder gehen nach Paris oder London? Das wird furchtbar werden, besonders für einen Deutschen wie Sie, der von draußen kommt, ich prophezeie Ihnen, daß die Deutschen sie kaputtmachen. Ich würde nicht zurückgehen.«[105]

Er geht doch zurück, erst zwei Jahre nach Frankfurt am Main, zum Radio – und erlebt, wie sich ein Volk, das Hitler mehrheitlich zujubelte, binnen kürzester Zeit zu einem Volk der Opfer erklärt. All die toten Soldaten, die Bombennächte und jetzt die Besatzungsmächte – währenddessen es sich die Emigranten in schöneren Weltgegenden bequem gemacht hätten. Und jetzt kämen sie zurück und wollten ihnen ihr eigenes Deutschland erklären? Es wird hart, aber daran geht er nicht kaputt – solcherart Zerstörung gelingt nur beinahe den eigenen Genossen und nach 1989 dann jenen neuen Meinungsmachern wie Karl Corino mit viel bösem Willen zum Nichtverstehen. (Hermlins Prosastück *Abendlicht*, das Autobiographisches birgt, ist darum doch kein amtlicher Lebenslauf, aus dem sich »Lügen« destillieren lassen, sondern bleibt eine poetische Versinnbildlichung dichterischer Existenz eines Kommunisten im 20. Jahrhundert.)

Natürlich, so Hermlin, wisse er, dass er »niemals richtig zu Hause sein kann«. Dennoch sei gerade das ein Antrieb, sich auf die schwierige Geschichte immer wieder einzulassen. Woanders würde er sich wahrscheinlich langweilen, wo derartige Herkunftsfragen nicht so schwierig zu beantworten seien.

Und dann hebt Hermlin die Thematik mit einigen Sätzen auf eine Ebene, jenseits simpler Bekenntnisse dafür oder dagegen, auf die sie zweifellos gehört: »Die deutsche Tragödie besteht doch z. B. darin, daß in der Schlacht von Frankenhausen die reaktionären Truppen des Grafen Mansfeld *und* die aufrührerischen Haufen Thomas Müntzers beide niederknieten und sangen: Ein feste Burg ist unser Gott. Beide traten im Namen der Reformation gegeneinander an.«

Benutzen die Unterdrücker dies Lied, um ihre Macht zu sichern? Das auch, aber etwas anderes dabei ist wichtiger: »Die Kunst ist in Deutschland eine Kompensation für bessere materielle Verhältnisse, die sich andere Länder errungen haben. Marx hat ja auch an irgendeiner Stelle gesagt, Revolutionen, die andere Völker durchkämpft hätten, spielten sich in Deutschland im Gehirn eines Mönchs ab. Damit meinte er übrigens Martin Luther ...«[106]

Wenn auch für Hermlin, durchaus im Sinne von Ricarda Huch, das Deutsche in seiner Widerspruchsgestalt ein prägendes Thema bleibt, so ist seine Antwort jederzeit eine doppelte. Zum einen: »Ich sage mir zuweilen, daß ich weniger in Deutschland gelebt habe als vielmehr in der deutschen Frage. Die deutsche Frage ist eigentlich meine Heimat. Deutschland selbst hat etwas Unwirkliches.« Folgerichtig ist seine Antwort auf Wagenbachs Frage nach einem wiedervereinigten Deutschland. Dieser stimmt gewiss die übergroße Mehrheit der Intellektuellen in der DDR zu, wenn er sagt, er lege »keinen Wert auf ein Gesamtdeutschland«.[107]

Der Laie und der Professor: Günter de Bruyns *Märkische Forschungen*

Mitten hinein in die Erbe-Diskussion gerät Günter de Bruyn mit seiner Erzählung *Märkische Forschungen*. Auf gut hundert Seiten wirbelt er das mühsam zurechtgemachte Selbstbild von »Erbepolitik« als Aufhebung aller progressiven Traditionen durch die SED durcheinander. Das Sittenbild einer dekadenten Gesellschaft entsteht, mit dem »Erbpfleger« Professor Menzel als Teil eines korrupten Wissenschaftsbetriebs, der zwischen Schein und Sein nicht mehr zu unterscheiden vermag. Ideologische Dogmen werden als Schutzschild für Karriere-Interessen benutzt. Ist da überhaupt noch jemand einer Wahrheit verpflichtet, die man sich nicht nach Belieben zurechtbiegt?

Ja, einer durchaus, aber der gerät eher zufällig in die Geschichte: der Dorflehrer Pötsch, ein Hobbyhistoriker, der es genau wissen will. Zufällig begegnen sich Menzel und Pötsch. Menzels Wagen hat sich auf einem Landweg zwischen Lieprow und Schwedenow festgefahren, und Pötsch radelt vorbei. Er soll Hilfe holen, einen Traktor aus dem Dorf. Pötsch ist mäßig hilfsbereit. Ob das Armenhaus bei Dreiulmen noch stehe, will Menzel wissen. Bei dieser Frage ist Pötsch plötzlich hellwach. Woher er davon wisse? Na, aus der Biographie von Max von Schwedenow, die er erforsche. Dann sei er Professor Menzel, folgert Pötsch.

Was folgt, scheint der Beginn einer wunderbaren Freundschaft zu sein. Zwei, die einen vergessenen Autor erforschen, der als »märkischer Jakobiner« zehn Jahre vor der Französischen Revolution für Gedankenfreiheit und gegen die Zensur kämpfte. Der Professor will in einem sechshundertseitigen Werk zu Schwedenow, das er gerade abschließt, diesen frühen Kämpfer für den Fortschritt in die Schulbücher holen. Pötsch, der detailbesessene Hobbyforscher, kann ihm da bestimmt noch mit nützlichen Details behilflich sein? Kann er, sogar ganz ohne Eigennutz. Er kann auch das Werk des Professors Korrektur lesen, gewiss.

Das Versprechen steht im Raum, dass Pötsch nach Berlin kommen soll, um als wissenschaftlicher Mitarbeiter an Menzels Institut weiter nützliche Dinge zur Schwedenow-Forschung beizutragen. Das will er gern tun, dieser Idealist ohne Hintergedanken.

Günter de Bruyn zeichnet in Professor Menzel das Bild eines typischen DDR-Gesellschaftswissenschaftlers der mittleren Generation. Einer, der um 1930 geboren wurde, in der DDR studiert hat und einen schnellen Aufstieg erlebte. Der fünfzigste Geburtstag Menzels, mitsamt Minister und Institutsmitarbeitern verschiedenster Couleur am Kaffeetisch, beschreibt das Milieu der DDR-Intelligenz. Menzel ist durch seine öffentlichen Auftritte, eine eigene Fernsehsendung, nahezu ein Prominenter. Einer, der Selbstgefälligkeit und Intelligenz auf eine Weise zusammenbringt, die nicht allein von gestern ist. Dieser Auftrittsmensch, der unterhaltsam zu reden versteht, ohne dabei etwas Wesentliches zu sagen, verkörpert einen Typus, der erst in der heutigen Medienlandschaft zur tauben Blüte gelangt.

Pötsch dagegen scheint naiv, will beitragen, wo etwas beizutragen ist. Als Pötsch sich am Institut vorstellt, ist es Brattke, einer der Mitarbeiter von Menzel, der versucht, ihn vor dem vampirhaften Wesen des Professors zu warnen. Dieser suche keine Mit- sondern Zuarbeiter. Was das bedeute, werde er sehr bald erfahren. Pötsch versteht nicht: »Mit Lust und Liebe zu arbeiten, halten Sie für schlecht?« Brattke muss diesem Hinterweltler, der sich offenbar Illusionen über den Dschungel macht, der das Institut ist, auf die Sprünge helfen: »Mit Lust und Liebe dienen, meine ich! Den äußeren Zwang zu innerem Labsal machen! Die Fesseln nicht nur tragen, sondern auch noch mögen!«[108]

Das ist die vornehm-ironische Umschreibung einer gänzlich unfreien Existenz, offenbar ein Kontinuum des Wissenschaftsbetriebs gestern wie heute. Menzel selbst verschweigt das keineswegs: »Der Weg nach oben ist doch so schmal, daß man ihn nur allein gehen kann. Mitnehmen kann man da keinen.«[109]

Pötschs Idealismus jedoch scheint durch nichts irritierbar. Allerdings gibt es da eine Unklarheit über Schwedenows Tod. Ist er wirklich in der Schlacht bei Lützen gefallen, wie der Professor – ohne einen echten Beweis zu haben – behauptet? Pötsch stößt auf immer mehr Widersprüche und findet die Wahrheit heraus. Nicht Schwedenow ist auf dem Schlachtfeld geblieben, sondern nur sein Pseudonym als jakobinischer Autor. Der Mensch hat weitergelebt und vollzog während der Restauration eine erstaunliche Wandlung. Er taucht nach 1813 als Maximilian von Massow wieder auf und ist Mitglied der Obersten Zensurbehörde. Ein Wendung um hundertachtzig Grad! »Die Komik, die in dieser Entdeckung lag, sah Pötsch nie, und lange dauerte es, bis er begriff, dass sich an der Wandlung dieser Person und ihres Werks die ganze unglückliche Entwicklung dieser Jahre darstellen ließ.«[110]

Nun denunziert der vormalige »märkische Jakobiner« selbst revoltierende Studenten als Jakobiner! Ein Volte, die in Biographien, gerade jenen nach einer historischen Zäsur, immer wieder vorkommen. Der Verrat der eigenen Jugendideale! Ein heikles Thema unter Kommunisten in der DDR, die Verfolgung, Gefängnis und Elend aller Art für ihre Ideale auf sich nahmen – um nun, in »ihrem« Staat, jene zu verfolgen, die im Namen der ursprünglichen Ideale gegen Herrschaftsallüren opponieren.

Menzel selbst ist jemand, der sich eingerichtet hat, ohne die Frage nach der Wahrheit zu stellen. Praktischer ist doch, dem zu folgen, was ins politische Schema passt. In Schema passt der »märkische Jakobiner«, der unbekannte Revolutionär – und nicht sein trübes Nachleben als reaktionärer Zensor. Das würde Menzels gesamte Argumentation zerstören, jahrelange Arbeit und sechshundert Seiten – für einen Jakobiner, der zum Zensor wurde? Diesen unberufenen Hobbyforscher, der keine Ahnung von den marxistisch-leninistischen Theorien hat, vor deren Hintergrund alle Geschichtsforschung zu erfolgen hat, wird er in seine Schranken weisen! Wer wird schon einem Dorfschullehrer glauben?

Und wenn er nicht abschwört, sagt, dass er sich geirrt hat in seiner übereilten Annahme, dass Schwedenow und Massow ein und derselbe seien, dann wird er, Menzel, dafür sorgen, dass Pötsch sich nie wieder irgendwo in dieser Sache äußern kann. Menzel setzt Pötsch unter Druck, erpresst ihn, macht ihn lächerlich: »Dir geht es um ein Phantom, das du Wahrheit nennst.«[111]

Aber Pötsch kann es so nicht sehen, kann nicht so denken, an ihm prallen all die Angebote Menzels, einen Pakt mit dem Teufel zu schließen, um zu Geld, Einfluss und Ruhm zu gelangen, einfach ab.

Und Kollege Brattke, der dialektische Zyniker am Hofe Menzels, weiß wie man das zu sehen hat, und bietet Pötsch zwei Lehren an, die daraus zu ziehen seien: »Die erste heißt: Man soll Kritik nicht einem lehren, der sie nicht verschweigen kann, die zweite: Moralischer Sieg und Selbstmord sind fast Synonyme.«[112] Er solle froh sein, dass er nicht ans Institut komme, ein »nützlicher Schreibsklave« wäre doch nicht aus ihm geworden.

Es gibt einen konkreten Anlass, der de Bruyn zu *Märkische Forschungen* geführt hat: ein anderes Buch, das er zuvor schrieb: *Das Leben des Jean Paul Richter* von 1975. Während er daran arbeitete, machte er die Bekanntschaft mit Wolfgang Harich, einer auf schillernde Weise hysterischen Figur der DDR-Gesellschaftswissenschaft. Eine Art Wunderkind des Marxismus-Leninismus, 1923 in Königsberg geboren, ab 1951 Professor an der Philosophischen Fakultät der Humboldt-Universität und ab 1953 zusammen mit Ernst Bloch (der sich sehr bald mit ihm entzweite) Herausgeber der *Zeitschrift für Philosophie*. Gebildet, charismatisch, auch fanatisch, machte er schnell Karriere.

Weil er aber nach dem Arbeiteraufstand vom 17. Juni 1953 die Politik der SED kritisiert hatte, musste er die Universität verlassen und kam 1954 als Cheflektor in den von Walter Janka geleiteten Aufbau Verlag. Nach dem XX. Parteitag der KPdSU 1956 forcierte Harich seine Versuche, unter den Bedingungen der Neutralität die Einheit Deutschlands herzustellen – um den Preis der Amtsenthebung Walter Ulbrichts. Ein entsprechendes Positionspapier übergab er dem sowjetischen Botschafter in der DDR. Er nahm auch Kontakt zum *Spiegel* auf – und wurde daraufhin umgehend verhaftet.

Unter dem Eindruck des Volksaufstands in Ungarn inszenierte man gegen ihn einen Schauprozess wegen »Bildung einer konspirativen staatsfeindlichen Gruppe«. 1964 wurde Harich (nach acht Jahren Zuchthaus) entlassen und arbeitete im Akademie Verlag an der Herausgabe der Werke von Ludwig Feuerbach. Und nebenbei schrieb er an einem Buch, das Jean Paul erstmals marxistisch würdigen und auf den ihm angemessenen Platz stellen sollte. Dieses Buch erschien 1974 unter dem Titel *Jean Pauls Revolutionsdichtung. Versuch einer neuen Deutung seiner heroischen Romane.*

Der Eifer, den Harich dabei an den Tag legte, erklärt sich nicht nur dadurch, dass er sich nach acht Jahren Gefängnis als marxistischer Vordenker in Sachen Erbepolitik profilieren wollte, sondern auch aus einem innerfamiliären Konkurrenzverhältnis zu seinem Vater, dem Literaturhistoriker Walther Harich, der 1925 die Biographie Jean Pauls veröffentlicht hatte – ein Buch, das in dem Dichter die Verkörperung des »deutschen Wesens« sieht. Daran arbeitet sich Wolfgang Harich mit allem Eifer ab. Er wird den Dichter den reaktionären Kräften entreißen, ihn als einen Revolutionär zeigen!

Und nun trifft er auf den nicht unerfolgreichen Schriftsteller Günter de Bruyn, der gerade zur selben Zeit sein Buch über Jean Paul beendet. Da stellt sich die Menzel-Pötsch-Konstellation her. Anfangs ist Harich erfreut, dass er jemanden getroffen hat, der seine Begeisterung für Jean Paul teilt. Aber die Deutung vom Revolutionär teilt dieser nicht. Nachdem Harich de Bruyns Manuskript gelesen hat, beginnt der Krieg. Harich findet den Stil de Bruyns »abscheulich«. In seinem Lebensbericht *Vier Jahrzehnte* erinnert sich de Buyn an Harichs Wutausbruch: »Mehr als ein Jahrzehnt, so bekam ich zu hören, hatte er hingegeben, um Jean Paul für die DDR hoffähig zu machen. In der

Zuchthauszelle hatte er damit schon begonnen, und nun, nahe am Ziel, kommt ein politisch Unbedarfter und macht mit seiner einfältigen, also auch populären Darstellung alles kaputt.«[113]

Natürlich werde man de Bruyns Buch lesen, weil es populärer sei, und sein wissenschaftlich tieflotendes Werk werde auf der Strecke bleiben. Und damit sei er um die Früchte seiner Mühen gebracht, die DDR-Oberen würden »in Jean Paul nicht den Genossen, sondern den gefährlich Liberalen sehen«.

Allerdings gibt es bei de Bruyn einen Kunstgriff, denn anders als Schwedenow, der zum preußischen Zensor wurde, kämpfte der reale Jean Paul vehement gegen die Zensur. Wie Harich diese Konkurrenz-Situation aufzulösen versucht, das hat etwas Psychopathisches. Das wird sich dann in den achtziger Jahren in seiner ganzen traurigen Dimension zeigen, als Harich gegen die vorbereiteten Publikationen Nietzsches in der DDR kämpft – und das auf blindwütige Weise. Friedrich Dieckmann bezeichnet den verqueren Charakter Harichs treffend als den eines »Opponenten der Opposition«.

Harich lässt Günter de Bruyn in Sachen Jean Paul wissen, er werde dafür sorgen, dass man das Buch verbiete. Der Nachweis, dass es den Staat und dessen Kulturpolitik angreife, sei leicht zu führen. »Und glücklicherweise gäbe es auch sachliche Fehler, die dem Verfasser zu verraten, dumm von ihm wäre: denn wenn das Machwerk doch ediert werden sollte, gäben die Schnitzer prächtige Aufhänger für einen Verriss.«[114]

Die Stelle mit den nicht verratenen Fehlern, die er sich für einen Verriss aufhebe, findet sich auch in *Märkische Forschungen* – es ist hier Menzels Versuch, Pötsch mundtot zu machen. Es wäre herrlich in seiner Skurrilität, wäre es nicht so perfide.

1982 verfilmt Roland Gräf *Märkische Forschungen* – und es ist auf seine stille poetische Art eine Kardinalkritik an der DDR geworden. Es geht nicht um menschliche Fehler oder Kader auf dem falschen Posten – es geht ums strukturelle Desaster. Warum gelangt der Typus Menzel hier immer wieder an die Spitze, wird systematisch die Wahrheit verdreht?

Dass *Märkische Forschungen* überhaupt bei der DEFA entstehen konnte, grenzt an ein Wunder. Regisseur und Kameramann Roland Gräf erinnert sich, dass es keine Probleme bei der Abnahme des Films gab: »Und dann glaubten wohl ein paar Entscheidungsträger nicht daran, dass diese Wissenschaftler-Geschichte im Kino überhaupt Erfolg haben könnte. Ich war ja selbst unsicher.«[115] Immerhin wollten über dreihunderttausend Zuschauer *Märkische Forschungen* sehen – ein Film über die Alltäglichkeit von Lüge und Heuchelei in der DDR, in dem Kurt Böwe als Menzel, Hermann Beyer als Pötsch und Eberhard Esche als Brattke in Hochform agierten.

Eine Autonomieerklärung: Christine Wolters *Die Alleinseglerin*

Seit 1978 lebt die DDR-Autorin Christine Wolter in Italien. Sie hatte einen Mailänder Architekten geheiratet. Ihre Bücher, in denen Italien zumeist eine Rolle spielt, erscheinen weiter in der DDR, regelmäßig reist sie nach Berlin (hat hier inzwischen auch einen zweiten Wohnsitz). Ihr wahrscheinlich wichtigstes Buch erscheint 1982 im Aufbau Verlag: *Die Alleinseglerin*. Ein Traum von schattigen brandenburgischen Kieferwäldern und Seen, wie man ihn nur im Süden träumt. Mailand scheint der Autorin eine eher feindliche Stadt – und gern hätte man diesen Eindruck als Leser selbst überprüft.

Die Alleinseglerin also ist ein Traum vom Norden, wie man ihn im Süden träumt. Aber es ist mehr: die Geschichte einer alleinerziehenden ostdeutschen Wissenschaftlerin, die von ihrem – ihr lange fremden – Vater ein Segelboot erbt, ein Boot, das bis eben zur Regattaklasse gehörte, jetzt nicht mehr: ein »Drachen«. Viel zu groß ist dieses ständig reparaturbedürftige Boot, das man nicht gut allein segeln kann. Aber es ist nicht nur die Geschichte eines Kostenfaktors, von dem man sich nicht rechtzeitig kühlen Kopfes zu trennen vermag, es ist noch etwas anderes: die Geschichte einer Emanzipation, aber auf ganz eigene Weise. Nicht auftrumpfend, wie man das von »starken Frauen« heute gewohnt ist, sondern voller melancholischer Beharrlichkeit und Poesie.

Das Boot ist in dieser Geschichte ganz real vorhanden und doch auch ein Traumbild, auf das die Autorin aus Mailand zurückblickt. Ein Symbol für unbequeme Heimat, für Aufbruch ins Ungewisse und Plage mit den Alltäglichkeiten! Nietzsche wollte die Philosophen auf die Schiffe schicken – denn nur auf schwankenden Planken stehend, ausgesetzt der Weite des Meers, macht man Erfahrungen, die verändern. Man weiß nie, wo es einen noch hintreibt, hat man sich erst einmal entschlossen, den sicheren Hafen zu verlassen und auf offene See hinauszufahren.

Seltsame Szenerie: Die Autorin sitzt in Mailand und träumt den Traum vom heimatlichen Norden, der ihr problematisch geblieben ist und in seiner konkreten Gestalt immer problematischer wird. Mit ihrer DDR-Vergangenheit ist sie noch längst nicht fertig. Wenn das so einfach wäre: »Warum also wieder dieses Fortwollen, Umschlag des Fernwehs? Will man woanders sein, um anders zu sein? Hofft man immer noch darauf? Alle die anderen Ichs, die man leben könnte, sind, glaubt man, nur an anderen Orten möglich. Weg, zurück: nur nicht hier.«[116]

Das vom Vater geerbte Boot ist ihr lange fremd geblieben – erst nach Jahren wird es zum Vehikel der Selbsterkenntnis und zum Preis, den man dafür zahlt. Der banale Anstoß: Die Instandhaltung des »Drachens« verlangt viel mehr Geld, als sie verdient. Jeden Herbst muss das Boot aus dem Wasser geholt und winterfest, jedes Frühjahr segeltauglich gemacht und wieder ins Wasser gebracht werden. Ständig jagt sie irgendwelchen Abdeckplanen oder Laken nach. Das Segelboot erweist sich seines Namens würdig: »Erst jetzt bemerkte ich, dass der Drachen nur vier Monate im Jahr ein Boot war: von Juni bis September; die übrige Zeit war er ein fressendes, nutzloses Ungeheuer, ein Drache, der immer neue Schlünde aufriss und den ich mit übersetzten Seiten fütterte, so schnell ich konnte; ich schuftete und blieb verschuldet, und der Drache schrie nach Futter und lachte höhnisch duhastessogewollt!«[117]

Nimmt er nur und gibt nichts zurück? Doch, nach langen Jahren der Sorge und Verschuldung kommen auch jene kurzen Sommer, in denen sie einige Male auf den See hinausfährt. Da wird sie dann eins mit dem Boot im Sonnenlicht. Aber dafür all die Arbeit, die Entbehrungen, die Verschuldung, ihre nur noch nachlässig wie nebenbei betriebene Forschungsarbeit? »Merkwürdig, das hatte sie schon mal gedacht: was für eine lange Vorgeschichte für diesen Augenblick.«[118] Ist das nun viel oder wenig?

Ihrem Vater, dem Professor und Staatspreisträger, der die Familie verlassen hatte und zu dem sie erst als junge Frau wieder Kontakt fand, gehörte dieses Boot ganz, ihr nicht mal halb. Er beherrschte den »Drachen«, er war Teil seines Lebens. Von ihrem nicht, er blieb eine Überforderung, die sie sich nicht eingestand. Immer wieder steht sie kurz davor, das Boot zu verkaufen – und behält es dann doch.

Ganz ihres wird dieses Boot erst, so muss sie erfahren, als es tief in die Erinnerung abgesunken ist, in ihrer Mailänder Wohnung sitzend, in einem italienischen Alltag, der ihr immer etwas fremd bleibt. Zeit, dem nachzusinnen, was einmal war und nun nicht mehr existiert – aber auf andere Weise gerade so erst als Bild vor ihren Augen steht: »Ein großes altes Boot, pflegebedürftig und kostspielig. Man soll sein Herz nicht an Dinge hängen. Ich hänge an ihm.«[119]

Diese Sätze stehen am Anfang des schmalen Buches dieser Suche nach etwas, das zu einem selbst gehört, dieser Reise ins Offene des Lebens, die nicht alles zurücklassen will, was wichtig war. Was war wichtig? Das, was sich einprägte, was auf eine bestimmte Weise gegenwärtig bleibt. Doch nichts ist instabiler als Erinnerungsbilder. Sie werden abgedunkelt oder aufgehellt vom heutigen Tage. Die Erbstücke, die man nicht will, aber auch nicht einfach loswird, weil sie irgendwie, aber nicht so, wie sie jetzt da stehen, doch zu einem gehören. Solche wie der »Drachen« des fremden Vaters es sind. Gegen Schluss des Buches nennt sie diese Erbstücke einen »Reliquienschrein der Erinnerungen an uns selbst«[120].

Am Ende ist da nicht mehr als »Ungefühl«, aber keine sentimentale Zuflucht ins Gestern, auch keine Bedrückung, die blindwütig reagieren lässt. Man schaut das Gewesene an mit der Distanz, die die Zeit mit sich bringt, und weiß nicht mehr genau, wie es wirklich war. Bilder wechseln mit Bildern.

Die Alleinseglerin wird so zum imaginären Disput mit dem abwesenden Vater, darüber, wie man eigentlich leben sollte. Immer anders, als es gelingt. Und so wird aus dem Disput mit dem anderen am Ende ein innerer Monolog mit sich selbst. Nur da ist der Vater vertraut und immer noch ansprechbar: »Und doch glaube ich, daß ich etwas hinzugelernt habe, all die Jahre, die ich auf deinem Platz gesessen habe. Ich habe auch etwas gelernt über Luxus und Einfachheit, vielleicht auch etwas über dich und mich, nicht viel, nur größere Bescheidenheit.«[121]

Was sagt dieses Buch – und auch Herrmann Zschoches 1987 nach der Vorlage gedrehter DEFA-Film – über die achtziger Jahre der DDR? Es ist eine diffuse Zeit, die ihre Ziele verloren hat und in der jeder auf seine Art beginnt, sich in seine Erinnerungen zurückzuziehen. Hat man sich das, was heute Gegenwart ist, denn einst erträumt?

Nur kurz blitzt die Gesellschaft, die der Professor und Staatspreisträger repräsentierte, bei Christine Wolter auf, und das im Bild vom Begräbnis des Vaters, dem Ende auch einer Ära: »Die Genossen der Glanzjahre waren alt geworden, sie erschienen mir wie Mumien in ihren edlen Pelzen.«[122]

In Zschoches Verfilmung wird Christina Powileit die junge Literaturwissenschaftlerin Christine spielen, das Alter Ego Christine Wolters. Keine Schauspielerin, sondern Schlagzeugerin der ersten Frauenrockband der DDR Mona Lise. (Anfang der neunziger Jahre trat sie in der Begleitband von Gerhard Gundermann auf.) Ein herber Ton von Rebellion und Aufbruch kommt so ins Spiel.

Das eben zeigt plötzlich den Unterschied zwischen der maßvoll traurigen Elegie Anfang der achtziger Jahre, die zum Grundton des Buches gehört, und jenem ganz anderen, anarchistischen Impuls von Ende der achtziger Jahre.

SCHWARZSEHEN UND WEITBLICK

Die Ausschlüsse aus dem Berliner Schriftstellerverband von 1979

Ruhe wird es nach der Biermann-Ausbürgerung im Lande nicht mehr geben, erst recht nicht unter Künstlern und Intellektuellen. Vor allem hat man Stefan Heym im Visier, aber der ist kein SED-Mitglied, da greift man zu anderen Maßnahmen. Am 15. Mai 1979 hatten mehrere Autoren, darunter Jurek Becker, Adolf Endler und Klaus Schlesinger, einen offenen Brief an Erich Honecker geschrieben, worin sie die nicht nachlassenden Repressionen gegen kritische Stimmen von Künstlern anprangerten. Natürlich wurde dieser Protest in den DDR-Medien nicht verbreitet, sondern nur in denen des Westens. Daraus soll den Protestierern nun ein Strick gedreht werden. Propaganda in Westmedien gegen die DDR, Diffamierung der DDR und ihrer Repräsentanten, so lautet der Vorwurf. Ein Tribunal gegen jene wird – zum wie vielten Male schon? – initiiert, die die Macht zur Rede stellen wollten.

Am 7. Juni 1979 sollen neun Schriftsteller aus dem Berliner Bezirksverband ausgeschlossen werden. Doch hier scheitert die SED-Abstrafungs-Regie erstmals fast am offenen Widerspruch. Klaus Schlesinger verliest auf der Ausschlusssitzung den in der DDR nicht verbreiteten Aufruf, in dem es heißt, man verfolge mit Sorge die Entwicklung der Kulturpolitik: »Immer häufiger wird versucht, engagierte, kritische Schriftsteller zu diffamieren, mundtot zu machen oder, wie unseren Kollegen Stefan Heym, strafrechtlich zu verfolgen. Der öffentliche Meinungsstreit findet nicht statt. Durch die Kopplung von Zensur und Strafgesetzen soll das Erscheinen kritischer Werke verhindert werden.«[123]

Da die DDR-Verfassung, Artikel 27, allen Bürgern das Recht auf freie Meinungsäußerung zubilligt, ist eine solche Äußerung allein noch nicht strafbar – aber sie soll es in dem Augenblick werden, wo sie in den Westmedien erscheint.

Den Anstoß für dieses Tribunal hatte wieder einmal Stefan Heym gegeben. Im Westen (bei Bertelsmann) war soeben sein Roman *Collin* erschienen, ein immer noch erhellendes Buch über die Staatssicherheit und die Neurosen derer, die einen Staat regierten, als stünden sie noch im Untergrundkampf – also nach allen Regeln der Konspiration. Ein Schlag ins Gesicht von Erich Mielke, dessen Staat im Staate bloßstellend.

Was tun?, fragen sich die verunsicherten Hüter der Dogmen, die sich keiner offenen Auseinandersetzung mit einem wie Heym gewachsen fühlen. Wenn man den Schriftsteller beschuldigt, er habe das Buch heimlich im Westen herausgebracht, dann müssen sie gleichzeitig eingestehen, dass er gar keine Möglichkeit gehabt hatte, es hier zu veröffentlichen, denn in der DDR wäre es verboten worden. Ein solches Zensureingeständnis aber will man umgehen. Also kommt man auf die Idee, Heym wegen eines Devisenvergehens anzuklagen. Davon verspricht man sich Solidarisierungseffekte, spekuliert also auf den Neid der Bevölkerung. So ein privilegierter Künstler verdient im Westen D-Mark und macht dann auch noch die DDR schlecht!

Aber die Leute nehmen es dem Staat viel mehr übel, dass er ihnen solch brisante Bücher gouvernantenhaft vorenthält. Dennoch schreitet der Zoll gegen Heym wegen Devisenvergehens zur Tat. Sein Sparbuch wird am 10. April 1979 beschlagnahmt, im offiziellen Amtsdeutsch wird dies ein »vollzogener Arrestbefehl zur Sicherung zu erwartender Ansprüche« genannt. Heym darüber in seiner Autobiographie *Nachruf*: »So also ist das gedacht: der Schriftsteller S. H., dessen Bücher, eins wie das andere, moralische Entscheidungen verlangen, soll moralisch vernichtet werden.« Schließlich wird Heym zu 9000 Mark Strafe wegen Devisenvergehens verurteilt. Aber man merkt schnell, dass – gemessen am Werbeeffekt – der Abschreckungseffekt des Urteils gering ist, und ändert die Gesetzesgrundlage: Ab jetzt soll jeder, der ohne offizielle Genehmigung im Westen veröffentlicht, mit einer Zuchthausstrafe von bis zu fünf Jahren bestraft werden. Es rührt sich Widerstand, man beruft sich auf die von der DDR unterzeichnete Schlussakte von Helsinki. Die Wortführer unter den protestierenden

Berliner Autoren[124] sollen daraufhin aus dem Verband ausgeschlossen werden.

Doch die Einschüchterung läuft ins Leere, trotz begleitender Propaganda von Autoren, die nicht darauf hoffen können, im Westen veröffentlicht zu werden, wie Dieter Noll, der sich – ebenfalls in einem Brief – am 22. Mai 1979 im *Neuen Deutschland* dem Wohlwollen Erich Honeckers im Stile eines willfährigen Untertanen anempfiehlt und im martialischen Klassenkämpferton bekundet: »Die gesetzlichen Verordnungen, die sich gegen die subversive Tätigkeit der feindlichen Massenmedien richten, und die notwendige Konsequenz, die diesen Maßnahmen Respekt verschafft, wurden von mir und meinen Freunden mit Genugtuung zur Kenntnis genommen.« Wer ist mit »subversiver Tätigkeit« gemeint? »Einige wenige kaputte Typen wie Heym, Seyppel oder Schneider, die da so emsig mit dem Klassenfeind kooperieren, um sich billige Geltung zu verschaffen, weil sie offenbar unfähig sind, auf konstruktive Weise Resonanz und Echo bei unseren arbeitenden Menschen zu finden, repräsentieren gewiss nicht die Schriftsteller unserer Republik.«[125]

Es folgt eine aufdringliche Schmeichelei, die erklären soll, warum er seit *Die Abenteuer des Werner Holt* von Anfang der sechziger Jahre kein Buch mehr vorgelegt habe, aber jetzt doch wieder, dafür möchte er dann gleich mal gelobt werden: »Sehr verehrter Genosse Erich Honecker, es ist viel Zeit vergangen, seit Sie mir einmal anerkennende Worte über meinen ›Werner Holt‹ gesagt haben. Ich habe versucht, diese Zeit optimal zu nutzen, auch, wenn es zeitweise still um mich geworden war. Heute nun, da mein neuer Roman den Bürgern unseres Landes vorliegt und einiges Interesse geweckt hat, gebe ich der impulsiven Regung nach, Ihnen diese Zeilen zu schreiben, damit Sie noch fester überzeugt sein können: Meine Schriftstellerkollegen und ich sind und bleiben der Partei für immer in Treue verbunden.«[126]

Das klingt in seiner Unterwürfigkeit auf provozierende Weise ekelhaft. Mit diesem Gefolgschaftsgeist wollen die kritischen Autoren um Heym und Hermlin nichts zu tun haben. Obwohl Nolls Buch *Kippenberg* nicht so schlecht geschrieben ist, wie es dieser unsägliche Brief an Honecker vermuten lässt. Das Buchcover gestaltete übrigens sein Sohn Hans Noll, der 1984 in die Bundesrepublik ausreiste und als Chaim Noll dann unversöhnlich dissidentische Positionen vertrat.

Für Honecker sicherlich überaus langweilig: eine gut sechshundert Seiten lange Umschau im elitären Bereich der Forschung und der Forscher, der Generationenkämpfe und dazu die ewige Frage, wie aus der Theorie Praxis wird. Das wird er seinen Referenten überlassen haben. Der antiquierte Genius des Forschers konkurriert mit der erst noch zu weckenden Weisheit des Kollektivs. Aber durchaus mit Untertönen, bei denen man sich fragt, was mit ihnen wohl gemeint sei: »Man kann nicht jahrelang in die Irre leben, um sich dann mit einem Kraftakt wieder ins rechte Gleis zu rücken. Nein, so einfach ist das nicht. Es muss einem schon durch und durch gehen und wehtun, und das alte Mobiliar muss gründlich zerschlagen werden, wenn es geschehen soll, dass man doch noch von Grund auf umgekrempelt wird.«

Dieter Noll ist inzwischen – vertretungsweise – Sekretär der Sektion Literatur der Akademie der Künste geworden. Christa Wolf zieht, nach Nolls Anbiederung an Honecker, sofort ihre Zusage zurück, ein einführendes Referat der Akademieveranstaltung über Herkunft und Folgen von Wahndenken zu halten – und teilt ihm am 14. Juni brieflich mit: »Du wirst inzwischen selbst nicht mehr erwarten, dass ich Lust haben könnte, unter deiner Leitung ein Thema zur Diskussion zu stellen, das reichlich Stoff für Meinungsverschiedenheiten, Auseinandersetzungen, Irrtümer – also für spätere Diffamierungen des Andersdenkenden – in sich birgt.«[127] Und dem besorgt nachfragenden Akademiepräsidenten Konrad Wolf, der sich an seinen inneren Widersprüchen aufreibt (manche sagen: tödlich aufreibt), der einerseits loyal zur Macht steht und andererseits die Freiheit der Kunst verteidigt, gibt sie am 16. Juli 1979 eher kühl Auskunft über ihre Absage der Akademieveranstaltung. Sie würde schon gern in der Akademie weiter mitarbeiten, die Frage sei nur, unter welchen Voraussetzungen, wenn Dieter Noll der Sektion Dichtkunst vorstehe. »Ich werde tun, was ich kann, und jeden Eklat vermeiden. Aber eine unheimliche Zentrifugalkraft schleudert einen immer mehr an den Rand, es ist ein verdammtes Gefühl.«[128]

Dann fragt sie bei Konrad Wolf – ein Rest Höflichkeit muss bleiben – noch kurz nach, ob sein neuer Film denn schon abgenommen sei. Sie ahnt nicht, dass Konrad Wolf, wie schon in seinem bis heute aktuell gebliebenen Film *Goya* (1971) über den Künstler und die Macht, in diesem neuen Film (es sollte sein letzter werden), er heißt

Solo Sunny, dieselbe »unheimliche Zentrifugalkraft«, von der Christa Wolf spricht, in einen so wuchtigen filmischen Ausdruck gebracht hat, dass darüber alles Protestieren, Kritisieren und Debattieren zu verblassen scheint.

Immerhin, der geplante Ausschluss der neun Schriftsteller droht zu scheitern. Trotz sorgfältig geplanter Dramaturgie – und bestellter Redebeiträge – stimmen sechzig der im Roten Rathaus versammelten Berliner Autoren gegen einen Ausschluss. Es gibt tumultartige Szenen. Christa Wolf wird im Nachhinein an das Präsidium des Schriftstellerverbandes schreiben, sie werde »an solchen Versammlungen nicht wieder teilnehmen«. Es kommt beinahe zur offenen Revolte. Jeder spürte hier die Missachtung der Künstler durch die Funktionäre, wie Christa Wolf erbittert feststellt: »In der Berliner Versammlung wurden nicht einmal – selbst auf Antrag nicht – die Gegenstimmen und Stimmenthaltungen bei den Ausschlussanträgen ausgezählt: so wenig gilt eine Stimme.«[129]

Die Ausschlusskandidaten äußern sich selbstbewusst, geradezu sarkastisch wie Klaus Poche: »Wenn sich Menschen ändern, wird man nicht gleich sagen, sie werden falsch, sie werden Feinde. Man muss seine eigene Position überprüfen, muss fragen, was die Menschen dazu veranlasst hat, diesen und keinen anderen Weg zu sehen. Wir sind in diesem Land alt geworden, man möge uns bitte mit der lehrerhaften Frage verschonen, die einem Katechismus-Denken entspricht.«[130]

Auch Heym hat noch einmal die Stimmung forciert, indem er das »Büro für Urheberrechte« ein »Büro zur Beschränkung der Urheberrechte« nennt und anfügt: »Ich bin gespannt, was man sich nun ausdenken wird, um zu verhindern, dass Autoren ihre hier unterdrückten Bücher anderswo drucken lassen.« Aber die entscheidende Frage ist für ihn eine andere, eine über Sein oder Nichtsein der Intellektuellen in der DDR: »Wird man, statt kritischen Autoren Devisenprozesse zu machen, sich lieber mit den kritisierten Zuständen befassen und versuchen, da Abhilfe zu schaffen?«[131]

Stephan Hermlin schafft es, dem Ganzen die Krone aufzusetzen, in dem er eine vornehme Rede über grassierende Unvornehmheiten hält, in der es heißt: »Ich weiß, dass ich da zu manchen rede wie zu einer Wand, das sind jene, die Verluste nicht hoch achten … weil sie naive

Erwartungen haben, ihre eigene Geltung würde vermehrt, wenn andere nichts mehr gelten.« Er fordere die Anwesenden auf, niemanden auszuschließen. Bei der Abstimmung ist er dann nicht mehr anwesend, sondern »wegen Krankheiten« nach Hause gegangen.

Dies selbstbestimmte Nach-Hause-Gehen Hermlins hat etwas vom Leitmotiv seiner autobiographischen Erzählung *Abendlicht*. Es ist ein melancholischer Rückblick auf einstige Hoffnungen, die sich in Nichts aufgelöst haben. Auch bei ihm vollzieht sich nun – wie auch bei Christa und Gerhard Wolf oder Franz Fühmann – eine »romantische Wende«, der Rückzug aus der unmittelbaren gesellschaftlichen Gegenwart in den »Projektionsraum Romantik«. Das Sich-auf- die-Kunst-selbst-Zurückziehen ist dem Wesen nach eine romantische Haltung – aber ebenso wird nun auch die Romantik als literarische Epoche mit ihren Hauptfiguren wie Karoline von Günderrode, Heinrich von Kleist, Ludwig Tieck oder E. T. A. Hoffmann explizit zum Thema.

Kassandra als Schwester im Geiste

Am 27. September 1980 beschreibt Christa Wolf wiederum diesen einen Tag im Jahr, wie sie es seit 1960 (als der Aufruf der Moskauer Zeitung *Iswestija* kam) machen wird – bis zum Jahr 2000. Dieser eine Tag im eigenen Leben und dem der Menschheit.

Wohin geht die Reise mit uns? Die Antwort ist alles andere als optimistisch. Christa Wolf geht es wie der DDR, jedenfalls ihrem denkenden Teil: Sie steckt in der Krise. Kein neuer Zustand, die Geschichte der DDR betreffend, aber seit der Biermann-Ausbürgerung im November 1976 scheint etwas ganz und gar zerbrochen. Ist da noch etwas außer Agonie? Christa Wolf hat sich weit zurückgezogen, fünfzehn Jahre zuvor war sie noch Kandidatin des ZK der SED gewesen – aber nach ihren kritischen Worten auf dem »Kahlschlagplenum« im Dezember 1965 (dem Angriff auf alle kritische Kunst) war das vorbei. Die Niederschlagung des Prager Frühlings 1968 hatte die Depression noch verstärkt, aber die Biermann-Ausbürgerung 1976 war ein Schlusspunkt.

An keiner offiziellen Tagung des Schriftstellerverbandes nahm sie nach 1979 mehr teil, sie emigrierte gleichsam im Geist der Romantik aus der Gesellschaft, die sie enttäuscht hatte, in die Kunst. Mit Kleist zog sie sich in *Kein Ort. Nirgends* und der Günderrode-Annäherung weit zurück ins 19. Jahrhundert.

Der Befund an diesem 27. September 1980 ist voll pessimistischer Klarheit. Immer gehe es ihr im Kopf herum, was sie vor vier Jahren begriffen habe: »Unsere Lage ist aussichtslos; daß ich dieses Wissen seitdem weniger in Prosa als in Essays zu verarbeiten suchte; daß vielleicht mein Körper in aller Stille seinen Weg gesucht hat, diese Aussichtslosigkeit, dieses Erwürgtwerden, auszudrücken; daß dieser Verdacht ebenso gut ein unzulässiger Mystizismus sein kann; daß Krankheit, gerade *diese* Krankheit, nicht als Metapher genommen werden soll und darf (obwohl die Frage nach den psychosomatischen Faktoren jeder Krankheit bleibt).«[132]

Die Krankheit ist das Bild dieser Zeit, aber auch eine akute Beunruhigung, die sie in sich trägt. Ihre Schilddrüse, so scheint es unvermeidbar, wird operiert werden müssen. Könnte es Krebs sein – und woher käme der auf einmal? Hat Krankheit nicht viel mehr als angenommen mit der Art zu tun, wie man in der Welt ist? Wer sich fremd, als beargwöhnter Außenseiter, gar als Feind fühlen muss, dessen Körper und Seele leiden. Gewiss gibt es, darüber spricht sie mit ihrem Mann Gerhard, auch »einen Anteil der Neurosen beim Schreiben«. Doch wer jahrelang in immer den gleichen ermüdenden, unlösbaren Fragen kreist, wie soll der noch einen Ausdruck für jenen Schmerz suchen, der allem zugrunde liegt?

Zum ersten Mal trauert sie der verlorenen Zeit nach, genauer der unsinnig vertanen Zeit im Streit um die Ideologie im Staate. Wenn man jenseits der Gläubigkeit angelangt ist und im Zweifel lebt, wie soll man das dann noch ertragen? Erstmals das Bedauern, sich nicht – wie andere Autoren – gegen das einst Geglaubte entschieden zu haben. So aber bleibt die »jahrzehntelange Anstrengung, mich ›hier‹ zu lösen, meine Unfähigkeit, ›drüben‹ eine Alternative zu sehn – vielleicht ist eben das meine Neurose: Sich aus Bindungen schwerer lösen können.«[133]

Sich zwischen Gehen und Bleiben entscheiden zu müssen, das ist auch das Grundgefühl vieler Menschen in der DDR. Sie erwarten sich nichts mehr von der DDR, aber ob sie sich etwas von der BRD versprechen, wissen sie auch nicht.

Uwe Johnson, der mit den *Jahrestagen* ein bedeutendes Werk im englischen Exil (so muss man es wohl nennen) geschrieben hat, ist für seine Konsequenz zu bewundern. Christa Wolf erlebt ebenso die andere Seite, den Preis, den er dafür zahlt: »Aber auch die Zerstörung seiner Person.«[134]

Was bleibt von diesem Jahr? Der Befund einer aussichtslosen Lage. Auch als Schriftstellerin stellt sie sich nun von Grund auf in Frage: »Alles ist Schwindel. Mein Schreiben, mein Nichtschreiben.«[135]

Und die aufsteigende Angst, man soll sie nicht verharmlosen. Sie hat Gründe, die ernst zu nehmen sind. Gleich ob der drohende Atomkrieg oder der Krebs in der Schilddrüse. Sie registriert bei sich ungute Seiten: »Alles bei mir ein wenig geheuchelt, durch eine Schicht von Gleichgültigkeit.«[136] Soll sie in dieser schwierigen Situation, ausgerechnet jetzt, wo es an Hoffnung mangelt, loslassen und sich auf Neues einlassen?

Eine Lebenskorrektur ohne Hoffnung, geht das? Aber vielleicht ist der ausgehaltene Blick in den Abgrund, die Realsetzung des Lebensgefühls, ja der einzige Weg zur Gesundung, hin zur Wahrheit über sich selbst und die Gesellschaft? »Ich mache mir vor, ich würde gerne noch den Kassandra-Stoff machen, das könnte keine andre. Das ist wahr, aber wenn er nicht gemacht wird, ändert sich auch nichts. Der Stoff arbeitet in mir, es treten immer wieder Sätze hervor, die ich aber nicht aufschreibe, wieder verliere. Ich bin unkonzentriert.«[137]

Vom 20. März bis zum 22. April 1980 reisten Christa und Gerhard Wolf nach Griechenland. Ob sie, um den Mythos der Kassandra erzählen zu können, dieses Land mit eigenen Augen gesehen haben muss, weiß sie selbst nicht. Sie schreibt ja keine Reportage – oder doch, ein wenig schon. In den ersten beiden der Frankfurter Poetik-Vorlesungen zu *Kassandra* berichtet sie von dieser Fahrt, die eben nur ein Element der Annäherung an die Kassandra-Figur sein kann. 1983 erschienen die vier Vorlesungen und die Erzählung im Aufbau Verlag. Für die DDR-Leser waren die Vorlesungen wahrscheinlich wichtiger, weil unmittelbar zu ihnen sprechend, als für die Leser im Westen, die in einer Reise nach Griechenland und Reflexionen über einen Mythos erst einmal nichts Spektakuläres entdecken konnten. Stattdessen entdeckten die Feministinnen immer mehr Christa Wolf als ihre Anwältin – doch wenn sie »ganzheitlich« sagt, meint sie etwas über die instrumentelle Vernunft Hinausgehendes, auch über die Art, wie Wissenschaft und Technik oder Politik – meist von Männern – betrieben wird.

Aber bei ihr sind Männer nicht davon ausgeschlossen, wenn ein feminines Element stärker zum Tragen kommt. Emanzipation ist für Christa Wolf immer etwas, das Männer und Frauen gemeinsam betrifft – und nur gemeinsam, nicht gegeneinander gelingen kann.

Das Kassandra-Thema ist kein Zufälliges. Die Untergangsdrohung liegt in der Luft, ein Untergang, der Freund und Feind zugleich betreffen würde. Weiß es keiner, dass immer mehr Rüstung die Wahrscheinlichkeit eines Krieges erhöht? Doch, viele Menschen wissen es. Vor allem Intellektuelle, Künstler und Schriftsteller fordern, dass die Politik sich korrigiert. Sollte man auf sie nicht hören? Das Problem ist, dass die Politik nicht auf Intellektuelle, schon gar nicht auf Künstler und Schriftsteller hört. In Ost und West stellt man sich gleichermaßen taub. Eine unheilvolle Allianz. Für Ludwig Erhard war Rolf Hochhuth bekanntlich nicht mehr als ein »Pinscher«, den man mit einem Fußtritt vor die Tür befördert.

Der Ansatz für die Neuerzählung des altes Mythos von Kassandra ist für Christa Wolf: »Sie will etwas lernen.« Da bleibt für sie nicht viel mehr, als Wahrsagerin, Seherin zu werden. Apoll unterrichtet sie und will zum Lohn, dass sie sich ihm hingibt. Sie verweigert sich – und zur Strafe belegt er sie mit dem Fluch, die Wahrheit sehen und sagen zu können, doch niemand werde ihr glauben! »Sie warnt davor, auf den Trick mit dem Trojanischen Pferd hereinzufallen, der König, trunken von der Aussicht, die Griechen würden abziehen, läßt sie doch herein.«[138]

Sie kannte die Wahrheit, aber es half nicht. Als Kriegsbeute wird sie, eine Königstochter immerhin, von Troja nach Mykene gebracht. Der Boden, auf dem Christa Wolf steht, als sie die Kassandra-Geschichte schreibt, ist in mehrfacher Hinsicht schwankend. Sie hat Angst, dass es Schilddrüsenkrebs ist, der eine Operation notwendig macht. Ihr Mann Gerhard Wolf will nicht, dass sie sich hysterisch in etwas noch Ungewisses hineinsteigert. Aber die Angst ist da und die absurde Konsequenz davon: »Ich muß die Sorge, eine Angst verharmlosen und verstecken, die er, eben weil auch er sich sorgt, an mir nicht sehen will. Untergründig läuft der wirkliche Dialog, in dem einer vom anderen weiß, wie es um ihn bestellt ist.«[139]

Nuria Quevedo, die im DDR-Exil aufgewachsene Katalanin, die auch zu Fühmanns *Dreizehn Träume* eindrucksvolle Grafiken schuf, gelingen auch zu *Kassandra* Radierungen, deren Verwandlungsintensität erschüttert. Der Zyklus folgt dem im ersten Blatt vorangestellten Satz Christa Wolfs aus *Kassandra*: »Mit meiner Stimme sprechen: das Äusserste. Mehr, anderes hab ich nicht gewollt.«

Die erste Vorlesung trägt den sehr nach Kleist klingenden Titel: »Ein Reisebericht über das zufällige Auftauchen und die allmähliche Verfertigung einer Gestalt.« Ein chinesisches Sprichwort ist den dann folgenden fünfzig Seiten Text vorangestellt: »Die Stadt kannst du wechseln, den Brunnen nicht.«

Also Griechenland. Der für die Formulare angegebene Reisegrund lautet schlicht: »Tourismus«. Das »Land der Griechen mit der Seele suchen« ist etwas, das sie nur für sich in »ironischer Verfassung« niederschreiben mag – obwohl es so falsch doch nicht ist. Flughafen Schönefeld, eine syrische Maschine, ernüchternde Erfahrung über den unfreundliche Umgang der Menschen miteinander. »Selten, denke ich, war ich in einer Menschengruppe, in der jeder jedem so unendlich gleichgültig ist.«[140] Ein wütender Reflex darauf, dass man ihr ein halb gefrorenes Stück Fleisch serviert hat?

Natürlich war es 1980 nicht für jeden möglich, nach Griechenland zu reisen. Aber wem sich die Chance bot, der nahm sie in der Regel auch wahr. Wie viele mit Geld verbundene Privilegien gibt es heute, bei denen man gar nicht auf den Gedanken kommt, sie könnten nicht für alle erlangbar sein? Doch die DDR hatte ebenjenen Gleichheitsanspruch postuliert, den die Bundesrepublik nie kannte, an diesem musste sie sich messen lassen. Wer Privilegien in Anspruch nahm, der sollte sich – wenigstens vor sich selbst – dafür rechtfertigen. Vielleicht damit, dass Gleichheit nicht ein Ziel für eine differenzierte, moderne Leistungsgesellschaft sein kann? Es gilt wohl nur der Umkehrschluss: Die Ungleichheit darf nicht zu groß werden. Immerhin gab es im

DDR-Arbeitsrecht die durchaus beachtete Regel, dass der Mindestlohn nicht unter fünfzig Prozent des Durchschnittseinkommens liegen sollte. Aber viel wichtiger als Gleichheit, das wusste Christa Wolf, ist eine Gerechtigkeit, die sich im Zweifelsfalle auch gegen die jeweils Herrschenden einfordern lässt.

Natürlich hat sie bereits das Kassandra-Buch im Kopf, als sie die Griechenlandreise plant, eine bloße Touristin ist sie nicht. Griechenland war bis eben eine Militärdiktatur, die Verhältnisse im Land sind schwierig. Was die Autorin dennoch dorthin treibt, ist zweierlei: einmal der Kassandra-Mythos, wie er seit der Antike erzählt wurde – und das, was an ihm gegenwärtig geblieben oder neu geworden ist: »Wie, auf welche Weise, geschah es ihr, das Zusammenbrechen aller Alternativen? Daß ihr nur dieser eine Weg noch bleibt, den sie sich nicht schleifen lässt, den sie selber geht.«[141]

Die eigene Erfahrung mit einem existenziellen Thema zusammenbringen ist der Neuansatz, den sie mit Franz Fühmanns zur gleichen Zeit entstehendem *Vor Feuerschlünden. Erfahrung mit Georg Trakls Gedicht* teilt. Wie Fühmann geht auch Christa Wolf dem mythischen Element in der Sprache nach: »Den Mythos lesen lernen, ist ein Abenteuer eigener Art.«[142]

Das Eigene und das Fremde: eine Unbeziehung, die man kultivieren lernen muss. Aber das Verhältnis von besiegtem Troja und den Griechen ist nicht mehr als die Geschichte einer brutalen Unterwerfung. Die Sieger schreiben die Geschichte nach ihrem Gutdünken? Als Korrektiv dazu muss man immer wieder die Perspektive der Besiegten einnehmen, denn diese tragen eine Erfahrung in sich, von der die Sieger nichts wissen wollen (und auch nicht können).

Das Kreta von 1980, so sieht es die Autorin mit Missfallen, ist immer noch selbstgefällig patriarchal geprägt. Nur Männer bestimmen in der Öffentlichkeit das Geschehen. Wie verloren sich Kassandra, die Kriegsbeute, hier einst fühlen musste!

Die Erfahrungen korrespondieren miteinander, etwa wenn die seltenen Touristen aus der DDR (das erregt in Griechenlands Bürokratie jederzeit Misstrauen) zur Fremdenpolizei müssen, um sich ihren Aufenthalt genehmigen zu lassen. Lauter kleine Provinzkönige herrschen hier, das spürt sie, verloren zum Bittsteller degradiert: »Schmal, sehr schmal wird in Büros der Grenzstreifen zwischen dem Land der Unschuldigen und dem der Verdächtigen.«[143]

Da hilft nur eins: es erzählen. »Erzählen ist Sinngeben.«[144] Ein Akt der Humanisierung. Wer Geschehenes erzählt, der »bewirkt Humanes: Gedächtnis, Anteilnahme, Verständnis.«[145]

Der rettende Teufel in Bulgakows *Der Meister und Margarita*

Dieses Buch wird zur Bibel der intellektuellen DDR-Jugend der achtziger Jahre. Dabei hat es nur einen Hauptdarsteller: Voland, den Satan, wie ihn schon Goethe im *Faust* in der Walpurgisnacht mit dem Ruf auftreten lässt: »Platz! Junker Voland kommt, Platz! süßer Pöbel, Platz!« Diese Walpurgisnacht-Szenerie, in der die Toten auferstehen und die Hexen (Margarita unter ihnen!) ihr Unwesen treiben, findet sich bei Bulgakow.

Was man nicht findet, ist jener suchende und drängende Faust, der sich selbst nicht genügt und darüber bis nahe an den Selbstmord gerät und schließlich nur vom Teufel noch Hilfe erwartet (und erhält, wenn auch nicht umsonst).

Die Entstehung des Romans *Der Meister und Margarita* gleicht selbst einem Drama. Zu dessen Bühne wird die Sowjetunion unter Stalin. Kein Faust weit und breit? Die Realität im Moskau der zwanziger und dreißiger Jahre scheint auch Voland allzu teuflisch zu sein, so viel auf banale Weise Böses sah man noch nie! Oder doch bei Pontius Pilatus, der Jesus ermorden lässt, wohl wissend, unschuldiger als dieser ist niemand.

Es ist eine bitterböse Groteske, die man ebenso wenig eine Satire nennen sollte, wie man dies bei einem Werk Kafkas tun würde. Sie deutet die dunkle Seite des Gewöhnlichen, das sich hier auf absurde Weise Bahn bricht. Bulgakow schrieb den Roman zwischen 1928 und 1940, dem Jahr, in dem er starb. Ironischerweise war sein letztes – natürlich verbotenes – Werk ein Theaterstück (*Batum*) über Stalin! Immerhin hatte er so lange überlebt und starb 1940 eines natürlichen

Todes, wenn man die ruinöse Dichterexistenz der Jahre zuvor nicht ein Sein zum Tode nennen will (was man sollte).

An Stalin band ihn eine dunkle Faszination. Vermutlich spiegelte sich Bulgakow selbst in der historischen Parallelhandlung, sah sich als den Gekreuzigten und Stalin als Pontius Pilatus, den unschuldig schuldig gewordenen Machtpolitiker, dem er nicht die Legitimität seines Handelns – dessen Opfer er selbst wird – absprechen will. Mehrmals schrieb Bulgakow bittende Briefe an Stalin – nicht nur, nachdem der Geheimdienst GPU 1926 seine Wohnung durchsucht und sein Tagebuch (er wird nie wieder ein solches führen) und Manuskripte beschlagnahmt hatte – auch für Kollegen wie Nikolai R. Erdmann (*Der Selbstmörder*), der im Gulag gewesen war, bat er.

Im nachlesbaren Verhörprotokoll der GPU stehen Dinge, die selbstmörderisch klingen. Nach »politischen Untertönen« seiner Satire *Hundeherz* gefragt, antwortet er: »Ja, die gibt es, und sie stehen in Opposition zur bestehenden Ordnung.« Gefragt, warum er nicht über die Arbeiter und Bauern, sondern immer nur über spintisierende Intellektuelle schreibe, gibt er der Geheimpolizei zur Antwort: »Über landwirtschaftliche Themen mag ich nicht schreiben, weil ich das Dorf nicht mag. … Über den Alltag der Arbeiter zu schreiben, fällt mir auch schwer; zwar habe ich davon eine bessere Vorstellung als von dem der Bauern, weiß aber nicht genug, interessiere mich auch kaum dafür, aus folgendem Grund: Ich bin beschäftigt, mich interessiert brennend das Leben der russischen Intelligenz, die ich liebe. Zwar halte ich sie für schwach, jedoch für eine wichtige Schicht in unserem Land. Ihr Schicksal und ihr Überleben sind mir teuer.«[146]

Ihm geschieht nichts, außer dass seine Texte verboten werden und dennoch fortgesetzt negative Besprechungen erscheinen. An Maxim Gorki schreibt er am 3. September 1929: »Alles ist verboten, ich bin ruiniert, ich werde gehetzt, ich bin völlig einsam. Wozu einen Schriftsteller in einem Land festhalten, in dem seine Werke nicht existieren können? Ich bitte um die humane Entscheidung, mich reisen zu lassen.«[147]

Gleiches schreibt er auch an Stalin – ohne darauf Antwort zu erhalten. Oder doch, er erhält sie: Er darf nicht ausreisen, nicht einmal besuchsweise nach Frankreich oder Italien, wie andere Künstler dies tun.

Als er dann, ein Dramatiker, dessen Stücke – außer *Die Tage der Turbins*, über eine bürgerliche Familie während der Revolution – nicht gespielt werden durften und dessen Bücher nicht erscheinen konnten, immerhin 1934 ein Telefon und eine Stelle als Regieassistent erhält, hat er das auch Stalin persönlich zu verdanken. Dem hatten *Die Tage der Turbins*, die er mehrfach im Theater sah, gefallen. Dieses Stück darf, als einziges von ihm, weiter gespielt werden. Bulgakow hatte Stalin brieflich um Hilfe gebeten, und dieser ruft ihn daraufhin an. Worüber der Dichter und der Diktator am Telefon miteinander sprachen? Das scheint wie ein ungeschriebenes Kapitel aus *Der Meister und Margarita*.

Bewahrte ihn der persönliche Kontakt zu Stalin davor, so zu enden wie viele andere Autoren? Zweifellos hält Bulgakow eine Angstpsychose fest im Griff. Er hält es weder aus, allein zu sein, noch unter Menschen. Seine Ehefrauen, drei sind es bis zu seinem Tod, haben daran schwer zu tragen.

Für die sowjetische Presse bleibt er ein bürgerliches Hassobjekt, Inbegriff eines schädlichen Schriftstellers. Bulgakow zählte einmal nach: Von 301 Rezensionen über seine Werke waren 298 negativ und das auf forciert aggressive Weise. Hat ihn Stalin, zu dessen Charaktereigenschaften Misstrauen und Heimtücke gehörten, wegen seiner brieflichen Selbstbekenntnisse verschont? Vielleicht dachte Stalin: Wer so über sich schreibt, der ist bereits verloren – den muss man nicht weiter fürchten, den kann man leben lassen – und sei es, um vor sich selbst als großmütig dazustehen.

Stalin hatte 1934, nach Ossip Mandelstams erster Verhaftung, Boris Pasternak angerufen, um mit ihm über den »Meister« zu sprechen, der Mandelstam doch wohl sei? Aber Pasternak – warum auch immer, wahrscheinlich aus Angst – hatte abgewehrt, darum ginge es nicht, er würde mit ihm gern über etwas anderes sprechen, »über das Leben und den Tod«. Ein gewiss ungeschicktes Verhalten, das Mandelstam den Beistand verweigerte.[148]

Mandelstam veröffentlichte 1934 ein Gedicht, das man als eine Verhöhnung Stalins verstehen konnte: »Wir Lebenden spüren den Boden nicht mehr.« Darin heißt es: »Sein Schnauzbart lacht Fühler von Schaben/Der Stiefelschaft glänzt so erhaben./Schmalnackige Führerbrut geht bei ihm um./Mit dienstbaren Halbmenschen spielt er herum./ Die pfeifen, miauen oder jammern,/Er allein schlägt den Takt mit dem Hammer./In den Leib, in die Stirn, in die Augen, – ins Grab.« Mandelstam stirbt 1938 im Gulag.

In Bulgakows *Der Meister und Margarita* also ist Faust abwesend, einen wie ihn gibt es unter diesen Umständen nicht mehr. Jeder, der so offen drängt, stürmt und zugleich zweifelt wie Faust (zudem Magie treibt!), hat keine Überlebenschance unter Stalin. Das ist die Leerstelle, die es zu erklären galt – vor allem für die Zensoren, die das Buch verboten. Bulgakow hatte die fixe Idee, dass Stalin *Der Meister und Margarita* als Erster lesen müsse – doch er starb über den Korrekturen der sechsten (!) Fassung.

Der Slawist Ralf Schröder, der 1968 das Erscheinen der DDR-Ausgabe mit einem Nachwort begleitete, stand vor einem Problem. Eine Teufeliade (und nichts anderes ist diese Buch), die in Moskau spielt? Das war eine zu offensive Provokation. Seine Strategie für eine Veröffentlichung des Romans bestand darin, zu behaupten, dass es sich hierbei um eine frühe sowjetische Spielart von Goethes *Faust* handelte, die in jener Phase einsetzt, als Anfang der zwanziger Jahre – noch zu Lenins Lebzeiten – der Kriegskommunismus von der NÖP, der Neuen Ökonomischen Politik, abgelöst wurde (diese ging bis Ende der zwanziger Jahre und wurde dann von Stalin gestoppt).

Das war die Zeit, als es wieder – in beschränktem Maße – Privatwirtschaft zur Versorgung des Landes geben sollte und wo dann auch das Geld eine neue, für viele zentrale Rolle spielte. Auch die Valuta natürlich, die keiner haben durfte, aber jeder haben wollte, weil man bestimmte Dinge nur mit ihnen kaufen konnte. Erstaunt lesen wir von Valuta-Läden für Ausländer im Moskau der zwanziger Jahre, frühen Intershops also, in denen auch immer wieder neureiche Moskauer anzutreffen sind. Ein Moloch!

Aber Schröder braucht einen Faust, eine positive Figur, die sich am Ende gegen den Teufel durchsetzt. Bei Bulgakow gibt es diesen nicht, es ist die Stunde des Teufels als Welthelfer gegen die verderbte Gesellschaft. All die Genossen sind schlimmer als der Teufel? Das durfte nicht sein, und so bietet Schröder in seiner Not nicht nur sehr viel Lenin, Lunatscharski und Gorki auf, sondern präsentiert auch einen Ersatz-

Faust, auf den beim Lesen niemand kommt – jenen lächerlichen Iwan Besdomny, einen Konjunktur-Dichter, der schlechte Gedichte schreibt, wie er selbst in dem ihn ereilenden Irrenhaus-Martyrium erkennt.

Am Ende des Romans jedoch, als so viel vom Anfangspersonal verschwunden oder zumindest schwer lädiert ist, da begegnet er uns wieder. Erstaunlicherweise als Philosophieprofessor, der seine Rolle offenbar recht gut spielt – nur in Vollmondnächten ergreift ihn eine unerklärliche Angst, und er weiß dann nicht, wo er sich vor den bösen Erinnerungen verstecken soll. Der Epilog endet: »Am Morgen erwacht der Professor schweigsam, aber ruhig und gesund. Sein wundes Gedächtnis verstummt, und bis zum nächsten Vollmond beunruhigt ihn nichts mehr …«[149]

Iwan Ponyrew, so sein bürgerlicher Name, veröffentlichte unter dem Pseudonym Besdomny (was so viel wie »ohne Haus« heißt) und war bereits in der grandiosen Anfangsszene des Buches anwesend. Denn ebenso wie der Meister – der da schon in der Irrenanstalt einsitzt – hat er ein Poem über Pontius Pilatus und Jesus verfasst und damit den Ärger von Michail Alexandrowitsch Berlioz auf sich gezogen, »Chefredakteur einer dickleibigen Kunstzeitschrift und Vorsitzender der größten Moskauer Literaturassoziation, abgekürzt MASSOLIT«.

Man trifft sich am Moskauer Patriarchenteich-Boulevard, die Sonne geht gerade unter. Der Auftrag für Besdomny war gewesen, ein »antireligöses« Poem zu schreiben. Und nun liefert er die Beschreibung der Szene zwischen Pontius Pilatus und Jesus, so, oder ähnlich, wie sie auch stattgefunden habe. »Berlioz wollte nun dem Lyriker beweisen, dass es gar nicht darum ging, ob Jesus schlecht oder gut gewesen sei, sondern darum, dass er als Persönlichkeit nie existiert hatte und dass alle Erzählungen über ihn schlicht Erfindungen, gewöhnliche Mythen seien.«[150]

Und in diesem Moment, als er dabei ist, Text und Autor mit grober Polemik zu zerpflücken, nähert sich den beiden ein merkwürdiger Mensch, der irgendwie fremd wirkt, also ein Ausländer sein muss. »Die graue Baskenmütze hatte er flott aufs Ohr geschoben, und unter dem Arm trug er einen Stock mit schwarzem Knauf in Form eines Pudelkopfes.«[151] Ungefragt mischt er sich ins Gespräch, berichtet von Pontius Pilatus, an den er sich gut erinnere, wie er sagt, und der sehr wohl – wie auch dieser Jesus – existiert habe.

Ein Spion oder ein Verrückter? Jedenfalls läuft Berlioz los, um die

Polizei zu verständigen, nicht ohne dass ihm der komische Kauz lakonisch versichert hatte, dass dies sein letzter Gang sein werde, da er in sehr kurzer Zeit seinen Kopf verlieren werde. – Und Berlioz rutscht tatsächlich noch in Sichtweite der beiden Zurückgebliebenen auf einer Ölspur aus, gerät unter die einfahrende Straßenbahn, die ihn glatt köpft. Das geht über Besdomnys Verstand, er kommt in die Irrenanstalt und ist weder der erste Schriftsteller noch der letzte, der in Sachen Voland dort eingeliefert wird. Nur ein Faust ist dieser bemitleidenswerte Besdomny nicht, eher ein Wicht, der zur Erkenntnis gelangt, dass alles keinen Sinn hat. Jetzt wird sein Name wirklich zum Omen: Besdomny, ohne Haus – metaphysisch aufgefasst ist es die geistige Obdachlosigkeit, die diesen Menschen brutal trifft.

Nun also hat als erstes Opfer Volands der MASSOLIT seinen Chef verloren – aber was heißt schon Opfer! Es ist Bulgakows bitterböser Rachefeldzug mit dem einzigen Mittel, das einem Machtlosen wie ihm bleibt: auf dem Papier! Denn dieser Berlioz hat ein reales Vorbild: Leopold Awerbach, ein Literaturkritiker und vor allem Generalsekretär der Literaturvereinigung RAPP, einer Proletkult-Truppe der rüdesten Art. Und Awerbach, den nicht wenige auch einen »Literaturbanditen« nennen, ist der Diktator des literarischen Moskau. Ein Todfeind Bulgakows, den er mit seinem Hass geradezu verfolgt. Ebenso ist der Dramatiker und Kritiker Litowski jemand, dessen Angriffe Bulgakow Alpträume bereiten.

Verzweifelt und resigniert verbrannte er schließlich die erste Fassung des Manuskripts, das den Titel trug »Roman über den Teufel«. Ein Titel, der den Inhalt von *Der Meister und Margarita* präzise trifft. Der Wille zum Tumult der drei hilfreichen Dämonen Volands, des vorlauten Katers Behemoth und zweier provokanter Gesellen namens Korowjew und Asasello, zeigt sich nicht nur im von ihnen geradezu gekidnappten Varieté, in dem Voland eine Vorstellung in schwarzer Magie gibt – es regnet Geld, das am Ende natürlich kein Geld ist. Ein echtes magisches Theater wie in Hermann Hesses *Steppenwolf.* Höhepunkt des Romans ist vielleicht das Niederbrennen des privilegierten Schriftstellerhauses, in welchem es wichtiger ist, einen »Ausweis« als ein selbst geschriebenes Buch vorzeigen zu können.

Die schwarze Magie in diesem Buch korrespondiert mit der Groteske von Bulgakows Autorenexistenz in der Sowjetunion, die er immer wieder erfahren muss. Da scheint oft ein böser Zauberer am Werk – und wie diesen anders besiegen als dadurch, dass man sich des Wohlwollens des Obersten aller schwarzen Magier, Stalins also, versichert? Aber wie will man die Sympathie des Bösen erlangen, ohne ihm seine Seele zu verkaufen? Bulgakows Alltag scheint ihm längst surreal geworden, so dass sein Leben und das des Meisters in *Der Meister und Margarita* ständig ineinander überzugehen scheinen.

Am 10. Juli 1934 schildert er in einem Brief an P. S. Popow eine Begegnung mit einem Theaterdirektor, der ein Stück von ihm inszenieren will: »Zimmer im ›Astoria‹. Ich lese vor. Der Theaterdirektor, der zugleich Regisseur ist, hört zu, äußert totale und offenbar aufrichtige Begeisterung, will aufführen, verspricht Geld und sagt, er komme in 40 Minuten wieder, um mit mir zu Abend zu essen. Nach 40 Minuten kommt er wieder, isst zu Abend, sagt über das Stück kein Wort, verschwindet dann, als hätte ihn der Erdboden verschluckt, und ist seitdem verschwunden! Es gibt die Vermutung, dass er in die vierte Dimension abgetaucht ist. Solche Wunder geschehen auf dieser Welt!«[152]

Da ist es kein Zufall, dass Bulgakow seinen Intimfeind gleich im ersten Kapitel – fast schon genüsslich zelebrierend – von einer Straßenbahn köpfen lässt. Aber der Absurditäten und Brutalitäten ist kein Ende – und die Realität ist auch diesmal erfindungsreicher als der Autor. Denn Awerbach wird 1937 während der »großen Säuberungen« verhaftet und erschossen – wie auch der Hauptkritiker des Proletkultes Alexander Woronski. Wie will man da nicht verstummen, schreien oder irre werden? Es ist eine Atmosphäre der alles durchdringenden Angst. Bulgakow fand die surreale Ebene, auf der er diese Ungeheuerlichkeiten zu verhandeln vermochte – ohne ihnen den Schrecken zu nehmen.

Als Bulgakow Ende der zwanziger Jahre dieses erste Kapitel schrieb, stand Awerbachs Macht jedoch noch in voller Blüte, aber dann wurden so viele der vormals prägenden Figuren des nachrevolutionären Russlands ermordet, dass einem allein beim Aufzählen der Namen schwindelig wird (auch Tretjakow, auch Meyerhold, der dessen *Brülle China* aufführte).

Der namenlose Schriftsteller, der sich Meister nennt, und Margarita sind am Ende ebenfalls tot und von Voland in sein Reich mitgenommen worden. Dass sich Voland der beiden annimmt, die in Moskau keine Zukunft finden, erfolgt ausgerechnet auf Intervention Lev Matthäus', der bei Voland – im Namen von dessen Antipoden Jesus – vorstellig wird. Der habe das Werk des Meisters über sich und Pontius Pilatus gelesen und bitte nun Voland, den Meister mit sich zu nehmen. Der Teufel erwidert: »Warum nehmt ihr ihn nicht mit zu euch, ins Licht?« Und Levi Matthäus gibt traurig die denkwürdige Antwort: »Weil er nicht Licht verdient, sondern Ruhe.«[153]

Im Frühsommer 1938 ergreift Bulgakow noch einmal eine Art Schreibrausch und er gibt dem Roman die Gestalt, in der wir ihn heute kennen. Die Verhaftungs- und Hinrichtungswelle, die im Jahr zuvor begann, hatte er mit zwiespältigen Gefühlen erlebt. Neben der Angst, dass man auch ihn, dieses bürgerliche Relikt, holen könne, war da auch der Triumph, dass viele seine Feinde unter den Kritikern und Autoren von der Bildfläche verschwanden, denn sie – und nicht Stalin – machte er für die erlittenen Schikanen verantwortlich. Seine Frau Jelena notiert sogar in ihr Tagebuch: »Ja, die Vergeltung ist da.«[154]

Er diktiert nun viele Stunden hintereinander, »und im Kopf ist ein leises Stöhnen der Ermüdung, aber es ist eine gute, nicht quälende Ermüdung«. Und wie der Schrei eines Ertrinkenden klingt es, wenn er ausruft: »Ich muss den Roman fertigkriegen! Jetzt! Jetzt! … Ich brauche meine Seele jetzt vollständig für den Roman.«[155]

Seine Frau Jelena, die verreist ist, unterrichtet er über den Fortgang der Arbeit am Roman: »Vor mir liegen 327 Manuskriptseiten (etwa 22 Kapitel). Wenn ich gesund bleibe, ist das Tippen bald beendet. Bleibt noch das Wichtigste – die Autorkorrektur … möglicherweise müssen etliche Seiten umgeschrieben werden.« Glaubt er daran, *Meister und Margarita* jemals veröffentlicht zu sehen? Nach seinen bisherigen Erfahrungen hat er wenig Grund zu solchem Optimismus. Seine Lebensbilanz stürzt ihn in tiefe Verzweiflung.

Nimmt man die bloßen Fakten, dann ist da kaum Rettendes in Sicht, wie M. Tschudakowa konstatiert: »Halten wir uns vor Augen: Mit sechsundvierzig Jahren sah Bulgakow deutlich, daß sein Leben ganz das Muster des erfolglosen Schriftstellers wiederholt. Seit 1926 war keine Zeile von ihm gedruckt worden, und nach 1929 war nur ein einziges seiner Stücke im Theaterrepertoire [*Das Leben der Turbins*, Anm. G. D].«[156] Und so bekommt seine Frau zu hören: »Jetzt interessiert mich Dein Urteil, doch ob ich je das Urteil von Lesern kennen lernen werde, weiß niemand.«

Bevor er wieder über den »verdammten Badeofen« schimpft (die Badewanne ist der einzige Platz, wo seine chronisch überreizten Nerven sich etwas beruhigen), klagt er: »Ich kann mit niemandem reden.« Worüber auch? Besser ist, niemand weiß, was er da schreibt, darüber ist sich Bulgakow vollkommen klar: »Mein Urteil über den Roman habe ich gefällt, und wenn es mir gelingt, den Schluss noch ein bisschen anzuheben, denke ich, dass der Roman die Korrektur verdient und auch wert ist, im Dunkel einer Kiste verwahrt zu werden.«[157]

Tatsächlich erweist sich Bulgakow auch darin als Visionär: Mehr als ein Vierteljahrhundert nach seinem Tod erscheint 1966 eine erste Fassung des Romans in der Literaturzeitschrift *Moskwa*, 1973 die komplette Fassung des Manuskripts, an dem Bulgakow bis zu seinem Tod gearbeitet hatte. Den Schluss diktierte er vom Krankenbett aus.

Einer Teufeliade gleicht auch der Weg von *Der Meister und Margarita* hin zum Leser in der DDR. Ralf Schröder, neben Fritz Mierau wohl der wichtigste Mittler in Sachen Sowjetliteratur, war 1958 wegen »Staatsverrat« – er hatte die Entstalinisierung beim Wort genommen – zu zehn Jahren Gefängnis verurteilt worden und wurde 1964 amnestiert, nachdem er sich bereit erklärt hatte, als IM für das Ministerium für Staatssicherheit zu arbeiten.

Dennoch entzog ihm Mierau, wohl wissend um diese Verstrickungen, die Freundschaft nicht und erbat sich 1988 von Schröder sogar die Laudatio zum Heinrich-Mann-Preis, den er von der Akademie der Künste erhielt. Er habe »Glasnost vor der Glasnost« geübt, sagt darin Schröder über Mierau. In seinem Erinnerungsbuch »Mein russisches Jahrhundert« gibt Mierau das Lob an den da bereits verstorbenen Freund und Kollegen zurück: »Ralf Schröder war zweifellos auch als IM ›Karl‹ der Partisan geblieben, als der er mit seinem antistalinistischen Engagement 1956 angetreten war …«[158]

War Schröders Kompromiss, die Zusammenarbeit mit dem Ministerium für Staatsicherheit, nun eine Form des Pragmatismus, des Opportunismus auch, oder etwas ganz anderes – ging er dabei selbst wie

Faust mit Mephisto eine Wette ein? Mierau fragt dann auch folgerichtig: »Gehörte der Pakt mit dem Teufel zur Taktik des Partisanen? Ich erinnere mich, wie Ralf Schröder reagierte, als wir einmal auf den Slawisten Norbert Randow zu sprechen kamen, der, weil er Pasternaks ›Doktor Schiwago‹ verborgte [das war 1962, Anm. G. D.], zu drei Jahren Gefängnis verurteilt worden war, im Gegensatz zu Schröder aber eine Amnestie mit den entsprechenden Auflagen abgelehnt hatte: ›Randow spielt Christus. Der will rein bleiben.‹«[159]

»Manuskripte brennen nicht«[160], hatte Voland, der auch der Herr des Feuers ist, zum Meister gesagt. Dieser beförderte – wie auch Bulgakow selbst eine der früheren Fassungen von *Der Meister und Margarita* – seine Pontius-Pilatus-trifft-Jesus-Erzählung in den Kamin. Ein Akt äußerster Resignation das Verhältnis von Staat und Künstler betreffend. Greift der Satan hier als rettender Engel ins Geschehen ein? Eine sehr dunkle Vision.

Romantik als Fluchtweg? Christa Wolfs *Kein Ort. Nirgends* und *Sommerstück*, Peter Hacks versus Franz Fühmann und Stephan Hermlin

Was heißt Romantik? Peter Hacks, der Epigone aller Klassik (und der herrschenden Macht), hat darauf eine bissige Antwort gegeben: »Das erste Auftauchen der Romantik in einem Land ist wie Salpeter in einem Haus, Läuse auf einem Kind oder der Mantel von Heiner Müller am Garderobenhaken eines Vorzimmers. Ein von der Romantik befallenes Land sollte die Möglichkeit seines Untergangs in Betracht ziehen.«[161]

Die »Übertreibung politischer Unzufriedenheit« ist laut Hacks bei Romantikern von E. T. A. Hoffmann bis Franz Fühmann ein durchgehendes Prinzip. Er treibt diese Logik bis zum Staatsstreichszenario: »Im Frühjahr 1976 hielt Franz Fühmann einen Vortrag in der Sektion Dichtkunst und Sprachpflege der Akademie, der auch im Dritten Heft der Zeitschrift ›Sinn und Form‹ erschien. Er trug den unauffälligen Titel ›E. T. A. Hoffmann‹, handelte tatsächlich von den ›Elixieren des

Teufels‹ und begann mit der Anrede ›Verehrte Freunde und Gegner!‹ … Fühmanns Absicht war nicht, der Romantik zu ihrem Recht zu verhelfen. Er wollte die Romantik an die Macht.«[162] Und das, so Hacks, sei ihm auch gelungen, dank der Schützenhilfe von Stephan Hermlin sowie Christa und Gerhard Wolf: »Die Fühmannsche Debatte wurde nie amtlich und führte zu keinen offensichtlichen Wirkungen. Was sie anrichtete, war Schlimmeres als bloß ein Aufruhr. Die Hochschulen und die Medien, und das hieß in der DDR: die Regierung, stellten sich rückhaltlos hinter Fühmanns Feldzug. Die neue Einschätzung der Romantik wurde für jedermann verbindlich.«[163] Das klingt paradox, als hätte die Regierung auf einmal die Untergangsperspektive vor Augen geführt bekommen und nichts anderes zu tun gehabt, als diese zur neue Regierungsdoktrin zu machen.

Für Christa Wolf in *Kein Ort. Nirgends* weist Romantik auf einen anderen Zustand hin, für den Einzelnen ebenso wie für die Gesellschaft: »Begreifen, daß wir ein Entwurf sind – vielleicht, um verworfen, vielleicht, um wieder aufgegriffen zu werden. Das zu belachen ist menschenwürdig. Gezeichnet zeichnend. Auf ein Werk verwiesen, das offen bleibt, offen wie eine Wunde.«[164]

Mit anderen Worten: Romantische Kunst verweigert sich einer gesellschaftlichen Indienststellung. Der Einzelne zieht sich, von der Gesellschaft enttäuscht, auf sich selbst zurück. Die Kunst wird zur Welt, in die eintaucht, wer sich vor dem Terror des Profanen retten will, den der homo politicus verbreitet. In der Frühromantik war es die Enttäuschung über die Französische Revolution, die in der Kaiserkrönung Napoleons gipfelte. Dem Gegenteil jener Verheißung, mit der sie antrat.

Romantik als Geisteshaltung ist Krisenbewusstsein, Aufklärung auch über die Illusionen von Aufklärung – und als solche schließlich Rückzug auf sich selbst: Resignation, aber mit eigenem Stil. Der Subjektivismus-Vorwurf, seit jeher gegen die Romantik erhoben (Hegels verächtliche Rede wahlweise von der »schönen Seele« und der »abstrusesten Form des Bösen«), traf nicht mehr, wie Gerhard Wolf konstatiert: »Wenn von Subjektivismus die Rede ist, kann der DDR-Autor es nicht als Ich-Bezogenheit verstehen, denn der gesellschaftliche Kontext ist übermächtig.«[165] Christa und Gerhard Wolf schreiben nach der Biermann-Ausbürgerung über diese Enttäuschung und die Frage, ob sich der Einzelne mittels Kunst zu retten vermag. Im Gespräch mit Frauke Meyer-Gosau wird Christa Wolf 1982 über diesen »Einschnitt in der kulturpolitischen Entwicklung bei uns« erklären: »Das war in einer Zeit, da ich mich selbst veranlasst sah, die Voraussetzungen von Scheitern zu untersuchen, den Zusammenhang von gesellschaftlicher Verzweiflung und Scheitern in der Literatur.« Was daraus folgt, wiegt schwer: »Eine Gruppe von Autoren wurde sich darüber klar, dass ihre direkte Mitarbeit in dem Sinne, wie sie es selbst verantworten konnte und für richtig hielt, nicht mehr gebraucht wurde. Wir waren ja Sozialisten, wir lebten als Sozialisten in der DDR, weil wir uns dort einmischen, dort mitarbeiten wollten. Das reine Zurückgeworfensein auf die Literatur brachte den einzelnen in eine Krise; eine Krise, die existenziell war.«[166]

Dieses Problem anhand eines Gegenwartsstoffes zu behandeln, schien aus mehreren Gründen unmöglich: Zum einen war die Gegenwart als Feld, gesellschaftliche Widersprüche zu thematisieren, ausgeschieden (die Macht duldete keine Kritik, die über Grenzen ging), zum anderen wäre dies, wie Christa Wolf sagt, tatsächlich »naturalistisch und banal« geworden. Also blieb nur das Ausweichen auf ähnliche existenzielle Grundkonflikte zwischen Geist und Macht, Künstler und Gesellschaft, um diese Frage weiterzudenken.

Auf sehr grundsätzliche Weise ist es dann aktuell geworden. In den beiden Jahren nach der Biermann-Ausbürgerung befasst sich Christa Wolf intensiv mit der Romantik, schreibt *Der Schatten eines Traumes. Karoline von Günderrode – ein Entwurf* und *Kein Ort. Nirgends*, eine Szenerie rund um Heinrich von Kleist, den es in eine Abendgesellschaft mit Bettine und Clemens von Brentano, dem Rechtsgelehrten Friedrich Carl von Savigny und romantisch gestimmten Geistern – diesseits und jenseits der Konventionen – verschlägt. Auch da bleibt er Außenseiter, fühlt sich fremd. Kleist stottert, hat ein unglückliches Verhältnis zu seiner Schwester und überlegt ernsthaft, ob er nicht lieber Tischler werden soll, als weiterhin das zu schreiben, was keiner von ihm lesen will.

Warum sieht niemand – auch bei Hölderlin nicht – in ihm die Selbstkritik des Deutschen bis an den Schmerzpunkt getrieben? Die Vivisektion des deutschen Intellektuellen auf offener Bühne, wenn auch fast ohne Publikum: »Ein zerstörtes Instrument, zum Schein zusammengeflickt, das keinen Ton mehr hergeben wird. Das zu zerbrechen, auch zu schonen nicht lohnt. … Nun lag das Nichts offen vor mir.«[167]

Im Spiegel der Romantik, die sich in dem Widerspruch zwischen Revolution und Restauration gefangen sieht und nur im – zwischen Tag und Nacht schweifenden – Traum noch frei sein zu können glaubt, wird auch die Kunst der Gegenwart verhandelt, oder besser gesagt: ihre Unmöglichkeit. »Ach, diese angeborene Unart, immer an Orten zu sein, wo ich nicht lebe, oder in einer Zeit, die vergangen oder noch nicht gekommen ist.«[168]

Wenn also von Gegenwart die Rede ist, dann meint das zuerst die Zeit Ende der siebziger Jahre, der Beginn einer Endzeit mit kurzen utopischen Lichtblicken. Doch liest man beide Texte heute wieder, meint man, auch unsere Gegenwart sei gemeint.

Besonders deutlich wird das im *Günderrode*-Text. Ausgangspunkt ist diesem »die Unstimmigkeit der Zeit«, eine abgeschwächte Formulierung jenes Risses, den Shakespeares Hamlet durch die Zeit gehen sieht. Für die Günderrode, die 1780 bis 1806 lebte, ist diese »Unstimmigkeit der Zeit« ebenso existenziell bedrohlich wie für Hamlet der Riss in ihr – ein Intellektuellenschicksal, noch dazu ein weibliches: »Gezeichnet von einem unheilbaren Zwiespalt, begabt, ihr Ungenügen an sich und der Welt auszudrücken, lebt sie ein kurzes, ereignisarmes, an inneren Erschütterungen reiches Leben, verweigert den Kompromiß, gibt sich selbst den Tod, von wenigen Freunden betrauert, kaum gekannt, hinterläßt, zu wichtigen Teilen ungedruckt, ein schmales Werk.«

Und so rebelliert nun die Autorin Christa Wolf, als Anwältin der früh gestorbenen romantischen Dichter, gegen jene »Studienräte und Professoren«, in deren Händen sich die Literaturgeschichte der Deutschen befindet und die sich an den »retuschierten Kolossalgemälden ihrer Klassiker« orientieren.

Deren Oberster, der auch das Verdikt über die Romantik als dekadent, krank, irrational und der Tendenz nach profaschistisch aussprach (was ihn nicht vor stalinistischer Verfolgung schützte), war Georg Lukács mit seinem Opus *Die Zerstörung der Vernunft. Der Weg des Irrationalismus von Schelling zu Hitler.* Christa Wolfs Befund hierzu geht über den bloß literaturhistorischen Rahmen weit hinaus; es ist eine Diagnose der Krankheit der Zeit, die sie hier stellt: »Der Dekadenz, zumindest der Schwäche, der Lebensuntüchtigkeit geziehen, sterben sie zum zweitenmal an der Unfähigkeit der deutschen Öffentlichkeit, ein Geschichtsbewusstsein zu entwickeln, sich dem Grundwiderspruch unserer Geschichte zu stellen; ein Widerspruch, den der junge Marx in den lapidaren Satz faßt, die Deutschen hätten die Restauration der modernen Völker geteilt, ohne allerdings auch ihre Revolutionen zu teilen.«

Ch. W. dtsch. Volk

Weiter im Befund: »Ein zerrissenes, politisch unreifes und schwer zu bewegendes, doch leicht verführbares Volk, dem technischen Fortschritte anhangend statt dem der Humanität, leistet sich ein Massengrab des Vergessens für jene zu früh zugrunde Gegangenen, jene unerwünschten Zeugen erwürgter Sehnsüchte und Ängste.«[169] Ähnlich grundsätzlich wird dann nur noch Franz Fühmann anhand von E. T. A. Hoffmann und dem *Bergwerk* über Kunst und Gegenwart schreiben.

Berühmt aber ist Christa Wolfs auf geradezu schockierende Weise kompakter Text (nur achtzig Seiten lang) über Kleist geworden. *Kein Ort. Nirgends* wird 1977 zum Orientierungsversuch der Autorin Christa Wolf nach der Biermann-Ausbürgerung. Was ist das für ein Staat, der den Künstlern (und nicht nur ihnen) die schöpferische Lust und auch immer mehr die Luft zu atmen nimmt? Ein Staat, der sich, wäre er nicht mit Blindheit geschlagen, sehenden Auges selbst abschafft. Das ist kein Grund zur Freude oder Triumph, aber ob es auch immer noch ein Anlass zur Verzweiflung sein sollte, diese Frage stellt sich nun auch für Christa Wolf durchaus. Wer sich angegriffen, vorsätzlich missachtet und mundtot gemacht weiß, der emanzipiert sich – wenn auch unter Schmerzen – von einer geschichtlichen Setzung, die er bis eben als nicht hinterfragbar erklärt hat. Darum geht es in diesem wie aus unbewussten Tiefen heraufdrängendem Ausbruch. Es bleibt eine unbestimmte Trauer, gemischt mit Wut. Ein kalter Schreibrausch.

Die Worte in *Kein Ort. Nirgends* kommen aus dem Schweigen und gehen wieder dahin zurück. Aber was von Kleist im Angesicht der ihm auf nahe Weise fremden und auf fremde Weise nahen Günderrode dennoch ausgesprochen wird, das hat schicksalsschweres Gewicht. Die Hassliebe zu Goethe sitzt ihm im Nacken, dessen offene Missachtung, mit der er nicht leben kann, ist eine stellvertretend durch die Deutschen: »Ich kann die Welt in gut und böse nicht teilen; nicht in zwei Zweige der Vernunft, nicht in gesund und krank.« Das waren Goethes Worte gewesen, der das Klassische gesund und das Romantische krank genannt hat.

Christa Wolf kommt, durch Kleist sprechend, auf den zentralen Punkt, die Zerreißung des inneren Widerspruchs: »Wenn ich die Welt teilen wollte, müßte ich die Axt an mich selber legen, mein Inneres spalten, dem angeekelten Publikum die beiden Hälften hinhalten, daß es Grund hat, die Nase zu rümpfen: wo bleibt die Reinlichkeit. Ja, unrein ist es, was ich vorzuweisen habe. Nicht zum Reinbeißen und Runterschlucken. Zum Weglaufen, Günderrode.«[170]

Diese Emphase im Überwinden von Grenzen, hier auf die Romantik bezogen, aber bei Christa Wolf immer auch gegenwärtige deutsche Zustände meinend, verblüfft: »Bei seiner ersten Grenzüberschreitung, sagt er, habe er die Erfahrung gemacht, wie sich sein Vaterland immer besser ausnahm, je weiter er sich von ihm entfernte; wie allmählich der Druck einer selbstauferlegten, doch unlösbaren Verpflichtung gegen das Land von ihm wich; wie ihn das erleichtert habe, daß er auch wieder schlafen konnte und zu neuem Lebensmute kam.«[171]

Als Christa Wolf ihr *Sommerstück*, an dem sie 1982 parallel zu *Kein Ort. Nirgends* zu schreiben begann, sich noch einmal vornimmt, weiß sie, dass es mehr sein würde als ihr erstes Alterswerk: ein Abschied von ihrem bisherigen Leben. Aus der Mitte des Lebens, in der es anhebt, treibt es dem Ende entgegen. Ansichten ändern sich, Einsicht in Lebenszusammenhänge hat jetzt viel mit dem Annehmen von Vergeblichkeit zu tun.

Ein Buch, das ganz aus Erinnerung gemacht ist, wie Prousts *Auf der Suche nach der verlorenen Zeit*. Aber der elegisch-melancholische Ton wird – unweigerlich, möchte man aufgrund der gemachten Erfahrungen sagen – von hässlichen Brüchen durchzogen. Die Schönheit des Augenblicks scheint darum so kostbar, weil er so schnell wieder verschwindet – und an seine Stelle die Angst vor näher rückender Zerstörung und Tod treten. Die Angst weicht in dem Maße, wie sie angenommen wird – aber ändert sich darum die Perspektive?

Das Ende scheint bereits in Sicht, die Erzählung wird aus der Rückschau geschrieben, da ist die eine ihrer Sommergäste bereits gestorben (Maxie Wander), die andere in den Westen gegangen (Sarah Kirsch). Der Wille, sich zu entgrenzen, wird zum heimlichen Grund ihres Beisammenseins, ein orgiastischer Augenblick, das Bacchanal eines Sommers, das Wort Glück nicht scheuend. Oder verdrängt man bloß das näher rückende, gar bereits anwesende Unglück?

Christa Wolf will das in ihrer Erinnerung nicht ausschließen. Jedenfalls sind es gemischte Gefühle, die die Anwesenden beherrschten: »Wir wollten zusammen sein. Manche Tiere haben diese Witterung, lange ehe man sie zur Schlachtbank führt. Vergleiche, nicht zu rechtfertigen, auch nicht zurückzunehmen. Wir wußten nichts, es gab keine Anzeichen. Unter nichtigen Vorwänden suchten wir jeder die Nähe des anderen. Ein Alleinsein würde kommen, gegen das wir einen Vorrat an Gemeinsamkeit anlegen wollten. Wer kann sich andauernd auf der Tagesseite des Lebens aufhalten?«[172]

Ein hoher Erwartungston trifft auf eine profane Szenerie. Ein Sommerhaus in Mecklenburg, das Christa und Gerhard Wolf suchen und 1973 in Meteln auch finden. Ein altes Haus, eine ewige Baustelle. Und doch auch eine Zuflucht, wenn auch eine, die den Zustand des Provisoriums hartnäckig gegen allzu weit gehende Vereinnahmungen verteidigt. Vielleicht, den Eindruck legt die Lektüre nahe, ist der Zustand des Glücks mit dem Augenblick vergleichbar, da die Dinge noch vor uns liegen, die Erwartung stärker ist als das, was sich dann als Erfüllung einstellt.

Peter Hacks kontert das Plädoyer für die Romantik mit Ingrimm, den die SED-Politik als Zustimmung für ihre restriktive Linie auffasst (tatsächlich hatte Hacks auch die Biermann-Ausbürgerung schon mit Beifall begleitet) : »Pluralismus, das bedeutet die Alleinherrschaft der schlechten Seite.«[173]

Das ist gewiss ein sehr ideologischer Einspruch gegen jenes immer Ungewisse, auch Unbedingte, das eben auch chaotisch scheint. Wer angesichts solcherart Unordnung voreilig Ordnung schaffen will, wer von vornherein weiß, was die »gute Seite« ist, der spricht als Parteimensch, der denkt in Machtkategorien. Aber Poesie ist das Mittel der Machtlosen, die diesen Zustand nicht dadurch ändern wollen, dass sie selbst zur Macht kommen, sondern ihm eine lebbare Form geben.

Stephan Hermlin hat einmal einen wichtigen Text auf Chateaubriand geschrieben, der sich wie eine Liebeserklärung liest. In diesem erkennt er etwas, das ihm auf unheimliche Weise vertraut ist: das Gefühl, ein Übriggebliebener zu sein, einer, der aus einer anderen Zeit kommend sich der Gegenwart nicht mehr verständlich zu machen versteht. Schon Heinrich Heine hatte mit Sympathie von Chateaubriand geschrieben, dem Aristokraten, der einen Großteil seiner Familie auf dem Schafott verlor. Hermlin zitiert diesen Satz Heines zustimmend: »Don Chateaubriand, der Ritter von der traurigen Gestalt, der beste Schriftsteller und größte Narr Frankreichs.« Sein Hauptwerk sind seine Memoiren, fast tausend Seiten umfassend, die *Erinnerungen von jenseits des Grabes*. Von der 1789er-Revolution ist er gezeichnet, verlor fast alles, am Ende seiner Verarmung und des gesellschaftlichen Bedeutungsverlustes sogar seine Bibliothek. Hermlin erkennt in diesen Memoiren die Urzelle des modernen Romans: »Aus natürlichen Pausen ergibt sich ein schöner Wechsel des Rhythmus. Meditationen leiten über zum Sichfortsetzen der Erzählung.«[174]

Aber gilt dieser nicht als ein Reaktionär? Hermlins Haltung dazu ist klar formuliert; er könne einen Menschen, der einen so guten Stil schreibe, nicht verachten: »Ich habe immer das Gefühl gehabt, daß für die Kunst ganz andere Kriterien gelten als für die Politik.«[175] Aber was Chateaubriand über die Selbstzerstörung der Grundsätze der Revolution schreibt, die Verkehrung ihrer Absichten in ihr direktes Gegenteil, das ist auch eine Erfahrung des 20. Jahrhunderts, die im Schatten der Oktoberrevolution von 1917 steht: »Nach fünfundzwanzig Jahren errichtet man fünfzehn Bastillen, um jene Freiheit zu unterdrücken, um derentwillen man die erste Bastille zerstörte.«[176]

Worum es bei diesem »Schüler des Rousseau und Begründer der französischen Romantik« geht, das ist bei Hermlin präzise formuliert. Die Modernität seines Werkes beruhe auf seinem Lebensgefühl: »Auch hier haben wir bereits eine Suche nach der verlorenen Zeit. Dann ist da das Bewusstsein des Verfassers, der Mann eines Endzustandes zu sein in dem unendlichen, unaufhaltsamen Vorwärtsstürzen eines Neuen. … Diese Unmöglichkeit der Dauer menschlicher Bindungen, dieses tiefe Vergessen, das uns folgt, dieses unbesiegliche Schweigen, das sich unseres Grabes bemächtigt …«[177]

Wovon ist hier die Rede, wenn er notiert: »Chateaubriands Gefaßtheit, seine Resignation ist heutig …« Gar schon von seinem eigenen romanhaften – allerdings bewusst schmal gehaltenen – tiefmelancholischen *Abendlicht*?

Wenn die Politik als Gestaltungsmittel der Realität am Ende ist, welche Form, eine andere Wirklichkeit zu denken, gibt es dann noch? Im Grunde nur jene utopische Gegenwelt, die das ganz andere zu dem, was ist, sich vorzustellen vermag. Auf dem Schriftstellerkongress 1978 hatte es Hermlin so formuliert, und es klang unerhört: »Es ist das Vorrecht der Dichter, vernunftlos zu träumen. Es ist das Vorrecht der Vernünftigen, sie zu verlachen. Aber die Träume gehen weiter, unbeschadet des Gelächters, das um sie her erschallt; wir finden sie überall in der Weltkunst, sie spiegeln die Träume wider, die die unvernünftige und schutzlose Menschheit seit Jahrtausenden träumt und in denen sie Blumen im Winter sieht.«[178]

Diese in ihrem Grundzug romantische Haltung ist entfremdeten Zuständen gegenüber jederzeit subversiv: Sie fragt nach dem, was echt ist am Eigenen, das zwischen gestern und morgen nach der eigenen Aktualität sucht. Wo er diese Aktualität findet, das sagt er mit seinem Satz von Grillparzer: »Will unsere Zeit mich bestreiten,/Ich lasse es ruhig geschehn./Ich komme aus anderen Zeiten/Und hoffe, in andre zu gehen.«[179]

Bonjour Tristesse: Sergej Dowlatows *Der Koffer* als Spiegel der Breschnew-Ära

Ist das Nebel, der über der Szenerie liegt, oder Mehltau? Jedenfalls scheinen die Bilder fahl, wie ausgeblichen. Wir sind im Leningrad der siebziger Jahre, das Land erholt sich im Mittelmaß der Breschnew-Ära von all den Strapazen der »heroischen« Zeiten des Stalinismus und der anti-heroischen Entstalinisierung unter Chruschtschow. Jetzt herrscht erst einmal Ruhe und bescheidener Konsum im Lande, dessen Bewohner diese kleinbürgerliche Erholungspause offenbar nötig haben.

Man kann viel Nachteiliges über die Breschnew-Zeit sagen, keine Visionen, keine echten Reformen, ein bisschen Pragmatismus und nicht mehr ganz so mörderisch ernst gemeinte ideologische Rituale – Breschnew war ein Gremienmensch, keiner, von dem man Alleingänge befürchten musste. Das beruhigte die verunsicherte Funktionärsschicht und versetzte das Land in einen leichten Schlummer. Wie es ist, kann es zwar nicht mehr lange weitergehen – aber eine Weile vielleicht doch, lasst mich schlafen!

Eine Atmosphäre des Rückzugs ins Private. Die Verhältnisse werden wir nicht ändern, aber warum soll ich mir inzwischen keine Datsche bauen oder einen Westwagen besorgen – das sind die neuen Herausforderungen eher ziviler, ja privater Art. Was in dieser traumfreien Zone stört, sind jene, die das faule Opportunisten-Spiel nicht mitmachen, weil sie ein Sendungsbewusstsein in sich spüren, weil sie jung oder – schlimmer noch – Künstler sind, die finden, etwas sei faul im Staate Sowjetunion.

Alexej German jr. hat einen Film über den Dichter Sergej Dowlatow gedreht. Er heißt schlicht *Dowlatow*, ich sehe ihn im Wettbewerb der Berlinale 2018. Ein außerordentlicher Film über die bleierne Zeit in der Sowjetunion – der natürlich, trotz Silbernem Bären, nie in bundesdeutsche Kinos kommt. Es geht darin um jene Atmosphäre, in der wir in den siebziger Jahren auf den Dichter Sergej Dowlatow in Leningrad treffen. Ein junger Mensch, ebenso witzig wie geistvoll, gelangweilt vom geforderten Mittelmaß und der allgegenwärtigen Korruption. Die Prosa, die er schreibt, ist den Literaturzeitschriften des Landes »zu negativ«, außerdem ist er nicht in den Schriftstellerverband aufgenommen worden. Regelmäßig werden seine Texte abgelehnt. Die Stapel mit den sich in der Redaktion türmenden, weil nicht verwendbaren Manuskripten werden von Altstoffe sammelnden Pionieren abgeholt, aber weil auch sie nicht recht bei der Sache sind, fliegen die Blätter dann im Freien herum, landen in Pfützen und erobern so, indem sie sich in Feuchtigkeit auflösen, für einen kurzen Moment doch die Straße.

Es ist dieser besondere Blick, der nichts entlarven will, sondern eine ebenso traurige wie komische Geschichte erzählt: die vom Dichter Dowlatow, der zur einen Hälfte Armenier und zur anderen Jude ist – bei solchen Subversion versprechenden Mischungen werden die berufsmäßigen russischen Ideologiewächter ganz besonders misstrauisch. Geboren 1941 in Ufa, studiert er in Leningrad Philologie und wird nach zwei Jahren exmatrikuliert. In der Roten Armee dienend, gehört er zur Wachmannschaft eines Gefängnislagers der Republik

Komi – die Gefangenen und ihre Bewacher fühlen sich hier gemeinsam von der Welt vergessen.

Schließlich arbeitet er als Journalist bei einer Talliner Zeitung namens »Sowjetisches Estland« – im Film wird daraus die Betriebszeitung einer Werft. Der heimliche Konsens ist: Niemanden interessiert, was hier fabriziert wird, die Blattmacher nicht und die Leser auch nicht. Hauptsache, wir haben unsere Ruhe, eine Weile noch. Über die Tristesse des Journalismus in dieser Zeit wird er später notieren: »Keine Ahnung, woher die sowjetischen Journalisten ihre Themen nehmen! … Meine Ideen ließen sich alle nicht umsetzen. Meine Gespräche waren alle nicht fürs Telefon geeignet. Meine Bekanntschaften alle verdächtig.«[180]

Jemand wie Dowlatow stört den faulen Frieden. Es scheint mir keineswegs so, wie die meisten Kritiker befanden: Die starke Freiheitsliebe habe solche jungen Autoren wie Dowlatow (oder auch den mit ihm befreundeten Joseph Brodsky) an den unfreien Verhältnissen der Sowjetunion verzweifeln lassen – und folgerichtig in den freien Westen geführt. Nein, so einfach war es nicht, und wenn man den Film mit offenen Augen sieht, dann erzählt er auch eine andere Geschichte: die der großen Langeweile einer neuen Generation, vom wachsenden Ekel angesichts der beiden Übel, vor denen sie standen, entweder sich anzupassen oder zum Dissidenten zu werden.

Und wenn man beides nicht wollte, so wie die meisten? In den USA lebend, wird Dowlatow sich in *Der Koffer* an diese Zeit erinnern. Dieses unglückliche Bewusstsein des Ostens ist es, das der Westen bis heute nicht versteht: »Alle meine Freunde stöhnten unter der Last der Genialität. Sie alle bezeichneten sich als Genies. Sich hingegen als Schriftsteller zu bezeichnen, war viel schwieriger.«[181]

Dann schon eher in kleinen Kreisen von Gleichgesinnten ein Publikum finden. 1978 wird er dann doch in den Westen ausreisen – nichts von seinen literarischen Projekten konnte er in der Sowjetunion verwirklichen.

Die Zusammenkünfte der Außenseiter des Kunstbetriebs, denen wir beiwohnen, scheinen immer mehreres zugleich: Stehparty in den Küchen der Gemeinschaftswohnungen, Auftrittsmöglichkeit ebenso wie Besäufnisgelegenheit, ein Hauch von Oppositionszirkel sowieso.

Man plant keinen Umsturz im Land, wohl aber den im eigenen Leben – doch nicht jeder traut sich das. Auch Dowlatow schreibt wie abwesend in sein Notizbuch hinein, was die Arbeiterfunktionäre auftragsgemäß über den nächsten Stapellauf zu Ehren der Oktoberrevolution herunterbeten, stellt sich ihnen auch schon mal händeschüttelnd als Franz Kafka vor. Die böse Pointe als geistige Notwehr.

Eine Literaturzeitschrift schlägt ihm einen Handel vor. Vielleicht wird man etwas von ihm drucken, wenn er zuvor ein Gedicht über die Ölförderung schreibt und ein Interview mit einem schreibenden Arbeiter liefert. Er verfasst das Ölgedicht, aber es klingt immer noch wie ein Gedicht von ihm und nicht nach Planerfüllung. Und der Arbeiter bietet ihm Prügel an, er hat bereits wieder aufgehört zu schreiben.

Für die Betriebszeitung ist sein ans Höhnische grenzender ironischer Ton doch allzu unüberhörbar, man entlässt ihn, wenn auch nicht ohne Bedauern, sich zu so einem Entschluss aufraffen zu müssen. Aber Störenfried bleibt Störenfried. Doch auch seiner Frau wird diese Art von getriebener Boheme-Existenz, die Unfähigkeit, das zu tun, was man von ihm verlangt, zunehmend befremdlich. Manche unter Dowlatows Freunden halten den ewigen Nebel nicht aus, sie erhängen sich oder laufen vor der Polizei davon, die sie wegen Schwarzmarkgeschäften verhaften will – direkt unter die Räder eines Armeetransporters.

Dieses detailgetreue Sittengemälde des sozialistischen Biedermeiers der Breschnew-Zeit verbleibt konsequent im Leichenweiß des Leningrader Nebels. Das ist auf beklemmende Weise großartig. Vom Kapitalismus hat man dabei eher simple Vorstellungen, die darum nicht falsch sein müssen. Keine großen Erwartungen, aber eben nicht mehr länger etwas als Ideal vorgesetzt bekommen, was bloß noch degenerierte Ideologie ist. Das allein ist schon Erleichterung, wenn auch vielleicht eine allzu leichtgewichtige.

In *Der Koffer* erinnert Dowlatow sich an die Reden, die sie damals in Moskau führten: »Die Hauptsache am Kapitalismus ist die Freiheit. Wenn du willst, kannst du von morgens bis abends saufen. Wenn du willst, kannst du rund um die Uhr schuften. Keine ideologische Erziehung. Keine sozialistische Moral. Überall Zeitschriften mit nackten Weibern.«[182]

Dowlatow wird (wie auch Joseph Brodsky) schließlich die Sowjetunion verlassen, reist mit dem berühmt gewordenen einen Koffer aus – und fragt sich, ob das alles sei, was von seinem siebenunddreißigjährigen Leben geblieben ist. In New York gilt er nun als dissidentischer Dichter, den man gern druckt – aber wo war das Publikum, für das er einst schreiben wollte? Er stirbt 1990 mit neunundvierzig Jahren.

Über die Kompliziertheit seines Autorenlebens hatte er geschrieben: »Am liebsten ist mir, wenn ich alleine bin, aber jemand in der Nähe ist …«[183]

Jurek Becker im Niemandsland: *Schlaflose Tage* und *Aller Welt Freund*

Auf den erst Blick hat er es gut getroffen. Mit einem Zehn-Jahres-Visum kann Jurek Becker nach Belieben zwischen Ost und West hin- und herreisen. Die Wege sind kurz, von Berlin-Kreuzberg nach Mitte fährt man mit der S-Bahn keine halbe Stunde. Becker zieht Ende der siebziger Jahre, als er nach der Biermann-Ausbürgerung im Osten von offiziellen Stellen wie ein Aussätziger behandelt wird, nach Westberlin. Abstand zu dem Mief hinter der Mauer gewinnen, lautet die Devise. Aber anders als sein Freund Manfred Krug lässt er sich den Rückweg offen.

Seit Ende der sechziger Jahre galt er als Jungstar unter den DDR-Autoren. Dem 1937 in Łódź geborenen Becker, der als Kind das Warschauer Ghetto überlebt hatte, gelang 1969 mit dem Roman *Jakob der Lügner* ein Welterfolg, den Frank Beyer 1974 verfilmte. 1968 hatte die DEFA Beckers Drehbuch noch abgelehnt – nun wurde der Film sogar für den Oscar nominiert.

1977 aber will man ihn nicht mehr arbeiten lassen, er fühlt sich wie eine Persona non grata. Was bleibt da anderes zu tun, als mit einem Rest von Selbstachtung im Leib das ihm nun plötzlich so fremd gewordene Land zu verlassen?

Er fühlt sich buchstäblich wie Ikarus: abgestürzt mit zerbrochenen Flügeln. Aber es war kein Unfall, sondern ihm vorbestimmt, wie er erst nach und nach begreift – so freigeistig-frech wie er auftrat, war es nur eine Frage der Zeit, dass die Macht im Lande ihm auf die Finger schlug. Doch da er nicht lernen will, wie man zum gefügigen Untertan wird, sucht er Abstand. Es ergeht ihm wie anderen auch – wie Thomas Brasch oder Armin Mueller-Stahl, Klaus Poche oder Klaus Schlesinger, all die mutigen Wortführer für Veränderungen im Lande DDR, plötzlich finden sie sich auf der anderen Seite der Mauer wieder. In der Fremde.

Denn er hat nicht nur den Stadtbezirk gewechselt, so erfährt es Becker bis in den alleralltäglichsten Alltag hinein, sondern das Gesellschaftssystem. Nun besitzt er das Privileg, durch die Tür im Eisernen Vorhang gehen zu können, als wäre dies hier eine Theaterbühne. Ist es in einer Hinsicht auch, in anderer nicht.

Aller Welt Freund, diesem schmalen Roman, den er 1982 in Berlin-Kreuzberg schreibt und der 1983 tatsächlich in seinem Rostocker Hinstorff Verlag erscheint, merkt man die Obdachlosigkeit an. Kein Hinweis darauf, ob er im Prenzlauer Berg oder in Kreuzberg spielt. Kann dies denn ein gutes Buch werden? Ja, aber eines, das sich in seiner Art, sich um jedes Milieu, jede genaue Ortsbestimmung herumzumogeln, nicht wiederholen lassen wird. Klar ist, er schreibt über die DDR, aber sein Schreiben ist bereits spürbar exterritorial. Wie lange kann man so etwas, ohne die eigenen Übergangserfahrung von Ost nach West mit zu reflektieren, noch fortsetzen? Mit viel Talent und Routine eine Weile noch, aber dann fällt es auf: Becker kennt sich mehr im Dazwischen aus als hier oder dort. Keine zehn Jahre später werden siebzehn Millionen DDR-Bürger diese Erfahrung der Entwurzlung im eigenen Land machen und nicht wissen, wie sie diese artikulieren sollen.

Aller Welt Freund ist die Geschichte eines verhinderten Selbstmörders, der sich »danach« nicht sicher ist, ob einmal nun einmal zu viel oder zu wenig war. Kilian ist Redakteur bei einer Zeitung. Im Oktober 1980 beschließt er sich umzubringen. Ein sachlicher Entschluss, den Becker nicht weiter begründet. Die triste Nachrichtenlage allein aber kann es kaum sein. Das, was im Weiteren nur »Die Sache« heißt, ist eine aberwitzige Szenerie, in der Tod und Leben von grotesken Zufällen abhängen. Vom Nebel über Berlin, der das Flugzeug, das seine Zimmerwirtin gebucht hat, nicht fliegen lässt. Sie kommt zur Unzeit, also zu früh, zurück. Und vor allem von der Tatsache, dass er einen ordentlichen Abschiedsbrief schreiben will, mit dem er nicht zurechtkommt und ihn schließlich zerreißt. Wer will schon die Rechtfertigung eines Selbstmörders lesen!

Wieder geht Zeit verloren. Kostbare Zeit? Das hängt ganz von der Perspektive ab. Und vor allem muss er – vorerst jedenfalls – weiterleben, weil er in der Schule im Physik-Unterricht nicht aufgepasst hat. Ist Stadtgas nun leichter oder schwerer als Luft? Davon hängt ab, ob es erfolgversprechender (also tödlicher) ist, sich auf den Küchenboden zu legen, während das Gas aus dem Herd strömt, oder ob er besser auf den Küchentisch steigt. Er entschließt sich zu Letzterem, stellt einen Stuhl auf den Tisch, um dort auf den Tod zu warten.

Tatsächlich ist die Frage, ob Gas nun leichter ist als Luft, nicht so einfach zu beantworten. Das hängt von der Art des Gases ab. Erdgas ist leichter als Luft – aber, um sich damit umzubringen, nicht sehr geeignet. Das klassische Stadtgas (»Leuchtgas«), das aus Kohleverbrennung gewonnen wird, ist schon eine ganze Weile ein Auslaufmodell und kommt heute nur noch in einigen Gegenden Chinas vor. Gebräuchlich sind, so recherchiere ich im Internet, das Kilian nicht zur Verfügung steht (er ist auf ein Lexikon angewiesen, das diese Frage ausspart), seit längerem Mischgase, die aus ganz unterschiedlichen Bestandteilen zusammengesetzt sind. Es ist also tatsächlich eine kniffflige Frage, ob das Gas, das 1980 bei Kilian aus dem Herd strömt, nun schwerer oder leichter als Luft ist.

Die Konstruktion Stuhl auf Tisch, auf der Kilian sitzt, bricht zusammen, oder er fällt einfach vom Stuhl (und also auch vom Tisch) – bricht sich dabei einen Arm. Als gescheiterter Selbstmörder muss er sich erst die besorgten Worte seiner zu früh (oder gerade noch rechtzeitig, wie man will) heimgekehrten Vermieterin anhören, die ihm dann ein paar Tage später das Zimmer kündigt – verständlich, wer will schon immer damit rechnen müssen, einen Toten hinter der Wohnungstür zu finden. Im Krankenhaus fühlt er sich als in jeder Hinsicht überflüssiger Patient zusätzlich gedemütigt. Anlässe, sofort einen weiteren Versuch zu unternehmen, seine missliche Existenz zu beenden, finden sich reichlich.

Die Geschichte von Kilians Weiterleben wird zum reinen Hindernisparcours, der irgendwie etwas mit Jurek Beckers Leben auf der anderen Seite der Mauer zu tun haben muss. Was er in dieser Situation begreift, ist ebenso einfach wie kompliziert: »Sollte ich mich später fürs Weiterleben entscheiden, dann werde ich lernen müssen, verzweifelt zu sein, ohne Angst zu haben.«[184]

Über dem Geschehen schwebt ein Bild, das Kilian nicht aus dem Kopf geht. In einem von Kalisalzen verseuchten Fluss siedeln sich Salzwasserkulturen an: Der Fluss beginnt neu zu leben. Das ist wie die Wiederkehr des wahren Lebens mitten im Falschen. Aber dann passiert es: Das Kaliwerk arbeitet aufgrund der sozialen Errungenschaften am Wochenende nicht mehr, es kommen plötzlich Schübe sauberen Wassers in den Fluss. Diese zerstören dann wieder die Salzwasserkulturen. So weit das Gleichnis. Kilian jedenfalls befindet sich im Ausnahmezustand, vor allem muss er sich täglich neu entscheiden, ob der erste Versuch auch sein letzter gewesen sein soll. Aber was hat sich denn in seinem Leben (und in der Welt) inzwischen verändert? Soll er selbst glauben, was er anderen glauben machen will, dass es sich um eine Kurzschlussreaktion handelte, die sich nicht wiederholen wird?

Ein Abgesandter des Staates kommt. Er ist freundlich und wie nebenbei um die Sicherheit besorgt. Wer sich umbringen will, der steht außerhalb des Zusammenhangs von Gesetz und Strafe, der fürchtet nichts mehr. Der könnte auch leicht auf den Gedanken kommen, noch offene Rechnungen zu begleichen. Hat er, Kilian, solche offenen Rechnungen? Erstaunt bemerkt Kilian, dass man seinen Schritt vom Leben in den Tod, der bekanntlich misslang, als eine Form von unberechenbarer Freiheitsbekundung ansieht, die man kontrollieren muss.

Vielleicht sind ihm ja nur all die schlechten Nachrichten in der Welt aufs Gemüt geschlagen, vielleicht will er tatsächlich zurück in die Sportredaktion? Ja, vielleicht ist dem so. Allerdings stellt sich dann die Frage, die er – wissend, bereits als Sicherheitsrisiko zu gelten – wohlweislich für sich behält: »Wohin sollte ich denn gehen, wenn es auch beim Sport nicht auszuhalten wäre?«[185]

Gewiss, Jurek Becker versucht das Gepäck, das er mit sich trägt, leicht aussehen zu lassen. Er kann das, pointiert und witzig schreiben. Aber in ihm rumort es, all die sinnlosen Auseinandersetzungen nach der Biermann-Ausbürgerung, das Anrennen gegen die Wand aus Dummheit und Dogmatismus. Und was wird mit seinen Überzeugungen, die es ihm immer unmöglich gemacht haben, faule Kompromisse einzugehen?

Das Fazit ist ebenso befreiend wie befremdlich. Das Dilemma des Ostens hat er mit in den Westen genommen: »Was nützen mir Überzeugungen, ich brauche mir nur die vielen Überzeugten anzusehen, schon schüttelt es mich. Die Überzeugten sind die Schlimmsten, ohne sie gäbe es keine Verschwörung, sie sind verantwortlich für alle Katastrophen.«[186]

Das zweite Buch, *Schlaflose Tage*, das er unmittelbar nach der Biermann-Ausbürgerung schreibt und das 1978 im Suhrkamp Verlag erscheint, bleibt in der DDR ungedruckt. Zu viele Tabus werden hier gebrochen. Obwohl auch diesem Buch das Bemühen anzumerken ist, sich auf ehrlich kommunistische Weise zum Staatswesen DDR (hier hat sie ihre unmissverständliche Kontur) in ein neues Verhältnis zu setzen. Lehrer Simrock, der nach plötzlichen Herzschmerzen im Unterricht an seine Sterblichkeit erinnert wird, beschließt sein Leben zu ändern. Seine Absicht formuliert er anfangs auf eine überaus moderate Weise: »Er wünschte zum Kommunismus eine innigere Beziehung, als sich immer nur akkurat an landesübliche Regeln zu halten, die, wie er in diesen Augenblicken zu verstehen glaubte, verbesserungswürdig waren.«[187]

Wie zahm soll man seine Unzufriedenheit denn noch ausdrücken? Falscher Ansatz, man soll, so wollen es die Politbürokraten, eben gar nicht erst unzufrieden sein. Sie selbst geben doch das beste Beispiel dafür, wie Zufriedenheit mit sich selbst und dem Sozialismus in der DDR aussehen kann.

Aber das ist genau der Zustand, den Lehrer Simrock, trotz gelegentlich moderat formulierter Kontaktaufnahmen zu den Repräsentanten des Staates, nicht länger verbergen kann: Ekel. Auch den Zensoren ist dieser nicht verborgen geblieben. Aber immerhin, man hätte – wie in anderen Fällen – so tun können, als bemerke man ihn nicht. Doch Becker ist kompromisslos.

F. J. Raddatz hat *Schlaflose Tage* in *Die Zeit* rezensiert. Er unternimmt diese Aufgabe mit all der Gehässigkeit des früher als der andere aus der DDR Fortgegangenen, der ihm genau diese Verspätung vorwirft. Hatte Becker nicht noch 1974 geschrieben, »die westdeutsche Kritik verfolge den Zweck, ihren Lesern zu suggerieren, daß es sich bei einem Großteil der DDR-Literatur um so etwas ähnliches wie Widerstandsliteratur handelt. Aber genau das Gegenteil ist wahr.« Nach 1990 verfolgt die westdeutsche Kritik dann eher die Absicht, zu zeigen, die DDR-Literatur sei vor allem staatstragend, also künstlerisch wertlos. Das klingt bei Raddatz 1978 bereits mit, wenn er urteilt: »Es ist Jurek Beckers vehementestes, bitterstes Buch, Zeugnis eines noblen Mannes. Es ist Jurek Beckers schwächstes, unkünstlerischstes Buch, Zeugnis der artistischen Harmlosigkeit eines Chronisten.«[188]

Wenn ein Buch die seinem Inhalt gemäße Form findet, ist es dann bloß altbackene Chronistenarbeit? Becker bricht hier Tabus, und dass es Tabus sind, die hier gebrochen werden, wird bei der Lektüre auch heute noch jederzeit klar. Das erste Tabu ist die Schule, die Domäne von Erich Honeckers Ehefrau, Bildungsministerin Margot Honecker. Niemals wird sie Kritik am Schulsystem zulassen, schon gar nicht Beckers Passagen darüber, dass man in den Schulen der DDR das Lügen lerne.

Als der Herzanfall vorüber ist und Simrock beschlossen hat, sein Leben zu ändern, fällt ihm zuerst seine trostlose Ehe ein, die nur noch aus Gewohnheit fortbesteht. Als er seiner Frau mitteilt, er wolle sich scheiden lassen, entgegnet diese reserviert: »Dabei wäre ich in der Lage, deinen Entschluß zu erklären. Weil du so unglücklich darüber bist, daß sie dir in der Schule das Rückgrat gebrochen haben, trennst du dich von uns. Du hältst die Trennung für einen ersten Schritt, gleichzeitig steckt dir die Angst in den Gliedern, niemals den zweiten zu tun. Diese Angst macht dich jetzt um so entschlossener.«[189]

Das erste Tabu also, das Becker in diesem Buch verletzt, betrifft das Thema Bildungswesen. Auch anderen bekam das schlecht, etwas Alfred Wellm mit *Pause für Wanzka* in den sechziger Jahren. Ein Schulrat lässt sich, kurz vor der Rente, als Lehrer an eine ganz normale Schule versetzen. Er will noch einmal spüren, wie das ist, vor einer Klasse zu stehen – und geht unter, nicht weil er ein schlechter Lehrer wäre, sondern im Gegenteil: Er ist viel zu gut für die schäbige Schulpraxis.

Das zweite Tabu ist das Thema Republikflucht. Simrock hat in einem Tanzcafé eine Frau kennengelernt, bei der er wohnt und mit der er in den Urlaub nach Ungarn fährt. Liebt er sie – und sie ihn? Es scheint so – aber dann ist sie plötzlich fort, wird beim Versuch, über die Grenze nach Österreich zu gelangen, verhaftet. Ein Jahr und sieben Monate lautet das Urteil, das sie dafür in der DDR erwartet. Der Lehrer kann in diesem Land kein Lehrer mehr sein, und seine neue Liebe hat nur einen Gedanken, der sie beherrscht: fort aus der DDR. Da fehlen dem Rostocker Hinstorff Verlag die Argumente, das Buch dennoch zur Veröffentlichung zu empfehlen. Außer vielleicht der Umstand, dass es ehrlich ist – und den Nerv der DDR-Wirklichkeit trifft.

Schule und Ausreise – das sind zwei in der DDR immer virulente Themen. Nur offen darüber reden darf man nicht. Das Verbot von *Schlaflose Tage* bestätigt diese schlimmen Vermutungen über die Doppelmoral im Lande nur.

Dabei sucht auch dieses schmale Buch nach Lebensalternativen in der DDR – und findet sie nicht. Simrock geht in einer Brotfabrik arbeiten, in den Sommerferien, probehalber, ob er das Leben eines Arbeiters denn aushalten würde. Das Resultat ist alarmierend. Wie Franz Fühmann in *Kabelkran und blauer Peter* nach einem Tag ungewohnter schwerer körperlicher Arbeit auf der Werft fast kollabiert, so auch Simrock, das Alter Ego des Autors.

Einen Tag Kohleschaufeln treibt ihn in einen körperlichen Ausnahmezustand: »Er dachte nur noch an die Schaufel in seinen schmerzenden Händen und an die langsam wachsende Zahl der Schritte, die er mit jeder neuen Ladung gehen mußte, weil das Kellerloch sich immer weiter von den Kokshügeln entfernte, und an das ferne Glück der Mittagspause. … Jede Schaufel war eine kleine Verzweiflungstat, Simrock verlor den Überblick und war mehr überrascht als erleichtert, als der Koks vom Hof verschwunden war.«[190]

Da wird Arbeit fast zu einer Droge, die Wahrnehmung des über die Grenze seiner Belastbarkeit Getriebenen erweitert sich wie die eines Tauchers ins Surreale.

Was er so dringend bräuchte, wäre ein Sieg nach all den Niederlagen. Aber dafür hat er die notwendige Leichtigkeit längst verloren. Die Depression setzt sich fest in ihm, er weiß nur eins: So kann er nicht mehr weiterleben. Die größte Angst dabei ist, »die Unzufriedenheit könnte sein ständiger Begleiter werden und am Ende nur durch Gewöhnung ihren Schrecken verlieren«. Aber sein Entschluss steht fest: »Ich will niemals wieder mit etwas einverstanden sein um der Ruhe willen.«[191]

Aber wie soll das gehen, ein Leben ohne Kompromisse? Becker lernt gerade, dass man auch im Westen – wenn auch andere – Kompromisse machen muss, um zu überleben. Keine erhebenden Aussichten.

Die Frage nach der Wahrheit im eigenen Leben und in der Geschichte: *Der fremde Freund* und *Horns Ende* von Christoph Hein

Der fremde Freund erscheint 1982 in der DDR und ein Jahr später in der Bundesrepublik unter dem Titel *Drachenblut*. Es ist der Durchbruch des Autors Christoph Hein. Kein politisches Buch, sondern das sehr intime Porträt eines Menschen, der in einer Lebenskrise zurückblickt. Aber gerade deshalb hat es mich während des Abiturs unerwartet getroffen. Es war der unmittelbar drängende Ton darin, wie man ihn hat, wenn man unbedingt etwas wissen will – über sich selbst in einer fremd gewordenen Umwelt – und zugleich ahnt, so einfach gibt weder gelebtes Leben noch die abgelaufene Geschichte ihr Geheimnis preis.

Die Ich-Erzählerin Claudia ist eine Ärztin Ende dreißig und hat sich mit einem Panzer aus Kälte umgeben. Für ihre Lebensangst findet sie keine Ausdruck – außer in Fotografien, die sie macht. Niemals zeigen sie Menschen, aber sehr oft Ruinen. Ein distanziertes Verhältnis verbindet sie mit ihrem Nachbarn Henry, einem Architekten für Atomkraftwerke.

Christoph Hein, der studierte Philosoph, spielt in *Der fremde Freund* das Thema der Entfremdung durch. Offiziell war es nicht erwünscht, diese allein für den Kapitalismus zulässige Vokabel auch auf den Sozialismus anzuwenden. Wer über die Entfremdungsprozesse im Sozialismus nachdachte (die immer in Selbstentfremdung münden), bekam es schnell mit den Dogmatikern zu tun. Auch darum ging es: dieses Tabu zu brechen, über die Fragwürdigkeit von Selbstbildern (nicht nur von Einzelnen, auch von ganzen Gesellschaften) nachzudenken, über Fassaden, hinter denen es bröckelt. Der Erzählgestus des Buches, zwischen verlorener Melancholie des Einzelnen und existenzieller Selbstvergewisserung, war der Ton, auf den die achtziger Jahre in der DDR gestimmt waren. Wir wollten endlich wissen, wie es wirklich um uns stand.

Im Nachhinein ist viel darüber spekuliert worden, wie es dieses Buch durch die Zensur geschafft hat. Vermutlich hat man bei einer »Novelle« des damals noch wenig bekannten Jungautors Hein nicht so genau hingeschaut – zumal keine politischen Reizthemen verhandelt werden. Es geht nur um den Alltag in der DDR Anfang der achtziger Jahre. Aber noch mehr an Desillusionen wie in diesem schmalen Buch zu versammeln, geht nicht. Es ist ein Dokument des Überdrusses, des Lebensekels – überall »vorgeschriebene Lieder, vorgeschriebene Gesten«.[192]

Claudia, die Ärztin, die bald vierzig Jahre alt wird und der es gut geht, wie sie sagt, ist eine Unberührbare. Was um sie herum geschieht, betrifft sie nicht mehr wirklich. Sie lebt wie hinter Glas – und nicht nur sie allein. Das Haus mit Einzimmerwohnungen, in dem sie wohnt, ist eine Art Totenhaus. Die Alten sterben, aber niemanden berührt dies, man kennt sich nicht einmal. Das gesellschaftliche Klima – ein Endzeitklima! –, das Hein hier mit Beckett'scher Konsequenz schildert, ist ein so ganz anderes, als es sich die DDR-Offiziellen wünschen – mitsamt Optimismus und Freude an der Kollektivität. Das verwundert nicht. Aber dass er auch keinen Raum für die oft verklärte Gegenkultur, die kreativen Nischen, lässt, schockierte auch oppositionelle Gemüter. So am Ende sind wir alle? »Ich will nicht mehr Tag für Tag in fremde Gesichter starren, die nur deswegen zu mir gehören sollen, weil es immer die gleichen sind.«[193]

Claudias Weltsicht scheint bis unter den Gefrierpunkt abgeklärt – es passt insofern in die Gegenwart. Zukunft? »Und ich stelle mir vor, wie ich in dreißig Jahren mit gepuderten Wangen durch die Korridore dieses Hauses lief, begierig die Geräusche aus fremden Wohnungen aufsaugte und jede überstandene Nacht als Sieg feierte.«[194]

Dann ist auch Henry tot, der »fremde Freund«, den sie nie wirklich kennengelernt hat. Vor einer Kneipe erschlagen von einem siebzehnjährigen Jugendlichen aus einer Gruppe, mit der es Streit gegeben hatte – um Henrys exzentrischen Hut. So sinnlos wie das Leben ist hier auch der Tod. Nicht, dass Henrys plötzlicher Tod Claudia allzu sehr erschüttert, denn sie wird längst vom Stoizismus beherrscht, der Beibehaltung der äußeren Rituale bei Verweigerung der inneren Anteilnahme. Aber dennoch, die Dinge bekommen etwas Unheimliches, das ihr – gelegentlich – Angst macht: »Neuerdings beginne ich, mich vor meinen Fotos zu fürchten. Sie füllen alle Schränke und Schubladen in meiner Wohnung. Von überall her quellen mir Bäume, Landschaften, Gräser, Feldwege, totes, abgestorbenes Holz entgegen. Eine entseelte Natur, die ich erschuf und die mich nun zu überfluten droht.«[195]

1985 erschien *Horns Ende* – und bei diesem Buch wollten die Zensoren das, was sie bei *Der fremde Freund* versäumten, doppelt gut machen. Noch einmal sollte ihnen kein defätistisches Buch von Hein durchrutschen. Tatsächlich ist es bereits thematisch ein höchst subversiver Roman, in dem es hauptsächlich um zweierlei geht: zum einen um den Historiker Horn, Anfang vierzig, aber schon mit schütterem Haar, den seine Feinde für einen lebensuntüchtigen Sonderling halten. Zum anderen um den kleinen Ort Bad Guldenberg, der eine Burg mit Museum besitzt, in das der Historiker Horn aus Leipzig strafversetzt wurde. Dort hatte es, Genaueres erfahren wir nicht, ein Verfahren gegen ihn gegeben, das mit einem Parteiausschuss und der Versetzung in die Provinz geendet hatte.

In Bad Guldenberg trifft er auf lauter Kleinstadtgestalten – man bleibt sich gegenseitig fremd. Dann verschlägt es Kruschkatz als Bürgermeister nach Guldenberg, der hatte in Leipzig an den Strafmaßnahmen gegen Horn mitgewirkt. Jedes Jahr kommen auch die Zigeuner nach Guldenberg, bis zum Selbstmord Horns, danach kommen sie nicht mehr. Gibt es einen Zusammenhang?

Hein hat die Geschichte in die fünfziger Jahre zurückverlegt, aber in dreißig Jahren – das ist vielleicht das eigentlich Erschreckende – hat sich wenig geändert, nicht an den Machtstrukturen und auch nicht an den Menschen, die sich mit ihnen irgendwie arrangieren. Manche, die die Spielregeln verstanden haben, versuchen sogar Karriere zu machen. Einige sind verlorene Seelen, wie Horns Zimmerwirtin Gertrude Fischinger oder der Arzt Dr. Spodeck.

Diese Art Rückschau auf eine nicht vergehen wollende DDR-Geschichte hat etwas Gespensterhaftes. Zwischen den Kapiteln die nicht nachlassende Frage nach dem Wozu. Alles vergeblich? Oder schlimmer noch, alles von Anfang an ohne Wert, weil auf Lüge gebaut?

Die Lebenden und Toten, das zeigt dieses Buch, stehen in einem unbefriedeten Verhältnis zueinander. Was tun mit ihnen, wenn es stimmt, dass sie keine Ruhe geben, uns gar um unsere Zukunft zu bringen drohen? Es ist ein Dialog mit den Toten, der hier stattfindet, genauer, mit einem Toten: dem Selbstmörder Horn, der sich im Wald aufhängte. »Sie langweilen mich. Mich langweilen die Toten. Sie wollen nur ihre Wahrheit sehen. Sie haben wenig begriffen. Sie sind ungerecht zu den Lebenden. Es ist alles schwer genug, und sie können nur klagen.«[196]

Das Kind von einst soll sich später an diesen Sommer erinnern, in dem Horn starb und die Zigeuner zum letzten Mal wieder in der Stadt ihr Lager aufschlugen (zum Unwillen der Stadtobrigkeit). Was an dem Erinnerungsbild ist nun wahr und was bloße Fiktion, gar vorsätzliche Täuschung?

Auch darum geht es in einem Gespräch zwischen Horn und dem Arzt Spodeck in seiner Praxis. Horn berichtet von einer Technik, wie man Bilder nach Gutdünken so manipulieren kann, dass Ungewolltes daraus verschwindet, ohne dass man es ihnen ansieht. Was Dokument sein will, ist bloß etwas, das man so oder so – je nach den Interessen, die man hat – verändern kann. Spodeck zum Historiker: »Ihre Wissenschaft, Herr Horn, die Geschichtswissenschaft, hat wieder einen Kronzeugen verloren. Ihnen stehen neue Fälschungen ins Haus.«

Horn reagiert: »Was Sie als Fälschung bezeichnen, ist unser täglich Brot. Was ist Geschichte anderes als ein Teig von Überliefertem, von willkürlich oder absichtsvoll Erhaltenem, aus dem sich nachträgliche Generationen ein Bild nach ihrem Bilde kneten. Die Fälschungen und unsere Irrtümer sind der Kitt dieser Bilder, sie machen sie haltbar und griffig. Sie sind es, die unsere Weisheiten so einleuchtend machen.«[197]

Für Spodeck, von Lebensekel erfüllt, ist Bad Guldenberg die Stadt, an der er sterben wird. Und Horn, der wegen »einer dunklen Geschichte«, also »etwas Politischem« aus Leipzig hierher strafversetzt wurde, zeigt fast keinerlei Reaktionen mehr. Der Bürgermeister, der selber an dessen Bestrafung seinen Anteil hatte, weiß auch, dass Horn »dort Unrecht geschehen ist« und er das nicht vergessen, geschweige vergeben kann. Er habe sich in seinem Selbstmitleid eingerichtet.

Und dann wiederholt sich die Geschichte, wieder wird Horn zu einem »Fall«, diesmal hat er ihn selbst provoziert – aber warum? Das hat er dem Jungen, der Thomas heißt, erklärt: »Es ist nur ein kleines

Museum, das wir haben, und doch schreiben auch wir die Geschichte. Wir sind es, die dafür einzustehen haben, ob die Wahrheit oder die Lüge berichtet wird.« Und weiter in dieser an den Elfjährigen gerichteten Rede, die eher ein Selbstgespräch ist: »Die Wahrheit oder die Lüge, das ist eine entsetzliche Verantwortung. Wer das wirklich begriffen hätte, würde keinen Schlaf mehr finden.«[198] Und er findet ihn wohl auch nicht, den Schlaf – eben weil die Umstände eher nach Lüge als nach Wahrheit verlangen?

Horn schreibt einen Text für eine Ausstellung in seinem Museum, und einer der eifertigen Spitzel im Parteiauftrag macht das zum politischen Fall: »Revisionismus!« Ein Revisionist ist vom Klassenfeind geschickt und hat nur ein Ziel: unsere festen Prinzipien zu relativieren. Das wiederum war ein immer offener umstrittenes Thema der achtziger Jahre. Aber wer wagt schon, in deren dunkle – stalinistische – Schatten zu blicken?

Soll man also, so der Diskurs zwischen den Generationen, »die Toten die Toten begraben« lassen? Soll man sie ruhen lassen und sich nicht mehr damit beschäftigen, zumal die Erinnerung die Neigung hat, uns zu täuschen? Horn beharrt darauf, mit seinem Gedächtnis leben zu müssen: »Welch ein entsetzlicher Gedanke, ohne Gedächtnis leben zu wollen. Wir würden ohne Erfahrungen leben müssen, ohne Wissen und ohne Werte. Löschen Sie das Gedächtnis eines Menschen, und Sie löschen die Menschheit.«[199]

Vorgezogenes Resümee: Christa Wolfs *Was bleibt*

Im Juni 1990, da existierte die DDR noch, wenn auch nur noch auf Abruf, erscheint eine 76 Seiten schmale Erzählung, eher ein Bericht, von Christa Wolf mit dem Titel *Was bleibt.* Ohne Fragezeichen ist dies eine simple Feststellung. Das westdeutsche Feuilleton von Ulrich Greiner bis Frank Schirrmacher stürzt sich mit Häme, in der böse Vernichtungslust funkelt, auf *Was bleibt.* Für sie soll selbstverständlich nichts von der verhassten DDR bleiben, am wenigsten ihre wichtigsten intellektuellen Repräsentanten von Stephan Hermlin und Stefan Heym bis Heiner Müller und Christa Wolf, die man bis eben als kritische Reformstimmen eines demokratischen Sozialismus aus der DDR zumindest achtungsvoll behandelt hatte.

1989 wurde Christa Wolf sogar als Nobelpreiskandidatin ins Gespräch gebracht – 1990 hatten sich die Koordinaten der Welt schlagartig verändert. Das Schicksal der DDR war besiegelt, der Osten Anschlussgebiet – und kritische Intellektuelle, die man gestern noch zu einer der tschechischen Charta 77 um Václav Havel verwandten Bewegung in der DDR stilisiert hatte, wurde innerhalb von wenigen Monaten, gar Wochen, demontiert. Jetzt galten sie nur noch als »Staatsdichter«, die zudem fast alle irgendwie – jedenfalls zeitweise – einmal Kontakte mit dem Ministerium für Staatssicherheit hatten. Man hielt es jetzt mit den lupenreinen Dissidenten, oft ohne Werk, aber wenn sie in der DDR immer ihren Feind erblickt hatten, vielleicht sogar im Gefängnis gewesen waren (und sei es nur für einige Tage) und immer so schnell wie möglich rauswollten aus der DDR, in »die Freiheit«, wie es so hinreißend naiv hieß, dann bekamen sie nun die große Bühne. Es war wieder wie bei den dogmatischen SED-Funktionären, die meinten, ob jemand was kann oder nicht, ist zweitrangig, Hauptsache die Gesinnung stimmt. Die Hoffnungsträger auf eine andere DDR wurden ab Anfang 1990 schlicht kaltgestellt, sollten ihrer moralischen Integrität beraubt werden.

Christa-Wolf-Biograph Jörg Magenau hat die Stimmen zu *Was bleibt* versammelt. Der Verdacht wurde geäußert, die privilegierte Christa Wolf wolle sich »mit dem im Grunde doch eher läppischen Protokoll ihrer Überwachung durch die Stasi auf die Seite der Opfer mogeln«[200]. Ulrich Greiner urteilt am 1. Juni 1990 in *Die Zeit*, nach dem Mauerfall sei *Was bleibt* nur noch »peinlich«[201]. Und Frank Schirrmacher nennt – nur einen Tag später in der FAZ – den Text »bedeutungslos, läppisch, lächerlich«[202]. Da werden Denkmäler von ihren Sockeln gestürzt – aber war Christa Wolf je ein Denkmal, das man nun stürzen musste?

Als ich Anfang 1991 mit einem Promotionsstipendium (das vom Jägermeister-Likörfabrik-Mitinhaber Günter Findel gestiftet worden war) an die Herzog-August-Bibliothek in Wolfenbüttel kam, traf ich dort auch auf einen Schweizer Professor. Dieser lud mich, den jungen Kollegen aus dem Osten, der noch viel zu lernen hatte, zum Essen ein (eidgenössisch sparsam zur selbstaufgegossenen Tütensuppe) und dozierte dabei, Christa Wolf müsse sich doch endlich zu ihrer Schuld bekennen. Ich war sprachlos angesichts der zum Fertiggericht servierten plumpen Ideologie. Welche Schuld hatte die Autorin von *Nachdenken über Christa T.*, *Störfall*, *Kein Ort. Nirgends*, *Kindheitsmuster*, *Kassandra*, *Sommerstück* oder *Was bleibt* denn auf sich geladen? Es war absurd. Schlimmer noch: infam. Ich entschuldigte mich mit einem vergessenen Termin und ließ den Mann mitsamt Tütensuppe und Ideologie allein. Das war der freie Westen? Und wo waren die freien Geister?

Eine überaus unangenehme Siegermentalität West breitete sich aus. An der Humboldt-Universität hatten wir (tatsächlich gab es diesen Augenblick eines gemeinsam handelnden revolutionären Subjekts vom Professor bis zum Studenten!) im Wende-Herbst 1889 am Institut für Philosophie die Direktorin und den Parteisekretär abgesetzt, das Institut wurde neu organisiert – bis 1991, unter neuen machtpolitischen Vorzeichen, die Evaluierung der Mitarbeiter und zugleich Abwicklung der bisherigen Strukturen begann.

Der Einzug des West-Personals erfolgte. Und für die waren auch jene Doktoranden, wie ich einer war, die naiverweise gemeint hatten, jetzt in aller Freiheit denken und schreiben zu können, misstrauisch beäugte Altlasten. Schnell wurden sie gegen den aus dem Westen mitgebrachten eigenen Nachwuchs ausgetauscht. Auf uns verschwendete man keine Gedanken. Eine feindliche Übernahme, bei der etwa neunzig Prozent aller Doktoranden der Humboldt-Universität, deren Themen als nicht förderungswürdig abgelehnt worden waren, vor die Tür gesetzt wurden. Es fühlte sich an wie nach einem verlorenen Krieg gegen einen wenig souveränen Gegner, der keine Noblesse, keinen Stil besaß, sondern sich einfach nur im besetzten Gebiet breitmachte.

Den Anlass für eine Wendung um hundertachtzig Grad in der Beurteilung Christa Wolfs also bot *Was bleibt*. Damit meinte man, die Autorin endgültig aus dem Kanon der neu zu bildenden gesamtdeutschen Literatur ausschließen zu können. Natürlich war dies ein durchsichtiges Manöver der Machtsicherung. Man räumte potenzielle Konkurrenten aus dem Weg, sicherte sich handstreichartig die Deutungshoheit über Wert und Unwert von Büchern, Gemälden, Forschung und Lehre, Filmen und Theater aus der DDR. Nichts als Müll!, lautete der vorhersehbare Befund. Dem spielte auch die Angst vor »SED-Seilschaften« in die Hände. Ein unrühmliches – peinliches! – Kapitel des westdeutschen Feuilletons, das pünktlich zur Wiedervereinigung ausgerechnet diejenigen neuerlich unter Verdacht stellte, die bereits seit langem (spätestens seit dem 11. ZK-Plenum 1965) der herrschenden SED-Kulturpolitik als verkappte Feinde galten. Ein guter Platz zwischen allen Stühlen? Wenn man denn den Verdächtigungsdruck physisch und psychisch aushielt.

Natürlich ist Christa Wolfs *Was bleibt* gar keine Wendeliteratur, sondern wurde bereits 1979 geschrieben und erschien – da es in der DDR keinesfalls zu veröffentlichen war – nach geringfügiger stilistischer Überarbeitung 1990 im Aufbau Verlag. Ein Dokument der existenziellen Verunsicherung. Ein Protokoll der aufsteigenden Angst, im Spannungsverhältnis zur Parteispitze könnten die eigenen schöpferischen Fähigkeiten verloren gehen. Genauer: zerstört werden.

Christa und Gerhard Wolf als Erstunterzeichnern waren nach der Biermann-Ausbürgerung die Instrumente gezeigt worden. Immerhin verteidigte Wolf Biermann in dieser einer Hexenjagd ähnlichen Kampagne Christa Wolf, in einem Text für *Die Zeit*. Das ist erstaunlich, denn wie Stephan Hermlin einmal sagte (der Biermann 1962 bei dem berühmt gewordenen Lyrikabend der Akademie der Künste erstmals vorgestellt hatte), behandelte Biermann sonst seine Freunde wie Feinde, wenn sie nicht hundertprozentig seiner Meinung waren. Aber welch schwierigen inneren Kampf Christa Wolf über Jahrzehnte mit der Idee des Sozialismus geführt hatte, das wusste Biermann aus eigener Erfahrung sehr genau. Also schrieb er: »Wie zögerlich, furchtsam und zerrissen Christa Wolf auch war, sie machte nie auf Held, und sie durfte deshalb zerrissen, furchtsam und zögerlich sein.«[203] Eigentlich eine Selbstverständlichkeit. Dass hier extra darauf hingewiesen wird, offenbart die herrschende Ausnahmesituation. Man hatte die DDR zum Tatort eines Verbrechens erklärt – und nun mussten die Täter und Mittäter her.

Christa Wolf fährt nach der Wende – angefeindet sie, die doch so lange als Gewissen der Ostdeutschen gegolten hatte! – bis nach Los Angeles, um dort, aus dem Abstand, die eigene »Verstrickung« in die deutsche Geschichte neu zu begreifen – jedoch anders, als die Feuilleton-Kampagne gegen sie suggerierte. Nein, ihre Schuld ist nicht die, von der die grellen Schlagzeilen – »Staatsdichterin Christa Wolf« – künden, aber leichter wiegt sie darum nicht. Auch davon schreibt sie in ihrem Roman *Stadt der Engel*: »Wir waren es doch, wir Ostdeutschen, die nach dem Krieg zu den östlichen Völkern gehen mussten, zu denjenigen, die am meisten unter uns gelitten hatten ...«

Die Ich-Erzählerin erinnert eine Reise mit einer Schriftstellerdelegation in die Sowjetunion, den Besuch in einer Kolchose und wie sie dort überreichlich mit Essen und Wodka bewirtet wurden. Wie jeder der Russen, nicht anklagend, sondern wie nebenbei, weil die Tatsachen nun mal so waren, irgendwann erwähnte, wen er im Krieg verloren habe, was ihm selbst zugestoßen sei. Und wie der Leiter der deutschen Delegation, »ein alter Kommunist, der seine Unbeugsamkeit im Klassenkampf der Jahre erworben und in Zuchthaus und Illegalität bewiesen hatte und der inzwischen ein hochrangiger, unversöhnlich engstirniger Funktionär geworden war, wie der einen Weinkrampf bekam, als er auf die Trinksprüche der Russen erwidern wollte«.[204]

Dieser Funktionär wird sie weiter beschäftigen, weil die Meinungsverschiedenheiten zwischen ihnen wachsen. Jedoch die Hürde, die sie nehmen muss, ihm zu widersprechen, ist hoch. Denn sie muss an seine Zeit als Widerstandskämpfer und ihre im BDM denken. Das hemmt den Widerspruchsgeist.

Als sie zu dem Funktionär bestellt wird, kommt sie in ein labyrinthisches Gebäude, mit scharfen Kontrollen und Passierscheinen, vielen Vorzimmern und langen Fluren. Woher »die Paranoia gegen das Volk«?, fragt sie sich. Es geht um ein Buch, das sie geschrieben hat, das dem hohen Funktionär missfällt, das er für schädlich hält. »Dir lag an diesem Buch, es war ein Test, ob du in diesem Land weiter leben konntest oder nicht. Da schrie er dich an. Dass es um Grundsätzliches ging, wusstet ihr beide. Dann wurde sein Ton kalt und dein Ton wurde verzweifelt. Ihr verabschiedet euch unversöhnt, auf dem Weg zur Tür kipptest du um, und als du zu dir kamst, war über dir sein erschrockenes Gesicht.«[205]

Das sind die eigentlich schicksalhaften Verstrickungen, die man nicht einfach löst, es sei denn wie mit einem Schwerthieb durch den Gordischen Knoten. Diesen harten endgültigen Schnitt aber kann und will sie nicht vollziehen. Ist das ein Versagen? Uwe Kolbe, der Schützling Franz Fühmanns, wird sich zu dieser Lesart entscheiden, wenn er in *Renegatentermine* notiert: »Die älteren Autoren mit der Erfahrung eines Franz Fühmann (1922–1984) oder Christa Wolf, sie schleppten sich mit diesem schlechten Gewissen einerseits und der Alternativlosigkeit andererseits durch ein geistiges Leben, das aus diesem Grunde vor allem eine Kette von Kompromissen blieb.«[206] Fragt sich, wer es sich hier einfach, wer schwer machte.

Zurück zur Atmosphäre nach der Biermann-Ausbürgerung. Christa Wolf fühlte sich in einer Falle gefangen. Auswege scheint es nicht zu geben. Ohne seine Anwesenheit irgendwie verbergen zu wollen – es ist eine Drohung und die soll bemerkt werden –, steht Tag und Nacht ein Wagen vor der Tür der Berliner Wohnung der Wolfs. Darin zwei oder drei junge Männer in Zivil, deren dienstlicher Observierungsauftrag kein Geheimnis ist. In ihrer Abwesenheit dringen sie sogar in die Wohnung ein, ohne die Spuren zu verbergen, der Badspiegel etwa wird zerschlagen – Akte der Einschüchterung. In Christa Wolf wächst die Angst. Ist man irgendwo noch sicher? Sie gerät mehr und mehr in eine tiefe Depression, eine Empfindungskälte und Abwesenheit, über die sie selbst erschrecken müsste, wenn sie das noch könnte.

Von Gerhard Wolf nach ihrem Befinden gefragt, weicht sie aus. »Sage nicht, was ich gestern empfand: tödliche Unfruchtbarkeit, Mutlosigkeit, Depression.«[207] In Frankfurt stehen die Poetik-Vorlesungen an, aber nach Theoretisieren ist ihr nun gerade nicht. 1979 hat es eine Amnestie in der DDR gegeben, auch politische Gefangene wie Rudolf Bahro kommen frei. Eine Erleichterung, die ihr die Bleigewichte, die an ihr hängen, erst spürbar mache: »Heute drückt mir dieses ganze Land auf die Schultern, und nur manchmal werde ich frei davon und kann mich leichter aufrichten.«[208] Es ist ein ständiger Kampf, der oft über die eigenen Kräfte geht.

Was bleibt ist ein biographischer Bericht, der Versuch, schreibend die Deutungshoheit über das eigene Leben zu verteidigen. Es zählt das geschriebene Wort – aber nicht dasjenige der Observationsprotokolle der MfS-Mitarbeiter, die notieren, wann wer aus der Tür heraustritt oder durch sie hineingeht, sondern das eigene poetische, das verwandelt. Auch wenn es eine herbe Alltagspoesie bleibt – es sind Lichtfunken, deren Leuchten Kraft zum Weitermachen geben.

Es geht um sehr Grundsätzliches für jemanden, der das Schreiben zu seinem Beruf gemacht hat. Um Neurosen, Obsessionen und die Okkupation der eigenen Träume durch eine Drohung, die nicht aufhört. Zu wissen, für diejenigen, die sie beobachten, ist sie ein Feind: »Sie waren nicht meinesgleichen. Sie waren Abgesandte des anderen.«

Hier verschiebt sich die Frage nach der Zensur immer mehr in Richtung Selbstzensur, dem, was man gar nicht erst hinschreibt, weil es gänzlich außerhalb der herrschenden Norm ist. Dagegen anzuschreiben geht an die Substanz. »Einmal in meiner neuen freien Sprache würde ich darüber reden können, was aber schwierig werden würde, weil es so banal war: Die Unruhe. Die Schlaflosigkeit. Der Gewichtsverlust. Die Tabletten. Die Träume. Das ließe sich wohl schildern, doch wozu? Es gab ganz andere Ängste in der Welt. Das Haar, wie es büschelweise ausging. Na und?«[209] Auch das geht vorbei – auf diese oder eine andere Weise. Am Ende ist alles eine Frage des richtigen Zeitpunkts – aber wie weiß man, wann der da ist? Vielleicht dann, wenn das ungute Gefühl nicht mehr weichen will? »Wie lange war es her, dass ich keine vertraulichen und vertrauten Briefe mehr geschrieben hatte. Dass ich mich zwingen musste, überhaupt zu schreiben. Ich wusste es nicht mehr. Wann hatte die Zeit der Als-ob-Briefe begonnen – als ich mich entschlossen hatte, zu schreiben, als ob niemand mitläse; als ob ich unbefangen, als ob ich vertraulich schriebe. Ich wusste es nicht mehr.«[210]

Im Jahr 1979 scheint es für Christa Wolf noch zu früh, alle Brücken hinter sich abzubrechen, die Worte auszusprechen, die einen nicht mehr rückgängig zu machenden Bruch vollziehen. Nicht mit dem Außen, das fremd, gar feindlich geworden ist, sondern mit sich selbst. Die Unruhe, die sie beherrscht, zeigt es: Wenn man drinsteckt im Chaos der eigenen nicht getroffenen Entscheidungen, dann weiß man bald nicht mehr, wann es noch zu früh und wann schon zu spät dafür ist. Das ist auch die Frage, die sich durchs Buch zieht: nicht, wann er wirklich da ist, der richtige Zeitpunkt, an dem man über all das Ungeklärte, das man in sich trägt, reden kann, sondern, »würde ich spüren, wann es an der Zeit ist?«.

Die Selbstentfremdung, die man fürchtet, arbeitet bereits in einem selbst an der Zerstörung des Bewusstseins der Fremdheit, der Gleichgültigkeit, der lähmenden Angst, die in Taubheit mündet. Bis wann kann man da noch ausbrechen? Die Frage des richtigen Zeitpunkts ist also keineswegs eine theoretische.

In dem Buch wird der Alltag einer Schriftstellerin geschildet, ihr eigener. Das vertraute Umgehen mit ihrem Mann, der mit Sorge bemerkt, sie könnte sich selbst verloren gehen. Eine der seltenen Lesungen, die sie zu dieser Zeit in einem Kulturhaus hat – mit viel bestelltem Publikum und jenen Türstehern am Eingang, in denen sie ihre ständigen Begleiter von vor der Haustür zu erkennen glaubt. Beginnt so die Paranoia?

Christa Wolf hält das für ein Geschehen an der Grenze zwischen Realität und Traum. Es vermengt sich zur dunklen Alptraumszenerie. »Ich hatte weder Angst noch überhaupt ein Gefühl, auch mit mir selbst stand ich nicht mehr in Kontakt, was waren mir Mann, Kinder, Brüder und Schwestern, Größen gleicher Ordnung in einem System, das sich selbst genug war. Das blanke Grauen, ich hatte nicht gewusst, dass es sich durch Fühllosigkeit zeigt.«[211]

Mit *Was bleibt* hat Christa Wolf einen kafkaesken Text über die Facetten der Abtötung geschrieben. Sie macht dabei im depressiven Zustand unerhörte Entdeckungen an sich selbst – aber wird sie diese schreibend in einen gültigen Ausdruck verwandeln können? Um nicht mehr, aber auch nicht weniger als diese für sie existenzielle Frage geht es hier.

Wolfgang Mattheuers negative Inselutopie *Was nun?*

Wo sind wir hier gestrandet? So scheinen die Menschen, neun zähle ich, auf Wolfgang Mattheuers 1980 entstandenem Gemälde *Was nun?* zu fragen. Eine stumme Frage, aufgezehrt von einem Warten ohne Erwartung. Die Apathie beherrscht die Szenerie, die Hoffnung scheint tot, wenn auch noch nicht begraben.

Inselutopien gibt es in der Geschichte der Sozialutopien – von Thomas Morus' *Utopia* bis zu Campanellas *Sonnenstaat* – eine ganze Reihe. Es sind ideale Laboratorien der Zukunft, geschützt vor der Welt. Aber die Sonne scheint nicht über dieser Insel, wie sie Wolfgang Mattheuer hier malt. Das Meer liegt bleigrau, wie gestorben da, und die Insel hat schon dieselbe Farbe angenommen. Einen Toten gibt es auch, er liegt in der Mitte auf dem Rücken, wie Christus nach der Kreuzabnahme mit zur Seite ausgebreiteten Armen. Nach Badeunfall sieht das nicht aus.

Nein, dies scheint ganz jemand anderes: Ikarus, der bei seinen übermütigen Flugversuchen zu dicht an die Sonne geriet. Der Honig, der die Federn an seinen Armen verklebt, schmilzt, und Ikarus stürzt ab.

Hat es überhaupt jemand bemerkt? Er liegt da und die acht lebenden Menschen um ihn herum nehmen ihn gar nicht wahr – sie sind mit sich selbst beschäftigt, jeder für sich verzweifelt, in der Weite des Meeres gefangen zu sein wie von Gefängnismauern umgeben. Stumpf blicken einige in die Ferne, andere bergen das Gesicht in den Händen, jemand sitzt in einem Boot, das nicht ablegt.

Der Mann im Boot scheint schon lange darin zu sitzen. An einer Stelle liegt Schrott. Sind das die Überreste der abgestürzten Flugmaschine des Ikarus, sind dies die Überlebenden einer Katastrophe, auf die wir hier wie aus der Vogelperspektive blicken (die Menschen weit unten wirken wie Insekten) – oder harren sie dieser noch angstvoll? Was geht in ihnen vor? Sind sie ganz leer, glauben an nichts mehr – und nicht einmal ein Donnerschlag könnte sie aus ihrer Lethargie aufwecken? Oder sind sie nur aus der an Tristesse nicht zu übertreffenden Außenwelt abgetaucht in ihr Inneres, in das wir – Gott sei Dank – nicht blicken können? Vielleicht leuchten tief in ihnen verborgen ja die Farben, träumen sie sich eine andere Welt – und bewohnen längst diesen Traum, der sie vor einer hässlichen Welt beschirmt?

Wolfgang Mattheuer stieß beim Schwimmen im See mit einem merkwürdig geformten Stück Holz zusammen. Er nahm es mit nach Hause. Die Form, eher eine Unform, faszinierte ihn. Sie wurde zum Vorbild für das winzige Eiland, das wir hier sehen. Das Modell einer geschlossenen Welt – zumal nach dem Absturz von Ikarus, der immerhin eine himmelsstürmende Utopie verkörperte. Nun aber scheint nur noch der Untergang vor den Ausgesetzten zu liegen. Eine andere Welt werden sie nicht mehr sehen, sie werden auf dieser Insel bleiben, bis sie sterben, oder schlimmer noch: mit der Insel zusammen untergehen.

Was aber sind das für seltsame technische Geräte, die aus dem kargen Inselboden wachsen? Lautsprecher gewiss, vielleicht auch Mikrofone. Ist das hier etwa eine aus der Ferne überwachte Strafkolonie, oder findet ein perfider Versuch am lebenden Objekt statt, dessen Verlauf genau dokumentiert wird? Wir wissen es nicht. Über dem toten Blau-Grün-Grau der Inselwelt aber fliegt etwas Weißes, von dem man nur die Kontur der Flügel erkennt. Ein riesiger Schmetterling, ein Engel als Bote aus einer anderen Seins-Sphäre herabsteigend, oder aber ein neuer Ikarus? Und wenn ja, betrifft es die unten Wartenden überhaupt noch? Ist es das Rettung verheißende Zeichen, das nur noch niemand – außer dem Bildbetrachter – bemerkt hat? Auf alle Fälle ist es ein Symbol für die anbrechenden achtziger Jahre. Zu Euphorie besteht kein Anlass, zu fürchten ist vieles, und rechnen muss man mit dem Schlimmsten. So lautet der Befund der Insulaner, die kaum mehr aus ihrer Apathie zu wecken sind. Aber über ihnen kreist etwas, das sehr nach Verheißung, nach Hoffnung im Anflug aussieht.

Was nun? ist zweifellos ein tief melancholisches Bild. Dennoch besteht der Maler darauf, dass seine Bilder von der Welt, der kleinen DDR-Welt und dem großen Meer drum herum, den Betrachtern Mut gemacht haben. Kein Wunder, wie trist es in der Wirklichkeit aussieht, wussten wir selbst – aber es in einer so poetisch-stilisierten Weise dargestellt zu sehen, samt dem unbekannten Flugobjekt, das als schiere Unwägbarkeit über der Insel kreist, macht eben auch Hoffnung darauf, dass die Dinge wieder anders werden können. Im Idealfall erleben wir diese Veränderung dann als Subjekte, nicht als bloße Objekte. Darin, es offenzulassen, liegt die Utopie des Bildes.

Andrej Tarkowski trifft Ulrich Weiß. Meditationen über die »Zone«

1973 kam der junge DEFA-Regisseur Ulrich Weiß nach Moskau, um ein Interview mit Andrej Tarkowski zu führen. Es muss sehr gut geworden sein, denn es durfte nicht veröffentlicht werden. Seitdem ist da diese starke Verbindung. Aus ihr heraus schuf Ulrich Weiß, der als das »Wunderkind« der DEFA galt, einige wenige außergewöhnliche Filme, die ihm kein Glück brachten. Weder die DDR-Kulturpolitik mochte diese Filme noch das Publikum, am Ende stellte sich auch das Studio gegen ihn, er konnte keines seiner Projekte mehr realisieren. Warum wird der eine mit seinen Filmen weltberühmt und der andere nur zum Geheimtipp für Cineasten?

Diese Frage geht mitten hinein in die Mysterien, aus denen Tarkowskis Filme gemacht sind. Seine Filmsprache ist von Anfang an anders. Er erzählt nicht Geschichten, sondern erzeugt Zustände, die die Tendenz haben, hermetisch zu werden.

Ingmar Bergman erkannte in ihm jemanden, der das Leben als Traum auffasst. Mit *Iwans Kindheit*, einem Film über einen zwölfjährigen Jungen im Krieg, der ihn allzu früh mit aller Brutalität zum Soldaten macht, wurde der Dreißigjährige 1962 schlagartig weltberühmt. In *Andrej Rubljow* zeigt er das Martyrium eines Malers, ausgeliefert den Wirrnissen der russischen Geschichte. Wie viel Grausamkeit er sehen musste, bis er wusste, wie er Erlösung ins Bild setzen kann, wie viel Vergeblichkeit einem Augenblick des Gelingens vorausgeht. Für diesen Film begannen 1964 die Dreharbeiten, immer behindert von der Kulturbürokratie, die das religiöse Element provozierte. Erst 1973 konnte *Andrej Rubljow* – da war er bereits in Cannes gelaufen – in der Sowjetunion gezeigt werden.

Mit *Solaris* folgte 1972 eine Verfilmung des Romans von Stanislaw Lem. Aber man hat den Eindruck, es geht gar nicht um Science-Fiction, nicht um kosmische Fragen, sondern sehr irdische – über die Grenzen unserer Erkenntnis, über das unaufklärbare Mysterium unserer Existenz. Eine Gegenwelt aus suggestiven Bildern, die uns an sich zieht, bis wir darin verschwinden.

Aber sein bedeutendstes Werk scheint mir *Stalker*, an dem er 1974 bis 1979 arbeitete. Ursprünglich liegt dem Film der Roman *Picknick am Wegesrand* von Arkadi und Boris Strugatzki zugrunde. Dann mussten sie für das Drehbuch acht oder neun Fassungen erstellen, so dass der Film bis auf die Grundidee kaum noch etwas mit dem Roman zu tun hat. Die Grundidee ist: Es gibt eine »Zone«, da herrschen andere, magische Gesetze. Wie diese »Zone« entstand, weiß man nicht, ob durch Meteoriteneinschlag oder den Besuch Außerirdischer. Das ist auch nicht wichtig. Entscheidend ist, wie gehen wir mit dem »anderen Zustand« um?

In gewisser Weise kann man die Expedition, die Stalker (eine Art

Fremdenführer ins Reich des Verbotenen, ein Schmuggler, dessen eigentliche Mission verborgen bleibt) gemeinsam mit einem Schriftsteller und einem Wissenschaftler in die schwer bewachte »Zone« unternimmt, mit Joseph Conrads Herz der Finsternis vergleichen. Es scheint eine radikale Romantik, die den Realitätsbegriff bestimmt: Die »Zone« als dunkle Seite unserer selbst.

Die Bildsprache ist von einer irritierenden Konsequenz. Die Expedition beschreibt die Unmöglichkeit selbstbestimmter Handlung. Gleich die ersten Bilder, noch im Schlafzimmer Stalkers, zeigen einen Raum, über dem eine bronzebraune Patina liegt.

In dieser postapokalyptischen Bildsprache wurde der ganze Film gedreht. Wie rücksichtslos Tarkowski sich selbst (und anderen) gegenüber war, zeigt, dass er die erste, fast abgedrehte Fassung für schlecht befand und sich von seinem Kameramann, dem renommierten Georgi Rerberg, trennte. Hinzu kam, dass fast das ganze Filmmaterial (importierter Kodak-Film, den nur ausgewählte Produktionen erhielten) im Kopierwerk zerstört wurde – manche sagen, dass Tarkowski dies selbst zu verantworten habe, weil er den Film so nicht mehr wollte.

Nun also drehte er den ganze Film mit dem Kameramann Alexander Knjaschinski noch einmal neu – eine immense Ressourcenverschleuderung im künstlerischen Auftrag, die so nur unter sozialistischen Bedingungen möglich scheint.

Natürlich gefiel die forcierte Statik, der monochrome Stil den Kulturoffiziellen nicht – dennoch wurde *Stalker* 1981 nicht nur bei den Berliner Filmfestspielen aufgeführt, sondern lief auch in DDR-Kinos. Aber weiter in der Sowjetunion der Breschnew-Zeit zu arbeiten, vermochte Tarkowski nicht mehr, nach mehreren Herzinfarkten blieb er nach einer Reise im Westen, lebte bis zu seinem frühen Tod mit 54 Jahren in Paris, London und Berlin. Er drehte noch zwei Filme, aber diese haben nicht mehr die mythische Gewalt ihrer Vorgänger.

Ulrich Weiß, der junge DEFA-Regisseur, folgt in seinen Filmen der »Logik der Poesie« Tarkowskis wie wohl kein zweiter. In *Tambari*, der Verfilmung des Kinderbuchs von Benno Pludra, fiel dies bereits auf: Das Schiff, das vergessen und verrottet daliegt, wird zum Symbol. Kann der Junge, um den es hier geht, es wieder seetüchtig machen?

Ein Film über Gedächtnisverlust und falsche Genügsamkeit – und allein der schwächste Part, ein Kind noch, rebelliert, weiß um den Wert dieses alten Kahns.

Der ausgeprägte Hang zum Antiheldischen wurde dem Regisseur zum Problem. Der Indianerfilm *Blauvogel* war keiner von der Art, wie sie die DEFA erfolgreich in Serie produzierte. Es war ein bekennender Anti-Indianerfilm. Keine Spannung und Unterhaltung, die aus Handlung resultieren, sondern eine filmische Meditation. Es beginnt mit der langen Einstellung einer Feder, die im Wasser schwimmt. Wasser, das auch bei Tarkowski eine zentrale Metapher war.

Ebenso hebt *Dein unbekannter Bruder* an, der wohl bedeutendste Film von Ulrich Weiß. Es geht um den Verrat in einer kommunistischen Untergrundzelle in Hamburg während der Nazizeit. Die erste Szene zeigt, wie die Widerständler nachts Anti-Nazi-Parolen auf Wände schreiben und von der Polizei verhaftet werden (sie waren in eine Falle gegangen). Doch nein, das zeigt er eher nicht, lange blickt die Kamera in Pfützen, dann auf die Metallstreben einer Brücke. Das eigentliche Geschehen rückt an den Rand. Aber nicht so sehr, dass nicht klar wird, dass sich ein alter Genosse, Walter (Michael Gwisdek), zum Spitzel der Gestapo hat machen lassen und nun nacheinander die ganze Untergrundzelle verrät. Sein Gegenspieler ist Arnold (Uwe Kockisch), der einen Verdacht hat.

Auch hier dominiert eine hochartifizielle Bildsprache, die das Verrat-Thema reproduziert. Der Film kam 1980 heraus, anfangs interessierte er nicht sonderlich (beim normalen Kinopublikum kam er nicht an, das fand ihn langweilig), bis er beim Filmfestival in Saarbrücken auffiel – was ihm eine überraschende Einladung nach Cannes einbrachte. Das *Neue Deutschland* meldete den internationalen Erfolg von *Dein unbekannter Bruder*, man begann mit der untertitelten Festivalfassung – dann jedoch passierte ein Unglück. Das Politbüro-Mitglied Hermann Axen, selbst einst im kommunistischen Untergrund aktiv, sah den Film und war empört: Ein Verräter in den eigenen Reihen? So etwas hat es nie gegeben, so waren wir nicht!

Also musste die Einladung nach Cannes abgesagt werden, *Dein unbekannter Bruder* wurde zudem mit Exportverbot belegt.

Eine Katastrophe für Ulrich Weiß, denn fast wäre ihm wie Tarkowski der Sprung auf die internationale Bühne nach Cannes gelungen.

Auch dies ein Verrat an dem Hoffnungsträger der DEFA, ausgerechnet von jenen, die lautsprecherisch verkündeten, Verrat hätte es bei ihnen nie gegeben. Der Film zeigt eben zu genau die Psychologie des Verrats, etwa, wenn der von seinem Genossen denunzierte Arnold in der Gestapo-Zelle sitzt: »Der Verrat, so sieht er aus. Da wird nicht gesprochen, weil sie alles wissen.«

Noch einen Film durfte Weiß 1983 für die DEFA drehen, und wie er dies unternimmt, zeigt, dass er keinen Millimeter von dem abweicht, was für ihn wichtig ist. Und das ausgerechnet im Action-Genre! Weiß unterläuft das Genre in *Olle Henry* – aber wie!

Wieder Michael Gwisdek in der Hauptrolle, diesmal als Henry, der vor dem Krieg ein erfolgreicher Boxer gewesen ist. Aber dazwischen liegt nun mal der Krieg, in dem er kämpfen musste – und schnell ist klar, nach dem Erlebten kann und will Henry nicht mehr gewinnen. Er hat sich zur Passivität verurteilt. Dennoch lässt er sich auf einen Comeback-Versuch ein – und wie Opfertier zur Schlachtbank führen.

Sieht man diesen großartigen Film heute, der dazu führte, dass Weiß nicht mehr für DEFA arbeiten durfte, dann beschleicht einen das Gefühl, der Regisseur habe wie Henry sein Schicksal sehr klar vor Augen gesehen – und machte dennoch, was er machen musste.

Nach diesem erneuten Fehlschlag – mit einem wiederum großartigen Film! – wird Ulrich Weiß schwer krank und kann auch nach der Wende nicht wieder richtig arbeiten. 1990 entsteht noch *Miraculi*, wohl weil man an ihm etwas gutmachen wollte: Aber auch dieser Film, der ein verwirrendes Traumspiel ist, kam bei Nachwendepublik und Kritik nicht an.

REUE UND RENITENZ

»Schwerter zu Pflugscharen.« Vom Umschmieden

Am 24. September 1983 sorgt eine Aktion auf dem evangelischen Kirchentag in Wittenberg für Furore. Stefan Nau schmiedet im Lutherhof vor den Augen von viertausend Zuschauern ein Schwert in eine Pflugschar um, dem Spruch des Propheten Micha folgend: »Sie werden ihre Schwerter zu Pflugscharen und ihre Spieße zu Sicheln machen. Kein Volk wird gegen das andere das Schwert erheben, und sie werden fortan nicht mehr lernen, Krieg zu führen. Ein jeder wird unter seinem Weinstock und Feigenbaum wohnen, und niemand wird sie schrecken.«[212] Unter den Anwesenden sind nicht nur westliche Medienvertreter, auch Richard von Weizsäcker, der im Jahr darauf Bundespräsident werden wird.

Eine hochsymbolische Aktion, auf Initiative Friedrich Schorlemmers, des Predigers an der Wittenberger Schlosskirche, der 1980 einen Friedenskreis gegründet hatte. Es ist auch der Solidarność-Geist aus Polen, der solchen unabhängigen Initiativen in der DDR Auftrieb gibt. Man darf die elementaren Lebensfragen nicht den Regierungen der Länder überlassen, man muss sich selbst kümmern, zuerst um die Erhaltung des Friedens und der Umwelt. Auch um Verfassungsrechte ging es dabei, die DDR hatte 1975 schließlich die Schlussakte von Helsinki unterzeichnet, in der Meinungsfreiheit garantiert wurde.

So ist es der Staatsmacht alles andere als genehm, was da – im Namen des Friedens – passiert. Doch einzugreifen wagt sie nicht. Die weltpolitische Lage ist nach dem NATO-Doppelbeschluss (erst weitere Aufrüstung, dann Abrüstung) höchst angespannt. In Deutschland stehen sich die im Kalten Krieg befindlichen weltpolitischen Systeme mitsamt NATO und Warschauer Pakt auch militärisch auf engstem Raum gegenüber: in der DDR sowjetische SS-20, die Richtung Westen zeigen, und in der Bundesrepublik amerikanische Pershing-Raketen, die nach Osten ausgerichtet sind. Beide Systeme sind für atomare Sprengköpfe ausgelegt. Deutschland ist in den Planspielen der Militärs der Schauplatz eines atomaren Infernos.

Dagegen regt sich starker Widerstand, zuerst im Westen, dann auch immer mehr im Osten. Das biblische Zitat hat ein machtvolles Symbol gefunden, das es schwer macht, es zu verbieten. Denn der russische Bildhauer Jewgeni Wiktorowitsch Wutschetitsch (von dem auch das Ehrenmal in Berlin-Treptow und die Mutter-Erde-Statue in Wolgograd stammen) hatte zu diesem Satz eine Bronze im pathetischen Stil der sowjetischen Bildhauerei der fünfziger Jahre geschaffen. Ein muskulöser Heros schmiedet ein Schwert zu einer Pflugschar um!

Der Arbeiter mit seinen Händen garantiert den Frieden, so könnte man die Botschaft auch verstehen – die dann aber schnell eine außenpolitische Dimensionen bekam, denn die Sowjetunion schenkt diese Bronze, dessen Modell in der Moskauer Tretjakow-Galerie zu finden ist, 1959 der UNO. So steht sie nun in New York – ein Symbol der Reformpolitik Moskaus unter Chruschtschow – als Friedenssymbol.

Vor Kurzem erst erfuhr ich, dass in dem Buch *Der Sozialismus, deine Welt* von 1975, das als offizielles Geschenk des Staates jedem Jugendlichen zur Jugendweihe überreicht wurde, diese Plastik von Jewgeni Wutschetitsch mit dem Titel »Wir schmieden Schwerter zu Pflugscharen« abgebildet ist. Das war mir nie aufgefallen, aber ich hatte seit man es mir 1979 zu meiner Jugendweihe in die Hand drückte kaum jemals hineingeblickt, aber es bis heute aufgehoben. Jetzt fand ich das Foto auf Seite 259 und ebenso die Autoren darin, von denen einige mir näher waren als vermutet – das halbe Institut für Philosophie der Humboldt-Universität hatte mitgeschrieben, darunter mein späterer Doktorvater Gerd Irrlitz, dieser im Geiste Ernst Blochs über den Spartakusaufstand.

Das Symbol vom Umschmieden der Waffen in Werkzeuge der Bodenbearbeitung stand für die Losung der Friedensbewegung: »Frieden schaffen ohne Waffen«. Wie man nach dem Krieg aus Granathülsen Kochtöpfe machte, sich auf ein anderes Leben (eines ohne Feinde und Krieg) vorbereitete, so ersteht hier die Vision des Soldaten, der Bauer wird. Brot statt Bomben! Pfarrer Reiner Eppelmann hat dann auch 1982 seinen »Berliner Appell« verbreitet, in dem der Abzug von Atomraketen aus der DDR ebenso wie aus der BRD und ganz Mitteleuropa gefordert wurde. Dieser Pazifismus stand konträr zu den politischen Absichten der Herrschenden in Ost und West.

Auch Schriftsteller aus Ost und West finden sich zu »Berliner Begegnungen« zusammen. Ziel ist die Stärkung des Friedensgedankens angesichts der Stationierung von atomaren Mittelstreckenraken in Mitteleuropa. Einer der Initiatoren dieser Begegnungen ist wiederum Stephan Hermlin. Bei der ersten Berliner Begegnung im Dezember 1981 spricht er von »nuklearen Defensivmaßnahmen, die von vornherein suizidären Charakter tragen und zur Selbstzerstörung führen«. Krieg mit Atomwaffen sei absurd geworden, er könne folglich auch nicht mehr wie bei Clausewitz »ein Instrument zur Durchsetzung eines politischen Willens sein; er muß geächtet werden«.

Die Positionierung Hermlins zur von den DDR-Oberen beargwöhnten pazifistischen Friedensbewegung ist eindeutig: »Die Losung ›Frieden schaffen ohne Waffen‹, die sich großer Teile der Jugend bemächtigt, hat in sich das Wesen großer Utopie, besitzt also einen realen Kern.« Er fügt jedoch hinzu, dass man sich in der politischen Praxis Abrüstung kaum anders vorstellen könne »als gleichzeitig und gleichgewichtig«. Ist also der Ruf nach einseitiger Abrüstung innerhalb des »Gleichgewichts des Schreckens« illusionär, gar gefährlich für das jeweilige politische System?

Der belesene Hermlin führt auch noch Lenin an, der unmittelbar nach der Oktoberrevolution 1917 mit einer Friedensinitiative aufwartete, die – nach gängiger Logik – nur dem Feind zugutekam. Das warf man Lenin vor, wie man es Mitte der achtziger Jahre auch Gorbatschow vorwarf. Lenin hatte in diesem Text, der in den Lenin-Werken gar nicht enthalten ist, geschrieben: »Der Militarismus hat sich bis jetzt gehalten, weil jeder sich zur Abrüstung bereit erklärte, wenn der Nachbar abrüstet; er (also der Militarismus) wird verschwinden, wenn eine der Mächte als erstes abrüstet, und die übrigen (früher oder später) ihrem Beispiel folgen werden ... Dies ist die Wirklichkeit von morgen ... Arbeiten Sie mit uns für Ihren Erfolg, überladen Sie Ihren kühnen Verstand nicht mit den Chimären einer blutigen Vergangenheit, deren Spuren bald verschwinden, wenn alle ehrlichen Menschen ihre Bemühungen dransetzen.«[213]

Im April 1983 werden die »Berliner Begegnungen« fortgesetzt. Es gibt wenig Grund zum Optimismus, aber existiert denn eine Alternative als das »nicht hinzunehmen, was uns allen zugedacht ist, die Vernichtung«? Die Lenin'sche Vision vom 18. Dezember 1917, als Erstes den Schritt zur Abrüstung zu tun, den Mut zur Schwächung im weltpolitischen Machtpoker aufzubringen, hat sich nicht erfüllt. Beide Seiten kultivieren weiter ihre Feindbilder. Wenn es darum geht, wie im Dezember 1981 von den versammelten Schriftstellern der ersten »Berliner Begegnung« gefordert, sich nicht gegenseitig die Friedensfähigkeit abzusprechen, dann ist man damit nicht weitergekommen. Die US-Administration unter Ronald Reagan forciert atomare Erstschlagszenarien gegen die Sowjetunion, denkt über »Zielkataloge« nach, darüber, wie man »dem sowjetischen Huhn den Kopf abschneidet«.[214] Hermlin nennt dies ganz richtig die »Sprache der Schlächter«, die sich »in keiner Zeitung der sozialistischen Länder« finde.

Im Westen demonstrierte die Friedensbewegung gegen die Stationierung von US-Atomraketen – und im Osten? Da auch, so forderte es die SED-Führung. Aber vor allem junge Menschen aus dem Umkreis der jungen Gemeinden der evangelischen Kirche finden, jeder müsse bei sich selbst anfangen, friedensfähig zu werden. Also auch: Keine SS-20 auf dem Gebiet der DDR! Damit wurde die Friedensbewegung in der DDR zu einem Fall für die Staatssicherheit.

Die FDJ startete nun eine Kampagne gegen das pazifistische »Frieden schaffen ohne Waffen«, sie forderte ihre Mitglieder zu Demonstrationen unter der Losung auf: »Der Frieden muss verteidigt werden, der Frieden muss bewaffnet sein.« Ich erinnere mich, dass ich als Oberschüler zu Ostern 1983 an einer dieser »offiziellen« Friedensdemonstrationen in Rostock teilnahm – wie auch Mitglieder der junge Gemeinde aus meiner Abiturklasse. Keiner von uns wollte in dieser Zeit, dass Friedenswillige andere Friedenswillige als ihre Feinde ansahen.

Der immense Zwang, sich politisch zu bekennen, produzierte dann doch zwei Lager; wir nicht kirchennahen Schüler fühlten uns unwohl, weil in unserem guten Willen instrumentalisiert. Hier begingen die

SED- und FDJ-Hardliner einen folgenschweren Fehler: Sie benutzten den Friedenswillen junger Menschen für ihre Politik. Das Ergebnis war ein weiterer Rückzug in die eigene Nische, der Versuch, dem herrschenden Zynismus eine Utopie entgegenzustellen, die nicht auf einer machtpolitischen Lüge gründete.

Gorbatschow ist anders

Konstantin Tschernenko, der unter einem Lungenemphysem litt, stirbt am 10. März 1985 um 19.20 Uhr an Herzversagen. Michail Gorbatschow hatte während Tschernenkos Abwesenheit bereits die Politbürositzungen geleitet, darum ist es nun seine Aufgabe, die Mitglieder am Abend zusammenzurufen. Die Stimmung im Zentralkomitee ist angespannt: Noch einmal ein alter Mann an der Spitze?! Aber im Politbüro haben die alten Männer das Sagen, vor allem Andrej Gromyko, der »ewige« Außenminister. Er sieht in Gorbatschow keinen geeigneten Generalsekretär (so sagen die einen) – am liebsten wäre er es selber geworden (so sagen die anderen), aber er ist nicht nur alt, sondern auch krank. Also verzichtet er.

Der langjährige Gorbatschow-Vertraute Alexander Jakowlew, Redenschreiber bei Chruschtschow und Breschnew, dann halb in Ungnade gefallen, Botschafter in Kanada, erinnert die entscheidende Szene in seiner Autobiographie *Die Abgründe meines Jahrhunderts.* Er ist damit nicht der Einzige aus dem Gorbatschow-Umfeld: Ryschkow, Falin, Portugalow, Ligatschow und andere taten es ebenfalls; unabhängig davon, wie nah oder fern sie den entscheidenden Zusammenkünften tatsächlich waren. Ihre Memoiren vereint, dass man sich für diese nur interessiert, weil etwas vom Glanze Gorbatschows darauf fällt.

Jakowlew, zu dieser Zeit bereits wieder in Moskau und Gorbatschow-Vertrauter, erinnert daran, dass das Umfeld Tschernenkows unmittelbar nach dessen Tod versuchte, einen Nachfolger aus seinen Reihen zu inthronisieren. Unscheinbar und konservativ, so wünschten ihn sich die Politbürokraten. Sie fanden ihn in dem im Ausland unbekannten Viktor Grischin, mit knapp über siebzig einer der jüngeren der Alten, seit 1967 Moskauer Parteichef. Für ihn schrieben sie bereits die Rede zur Trauerfeier Tschernenkows. Denn die Regel galt:

Wer die Trauerrede hält, wird der neue Generalsekretär. Aber Grischin, noch einer aus der politischen Erbmasse Breschnews, obwohl man mit Tschernenko schon einen gehabt hatte, der auf internationaler Bühne nicht bestehen konnte? Das gefällt einigen Politbüromitgliedern gar nicht, am wenigsten einem außenpolitischen Profi wie Gromyko. Er ist Mitte siebzig und des Umherreisens durch die Welt als ewiger Außenminister müde.

Der als »Mr. Njet« wegen seiner Verhandlungshärte berühmt-berüchtigte Gromyko weiß nicht, was er vom für Landwirtschaft verantwortlichen Politbüromitglied Gorbatschow halten soll, aber dieser hat zwei Vorzüge: Er scheint für einen sowjetischen Spitzenpolitiker mit Mitte fünfzig ebenso jung wie ein Papst, den man in diesem Alter wählen würde. Denn noch gilt die Regel: Päpste und Generalsekretäre kommunistischer Parteien sterben – wenn sie nicht gestürzt werden – im Amt.

Jakowlew schildert nun, wie die Kontaktaufnahme von Gromyko vor sich ging. Als erfahrener Diplomat weiß er, wie schnell man aussichtsreiche Kandidaten unwählbar machen kann. Darum hütet er sich, voreilig ein Treffen mit Gorbatschow zu organisieren – damit wären alle Gegner dieses Kandidaten alarmiert. Also schickt er, noch an Tschernenkos Todestag, dessen ältesten Sohn Anatoli Gromyko als Unterhändler zu Jakowlew und lässt ausrichten, dass sein Vater Gorbatschows Wahl zum Generalsekretär unterstützen würde, unter bestimmten Bedingungen. Damit sind keineswegs nur politische Fragen gemeint, sondern auch eine persönliche. Gromyko will Vorsitzender des Obersten Sowjets werden, also Präsident! Das ist allerdings eine reine Repräsentationsfunktion.

Jakowlew fährt umgehend ins Gebäude des Zentralkomitees zu Gorbatschow und unterrichtet ihn von dem Gespräch mit dem Gromyko-Sohn: »Michail Sergejewitsch ging lange in seinem Arbeitszimmer auf und ab. Er überlegte sich wohl eine Antwort. Er stellte mir einige Fragen und beantwortete sie sofort selbst. Er diskutierte mit sich selber. Der Vorschlag gefiel ihm. Er kam vom Führer der ›Alten‹. Gorbatschow glaubte, dass die alte Garde bereit war, mit ihm zusammenzuarbeiten und ihr Schicksal in seine Hand zu legen. Nach den Fiaskos mit Andropow und Tschernenko musste man auf eine hierarchische Erbfolge verzichten.«[215]

Er gibt Jakowlew eine mündliche Botschaft für Gromyko mit auf den Weg, des Inhalts, dass man sich am besten persönlich treffe, um die Details zu besprechen. Gorbatschow weiß, dass im Grunde bereits in der Abendrunde am 10. März entschieden wird, wer neuer Generalsekretär wird – derjenige, der die Kommission für die Beisetzungsfeierlichkeiten leitet!

Gorbatschow trifft sich mit Gromyko eine halbe Stunde vor dieser Sitzung zum entscheidenden Gespräch. Dabei erweist sich Michail Gorbatschow als kluger Taktiker. Sein Angebot lautet: »Ich finde, in dieser Situation sollten wir beide an einem Strang ziehen.«

Gromyko, der versierte Diplomat, versteht, was gemeint ist, und stimmt zu. Ob er in diesem Vieraugengespräch bereits die Zusage erhalten hat, dass er im Falle von Gorbatschows Wahl Vorsitzender des Obersten Sowjets, also Präsident wird? Vermutlich, denn Gromyko preist Gorbatschow, den er eben noch für nicht geeignet hielt, mit einer für alle anderen unmissverständlichen Klarheit. Und der vom Tschernenko-Umfeld favorisierte Kandidat? Er funktioniert ebenso wie die übrigen Politbürokraten: »Grischin unterstützte Gromyko augenblicklich, er hatte sofort kapiert, dass die Frage schon entschieden worden war. Alle Mitglieder und Kandidaten des Politbüros traten nacheinander auf und plädierten für Gorbatschow.«[216]

Nach der Wahl Gorbatschows zum Generalsekretär wird Grischin einer der Ersten sein, den Gorbatschow in Rente schickt, ebenso seinen härtesten Widersacher, der ihn ständig mit unverhohlenem Misstrauen beobachtet hatte, den achtzigjährigen Ministerpräsidenten Tichonow.

Mit Gromyko im Rücken wird Gorbatschow an diesem Abend mit den Beisetzungsvorbereitungen betraut, ein Etappensieg. Am nächsten Nachmittag stehen die entscheidenden Sitzungen an – zuerst die des Politbüros und anschließend die des Zentralkomitees. Da soll dann der neue Generalsekretär gewählt werden.

Jakowlew verweist in seinen Erinnerungen auf die Beihilfe des Geheimdienstes bei dieser Wahl. Denn Gorbatschow ist auch der Kandidat des KGB, dessen langjähriger einstiger Chef Juri Andropow Gorbatschows politischer Ziehvater war – Mitte der sechziger Jahre der unterlegene Kontrahent Breschnews im Kampf um den Posten des Generalsekretärs. Damals hatte sich der militärisch-industrielle Komplex des Donezk-Beckens als durchsetzungsstärker erwiesen. Das soll sich – nach dem Willen von KGB-Chef Krjutschkow – nun nicht noch einmal wiederholen. Auch Jakowlew selbst scheint involviert: »In den Stunden, während das Politbüro tagte und über das Schicksal des künftigen Führers von Partei und Land befunden wurde, lud mich Krjutschkow ins Gebäude des Nachrichtendienstes ein. Er deutete an, im Empfangszimmer des Politbüros ›seinen Mann‹ sitzen zu haben, so dass er über das Geschehen auf dem Laufenden war.« Krjutschkow habe mehrfach wiederholt, dass »Gorbatschow der Generalsekretär werden müsse«.[217] So sitzen sie dann wie bei einer Fußball-Liveübertragung und warten auf das Ergebnis.

Gromyko ist auch hier wiederum der Erste, der spricht – und schlägt, wie alle anderen bereits vermutet hatten, Michail Gorbatschow als neuen Generalsekretär vor. Er verfüge über »eine grenzenlose schöpferische Energie« und sie würden mit »mit Sicherheit keinen Fehler«[218] begehen, wenn sie ihn zum Generalsekretär wählten.

Das wird so manch einer von denen, die jetzt mit dem Kopf nicken, bald schon anders sehen. Vermutlich als einer der Ersten Gromyko selbst. Aber jetzt ist – in stalinistischer Tradition – die Abstimmung einstimmig: Alle Politbüromitglieder votieren für Gorbatschow. Dieser dankt sogleich für die Geschlossenheit, mit der sich das Politbüro hinter ihn stellt. Seine politischen Absichten bringt er vorerst in einen vagen Begriff, den man von ihm – auch aufgrund seiner »Jugendlichkeit« – wohl erwartet: »Beschleunigung«. Darauf werde es künftig ankommen, die Gesellschaft brauche mehr »Dynamik«. Wieder nicken alle zufrieden, und auch die weiteren Sätze in Gorbatschows Erklärung vor den Genossen im Politbüro beruhigen sie: »Wir dürfen unsere Politik nicht ändern. Es ist die richtige, korrekte, wahrhaft leninistische Politik. Für uns gilt es, das Tempo zu steigern und voranzuschreiten, Mängel zu erkennen und zu überwinden und unsere glanzvolle Zukunft noch klarer im Blick zu behalten.«[219]

Keine Reform, (fast) alles bleibt beim Alten? Das Wort »Reform« klingt, das weiß Gorbatschow genau, in den Ohren von Breschnew-Kadern verdächtig nach Auflösung von Prinzipien. Worte wie »Reformismus« und »Revisionismus« sind in der kommunistischen Bewegung sozialdemokratischen Abweichlern vorbehalten – nichts, womit man sich gemein macht.

Aber noch ist Gorbatschow nicht gewählt, nur vom Politbüro dem Zentralkomitee vorgeschlagen. In diesem größeren Kreis wartet man auf jemanden, der Neues wagt. Und Gorbatschow ist der Favorit. Zunächst wird natürlich des toten Tschernenkos gedacht, seine Verdienste werden gewürdigt. Beteiligte erinnern sich, dass es keinerlei Trauer gab – selbst schuld, wer sich auf einen Posten setzt, den er nicht ausfüllt! Gromyko spricht dann – für ihn ungewöhnlich – ganz frei, ohne Zettel, als er den Kandidaten für den Posten des Generalsekretärs vorschlägt.

Und als dann zum ersten Mal der Name Gorbatschow fällt, so erinnert einer der Anwesenden, brach ein Beifallssturm los, den niemand erwartet hatte. Er sei noch größer gewesen als bei Andropow und ganz anders als der widerwillig pflichtgemäße bei Tschernenko. Die KPdSU hatte nun an ihrer Spitze einen echten Hoffnungsträger. Bald schon fallen die Schlüsselworte »Demokratisierung« und »Glasnost« – aber von einer grundlegenden Umgestaltung der Gesellschaft (»Perestroika«) ist an diesen ersten Tagen im Amt noch nicht die Rede.

Bald beginnt man sich im Lande zu fragen: Wie konnte so ein autonomer, charmanter, an Geist und Schlagfertigkeit reicher Mensch mit einer Vision nicht nur für Russland, sondern für die ganze Welt, in dem zentralistischen Parteiapparat überhaupt überleben – und mehr noch, wie an die Spitze dieses Apparats gelangen? Gorbatschow selbst hat sich später selbst als »Produkt« wie auch als »Antiprodukt« des Systems bezeichnet.

Eine bemerkenswerte Dialektik, die beweist, dass der Mensch nicht nur das Ergebnis seiner Umwelt ist, sondern eben auch ihr Gestalter. Dazu bedarf es einer geistigen Autonomie, die mehr ist als die Summe der äußeren Einflüsse – und etwas qualitativ anderes als jenes falsche Bewusstsein, das für Marx die Ideologie ist. Auch in einem Funktionär, der offen bleibt, Erfahrungen zu machen und diese zu reflektieren, kann sich ein urteilsfähiger Geist verbergen, einer, der fähig ist, sich zu korrigieren!

Seine ersten Auftritte sind ein großer Erfolg. Gorbatschows frische und direkte Art, die Menschen anzusprechen, ist für diese wie eine Erlösung. Als er acht Wochen nach seiner Wahl nach Leningrad fährt, um vor Parteiaktivisten zu sprechen, geht er auch spontan unter die Leute, mit den Worten: »Ich höre euch. Was wollt ihr sagen?« Und er hört zu, was einfache Menschen sagen. Vor allem, hört er, solle er so weitermachen, wie er angefangen habe, und nah am Volk bleiben.

Das klingt gut, aber wie macht man das in einer arbeitsteilig-differenzierten Gesellschaft? Noch hatte er sich gar nicht in aller Grundsätzlichkeit für einen »Umbau« der Gesellschaft ausgesprochen; bis diese Positionen programmatisch ausgearbeitet sind, wird es noch Monate dauern. Aber der Effekt ist klar: Nicht mehr die da oben sollen vorgeben, wohin die Reise geht, sondern jeder Einzelne soll Teil daran haben. Gorbatschow macht hier, was er auch die kommenden fünf Jahre tun wird, er ruft zur »Mobilisierung aller schöpferischen Kräfte« auf.

Sein wohl engster Mitarbeiter bei diesem Reformprojekt bleibt Alexander Jakowlew. Dieser hatte früh auf Gorbatschows politisches Talent gesetzt, aber in den kommenden Monaten und Jahren ist er immer wieder irritiert. In Gorbatschows Innerstes zu blicken, sei unmöglich gewesen. »Sein Kopf ist eine unbezwingbare Festung.« Wogegen nicht einmal etwas zu sagen wäre, aber sein Drang zu langen Monologen, beobachtet Jakowlew, nimmt zu: »Aber kaum fange ich an, über ihn nachzudenken, empfinde ich etwas merkwürdig Hintergründiges – sein Bild verliert sich gleichsam im Nebel. Je näher man herankommen will, desto weiter entfernt er sich. Er läuft ständig in die Weite fort. … Er konnte, falls es notwendig wurde, jede Frage in Worten ertränken und diese gescheit aneinander reihen. Er tat es in virtuoser Weise. Doch nach dem Gespräch konnte man sich an nichts mehr erinnern.«[220]

Vielleicht spricht hier auch ein lang gewachsenes Ressentiment des Mannes im Hintergrund mit, verletzte Eitelkeit ist im Spiel, dennoch: Jakowlew beobachtet ihn auch bei anderen Anlässen genau. Was sieht er in Gorbatschow? Einen Schwätzer? Das behaupten nicht einmal seine erbitterten Feinde, aber er sei einer, der allzu sehr an die Kraft der aufklärenden Rede glaube. Das tun gemeinhin Intellektuelle, nicht Politiker. Diese misstrauen eher dem Volk, fühlen sich als Dompteure, die machen, was sie selbst für richtig halten, aber immer im Namen des Volkes.

Gorbatschow ist anders: Er will verstanden werden. Darum erklärt er sich so ausgiebig, will überzeugen und nicht bloß mit Direktiven regieren. Wie kaum ein zweiter Weltpolitiker weiß er um die Unverletzlichkeit des Prinzips, dass die angewandten Mittel den angestrebten Zielen entsprechen müssen. Seine politischen Gegner werden ihm das sehr schnell als Schwäche auslegen.

Familiäre Urszenen der Perestroika: Woher Gorbatschow kam

Erst 1978 wechselt Michail Gorbatschow, da ist er bereits 47 Jahre alt, nach Moskau ins Zentrum der Macht. Er kommt aus Stawropol, der Nordkaukasus-Region. Hier ist er aufgewachsen, hier beginnt auch seine politische Laufbahn.

In seinen *Erinnerungen* wendet er sich dem Nordkaukasus zu, erst dem Dorf Priwolnoje, in dem er am 2. März 1931 geboren wurde, dann der 130 Kilometer entfernten Stadt Stawropol, in der er politisch zu arbeiten begann. Was bedeutet Heimat? Keine Idylle, aber starke Bindungen an seine Anfänge, die von geschichtlichen Ereignissen erschüttert wurden. Der Stalin'sche Terror traf die Familie gleich mehrfach, dazu kamen Hungersnöte, dann der Zweite Weltkrieg und eine viereinhalb Monate dauernde Okkupation seines Heimatdorfes Priwolnoje 1942 durch die deutsche Wehrmacht.

Als er 1978 als ZK-Landwirtschaftssekretär nach Moskau gerufen wird, resümiert er: »Von den 47 Jahren meines Lebens hatte ich 42 Jahre auf diesem Fleckchen Erde im Norden des Kaukasus gelebt, und als ich an der Universität studierte, kam ich jedesmal in den Sommerferien hierher (für die Reise in den Winterferien reichte das Geld nicht aus). Hier steckten meine Wurzeln, hier war meine nähere Heimat. Mit diesem Land war ich fest verwachsen, seine Lebenssäfte flossen in mir. Ich liebte das Stawropolsche Land.«[221]

Am Südrand Russlands, so schreibt er, sei ein »rebellischer Menschenschlag« zu Hause. Es sind Menschen, die noch um all die Mythen wissen, die mit dem Kaukasus zu tun haben – nicht nur um die Erzählung von Jason und dem »Goldenen Vlies«, es sind auch noch die Reste eines magischen Bewusstseins im Volk lebendig. Da ist es kein gutes Omen, dass das Kind mit einem großen Muttermal auf der Stirn geboren wird: im Volksglauben ein Teufelszeichen. Bei seiner Geburt bekam er den Namen Viktor, aber als er – heimlich, die Zeiten waren antiklerikal – getauft wurde, gaben Großmutter und Mutter ihm den Namen Michail.

Lebenslang dauert seine Liebe zu dem Dichter Michail Lermontow, Autor von *Ein Held unserer Zeit*, einem Roman, der sich wie das romantische Programm zu Gorbatschows Art liest, sich seinen Platz in dieser Welt zu erobern: »Sein Ziel ist, der Held eines Romans zu werden. Er hat sich so oft bemüht, andere davon zu überzeugen, als wäre er ein Wesen, das nicht für diese Welt geschaffen, das zu ganz besonderen geheimen Qualen verdammt sei, – daß er es nun selber fast glaubt.«[222]

Sogar seine bis zur Prohibition führende negative Fixiertheit auf den Alkohol findet hier ein Vorbild: »… um sich leichter des Weines enthalten zu können, redete er sich natürlich ein, daß alles Unglück in der Welt vom Trinken komme«.[223] Der Dokumentarfilm, den Werner Herzog über den zu dieser Zeit siebenundachtzigjährigen Gorbatschow drehte, endet keineswegs zufällig mit einem langen Gedicht von Lermontow, das Gorbatschow frei rezitierte. Abschiedsverse vom Leben, die aber nicht in Todesbejahung münden. Es müsste eine andere Art von allen Lebensmühen befreiendem Schlaf geben als den in einem kalten und dunklen Grab.

Auch von Alexander Herzen und dem Kreis der revolutionären Dekabristen, die in dieser Region ihre Wurzeln haben, finden sich Spuren in seinem Denken, natürlich auch von Lenin, dem er die Treue halten will. Der Kaukasus ist eine Vielvölkerregion – neben 83 Prozent Russen lebten hier auch Tscherkessen, Osseten, Griechen, Armenier, Turkmenen und andere Völker. Das erforderte einerseits Toleranz im Zusammenleben, andererseits lernt Michail Gorbatschow früh: »Den Vertreter eines Bergvolkes zu kränken, ihn zu beleidigen, bedeutete sich einen Todfeind zu schaffen.«[224]

Auch im Kaukasus tobte nach der Revolution von 1917 ein blutiger Bürgerkrieg, mit zahlreichen Massakern. Dabei hatte es verheißungsvoll angefangen: »Die Stawropoler Sowjetrepublik wurde am 1. Januar 1918 ausgerufen. Man wählte einen eigenen Rat der Volkskommissare. Eine halbe Million Bauern erhielten Grund und Boden; der Achtstundentag und die Arbeiterkontrolle über die Produktion sowie die unentgeltliche Schulbildung wurden verbindlich festgelegt.«[225]

Doch dann kommt die Offensive des »weißen« Generals Kornilow, dem andere Truppen wie die von Denikin folgen. Ein Teil der Kosaken stellt sich auf die Seite der Revolution, ein anderer Teil errichtet im Mai 1918 – mit Hilfe deutscher Truppen – eine weiße Militärdiktatur. 45 000 Kosaken, die mit den Roten sympathisiert hatten, werden erschossen oder erhängt. Die Befreiung von dieser weißen Diktatur ging dann mit neuerlichen Gräueltaten einher, nun begangen von den Roten.

Gorbatschow erfuhr dies selbst in seiner Zeit als Parteichef der Region Stawropol. Ein Veteran der Revolution, dessen Heimatdorf wegen seiner Verdienste im Zweiten Weltkrieg nach ihm benannt worden war, General Kniga, sollte in den sechziger Jahren in eines der entlegenen Dörfer fahren, um dort über die Revolution zu sprechen. Der General ist schockiert. In dieses Dorf?! – »Warum nicht in dieses?«, will Gorbatschow von ihm wissen. Der General düster: »Im Bürgerkrieg haben wir dort das ganze Dorf niedergesäbelt.« Nun entspinnt sich folgender Dialog zwischen Gorbatschow und dem General. »›Wieso niedergesäbelt?‹ – ›Niedergesäbelt und basta. Es hatte sich so ergeben.‹ – ›Alle?‹ – ›Nun ja, alle vielleicht nicht. Nun denke ich mir: Vielleicht ist jemand damals am Leben geblieben, der es nicht vergessen hat.‹«

Der General hat Angst, die Gespenster der Vergangenheit greifen nach ihm. Und Gorbatschow, den diese Geschichte erschüttert, notiert: »Wie viele solcher Stanizen und Dörfer waren wohl auf die gleiche Weise von Weißen wie Roten niedergesäbelt, ausgemerzt worden? Man vernichtete sich selbst, rieb das eigene Volk auf.«[226]

Das ist ein anderer Blick auf die Revolutionsgeschichte, ein Blick, der das unsinnige Leid der Familien, der Kinder, Alten und Frauen bemerkt, was im Pathos der üblichen Heldengeschichte sonst nicht vorkommt. Aber für Gorbatschow sind es frühe – überaus unheldische – Erfahrungen, die ihn prägen. Sie bestimmen auch sein späteres Handeln an der Spitze des Staates, vor allem seine strikte Weigerung, zu Gewalt als Mittel der Politik zu greifen.

Wichtig für das Weltverständnis Michail Gorbatschow sind seine beiden Großväter, über die er mit besonderer Liebe schreibt, nicht zuletzt weil das Kind über Jahre vor allem bei den Großeltern aufwächst. Deren Liebling ist er, sie verwöhnen ihn. Gorbatschow notiert, er habe als kleiner Junge bei ihnen bereits das Sagen gehabt, was eine – vielleicht geringfügige – Übertreibung sein mag. Auch zu seinem Vater ist die Beziehung eng – das hebt Gorbatschow als etwas zu dieser Zeit und in dieser Gegend Ungewöhnliches heraus. Denn üblicherweise waren die Männer auf dem Land vor allem grob, tranken und prügelten viel. Hart aber ist eher seine Mutter, die nie lesen und schreiben lernte, aber auch mit ihr kommt er aus – wie er offenbar von früh an Menschen gefällt, es für selbstverständlich hält, unter Gleichen etwas Besonderes zu sein.

In seiner Kindheit, so schreibt er, sei er noch den Resten einer traditionellen dörflichen Lebensweise begegnet: »Lehmfußboden, keinerlei Betten; geschlafen wurde auf einem Gestell oder auf dem Ofen, wobei man sich mit dem Pelz oder irgendwelchen Kleidern zudeckte. Im Winter wurde auch das Kalb im Haus untergebracht, damit es nicht erfror, im Frühjahr hingegen die Henne, oft auch brütende Gänse, damit die Küken früh genug schlüpften.«[227]

1933 brach – infolge der Dürre und der Zwangskollektivierung, die die gewachsenen dörflichen Strukturen zerstörte – eine Hungersnot in Südrussland aus. Fast die Hälfte der Leute von Priwolnoje, darunter ganze Familien, verhungerten. Gorbatschow erinnert sich, dass er später, noch bis Kriegsausbruch, an den leeren Hütten im Dorf vorbeiging, Zeugen des großen Sterbens.

Das Schicksal der beiden Großväter scheint exemplarisch für die Sowjetunion der dreißiger Jahre. Sein Großvater mütterlicherseits, Pantelej Gopkalo, war überzeugter Kommunist. Er trat 1928 in die KPdSU ein, gründete den Kolchos »Getreidebauer« mit, dessen Vorsitzender er wurde. In den dreißiger Jahre leitete er im zwanzig Kilometer entfernt liegenden Nachbardorf die Kolchose »Roter Oktober«. Dort lebte dann auch der kleine Michail bei ihnen, was diesem außerordentlich gut gefiel: »Wie oft man daher auch versuchte, mich bei den Eltern wohnen zu lassen, und sei es nur für kurze Zeit, es gelang kein einziges Mal. Am Ende aber waren alle mit diesem Zustand zufrieden.«

Im Hause des Großvaters Pantelej gab es eine kleine Bibliothek mit Werken von Marx, Engels und Lenin, auch Stalins *Grundlagen des Leninismus* durfte nicht fehlen. »Gleichwohl hing in einer Ecke der guten Stube weiterhin eine Ikone mit einem Öllämpchen davor, da die Großmutter tief gläubig war, während unter dem Heiligenbild auf einem selbst gefertigten Tischchen Porträts von Lenin und Stalin prangten. Diese ›friedliche Koexistenz‹ der beiden Welten machte Großvater keinesfalls verlegen. Er selbst war nicht gläubig, besaß jedoch eine beneidenswerte Toleranz. Im Dorf erfreute er sich großer Autorität.«[228]

Dann der völlig unerwartete Schock, den Gorbatschow die erste große Erschütterung seines Lebens nennt: Großvater Pantelej wird mitten in der Nacht verhaftet. Es ist das Jahr 1937, die Zeit der großen »Säuberung« durch die GPU (der Geheimpolizei, dem Vorläufer von NKWD und KGB). Durch das ganze Land läuft eine Terrorwelle. Der sechsjährige Michail muss mitansehen, wie sein Großvater fortgebracht wird. Zuerst hatte man den Leiter des Exekutivkomitees des Bezirks als »Volksschädling« verhaftet, diesen so lange verhört und gefoltert, bis er mehr als fünfzig Namen von Mitverschwörern beim Kampf gegen die Sowjetmacht nannte, darunter auch den von Großvater Pantelej.

Erst 1991, nach dem Putsch, als seine Tage an der Spitze des Staates gezählt waren, brachte es Gorbatschow über sich, sich alle Unterlagen über Verhaftung und Prozess des Großvaters vorlegen zu lassen. Er las darin, dass sich der Großvater hartnäckig geweigert hatte zu gestehen, er habe Sabotageakte im Auftrage feindlicher Mächte gegen die Sowjetmacht vorbereitet. Zum Glück für den Großvater zogen sich – vermutlich wegen seiner Standhaftigkeit im Verhör – die Ermittlungen gegen ihn über ein Jahr hin (ungewöhnlich für diese Zeit der kurzen Prozesse). Ein Staatsanwalt in Stawropol änderte die bereits beschlossene Anklage wegen »konterrevolutionärer Aktivitäten« (was unweigerlich das Todesurteil nach sich gezogen hätte) um in »Amtsvergehen«.

Der Großvater gewinnt etwas Entscheidendes: Zeit. Denn 1938 ergreift die »Säuberung« auch den Geheimdienst selbst, der örtliche Chef des Geheimdienstes erschießt sich – und im Dezember 1938 wird Großvater Pantelej aus der Haft entlassen. Sofort geht er zu seiner Arbeit nach Primolje als Kolchosvorsitzender zurück. Aber so unbeeindruckt, wie das klingt, war er nicht, wie der bei seiner Rückkehr anwesende Gorbatschow erinnert.

Nur an diesem einen Abend habe er über das ihm Zugestoßene gesprochen, dann nie mehr, bis zu seinem frühen Tod mit 59 Jahren nicht: »Der Ermittlungsbeamte, der sein Geständnis haben wollte, hatte ihn mit einer grellen Lampe geblendet, ihn grausam verprügelt, ihm die Arme ausgekugelt, seine Hände in einer Tür eingeklemmt.« Als die »routinemäßige« Folter keine Wirkung hatte, habe man ihn in einem feuchten Bauernpelz auf einen heißen Herd gesetzt. Seine Mitgefangenen mussten ihn nach diesen Verhören immer erst wieder zu Bewusstsein bringen. Aber seine Standhaftigkeit – und das Glück, dass die Terrorwelle abebbte – retteten ihm das Leben. Der Großvater, so Gorbatschow, sei fest davon überzeugt gewesen, dass Stalin von diesen Gewaltexzessen nichts wusste. Er blieb der Sowjetmacht fest verbunden. Später erfuhr Gorbatschow, dass auch der Großvater seiner Frau Raissa unter gleichen Beschuldigungen verhaftet worden war. Ihn richtete man hin.

Aber damit nicht genug. Auch sein zweiter Großvater, Andrej, der Vater seines Vaters, wurde 1937 verhaftet. Großvater Gorbatschow war streng und arbeitsam, ein Bauer, der nebenher auch einen großen Obstgarten bewirtschaftete. Im Frühjahr 1934 wurde er wegen »Nichterfüllung des Aussaatplanes« als Saboteur verhaftet und zur Zwangsarbeit nach Irkutsk gebracht. Dort musste er als Holzfäller arbeiten. Dabei tat er sich durch seinen Fleiß hervor, bekam im Gulag zwei Urkunden als Aktivist und wurde nach zwei Jahren Langerhaft vorzeitig entlassen. Zurück im Dorf leitete er dann eine Schweinefarm.

Ende der dreißiger Jahre wird das Leben in Priwolnoje langsam besser. Im Dorfladen gibt es nun Stoffe und Petroleum, auch Wodka. Großvater Pantelej ersetzt das Strohdach durch eines aus Ziegeln, ab und zu gibt es im Dorf Filmvorführungen, sogar Plattenspieler kann man kaufen. Für den nun bald zehnjährigen Michail das schönste: Ab und zu gibt es im Dorfladen sogar Speiseeis.

Dann aber kommt der Krieg, es herrscht Mobilmachung. Auch der Vater wird eingezogen. Im Sommer 1942 besetzen deutsche Truppen das Dorf, im Januar 1943 wird es von sowjetischen Truppen zurückerobert. Die Deutschen hatten einen Dorfältesten eingesetzt, »Opa

Sawka«, einen Greis, der sich – er hatte ausreichend Lebenserfahrung – heftig dagegen wehrte. Aber im Dorf redete man ihm zu: Besser, du machst es, du bist ja einer von uns! Nach der Rückeroberung Priwolnojes wurde »Opa Sawka« wegen Hochverrats verurteilt – er starb als »Volksverräter« im Gefängnis.

Ein schlimmer Augenblick kam für Michail Gorbatschow, der nun wieder bei seiner Mutter wohnte, als sie im Sommer 1944 einen Brief erhielten, der Fotos und Dokumente seines Vaters enthielt. In dem Brief hieß es, Hauptfeldwebel Sergei Gorbatschow sei den Heldentod gestorben. Michail war erschüttert. Dann kam ein Brief vom Vater selbst, in dem er schrieb, es ginge ihm gut. Dieser Brief war auf den gleichen Tag wie die Todesnachricht datiert – auf den 27. August 1944. Das vergrößerte noch die Unruhe – hatte er diesen Brief vielleicht abgeschickt, kurz bevor er gefallen war? Es verging noch einige Zeit, bevor es sich aufklärte: Man hatte die verloren gegangene Tasche des Vaters gefunden und daraus fälschlich gefolgert, er sei tot.

Heftige seelische Erschütterungen für einen Dreizehnjährigen, der so den Krieg hassen lernte. – Lernen sollte er nun auch wieder, nachdem die Schule zwei Jahre lang geschlossen war. Aber der Junge will nicht mehr hingehen: Er habe keine Schuhe, keine passende Kleidung, keine Bücher und auch keine Lust. Großvater Pantelej bestimmt: »Lernen sollst du und basta.« Die Motivation misslingt.

Der Vater schreibt von der Front einen Brief an die Mutter, den Michail ihr vorlesen muss: »Schlage alles los, kaufe Michail Schuhe, Kleidung, Bücher und lasse ihn unbedingt lernen.« So also muss er schließlich zur Schule gehen – aber kann am ersten Tag dem Unterricht nicht folgen. Er läuft noch vor Schulschluss nach Hause, verkündet, die Schule sei für ihn für immer vorbei. Doch dann kamen die bereits gekauften Bücher – und Michail beginnt darin zu lesen und hört nicht mehr auf. So geht er dann wieder zur Schule, ist mit Eifer dabei.

Als der Vater aus dem Krieg zurückkommt, arbeitet er als Traktorist und Mähdrescherfahrer. Seit 1946, da ist er fünfzehn Jahre alt, arbeitet Michail nach der Schule mit seinem Vater zusammen. Sein Fazit: »Das war keine Vater-Sohn-Beziehung im alten Sinne mehr, sondern ein Verhältnis zwischen Männern, die gemeinsam arbeiteten, und der Vater verhielt sich mir gegenüber respektvoll. Wir sind jetzt etwas anderes, nämlich Freunde.«[229]

Dies ist keine Gorbatschow-Biographie, aber die prägenden Kindheitserlebnisse – Stalinismus und Krieg und dennoch eine intakte Familie – gehören erzählt, wenn man Gorbatschows Wesen und sein späteres Verhalten in Sachen Abrüstung und Gesellschaftsreform verstehen will.

Nachdem Michail 1950 die Oberschule absolviert hat, will er studieren. Aber wo und was? Da zeigt sich der große Ehrgeiz bei dem Neunzehnjährigen. Er will an die erste Universität im Lande, das ist die Lomonossow-Universität in Moskau, um dort Jura studieren, was in sozialistischen Ländern »Staat und Recht« hieß. Absolventen gehen von hier aus nicht nur in die Justiz, sondern auch in den Staatsapparat. Ein ungewöhnliches Ziel für einen Jungen vom Lande, sollte man meinen. Aber Michail Gorbatschow hat Freude daran gefunden, zu organisieren und zu leiten. Er mag es, wenn andere ihn um Rat fragen, und trifft auch gern Entscheidungen – schon im Hause der Großeltern, als kleiner Junge, begann er damit.

Das wird – zumindest im Privaten – nun nicht einfach so weitergehen, denn seine Frau Raissa Maximowna, die er 1953 heiratet, ist ehrgeizig, überaus belesen und entscheidungsfreudig. Seine Diplomarbeit schreibt er über das Thema: »Beteiligung der Massen an der Verwaltung des Staates am Beispiel der örtlichen Sowjets«. Auch seine Frau Raissa beendet ihr Studium und beginnt mit der Arbeit an einer Dissertation. Sie will in die Wissenschaft gehen. Michail Gorbatschow unternimmt einige Ausflüge in die Welt der Staatsanwaltschaft, aber bemerkt dann bald, dass er sich nicht lebenslang in der Rolle eines Anklägers sehen will. So wird er hauptamtlicher Funktionär der Jugendorganisation Komsomol.

Mit Raissa und Tochter Irina erlebt er beschwerliche Anfangsjahre. Da war es schon ein Fortschritt gewesen, dass die junge Familie 1958 eine *komunalka*-Wohnung (eine der in der Sowjetunion verbreiteten Gemeinschaftswohnungen mit Gemeinschaftsküche und -toilette) erhielt. Immerhin zwei Zimmer!

Als Gorbatschow 1961 Komsomolchef von Stawropol wird, bekommen sie eine 38 Quadratmeter große Wohnung mit eigenem Bad und

Küche. Luxus! Der politische Aufstieg Michail Gorbatschows in Stawropol spiegelt sich auch in der Verbesserung der Wohnverhältnisse – 1970 erhielt er eine eigene, allerdings baufällige kleine Villa.[230]

Der Hintergrund diese Aufstiegs ist, dass 1956, als Chruschtschow Stalins Verbrechen zumindest parteiöffentlich machte und mit der angekündigten Entstalinisierung auch seine ganz persönliche »Reue« als Stalin-Kader verband, die Stunde für eigenständig denkende junge Kader innerhalb des Parteiapparats gekommen war.

Gorbatschow, dem seine Kindheitserfahrungen ständig vor Augen stehen, gehört zu diesen der Partei gegenüber ebenso loyalen wie kritischen Geistern. Er profitiert von dem einsetzenden Tauwetter, das eine Reihe von Dogmatikern aus ihren Ämtern vertreibt. »Rückbesinnung auf die Lenin'schen Prinzipien« hieß die Devise der Stunde, die auch Gorbatschow noch zu Beginn der Perestroika vertrat – bis die Zweifel an der »Diktatur des Proletariats« und der »führenden Rolle der Partei«, wie sie Lenin für die »Partei neuen Typus« gefordert hatte, auch bei ihm übermächtig wurden.

Dass Gorbatschow 1978 als ZK-Sekretär für Landwirtschaft gewählt wird, verdankt er einem Förderer, dem der junge wortgewandtcharismatische Provinzsekretär frühzeitig aufgefallen war. Bereits seine Ernennung zum Parteichef der Region Stawropol (mit 39 Jahren!) geht auf das Politbüromitglied Juri Andropow zurück. Dieser machte 1969 im Kurort Schelesnowodsk Urlaub. Gorbatschow, zu der Zeit Zweiter Sekretär in Stawropol, fällt die Aufgabe zu, den hohen Gast aus Moskau zu begrüßen. Man kommt in Gespräch – und fortan wird Andropow den jungen Kader aus der Provinz nicht mehr aus den Augen lassen.

Als Parteifunktionär in Stawropol muss sich Gorbatschow auch in Moskau dem Generalsekretär Leonid Breschnew vorstellen. Der ist zu dieser Zeit noch nicht ein von schwerer Krankheit gezeichneter Greis, der sich von Tribüne zu Tribüne quält, eben weil Generalsekretäre – wie es Stalin vorgemacht hatte – im Amt zu sterben hatten (mit Ausnahme des gestürzten Chruschtschow). William Taubman schreibt über den Breschnew von 1970: »Er war scharfsinnig, aufgeweckt und lebensfroh, hatte eine militärische Haltung, ein angenehmes Lächeln und Humor – ein Mann, der Wohlwollen ausstrahlte und es verstand, wie Gorbatschow bei dieser und späteren Begegnungen erfahren sollte, ›den Gesprächspartner für sich einzunehmen und eine zwanglose Atmosphäre zu schaffen.‹«[231]

Bei einem Treffen 1970 teilt ihm Breschnew mit, dass er der neue Parteichef der Region Stawropol sei, eine Ernennung, die auf die Fürsprache Juri Andropows zurückgeht.

Das zweite entscheidende Treffen – ironischerweise im Kurort Mineralny Wody – mit dem da schon gesundheitlich gehandicapten Breschnew findet 1978 statt. Fjodor Kulakow, der bisherige Landwirtschaftssekretär, war plötzlich gestorben, eine Stelle im ZK vakant. Gorbatschow schildert das Geschehen spätabends auf dem Bahnhof von Mineralny Wody in seinen Erinnerungen. Er und Andropow waren in dessen SIL (der größtmöglichen Luxuslimousine sowjetischer Bauart) von Kislowodsk zur Bahnstation von Mineralny Wody gefahren und warteten auf den einfahrenden Zug, mit dem Breschnew auf dem Weg von Moskau nach Baku, der Hauptstadt Aserbaidschans, unterwegs war. Dort wollte er einen Leninorden überreichen. »Die Nacht war warm und stockfinster. Umrisse der Berge. Lichter der Stadt. Riesige Sterne am Himmel, Sterne, wie man sie nur im Süden beobachten kann. Stille, lediglich ab und zu durch den Lärm der Flugzeuge unterbrochen. Der Zug hielt, aus dem Wagen stiegen Breschnew und etwas später, im Trainingsanzug, Tschernenko.« Andropow hatte Gorbatschow noch zugeflüstert, er sei hier der Gastgeber und solle die Gesprächsführung übernehmen, »zu viert – Breschnew, Andropow, Tschernenko und ich – gingen wir den leeren Bahnsteig entlang«.[232]

Vier Generalsekretäre der KPdSU nachts auf dem Bahnhof von Mineralny Wody! Breschnew war missgelaunt, schaltete, so Gorbatschow, schnell ab und »bemerkte die neben ihm Laufenden gar nicht. Die Pause wurde peinlich.« Bald schon fährt der Zug weiter durch die Nacht Richtung Baku. Doch dies war, wie sich herausstellen wird, die Prüfung für Gorbatschows Karrieresprung nach Moskau.

Beim ZK-Plenum im November 1978, zu dem Gorbatschow als Vertreter Stawropols nach Moskau kommt, wird er telefonisch plötzlich dringend von Breschnews rechter Hand Tschernenko verlangt, der ihm mitteilt, der Generalsekretär habe bereits vergeblich versucht, ihn zu erreichen. Er wolle ihn am kommenden Morgen dem Plenum als neuen ZK-Sekretär für Landwirtschaft vorschlagen. Ein wichtiger Posten mit Verbindungen in alle Sowjetrepubliken. Der in Personalfragen stets zögerliche Breschnew wartete mit solchen Entscheidungen immer bis zur letzten Sekunde. Die Region Stawropol nennt er, der Großindustrie- und Waffenlobbyist, immer nur »das Schafsreich«. Denn hier weiden zweieinhalb Millionen Schafe, ein Drittel der in der Sowjetunion produzierten Wolle kam aus der Region um Stawropol.

Und hier zeigt sich Gorbatschow auch als Praktiker, der Begonnenes bis zu dem Punkt bringt, an dem die Ergebnisse zählbar werden. In seinen *Erinnerungen* geht er ausführlich auf die Situation der Landwirtschaft in Stawropol ein: »Hunderttausende von Rasseschafen wurden bereits außerhalb der Region verkauft. Besonders wertvolle Tiere setzten wir nach Indien, in die sozialistischen Staaten sowie in arabische und asiatische Staaten ab. Ihr Verkauf brachte hohe Erlöse.«

Im Filmporträt von Werner Herzog ist auch die Szene enthalten, in der Breschnew – live vor Fernsehkameras – Gorbatschow für die Vollendung eines großen Bauprojekts auszeichnet. Aber es fällt ihm der Name nicht ein. »Kanal« gibt Gorbatschow das Stichwort – und findet den richtigen Ton, weder devot flüsternd noch auftrumpfend laut, in einem freundlich-selbstverständlichen Ton sagt er Breschnew, wofür ihn dieser gerade auszeichnet. Das war kurz vor seinem Karrieresprung nach Moskau.

Immerhin, der Große Stawropoler Kanal, der unter seiner politischen Verantwortung entstand, ist sieben Kilometer lang und leitet das Wasser des Kuban in die oststawropolsche Steppe. Dieses Projekt war bereits unter Stalin geplant, aber nie realisiert worden.

Natürlich hat solcherart Umleiten von Flüssen zu Bewässerungszwecken negative ökologische Folgen – doch davon abgesehen zeigt das Stawropoler Kanalprojekt, dass Gorbatschow eben nicht nur der »Träumer« war, als den manche ihn gern hinstellen, sondern durchaus auch ein »Macher«. Aber schon am Ende dieses Kapitels räumt er ein, dass jedes Programm zum Scheitern verurteilt sei, »wenn es von den Menschen nicht angenommen wird«.[233]

Im entscheidenden Beförderungsgespräch mit Tschernenko gibt Gorbatschow zu bedenken, er wüsste nicht, ob er für diesen Moskauer Posten der Richtige sei. Die Antwort, die Tschernenko gibt, ist typisch für die Breschnew-Ära: »Es geht nicht darum, ob du der richtige bist oder nicht, sondern darum, dass du das Vertrauen Leonid Breschnews hast. Ist das klar?«[234]

Die große Chance, dem Ekel vor der Politik zu entkommen

Sieben Jahre ist Michail Gorbatschow bei Tschernenkows Tod bereits in Moskau. Mit Mitte fünfzig fühlt er sich unter all den Greisen an der Parteispitze, die ihn argwöhnisch als Außenseiter beobachten, überaus fremd. Inzwischen ist er auch Vollmitglied im obersten Machtzirkel, dem Politbüro. Juri Andropow hatte ihn gefördert, in ihm wohl auch einen möglichen Nachfolger gesehen – aber der Apparat verhinderte das. Im Machtpoker nach Andropows Tod hatte sich der Breschnew-Klüngel auf Konstantin Tschernenkow geeinigt. Von diesem blassen Bürokraten erwartete man zwar nichts, aber eben auch keine bösen Überraschungen. Die meisten Ansätze von Reform unter Andropow hatte er in seiner kurzen Amtszeit wieder rückgängig gemacht und das in einem formelhaften unpersönlichen Stil, der Breschnew kopierte und selbst den Mitgliedern des Zentralkomitees realitätsfremd schien.

Gorbatschows Fazit dieser sieben Jahren in Moskau bis zu Tschernenkows Tod fällt ernüchternd aus: »Aber es ist unmöglich, etwas Bedeutendes zu leisten, irgendetwas in größerem Maßstab zu bewegen, worauf das Land wartet. Es ist, als liefe man gegen eine Wand.«[235] Das ist die Stimmung, die ihn beherrscht. Wird er überhaupt noch eine Chance erhalten, da je herauszukommen?

Wichtig ist eine einwöchige Reise, die Gorbatschow im Mai 1983 (mit Segen Andropows) als Politbüromitglied nach Kanada unternimmt. Sein erster – geradezu staatsmännischer – Auftritt, der nicht nur Kanada, sondern die Welt aufmerken lässt. Da gibt es im Kreml also jemanden, der entspricht überhaupt nicht dem Typus Funktionär, wie man ihn gewohnt ist. Da war jemand weltoffen, interessiert und überaus geistreich im Gespräch. Auf dieser Reise hatte er auch offen mit Alexander Jakowlew, später seinem engsten Verbündeten in Sachen Perestroika, über die Lage in der Sowjetunion gesprochen. Sie erkannten einander als Reformer. So redeten sie bereits hier in Kanada darüber, welche Veränderungen das Land am dringendsten brauche.

Und auch über die Landwirtschaft, für die Gorbatschow verantwortlich war, konnte er hier in Kanada nur staunen. Wie kann das sein, dass in einem kapitalistischen Land die Verantwortung des Einzelnen für seine Arbeit so groß ist, aber in den Kolchosen der Sowjetunion die organisierte Verantwortungslosigkeit herrscht? Wie die kanadische Landwirtschaft organisiert ist, wie die Menschen hier zusammenleben, beeindruckt Gorbatschow. Da sieht er erstmals mit eigenen Augen, was er bereits ahnte: dass die Parolen vom ausbeutungsfreien Leben im Sozialismus vor allem Ideologie sind. Die Zerstörungen, die der Stalinismus in seinem Lande angerichtet hat, vor allem in den Menschen selbst, scheinen gravierend. Auf dieser Reise also gewinnt er den vielleicht wichtigsten Verbündeten für sein späteres Reformunternehmen: Alexander Jakowlew, zu der Zeit Botschafter in Kanada.

Jakowlew ist es auch, der Gorbatschow einen anderen wichtigen – vielleicht den für seine Wahl zum Generalsekretär entscheidenden – Auslandsbesuch vermittelt: Im Herbst 1984, als einfaches Politbüromitglied, wird er von der britischen Premierministerin Margaret Thatcher auf ihren Landsitz Chequers zu Gesprächen empfangen. Der Schockmoment dieser Begegnung, auf dem Höhepunkt des Kalten Krieges, ist es, als Gorbatschow – so erinnert der ihn begleitende Jakowlew – mitten in den Sondierungsgesprächen eine Karte des Generalstabs samt Geheimchiffren aus der Tasche zieht und sie auf dem Tisch ausbreitet. Die Karte enthält alle Ziele für sowjetische Atomraketen und auch deren Stationierungsorte.

Eine Reaktion auf amerikanische Planspiele vom nuklearen »Enthauptungsschlag« gegen die Sowjetunion? Jakowlew beschreibt die »Eiserne Lady« in dieser Szene so: »Thatcher blickte einmal auf die Karte, einmal auf Gorbatschow. Meines Erachtens konnte sie nicht verstehen, ob man ein Spiel mit ihr treibt oder ernsthaft redet. Die Pause zog sich in die Länge. Die Premierministerin betrachtete die englischen Städte, auf welche Raketenschläge zielten. Gorbatschow unterbrach die Pause: ›Mrs. Prime Minister, mit all dem muss man Schluss machen und zwar möglichst bald.‹ ›Yes, Sir!‹ Margaret Thatcher klang etwas bestürzt.«[236]

Natürlich weiß man im Westen, dass Generalsekretär Tschernenko schwer krank ist, und macht sich Gedanken, wer sein Nachfolger werden könnte. Thatchers Herz hat Gorbatschow mit dieser überfallartigen Aktion schon mal erobert: »Ihm kann man vertrauen«, wird sie als Resümee ihren NATO-Partnern übermitteln.

Nikolai Ryschkow wertet diesen Besuch bei Thatcher bereits als den Ausgangspunkt für Gorbatschows, wie er meint, lang geplanten Verrat an einer sozialistischen Sowjetunion. In Reykjavik 1986, beim Durchbruch der atomaren Abrüstung in den Verhandlungen mit Ronald Reagan, habe er dann die Sowjetunion der Gnade Amerikas ausgeliefert – endgültig sei der Kalte Krieg Ende 1989 beim Treffen mit George Bush sen. auf Malta verloren gegeben worden. Aber wäre er denn je für die Sowjetunion zu gewinnen gewesen – und um welchen Preis?

Es ist immer wieder – vor allem von ihren Gegnern – gesagt worden, der Mangel der »Perestroika« habe darin bestanden, dass sie kein wirkliches Programm gehabt habe. Aber eben dieses Nicht-Programm war das Programm. Kein fertiges Konzept ist da, das bloß umgesetzt werden muss, sondern die Konzepte sollten im Prozess der Veränderung entstehen. Gorbatschow sah sich vor allem als Motivator für eine derartige Selbstermächtigung. Das verstanden nicht alle, am ehesten waren es seine Altersgenossen, die zwischen fünfzig und sechzig – und unter diesen wiederum vor allem Intellektuelle und Künstler.

In den neunziger Jahren, als die Perestroika gescheitert war (oder auch nicht: vielleicht war der »Rückbau« der zentralistischen UdSSR und der KPdSU in pluralistische, überschaubare Formen ja gerade deren Ziel?), wird Gorbatschow über den ausgebliebenen Veränderungswillen im russischen Volk ein illusionsloses Fazit ziehen: »Angesichts unserer russischen Mentalität hätte das neue Leben sofort auf einem Silbertablett serviert werden müssen, jetzt und hier, ohne eine Reform der Gesellschaft.«[237]

Der Leningrader Auftritt des neuen Generalsekretärs kurz nach seinem Amtsantritt wird vom Fernsehen gefilmt, aber erst nachdem Gorbatschow und seine Frau sich die Aufzeichnung angesehen haben, zur

Ausstrahlung freigegeben. Eine bessere Werbung konnte es nicht geben: Der Mann an der Spitze des Staates im lockeren Gespräch mit Menschen, die offenkundig nicht vorher instruiert worden waren, was sie zu sagen hatten. Das war ein befreiendes Erlebnis von derart erschütterndem Ausmaß, das nur richtig nachvollziehen kann, wer nicht mit der freien Rede als etwas Selbstverständlichem aufgewachsen ist. Ab jetzt kam für uns der geistige Befreiungsimpuls aus dem Osten.

Hier hatte eine Revolution des Politikstils stattgefunden. Eine andere Art des Zusammenlebens in der poststalinistischen Sowjetunion wurde vom Generalsekretär der herrschenden KPdSU selbst in seiner Art des Auftretens vorgeführt. Ganz im Sinne Nietzsches, der sagte, er mache sich aus einem Menschen nur so viel, wie er ein Bespiel zu geben vermag.

Aber wie sollte es weitergehen? Das ist die Frage nach jeder Revolution. Eine Umwälzung ist, wenn die Umstände es erlauben, schnell gemacht – und wie dann weiter? Videomitschnitte des Leningrader Auftritts von Gorbatschow aus dem Mai 1985, so heißt es, seien auf dem Schwarzmarkt für bis zu 500 Rubel gehandelt worden – wie sonst nur Reden von Dissidenten.

Die anderen Ostblockparteichefs sahen das Agieren des neuen Mannes in Moskau mit Skepsis. Von dem war, was die reine in Dogmen gegossene Lehre des Kommunismus betraf, nichts Gutes zu erwarten! Plötzlich fühlten sich so mittelmäßige Geister wie Erich Honecker oder Kurt Hager als Verteidiger der sozialistischen Errungenschaften gegen die Reformer in Moskau, die in ihren Augen reflexartig zu Konterrevolutionären wurden. Aber vor allem provozierte die Dogmatiker der selbstkritische Umgang in Moskau mit der Geschichte der kommunistischen Bewegung, um die sehr bald ein erbitterter Streit entbrennen würde.

Prohibition als falsches Signal

Doch schnell beginnt sich Gorbatschow, dem eben noch alle Herzen der Sowjetbürger zugeflogen waren, unbeliebt beim Volk zu machen. Denn er sagt der grassierenden Trunksucht im Lande den Kampf an. Es bleibt nicht bei Ermahnungen, sondern der Alkohol wird quasi verboten. Was ist das, fragen sich viele angesichts der Prohibition erschrocken, ein Puritaner an der Spitze des Staates? Selbst Breschnew hatte gesagt, den Russen könnte man vieles zumuten, aber eines nicht: ihnen den Wodka wegzunehmen.

Hier geht es um jenen neuen Politikstil, den Gorbatschow vorlebt. Natürlich weiß er, dass Menschen, die Suchtmittel brauchen, sich leichter instrumentalisieren lassen. Der Alkohol war durchaus ein Machtmittel des Stalinismus gewesen. Mit dieser Logik aber will Gorbatschow gerade brechen: Er will nüchterne Menschen mit klarem Kopf. Juri Andropow, ein moralischer Rigorist, hatte Ähnliches vorgehabt, aber nicht mehr umsetzen können.

Dennoch, selbst wohlmeinende Ratgeber halten Prohibition für ein falsches Signal. Ein Politbüromitglied berichtet, er sei in seiner Staatskarosse an einer langen Schlange vor einem leeren Spirituosengeschäft vorbeigefahren, die Stimmung sei extrem aggressiv gewesen, man habe ihm im Vorbeifahren mit Fäusten gedroht. Die Alkohol-Krise in Russland ab 1985 ist kein Vergleich mit der Kaffee-Krise von 1977 in der DDR, die durch Rücknahme der Veränderungen dann auch schnell beendet wurde. Denn Gorbatschow nimmt nichts zurück, er ist beharrlich, um nicht zu sagen: stur. Die Ausnüchterung des Volkes bleibt eines seiner wichtigsten Ziele.

Die Russen und der Wodka, das war immer schon eine unselige Liebe. Bereits unter dem Zaren hatte es 1914 eine Prohibition gegeben, und immer wieder war eine Beschränkung, gar ein Verbot von Alkohol Thema gewesen. Aber noch nie hatte man dies zum Staatsziel erklärt, so wie 1985. Die Kommission gegen den Alkoholmissbrauch existierte bereits unter Andropow, sie hatte alle Zahlen parat, die ein drastisches Einschreiten rechtfertigte. Allein 12 Millionen Betrunkene waren 1984 verhaftet worden, 13 000 Vergewaltigungen und 29 000 Raubüberfälle unter Alkoholeinfluss wurden darin verzeichnet, von Unfällen gar nicht zu reden. Die Lebenserwartung der Bevölkerung sank durch den Alkoholismus erheblich. In Meinungsumfragen gaben drei Viertel der Befragten an, dass die Trunkenheit das dringlichste Problem des Landes sei.[238]

Aber mit Verboten, mit Moral und Disziplin allein schafft man keinen Aufbruchsgeist im Lande. Im Gegenteil. Auch hatte Gorbatschow die finanziellen Mindereinnahmen des Staates unterschätzt (die Ausfälle durch das Alkoholverbot betrugen für den Staatshaushaushalt von 1985 bis 1990 etwa 100 Milliarden Dollar[239]). Das passiert, wenn plötzlich weder Alkohol produziert noch verkauft werden darf. Auch in Gorbatschows Heimat um Stawropol verkamen die Weinberge. Ein Zeichen von Verfall, nicht von Gesundung. Seine Ratgeber warnten, sprachen gar von Dummheit – aber Gorbatschows Kampf gegen den Alkohol gehörte für ihn unaufkündbar zu seiner Mission.

Schnell kursieren böse Witze: »Die Schlange vor dem Schnapsladen war so lang, dass ich zum Kreml ging, um den Generalsekretär umzubringen – Und? – Nichts, die Schlange dort war noch länger.« Gorbatschows Frau Raissa unterstützt die Prohibition, ihr begabter Bruder (der einige Kinderbücher geschrieben hatte) war Alkoholiker gewesen und – wie so viele – der Sucht erlegen. Durch die Phase der Ernüchterung muss man hindurch, sonst degeneriert das Volk, ist sich das Ehepaar Gorbatschow einig. Gorbatschows Mutter sieht das anders. Bei einer Familienfeier fragt sie der Sohn erstaunt, warum keine Flasche Wein auf dem Tisch stünde? Na, weil das nicht mehr erlaubt sei, antwortet sie, und andere Familien hätte schließlich auch keinen. Ob er überhaupt wisse, dass er bei jeder Familienfeier im Lande, gleich ob Hochzeit, Geburt oder Todesfall, die bei Saft und Sirup vonstatten gehe, zur absoluten Hassfigur avanciere?

In seinen *Erinnerungen* wird Gorbatschow jedoch darauf bestehen, dass die Situation weitaus komplizierter gewesen sei. Das Alkoholproblem sei gravierend gewesen – unzählige Dramen hätten sich in den Familien abgespielt und die ganze Gesellschaft habe gedroht im Dunst des Wodkas zu degenerieren. Effiziente Maßnahmen dagegen seien gewollt gewesen, keineswegs jedoch das totale Alkoholverbot, wo es weder Sekt noch Wein für Familienfeiern zu kaufen gab. Keine Schocktherapie, sondern eine allmähliche Einschränkung der Alkoholproduktion sei intendiert gewesen, auch um die finanziellen Ausfälle kalkulieren zu können. Jedoch zu einem bekennt sich Gorbatschow: »Am betrüblichsten aber war wohl, daß der Staat angesichts eines totalen Defizits an Konsumgütern kein anderes Mittel sah, die Geldzirkulation aufrechtzuerhalten, als das Volk regelrecht zum Trinken zu verleiten.«[240]

Wie jedoch die Beschlüsse über die Eindämmung umgesetzt worden seien – im alten Kommandostil! –, sei ihm lange verborgen gewesen. Das klingt seltsam. Hat er sich für die Details seines Herzensprojekts nicht interessiert? Sein politischer Gegenspieler Ligatschow habe die Kontrolle über die Beschlüsse des Kampfes gegen den Alkoholmissbrauch gehabt, so Gorbatschow im Rückblick – dieser habe alle Instanzen zu jenen Maßlosigkeiten getrieben, die politische Kampagnen an sich haben.

Aber hätte Gorbatschow es nicht wissen können, hat er nicht den Stimmungsumschwung spüren müssen, den ebendiese Maßlosigkeiten ihm persönlich einbrachten? Oder wollte er sich politische Unterstützung nicht dadurch erkaufen, dass er die Bevölkerung weiterhin mit Alkohol betäubte? Gewiss steckt in ihm (und seiner Ehefrau Raissa) etwas Puritanisches – der moralische Rigorismus ist Teil der Perestroika.

In seinen *Erinnerungen* wird er selbstkritisch notieren, ein großer Teil der Schuld am Misserfolg des Kampfes gegen den Alkohol träfe ihn – nicht nur, was sein dadurch rapide gesunkenes Ansehen in der Bevölkerung betraf, sondern auch, dass de facto nicht weniger getrunken wurde, nur sehr viel unkontrollierter und noch ungesünder.

Das Scheitern des Versuchs, die Russen zu einem anderen Umgang mit Alkohol zu bringen, hat ihn vermutlich auch skeptischer gegenüber der Realisierbarkeit der anderen anstehenden Reformen werden lassen. Wie kann man aus einer Kommandomentalität, wo alle nur das tun, was man ihnen sagt, zu einem selbstständigen und verantwortungsvollen Handeln des Einzelnen kommen? Denn die Funktionäre taten auch in dieser Sache, was sie immer taten (wenn sie denn etwas taten): »Sie packten die Sache mit ungezügeltem Eifer an und führten alles ad absurdum. Von den Parteifunktionären an der Basis, von den Ministern und Wirtschaftsfunktionären verlangten sie, den Plan für die Verringerung der Spirituosen- und die Steigerung der Limonadenproduktion nicht nur zu erfüllen, sondern unverzüglich zu überbieten.«

Die Folgen waren katastrophal, ruinierten den eigentlich gewollten Impuls, der nicht allein im Verbot, sondern in einer neuen Art zu leben bestand: »Schleunigst machte man sich daran, Spirituosen-Fachgeschäfte, Weinkellereien und Schnapsbrennereien zu schließen, an manchen Orten wurden sogar Weinberge gerodet. Die Produktion von trockenem Wein wurde reduziert, obwohl dies durch den Beschluss gar nicht vorgesehen war; die in der Tschechoslowakei erworbenen teuren Ausrüstungen für die Bierbrauereien verrotteten.«[241]

Ein kolossaler Misserfolg stand so am Beginn der Perestroika, der aber ausschließlich innenpolitische Folgen hatte. Gorbatschow musste erleben, wie schnell man vom Hoffnungsträger zum Sündenbock wird. Davon bekamen wir in der DDR nichts mit. Denn anders als etwa in Polen, wo ebenfalls der Kampf gegen den Wodka geführt wurde, die Geschäfte erst ab 14 Uhr Alkohol verkaufen durften, blieb in der DDR auch in der Hinsicht alles beim Alten. Es gab zwar nie das Gewünschte, aber eben doch ausreichend zu essen und zu trinken.

Die Russen fingen verstärkt an, selbst Schnaps zu brennen, der Zuckerverkauf musste rationiert werden – und oft genug ging das Selberbrennen schief, und statt Äthylalkohol war giftiger Methylalkohol entstanden. Wie viele Tote dieser verursachte, darüber kann man nur spekulieren. Beim Volk hat Gorbatschow schnell einen keineswegs freundlich gemeinten Namen weg: »Mineralny Sekretär«. Ein Schluck Wasser, in ihren Augen, mehr nicht.

Gorbatschow – Realist und Utopist zugleich

Gorbatschow erwies sich in allem, was er unternahm, als Realist und Utopist zugleich. Aus der Ferne ist das eine durchaus attraktive Mischung, aus der Nähe eher nicht. In seinem 1987 auch in der DDR erschienenen Buch *Umgestaltung und neues Denken für unser Land und für die ganze Welt*, das er auf Bitte eines amerikanischen Verlages geschrieben hatte, offenbart sich sein globales Selbstverständnis. Die Welt, in einer Spirale der atomaren Hochrüstung gefangen, steht am Rande des Abgrunds.

Gefragt seien Dialog und eine Koalition der Vernunft. Wie man während des Kalten Kriegs über die Russen denkt, hatte Ronald Reagan gezeigt, als er vom Reich des Bösen gesprochen und in einer Radio-Sprechprobe gar die Bombardierung Russlands angekündigt hatte. Auch der später mit Gorbatschow befreundete Helmut Kohl wird angesichts dessen Fähigkeit, Menschen anzusprechen und zu faszinieren, auf keinen dümmeren Vergleich als den mit Joseph Goebbels verfallen. Die Fronten also sind starr. Aber was Willy Brandt und Egon Bahr mit der Entspannungspolitik wagten, den Wandel durch Annäherung, das kam dem Westen jetzt in Gestalt Gorbatschows aus dem Osten entgegen.

Was er will, das klingt für jeden vernünftig. Er appelliert an den »gesunden Menschenverstand«, fordert zum Dialog auf, der nicht im Konsens enden müsse. Die »Umgestaltung« in Russland charakterisiert er als den »Mittelpunkt des geistigen Lebens unserer Gesellschaft«. Aufschlussreich, dass er vom »geistigen Leben«, nicht vom Alltag spricht. Die Größe der Aufgabe ist bei ihm in einfachen Worten so ausgesprochen: »Alle bewegt die Frage: Wie soll die Gesellschaft aussehen, in der nicht nur wir selbst, sondern auch unsere Kinder und Enkel leben werden?«[242] Eine Überlegung, die man sich auch heute aus dem Munde verantwortlicher Politiker wünscht.

Aber die ersten Monate bereiten manche Enttäuschung. Bei Gorbatschow stellt sich Erbitterung, geradezu Ekel darüber ein, was sich als Sozialismus ausgibt. Vor allem ist es die Passivität und Trägheit der Russen, fast schon Agonie, die ihn aufbringt und am Gesellschaftssystem zweifeln lässt. Wächst an der Spitze des Staates ein Dissident heran? Es scheint so, denn von einer – wenn auch modifizierten – Fortführung der bisherigen Politik, von der er noch im März 1985 sprach, kann keine Rede mehr sein. Die Bestandsaufnahme ist ernüchternd – zumal es selbst für das Politbüro fast unmöglich ist, an präzise Informationen über die tatsächliche Lage im Lande zu gelangen. Das Militär lässt sich von niemandem in die Karten schauen, der KGB auch nicht.

Gorbatschow ahnt schnell, dass es mit einer Reform nicht getan sein wird. Eine Revolution aller Gesellschaftsstrukturen, beginnend mit der Ökonomie, bis hin zu völlig neuen Leitungs- und Kommunikationsformen scheint unvermeidlich, will man den völligen Zusammenbruch verhindern. Seine Notizen von Politbürositzungen lesen sich bald schon wie ein bitterer Abgesang auch auf die eigene Mission: »Wir haben schon vor langem versagt. Wir denken nur, dass wir regieren. Es kommt uns nur so vor.«

In der Sowjetunion gibt es 1986 zehn Mal so viele Strafgefangene in Gefängnissen wie im zaristischen Russland. Sein Kommentar: »Und das nennen wir nun Sozialismus!« Oder was das akademische

Milieu, auch die Studenten, betrifft: »Faule Professoren lesen von ausgeblichenen Notizen ab. Manche Studenten schreiben Dissertationen, doch die meisten lassen es sich gut gehen oder trinken einfach.«[243]

Das ist eine ganz andere Situation als in der DDR, wo man auf ein Signal wie das von »Perestroika« und »Glasnost« nur gewartet hatte. Als Philosophiestudenten der Humboldt-Universität verfolgten wir alle Reformansätze des Sozialismus mit gespannter Aufmerksamkeit, von Rudolf Bahros *Die Alternative* bis hin zum Forschungsprojekt »Demokratischer Sozialismus«, das sich im Schatten der neuen Politik in der Sowjetunion um die Brüder André und Michael Brie, Rainer Land und Dieter Segert etablierte.

Aber wie erstaunt war ich, als ich im Sommer 1989 bei einem Austausch mit Philosophiestudenten der Moskauer Lomonossow-Universität, die ein Jahr zuvor in Berlin gewesen waren, merkte, dass all das, was uns umtrieb, sie wenig interessierte. Der ganze Typus dieser Philosophiestudenten war ungeistig, der größte Teil von ihnen wirkte bereits wie zukünftige Staatsbürgerkundelehrer und Funktionäre. Das Phlegma war unglaublich: Als die junge russische »Elite« im Sommer 1988 im Studentenwohnheim Berlin-Biesdorf untergebracht war, lag sie dort zur Hälfte des Tages im Bett und schaute den damals neuen Fernsehsender SAT 1, in der übrigen Zeit ging sie kollektiv einkaufen. Mehr war nicht.

Das war ungeheuer enttäuschend. Im Sommer 1989 in Moskau zeigte sich auch, dass Gorbatschow mit dem Umbau der Gesellschaft gescheitert war. Die Geschäfte waren leer, der Schwarzmarkt blühte, dort bekam man gegen Rubel-Unsummen oder gegen Dollar alles. Die ersten Devisenbars für Neureiche hatten eröffnet, uns ließ man dort, als klar wurde, dass wir »nur« aus der DDR kamen, gar nicht erst rein.

Es gab in der riesigen neoklassizistischen Lomonossow-Universität auf den Lenin-Bergen die *FAZ* und die *Süddeutsche Zeitung* zu kaufen (für uns sensationell), aber keinen Platz im riesigen Areal, wo man einen Kaffee trinken konnte. Moskau selbst war immer noch eine Stadt mit betonierten Aufmarschplätzen und Stadtautobahnen – kein bisschen einladend. Bürger schien es nirgends zu geben. Auch die Professoren, die unsere »Delegation« traf, gaben bloß Worthülsen von sich. Keine Spur von Aufbruch. Statt intensiver Diskussion immer nur

Klagen, früher, selbst in den schlimmsten Zeiten, hätte es Krimsekt und Kaviar gegeben – und nun?

Der Kollektivismus saß tief. Wenn wir in einem jener Restaurants, die tatsächlich etwas zu essen anboten (man musste sie lange suchen), saßen, verlangte die Kellnerin eine Sammelbestellung für die »Gruppe«. Dass jeder von uns für sich bestellte (noch nicht wie heute üblich mit Sonderwünschen, ob man anstelle dieser Beilage auch jene bekommen könnte oder gleich ein frei zusammengestelltes Gericht), verursachte Fassungslosigkeit. Der Bestellindividualismus, jeder sucht sich aus, was er essen will, ging über den Horizont von unwirschen Servicekräften, die sich – vor allem die Deschurnajas in Hotels oder Schlafwagen – eher als Aufsichtskräfte verstanden.

Um die Laune dann auf den Tiefpunkt zu bringen, sahen wir die Schlangen vor den Spirituosenläden, wo ab und zu Kartons abgeladen wurden, aus denen dann – gleich was es war, Schnaps, Likör, Wein oder Sekt – händeweise an die Wartenden ausgegeben wurde. Bis sie leer waren und die Schlange wieder in Stumpfsinn versank. Ein kulturloses Schauspiel, das uns, inmitten der Wartenden stehend, abstieß – und zu trinken bekamen wir auch nichts.

Die Katastrophe von Tschernobyl

Der Gorbatschow-Biograph William Taubman vermutet, dass sich nach dem 26. April 1986 eine Wendung in dessen Denken vollzogen habe. Der Tag, an dem es im Atomkraftwerk Tschernobyl zu einer Kettenreaktion gekommen war, erschütterte die Welt. Aber bis man in Moskau im innersten Zirkel der Macht über das ganze Ausmaß der Katastrophe informiert war, vergingen Tage. Lügen, Vertuschung und Schönrednerei steckten der Funktionärskaste zu tief in den Knochen. Selbst angesichts eines solch ernsten Falls erwies sie sich als unfähig, verantwortungsbewusst zu handeln. Es dauerte viel zu lange, bis die über dreihunderttausend Bewohner der Region evakuiert wurden.

Erschüttert stellte Gorbatschow, der sich erst am 14. Mai in einer Fernsehansprache ans Volk wandte, fest, dass es keinen Zivilschutz, keine Rettungspläne gegeben habe. Und das in der Atomenergie, einem der wenigen Bereiche, in denen sich die Sowjetunion noch für führend in der Welt gehalten hatte. Denn immerhin hatte es 1954 im sowjetischen Obninsk das erste Kernkraftwerk der Welt gegeben, das für zivile Zwecke Strom produzierte!

Auch hier, so musste sich Gorbatschow eingestehen, herrschte die gleiche Erosion, die gleiche Verkommenheit wie überall im Land. Schuld an dieser organisierten Verantwortungslosigkeit sei auch die Geheimhaltung, die in der Atomwirtschaft üblich sei. Der Generalsekretär bemerkt schrittweise, worin er alles keinen Einblick hat: Offenbar verhält sich jede Institution im Lande nach den Regeln der Konspiration. Wie soll in dieser Atmosphäre eine freie Diskussion entstehen, sich der Einzelne verantwortungsbewusst verhalten?

In einer Notiz von der Politbürositzung am 3. Juli 1986 zeigt sich die zunehmende Skepsis Gorbatschows in die Realisierbarkeit der Perestroika der Gesellschaft. Mit wem sie überhaupt noch beginnen? Es klingt erbittert, fast schon verzweifelt: »Seit dreißig Jahren hören wir von Ihnen, Wissenschaftlern, Fachleuten, Ministern, dass alles höchst zuverlässig sei. Und sie rechnen damit, dass wir zu Ihnen wie zu Göttern aufblicken. Am Ende aber steht ein unvorstellbarer Zusammenbruch. Die Ministerien und die Forschungszentren waren außer Kontrolle, ja im gesamten System hat der Geist der Liebedienerei und Einschmeichlung, des Gruppenunwesens und der Verfolgung Andersdenkender, zusammen mit Imponiergehabe und reinem Eigennutz, sei er persönlich, sei er auf den Clan bezogen, die Führung korrumpiert.«[244]

Er führt, so muss er bemerken, den Kampf mit einer Art Mafia, deren Strukturen längst alle Bereiche der Gesellschaft durchdrungen haben.

Die Frage stellt sich nun immer schärfer: Sind die Strukturen überhaupt reformierbar, oder muss man das alte System zerstören und ein neues etablieren? Aber mit wem solch eine Unternehmung wagen? In seinen *Erinnerungen* wird er konstatieren, dass die Havarie im Atomkraftwerk von Tschernobyl »für zwei Tatbestände einen überaus anschaulichen und zugleich schrecklichen Beweis« geliefert habe: »dafür, dass unsere Technik verschlissen war, und dafür, dass das frühere System seine Möglichkeiten erschöpft hatte«[245].

Was in der DDR mit »Perestroika« und »Glasnost« funktionierte, ein Weckruf für die ganze Gesellschaft zu sein, sich einzumischen in die eigenen Angelegenheiten, offen Veraltetes zu kritisieren und Neues zu wagen, das gelang in der Sowjetunion nicht – oder eben nur in bestimmten intellektuellen Zirkeln. Auf diese setzt nun Gorbatschow immer stärker. Er sucht den Kontakt zu Regisseuren und Schriftstellern, betreibt die Rehabilitierung des nach Gorki verbannten André Sacharow, dem Bürgerrechtler und Erfinder der sowjetischen Wasserstoffbombe.

Im Politbüro hat er fast keine Freunde mehr, spätestens seit er die Abschaffung der führenden Rolle der KPdSU (der sie nicht gerecht geworden sei) forderte und für eine Art staatlicher Selbstverwaltung auf allen Ebenen eintrat. Eine Flut von Abrechnungsliteratur ehemaliger Feinde und Freunde im Politbüro widmet sich dem »Versagen« (so die freundliche Lesart) oder sogar dem »Verrat« (so die unfreundliche) Gorbatschows an der Spitze des Staates.

Auch der von Gorbatschow geförderte Ministerpräsident Nikolai Ryschkow, der im April 1986 den Stab zur Liquidierung der Havariefolgen im Kernkraftwerk Tschernobyl leitete, ist in seinem Buch *Mein Chef Gorbatschow* schlecht auf den einstigen Förderer zu sprechen. Liest man dieses Buch von einem jener damals jüngeren Funktionäre, auf die Gorbatschow alle Hoffnungen der Perestroika setzte, wird klar, warum die Reform des politischen Systems unter Führung der KPdSU scheitern musste.

Ryschkow, der seine Gorbatschow-Abrechnung 2012 veröffentlicht, spricht immer noch über die »Errungenschaften« des Sozialismus, die leichtfertig verspielt worden seien, und über die weltpolitische Rolle der Sowjetunion. Der machtpolitische Blickwinkel dominiert, aber dass die politische Kultur im Lande längst ruiniert war, liegt außerhalb dieses Blickwinkels. Für die Funktionäre war die Sowjetwelt eben – bis auf einige kleinere weitere planmäßige Verbesserungen – grundsätzlich in Ordnung, sie selbst sahen sich als Beweis dafür an. Und Ryschkow, der immerhin schreibt, dass er bis 1987 keine grundsätzlichen Meinungsverschiedenheiten mit Gorbatschow hatte, erblickt in dem Moment den Feind in ihm, als dieser das »bewährte Bündnis mit den Arbeitern und Bauern« (ein Farce, mehr noch eine

Fiktion in Funktionärshirnen!) zugunsten eines Bündnisses mit der Intelligenz löst.

Die Intelligenzler, die sich für Ryschkow bloß der Kontrolle der Partei entziehen wollen, diese unsicheren Kantonisten, die immer schon halbe Verräter sind – sie sollen nun nach Gorbatschows Willen die Avantgarde der Perestroika sein! Und natürlich verlangen sie als Preis die Abschaffung der Zensur – damit aber stünde das Tor für alle feindlichen Ideologien weit offen. Ryschkow benennt das Dilemma für die Funktionärskaste auf eine Weise, der das SED-Politbüro sicherlich geschlossen zugestimmt hätte: »Unterstützung der Perestroika von Seiten der Intelligenz war nur zu erwarten, wenn die reale Freiheit des Wortes im Lande eingeführt wurde.«[246]

Eine solche Freiheit aber ist nach dem Lehrbuch des Marxismus-Leninismus, wie es seit Stalin verbreitet wurde, ein Rückschritt hin zu bürgerlichen Werten! Erst verlangen sie die Freiheit der Rede, dann freie Wahlen und die Macht – und dann ist es vorbei mit jener Mystifikation einer »Diktatur des Proletariats« mittels »führender Rolle der Partei«. Das wollen die Politbüromitglieder verhindern, indem sie die Reform im Ganzen sabotieren.

Gorbatschow hat bald nur noch wenige politische Freunde im eigenen Land – und das sind ebenjene Intellektuelle, Künstler und Schriftsteller, in denen Ryschkow eine Gefahr sieht. Die Intellektuellenfeindschaft der Apparatschiks steht auf der eine Seite – das Bekenntnis Gorbatschows zu eben jener geistigen Elite des Landes auf der anderen.

Filme, das wusste Gorbatschow, sind ein wichtiges Mittel der Aufklärung. Aber der Verband der Filmschaffenden (wie auch der der Schriftsteller) war bislang ein Hort von Intrigen und Korruption. Die besten Werke werden verhindert – und das muss sich ändern. Aber eben nicht wie gehabt bei einem Politikwechsel, als Maßnahme von oben verordnet, sondern aus den Verbänden selbst.

Als man bei den Verbandswahlen der Regisseure wieder einen Kandidaten der Partei durchdrücken will, sperren sich die Mitglieder. Einer nach dem anderen tritt auf, spricht offen und in nie dagewesener Drastik über die Misere der Bevormundung, die Herrschaft des Mittelmaßes – gewählt wird schließlich der Regisseur Elem Klimow (*Komm und sieh, Agonie, Abschied von Matjora*). Hier ist er plötzlich da, der neue Geist. Eine Kommission wird eingesetzt, verbotene Filme zu sichten – über hundert von ihnen werden nachträglich freigegeben.

Eine zentrale Rolle für den Geist der Perestroika spielt Tengis Abuladses *Die Reue*, der – mit Rückendeckung des georgischen Parteichefs Schewardnadse – bereits 1984 gedreht worden war, aber keine Freigabe erhalten hatte.

Tengis Abuladses Film *Die Reue* als mythisches Herz der Perestroika

Warlam, Bürgermeister einer kleinen georgischen Stadt, ist gestorben. Er wird mit all der falschen Würde und den verlogenen Reden beerdigt, die einem zustehen, der lange Zeit mit Intrigen und Gewalt, gar mit Mord geherrscht hat. Man beerdigt ihn – aber dann passiert etwas Unerhörtes: Er wird immer wieder ausgegraben, von der Tochter eines seiner Opfer, die gelobt, nie solle dieser Tyrann seine Ruhe in einem Grab finden.

Es findet ein Gerichtsprozess statt (die Rahmenhandlung spielt in der Gegenwart, also der späten Breschnew-Ära) – und in Rückblenden haben wir Teil an dem bizarren Aufstieg Warlams. Wir sehen ihn mit schwarzem Faschistenhemd (Mussolini), Schnurrbart (Hitler) und Borstenhaar (Stalin) vor uns stehen: ein lächerlicher Herrscher, eine Mischung, die auf das totalitäre Prinzip der Machtausübung hinweist. Denn jeder, der sich Warlam in den Weg stellt oder auch nur möglicherweise in den Weg stellen könnte, wird verbannt (das ist der langsame Tod) oder hingerichtet (der schnelle).

Dieser Film ist eine Allegorie der Macht, in dem Augenblick, da sie außer Kontrolle gerät. Ein Film also über die Schneise der Verwüstung, die eine absolute Macht schlägt. Fast könnte man in Western-Manier sagen: Leichen pflastern seinen Weg. Aber es ist kein Western, sondern ein Requiem, eine Passionsgeschichte, jedoch eine, in der das missbrauchte Pathos sich ins Absurde wendet.

Tengis Abuladse dreht den Film als Teil einer mythischen Heimat-Trilogie, zu der außerdem *Das Gebet* und *Der Baum der Wünsche* gehören. Es ist eben kein unmittelbar dissidentischer Film, sondern ein ausgreifendes Epos, das sich 150 Minuten lang Zeit nimmt, die tragikomische Geschichte der barbarischen Macht auszumalen. Eine Groteske, deren Grundeindruck dennoch immer grenzenlose Traurigkeit bleibt.

Ästhetisch ist ihm der Surrealismus Luis Buñuels ähnlich. Ganz wie in *Der diskrete Charme der Bourgeoisie* gehen Traum und Alptraum ineinander über, setzt der Film auf visuelle Schockelemente (das plötzliche Auftauchen von Warlams Leichnam), das Mittel der Maskerade. Eine paradoxe Filmsprache, deren Bildstärke sich aus ikonographischen Wurzeln speist.

Dies also ist die ruhmreiche Geschichte des elenden Warlams, des großspurigen Vertreters einer neuen Macht, die vollmundig Versprechen gibt – und nichts als eine große Leere, eine innere und äußere Verwüstung hinterlässt. Es ist die Geschichte seiner Opfer.

Interessant dabei ist, dass die Beerdigungsfrage sich seit Sophokles' *Antigone* durch die Kulturgeschichte zieht. Soll man dem Schuldigen (und dass Warlam schuldig ist, daran besteht kein Zweifel) nach seinem Tod ein Grab verweigern, soll man den verwesenden Leib öffentlich ausstellen? Antigone rebelliert gegen Kreon, der verboten hat, dass Polyneikes, der Sohn von König Ödipus, beerdigt wird. Polyneikes wollte seine Machtansprüche gegen seinen Bruder Eteokles gewaltsam durchsetzen, er war schuldig geworden.

Nicht, um mitzuhassen sei sie da, sondern um mitzulieben. Auch mitzuleiden? Antigone begräbt den Bruder – gegen das Verbot – mit eigenen Händen.

Wie ächtet man einen, den einen Verbrecher zu nennen zu kurz griffe? Unhold trifft es besser. Die verweigerte Totenbestattung also ist ein Tabubruch, denn auf der Totenbestattung gründet alle menschliche Kultur. Im Film aber berichtet Keti, die Tochter des Malers Sandro Barateli, von den schändlichen Taten des Despoten. Nicht nur ihr Vater ist ein Opfer Warlams geworden, sondern viele andere auch. Seine Verbrechen seien zu monströs gewesen, um den, der für sie verantwortlich war, in Frieden zu begraben. Nein, erst muss er in all seiner Schändlichkeit ausgestellt werden. Darum gräbt sie ihn, kaum ist er begraben, wieder aus – wieder und immer wieder.

Erst müssen ihm die lange verschwiegenen Wahrheiten entrissen werden, ohne die es für die Weiterlebenden keinen Frieden geben kann. Ohne zu wissen, was wirklich geschehen ist, kann man auch nicht mit dem Vergangenen abschließen. Ohne Reue keine Vergebung.

Aber von wem diese Reue verlangen? Warlam, der Tyrann, ist tot. Und all seine Helfershelfer, die nutznießenden Kreaturen um ihn herum, was ist mit ihnen? Auch sie sind Teil der unheilvollen Geschichte. Es gibt hier kein richtiges Leben im falschen, alle sind Mitschuldige des Schuldigen, der nun endlich tot ist. Doch, es gibt Unschuldige, jene wie Keti, die ihre Eltern verlor und nun als Erwachsene (als Überlebende, als Zeugin) den faulen Frieden mit dem toten Warlam verhindert.

Erschütternd die Szene, in der die Jungen mit dem Ruf »Es ist Holz gekommen!« zum Fluss laufen. Dort landen die Baumstämme an, die in den Lagern geschlagen wurden. In diese haben die Gefangenen als Lebenszeichen heimlich ihre Namen geschnitzt. Welch eine verzweifelte Suche bricht unter den Kindern aus – die einen finden die Namen ihren Väter, die anderen nicht.

Die Reue zeigt Warlam, der – obwohl tatsächlich und zweifelsfrei tot – unablässig wieder auftaucht. Sein Bild ist allgegenwärtig – er spukt wie ein Untoter durch die Köpfe der Beteiligten. Er sagt Sätze, wie wir sie bereits aus Büchners *Dantons Tod* kennen: »Man müsste nur in die Köpfe schauen können, was geht da vor?« Warlam erscheint wie eine Mischung aus Mussolini und Berija, dem berüchtigten sowjetischen Geheimdienstchef unter Stalin.

Es ist wohl eher eine Insiderinformation – der Film funktioniert auch ohne diesen konkreten historischen Bezug, aber man sollte sich in diesem Falle einmal die georgische Geschichte anschauen, speziell die Abchasiens. Hier hatte Berija einen politischen Mentor, Nestor Lakoba, abchasischer Parteichef. Als der dem befreundeten prominenten abchasischen Politiker Grigori Ordschonikidse berichtet, dass Berija Gerüchte über ihn verbreite, stellt Ordschonikidse diesen zur Rede.

Der Machtkampf mit dem intrigant-brutalen Berija aber bekommt beiden nicht. Lakoba wird während eines Abendessens von Berija vergiftet (offiziell gilt es dann als Herzinfarkt) und Ordschonikidse im Kreml zum Selbstmord gezwungen. Die Szene in *Die Reue*, in der Warlam mit seinem Parteichef in Streit gerät und dieser daraufhin verhaftet wird, sollte man vor diesem Hintergrund sehen. Mit Totalitarismustheorien, wie es in den Verrissen heißt, die in DDR-Medien bestellt wurden, hat dies erst einmal nichts zu tun.

Hier geht es um die Schuld der Väter, die auf den Söhnen und auch auf deren Söhnen noch liegt. Avtandil Makharadze spielt eindringlich den psychopathischen Warlam und auch – im Film vierzig Jahre später, nach der Beisetzung Warlams – dessen Sohn Abel. Der ist ebenfalls ein Funktionär – nicht mehr wie sein Vater in Phantasieuniform, die sich von Faschisten und Tschekisten geborgt hatte, was ihr an martialischem Gestus gefiel, sondern im dezent grauen Anzug der Breschnew-Zeit.

Sein Vater, so sagt Abel seinem von der bizarren Szenerie verstörten Sohn, dem Vertreter der dritten Generation in *Die Reue*, habe nichts falsch gemacht, es sei eine »komplizierte« Zeit gewesen, die Sowjetunion sei von Feinden umzingelt gewesen.

Aber der Warlam-Enkel lässt derartige Ausflüchte nicht zu – und erschießt sich, mit einer Pistole, die er vom Großvater als Geschenk erhalten hat. Nun jedoch bricht für Abel eine Welt zusammen. Er wütet in Verzweiflung gegen seinen Vater Warlam, den nun er (Keti ist auf sein Betreiben hin in eine Irrenanstalt eingewiesen worden) eigenhändig ausgräbt und – mit einer wüsten Verfluchung – einen Felsen hinabschleudert. Ins Nichts mit ihm!

Harte Kost, vor allem für prinzipien- und handfeste Gemüter, die sich keine Spukgeschichten erzählen lassen wollen. Klimow, der neue Vorsitzende des Verbandes der Filmschaffenden, sieht diesen Film und weiß, dass er hier die Probe auf das neue Denken vor sich hat. Die Austreibung des Stalin'schen Geistes vor aller Augen, ein Exerzitium! Klimow geht mit dem Film direkt zu Alexander Jakowlew, dem engsten Berater Gorbatschows in Sachen Kunst und Kommunismus. Auch Außenminister Schewardnadse hatte sich bei diesem für *Die Reue* eingesetzt – wohl wissend um die Bezüge zur georgischen Geschichte darin.

Der Film landet bei Gorbatschow, das Ehepaar schaut ihn sich gemeinsam an und erkennt sofort, dass dies – sehr unpazifistisch gesprochen – eine »Bombe« ist. Wollen sie sie zünden? Unbedingt! Aber nicht er oder das Politbüro sollen darüber entscheiden, sondern – das sind die neue Spielregeln, auf die Gorbatschow Wert legt – der Verband der Filmschaffenden selbst soll entscheiden.

Natürlich erhält *Die Reue* nun die Freigabe und wird – neben Alexander Askoldows *Die Kommissarin*, der 1967 gedreht wurde und nach zwanzig Jahren Verbot jetzt ebenfalls herauskommt – zum *dem* Perestroika-Film schlechthin. Filme, an denen sich die Geister auf ungewöhnlich heftige Weise scheiden.

In gewisser Weise arbeitet *Die Kommissarin* jenem Filmverständnis zu, das dann in *Die Reue* mit einer surrealen Bildsprache überwältigt, die die schreckliche Realität nur noch grausamer erscheinen lässt. Alexander Askoldow hatte in Moskau Literaturwissenschaft studiert, sich besonders mit Michail Bulgakow beschäftigt, nebenbei als Film- und Theaterkritiker gearbeitet. Dann studierte er Filmregie und legte 1967 seinen auf der Grundlage von Wassili Grossmanns Erzählung *In der Stadt Berditschew* gedrehten Abschlussfilm *Die Kommissarin* vor. Die Musik dazu hatte Alfred Schnittke komponiert.

Die Reaktion auf den Film war heftig: Er wurde von der Zensur als feindlich eingestuft und verboten, der Regisseur zudem aus der kommunistischen Partei ausgeschlossen. In den folgenden Jahren musste sich Askoldow mit Gelegenheitsarbeiten durchschlagen, so in einer Tischler- und Betonmischerbrigade in Kasan. Nie wieder durfte er als Regisseur arbeiten, *Die Kommissarin* blieb sein einziger Film.

Was war das Skandalöse an *Die Kommissarin*, dass man derart hart gegen Film und Regisseur vorging? Zum einen das Bloßstellen der militärischen Logik als menschenfeindlich, zum anderen eine Darstellung jüdischen Lebens, aus der große Sympathie spricht. Beides waren Tabus in der Sowjetunion. Erzählt wird die Geschichte einer Politkommissarin in den Bürgerkriegskämpfen der Roten gegen die Weißen. Sie ist die verkörperte Härte, lässt gleich zu Beginn einen Soldaten als Deserteur erschießen, der sich von der Truppe entfernt hatte, um in der Heimatstadt seine Frau zu besuchen.

Doch die Kommissarin Klawdia Wawilowa (Nonna Mordjukowa) hat ein Geheimnis, das sie nicht länger vor ihren Vorgesetzten verbergen kann: Sie ist schwanger.

Für eine Abtreibung ist es zu spät, sie muss das Kind zur Welt bringen. Der Trupp, der weiterzieht, lässt sie in der Familie des jüdischen Kesselflickers Jefim Magasanik zurück, die sich – mit zahlreichen Kindern – mühsam durchs Leben schlägt. Aber hier, wo ihr Kind geboren wird, lernt sie ein anderes Leben kennen, das gewiss schwer ist, aber das die Menschen nicht verhärtet hat, sondern dennoch liebevoll miteinander umgehen lässt. Die Kommissarin legt ihre Uniform und die Waffe ab – trägt nun ein Bauernkleid mit Kopftuch. Sie scheint ganz in der Rolle als Mutter aufzugehen. Aber dann bedrohen die Weißen die Stadt, ihre Einheit wird sich zum Kampf stellen – und wieder legt sie ihre Uniform an, greift zur Waffe und lässt ihr Kind bei der Familie zurück.

In starken Symbolen zeigt uns Askoldow das Schicksal von Menschen in mörderischen Zeiten. Die jüdische Familie des Kesselflickers droht zwischen den Fronten der Weißen und der Roten zerrieben zu werden. Als die Roten fort und Weißen noch nicht da sind, sagt der Kesselflicker einen Satz, in dem eine überlegene Weisheit aufscheint: »Die beste Zeit für den Menschen ist, wenn die eine Macht weg und die andere noch nicht da ist.«

Und so tanzt der Kesselflicker (im Wissen um die geschehenen und der Ahnung der noch kommenden Pogrome) mit seiner Familie einen traumentrückten Tanz gegen die Angst.

Diese Motive werden für die Zensoren schon schlimm genug gewesen sein, aber am schlimmsten war gewiss die symbolistische Erzählweise, mit zahlreichen Traumsequenzen und Visionen, darunter einer vor der Deportation der Juden aus Berditschew während der Besatzung durch deutsche Truppen im Zweiten Weltkrieg. Wir sehen die Kinder des Kesselflickers mit gelbem Stern an der Kleidung ihrem Ende entgegengehen.

1987 wird der Film zum ersten Mal auf dem Moskauer Filmfestival gezeigt und bekommt ein Jahr später auf der Berlinale den Silbernen Bären. (In der DDR gilt er als unerwünscht, läuft nur einige Male und wird dann – also quasi verboten – aus den Kinos genommen.) Der Eindruck solcher aus den »Giftschränken« befreiten Werke wie *Die Kommissarin* und *Die Reue* war auch auf Michail Gorbatschow und seine Frau Raissa überaus groß. Das hatte er so noch nie gesehen – und notiert in seinen Erinnerungen: »Schade, dass unsere Generation in geistiger Hinsicht so sehr benachteiligt wurde, daß sie auf so karge Ration angewiesen war, nichts als lauter Ideologie. Denn sie verlor die Möglichkeit, verschiedene Richtungen weltanschaulichen Denkens zu vergleichen und ihre Wahl zu treffen.«[247] So wurde die Perestroika, die ohne Glasnost nicht zu denken ist, auch für Gorbatschow selbst in ihrem Fortgang immer mehr – und zu allererst – zu einer geistigen Befreiung.

Abuladses *Die Reue* forciert die tragikomische Dimension noch weiter, zeigt mittels surrealistischer Motive die mörderische Geschichte des Stalinismus. In bezwingenden Bildern erzählt er von Trauer und Wut angesichts einer Geschichte, die eben nicht so war, wie sie vorgab zu sein. Menschen werden abgeholt und verschwinden in Lagern – viele kehren nie zurück.

Es ist ein Film über die den Menschen deformierenden Machtstrukturen. So, wenn Warlam sagt: »Was zählt schon der Einzelne angesichts von Millionen!« Nur dass es Millionen Einzelner waren, die der neuen Zeit geopfert wurden. Warlam, der wohl am meisten von Berija in sich trägt, erklärt einem Untergebenen die Taktik der Verfolgung und Einschüchterung von Feinden, realen und solchen, die man sich erst schaffen muss, notfalls kann man sie auch erfinden. Das sei wie das Fangen einer schwarzen Katze in einem dunklen Raum – und süffisant fügt er hinzu: »selbst dann, wenn sie dort gar nicht ist«.

Die Reue handelt in aller symbolistischen Übersteigerung von der Sowjetunion, aber auch in der DDR versteht man sehr gut, worum es geht. Die eigene Schuld, mehr noch die der Väter, die nichts ungeschehen machen kann! Aber hilfreich ist es natürlich, wenn man Bücher von Bulgakow, Platonow, Marienhof, Katajew, Aitmatow, Granin, Rasputin oder Schatrow gelesen hat und weiß, von welchen Verheißungen und Bedrückungen hier erzählt wird. Es hilft auch, wenn man das Land, von dem die Rede ist, mit eigenen Augen gesehen hat.

So wie Christa Wolf, die insgesamt zehn Mal in die Sowjetunion reiste und dabei ein Tagebuch führte, das ihr Mann Gerhard Wolf nach ihrem Tod in kommentierter Form herausgab. 1979, am Ende der Breschnew-Zeit, werden Truppen nach Afghanistan geschickt: Nun hat auch die Sowjetunion ihr Vietnam.

1987 der nächste Besuch in einem offensichtlich veränderten Land. Aber wie und in welche Richtung? Ihr Eindruck ist »zögernde Hoffnung«. Für Schriftsteller sei die Perestroika zweifellos »eine gute Zeit«. Jedoch, so ihre feinsinnige Beobachtung: »Von oben und unten will man die Perestroika – aber dazwischen ist eine dicke Watteschicht. Kämpfen Sie mal gegen die Watte!«[248]

Des Weiteren bemerkt sie, dass die Jungen nicht mittun, nach der Devise ihrer Begleiterin: »Wir Dreißigjährigen fallen aus. Wir sind zu oft belogen worden.« Was sollen dazu die zwischen fünfzig und sechzig sagen, die die Zeit unter Stalin noch erlebten? Sie, so Christa Wolf, sind das Rückgrat der Perestroika, sie wollen den Sozialismus, aber einen anderen, einen geläuterten. Christa Wolf sieht es und bleibt skeptisch: »Sorge macht die Überlegung, daß es zu spät sein könnte. Daß die 70jährige Unterdrückung der lebendigen Kräfte zu vieles abgetötet hat, was sich nicht mehr erwecken läßt.«

Die Frage nach dem Sinn des Lebens angesichts von absurden Geschichtsverläufen münde, so Christa Wolf, für viele Russen zuerst in eine religiöse Fragestellung. In *Die Reue* sagt der Maler Barateli an einer Stelle etwas Bemerkenswertes, das nicht im engeren Sinne religiös ist, wohl aber die moralische Rechtfertigung der Perestroika liefert, in all ihrer emphatischen Überhöhung: »Nur der moralische Held kann das Volks aufklären!«

In diesem Zusammenhang betitelt Christa Wolf Abuladses Epos *Die Reue* in ihrem Tagebuch von 1987 auch mit »Die Buße«. Wir sehen eine alte Kirche, in der riesige Transformatoren einer Versuchsstation aufgebaut sind. Die Fresken scheinen wie Überbleibsel einer Zeit, die ausgelöscht werden soll.

Diese surreal überhöhte Passionsgeschichte, ein erschütterndes Filmkunstwerk ersten Ranges, verschwindet glücklicherweise nicht endgültig in den »Giftschränken« der Archive, sondern kommt – auch dank Schewardnadse und Gorbatschow – 1987 in Cannes zur Weltaufführung und erhält dort den Großen Preis der Jury.

Ein Jahr später taucht dann ein ganz anderes Werk der russischen Filmgesellschaft Mosfilm auf den internationalen Festivals auf: *Kleine Vera* von Vassil Puchul. Bis eben waren die sowjetischen Filme, die international herauskamen, von der neuen Freiheit getragen, die eigene Geschichte zu entheroisieren, nun endlich auch den Schmerz über das erlittene Unrecht (die Verbrechen des Stalinismus) auszudrücken, den Verlust an Illusionen zu zeigen. Aber jetzt, 1988, ist da plötzlich ein Gegenwartsfilm über eine junge Frau, die gerade ihre Schule beendet. Im klassischen Sinne könnte man von einer Entwicklungsgeschichte sprechen. Aber die findet nicht statt. Im Westen bewarb man *Kleine Vera* als den »ersten sowjetischen erotischen Film«, was mehr über die ihn so Bewerbenden als über die Sowjetunion sagt. Es ist vielmehr ein Film über die Destruktion aller Werte. Nichts scheint mehr zu gelten, alle treiben mehr oder weniger stumpf vor sich hin. Auch in der Familie herrscht pure Herzenskälte. Veras Vater, ein Kraftfahrer, trinkt sich zu Tode. Vera selbst provoziert ihre Eltern, wo sie nur kann. Überall herrscht Routine und Gleichgültigkeit. Was soll sie aus ihrem Leben machen, wo alles um sie herum in Scherben liegt, alle alten Ideale längst verbraucht sind und neue nicht in Sicht? An die große Liebe jedenfalls glaubt sie nicht, bestenfalls als die Maximierung von Spaß. Damit ist dann auch schon die postsowjetische Perspektive eröffnet. Dazu gehört nicht zuletzt, dass die Hauptdarstellerin Natalia Negoda die erste russische Schauspielerin war, deren Nacktfotos im *Playboy* erschienen.

Keine »Reue« in der SED-Führung

Nicht jeden freut der Erfolg von Abuladses *Die Reue*. Erich Honecker etwa erblickt in dem Film den Beweis für einen Verrat, den die Perestroika am Erbe der Großen Sozialistischen Oktoberrevolution begeht. Aus *Die Reue* spricht der Klassenfeind!

Diese Fragestellung ist für die allermeisten DDR-Bürger bereits von gestern. Sie sind längst raus aus den ideologischen Schützengräben des Kalten Krieges, oder waren nie drin – wie viele, die in den sich nun gründenden »Friedenskreisen« aktiv sind. Im Umfeld der evangelischen Kirche entstehen die »Umweltbibliotheken«. Ein alternatives Milieu, in dem man zumeist mit sozialistischem Gedankengut sympathisiert, aber gerade nicht auf bornierte SED-Weise, viel eher schon in dem freien Geist des Aufbruchs, der aus der Sowjetunion kommt.

Und auch in der SED selbst beginnt es ab Mitte 1985 zu gären. Ist es nicht legitim, mit den Positionen des Generalsekretärs der KPdSU die SED-Linie zu kritisieren? Nein, ist es nicht, befindet die SED-Spitze und fährt einen harten Kurs, der auch dem Letzten zeigt, dass Stalin noch längst nicht »den Raum verlassen« hat, wie Stefan Heym einmal einen Aufsatz betitelte.

Es sind Gedanken, die nun mit der Perestroika aus Moskau kommen, die Robert Havemann schon 1963 in *Dialektik ohne Dogma* entwickelt hatte. Havemann war dafür von seinen Genossen abgestraft worden, erhielt Berufsverbot und starb 1982 unter Hausarrest. Aber die Opposition innerhalb der SED begann sich zu regen, vor allem an der Basis.

Doch wer sich dem Gebot der »Einheit und Geschlossenheit« der Partei nicht mehr beugen wollte, offen sprach und unliebsame Fragen stellte, der wurde aus der SED ausgeschlossen. Jörg Roessler dokumentiert die steigende Zahl der Betroffenen: 1987 waren es 9440, im Jahr 1988 bereits 12800 Personen.[249] Parteiaustritten versuchte man mit Ausschlüssen zuvorzukommen, Austritte sollte es eigentlich gar nicht geben – was für eine Anmaßung des Einzelnen gegenüber der allmächtigen Partei!

Ein wichtiger Grund für die steigenden Zahlen war 1987 die öffentliche Denunziation von Abuladses *Die Reue*, ein Kurs, der sich fortsetzte und im Verbot der Zeitschrift *Sputnik* gipfelte, weil darin Auffassungen über Stalin und Hitler geäußert wurden, die Honecker & Co. nicht passten.

Hans-Dieter Schütt, ein brillanter Autor und Interviewer, damals Chefredakteur der FDJ-Zeitung *Junge Welt* und Zentralratsmitglied der FDJ, fiel am 28. Oktober 1987 die Rolle zu, eine üble Medienkampagne gegen den Film *Die Reue* loszutreten, der in DDR-Kinos gar nicht gezeigt werden durfte. Nur im sowjetischen Kulturzentrum in Berlin und in Offizierscasinos der in der DDR stationierten sowjetischen Streitkräfte konnte man ihn sehen. Anlass des bestellten Verrisses war, dass das ZDF den preisgekrönten Film innerhalb eines »Sowjetischen Filmfestivals« präsentierte. Das bereitete dem Politbüro heftige ideologische Bauchschmerzen.

Der Text in der *Jungen Welt* trug die Überschrift »Kunst und Geschichtsbewusstsein« und lieferte, so Schütt in einer Replik auf diese Vorgänge am 8. April 1994 aus Anlass des Todes von Tengis Abuladse, »die nachträgliche ideologische Begründung für das DDR-Verbot dieses Films«. Auch in Schütts autobiographischem Rückblick *Glücklich beschädigt* nimmt der Film einen wichtigen Platz ein. Hier ist dann auch das Typoskript der Kritik abgedruckt, mitsamt den Änderungen, Ergänzungen und Streichungen von Erich Honeckers Hand. Ein journalistischer Sündenfall, für den Schütt nun seit über dreißig Jahren büßt. Schütt selbst spricht in *Glücklich beschädigt* von einem »verirrten Ideal und böse gewordenem Unwillen zur Wahrheit in der späten DDR«. Welch Ironie des Schicksals: Der Film, der jeden, der nicht ideologisch verblendet war, erschüttern musste (das tut er heute noch!), hat seinem zum Verriss bestellten Rezensenten gegenüber dennoch nachträglich jene kathartische Wirkung entfaltet, die er bei anderen, unvoreingenommen Sehenden bereits damals hatte. »Auf den Berg von Hunderten protestierenden Leserbriefen stellte ich mich wie ein Sieger. Aber der Text besiegelte mich . Er kostete, ich zahle noch heute ab.«[250]

Die Details des Verrisses, wie er dann zum Druck gelangte, sind so unappetitlich wie jedes ideologische Intrigengebräu. Schütt hat das offengelegt: Die von Egon Krenz an ihn herangetragene Absicht war, etwas gegen die »Totalitarismus-Theorie« (die Gleichsetzung Hitlers und Stalins als Verbrecher) zu unternehmen, die dieser darin vermutete. Honecker war gerade von seiner Bonn-Reise zurückgekommen. Der Medienchef des Politbüros, Joachim Herrmann, erblickte darin den ruhmvollen Abschluss des langes Ringens um diplomatische Anerkennung durch die BRD. Aber jetzt, so Herrmann, müssten die ideologischen Schrauben wieder fester gezogen werden! Die BRD sei immer noch der »Klassenfeind Nummer eins«! Und Gorbatschow, so wies er die Chefredakteure der zentralen Medien an, sei das »Trojanische Pferd« des Imperialismus.

Schütt also schrieb den Verriss eines Filmes, der als Symbol des »neuen Denkens« galt. Der ungeniert in die Rezension (anfangs war es das noch) hineinschreibende Generalsekretär streicht Stellen, in denen es um Verbrechen Stalins geht, die dem Film zugrunde liegen. Das ist der neuralgische Punkt. Schütt hatte mit gezwungenem Optimismus geschrieben: »Ich wünsche mir eine Kunst, infolge derer man mehr um Ursachen weiß und heller, klarer auf Folgen sieht und sich zu Folgen und Ursachen eine aufrichtige Meinung macht.« Hell und klar ist *Die Reue* nicht – und vom »roten Faden des Weltgangs« bleibt nur die Blutspur der Opfer, vor allem die aus den eigenen Reihen. Immerhin fügt Schütt an: »Niemand, so kürzlich Michail Gorbatschow auf einer Beratung mit Leitern der Massenmedien, könne verzeihen, vergessen oder gar rechtfertigen, was in den dreißiger und vierziger Jahren in der Sowjetunion geschehen ist.«

Das sieht Co-Autor Honecker, der unter den Nazis zehn Jahre im Zuchthaus Brandenburg einsaß und von Generalissimo Stalin im fernen Moskau träumte, jedoch anders. Er streicht den Satz und schreibt stattdessen: »Denn für solch überwältigenden Zweifel gibt es dank der Stärke der Partei und der von ihr geführten Sowjetmacht – keinerlei Anlass.«[251]

Darin zeigt sich der ideologische Starrsinn an der SED-Spitze, der nun immer mehr auch Sozialisten dazu trieb, sich innerlich und äußerlich von der DDR abzuwenden. Diese Selbstgerechtigkeit der Macht zerstörte vor aller Augen jenen emanzipatorischen Anspruch, mit denen der andere deutsche Staat, die DDR, einst angetreten war.

Der Staat verlor seine Legitimität: den Humanismus derer, die sich dem Faschismus nicht unterworfen hatten. Und so passierte gerade das, was man unbedingt verhindern wollte: Die Rede vom Totalitarismus wurde (sei sie auch theoretisch falsch) vom bloßen Augenschein der Realität bestätigt.

Immerhin, daran erinnere ich mich sehr genau, folgte dieser Abuladse-Schmähung, die ganz richtig als Absage an eine Reformpolitik in der DDR verstanden wurde – auch unter uns Philosophiestudenten –, ein Aufschrei der Empörung. Und Schütt verschweigt nicht, dass er 729 Protestbriefe bekam, mehr als die Hälfte der Absender (die sämtlich sofort »überprüft« wurden) gehörten der SED oder der FDJ an. Schütt: »Keine einzigen dieser Briefe gab ich zur Veröffentlichung frei.«[252]

Aus der Skepsis der SED-Führung der »Perestroika« gegenüber war offene Ablehnung geworden. Und aus Moskau kamen nun immer mehr Dinge, die nicht ins betonierte Freund-Feind-Weltbild der SED-Spitze passten. »Ein Jahr später wurde fast ein gesamtes sowjetisches Filmfestival aus den Kinos genommen, und der 1. Sekretär des Zentralrats der FDJ, Eberhard Aurich, lehnte die ›Bitte‹ Honeckers ab, der Jugendverband möge doch Protest gegen das Festival organisieren und so den Anlass für die Absetzung geben.«

Das ist das alte Spiel mit »Volkes Stimme«, das schon 1966 bei Frank Beyers *Spur der Steine* bestellte Störer zu »So sind unsere Arbeiter nicht!«-Rufen in die Kinos trieb, um auf diese Weise den Vorwand zur schnellen Absetzung des Films zu liefern. Hier funktionierte es ganz offensichtlich nicht mehr.

Manche stellen Hans-Dieter Schütt in eine Hardliner-Reihe mit Erich Mielke, Margot Honecker und Karl-Eduard von Schnitzler, nicht nur wegen seines *Reue*-Verrisses, an dem Erich Honecker mitschrieb, sondern auch wegen Positionierungen wie der vom 13. Dezember 1987 in der *Jungen Welt*, die ihm allerdings eine Strafanzeige von Vera Wollenberger wegen Verleumdung einbrachte: »Der Feind, ob er nun mit missionarischem Eifer junge Literaten gegen uns losschickt, oder er nun in der Pose des Mahnwächters stets pünktlich auf Bestellung mit Fernsehkameras vor Kirchentore zieht, oder ob er Rowdys mit faschistischem Vokabular und Schlagwaffen ausrüstet – er hat bei uns keine Chance.« Das ist sie, die Logik der Biermann-Ausbürgerer, die jeden hausgemachten Widerspruch als vom Feind zu uns geschickt abtun.

Auch Schütt jedoch blieb ein Mensch in seinem Widerspruch, sich – wie Gottfried Benn sagte – von Irrtum zu Irrtum wendend. Nicht ohne brennenden Ehrgeiz gewiss, es in der SED-Nomenklatura im Dunstkreis des Honecker-Nachfolgers Egon Krenz zu etwas zu bringen. Nach dem Absturz vom Herbst 1989, als ihn die Mitarbeiter der *Jungen Welt* vor die Tür setzten und er sich, so sagt man, mit dem Erfinden von Kreuzworträtseln finanziell über Wasser zu halten versuchte, setzte dann das ein, was man Läuterung nennen kann. Ein heilsamer Sturz. Sein Schreiben seither, von ständiger schonungsloser Selbstbefragung geprägt, zeugt davon. Heute ist er ein feinsinniger Interpret nicht nur von Botho Strauß und Peter Handke. Tiefe innere Wandlung oder Wende, weil sich die Zeiten gewendet haben? Da wir nicht mit Büchner – oder seinem primitiven Nachfolger, dem Machtmenschen Warlam – Menschen die Schädel aufbrechen und in die Gehirne schauen können (und wollen), haben wir nur die sichtbaren Zeugnisse des Wandels. Das muss genügen. Auch Schütts Beschäftigung mit Stephan Hermlin, diesem nicht zuletzt an Nietzsche geschulten Virtuosen der Distanz, zeugt davon.

Hermlin hatte über den von ihm immer bewunderten Ernst Jünger 1987 im Gespräch mit F. J. Raddatz gesagt, ein Schriftsteller, der »einen sehr bedeutenden Stil schreibt, kann nicht mein Feind sein«.[253] Das würde ich auch gerne für Schütt, der sich schreibend selbst zu retten versucht, geltend machen. Eben weil es unbedingt zur historischen Wahrheit gehört, was Schütt über Hermlins Platz als Autor in der DDR-Gesellschaft ausspricht (und damit auch über seinen eigenen

Platz): »Nun, es wurde nicht der Kreis um Ernst Jünger, es wurde Thälmanns Partei. Und der Gedanke der Selbstverbesserung wich dem besseren Gedanken: die Welt zu ändern.«[254]

Ein besserer Gedanke, der aber direkt ins dunkle Herz des 20. Jahrhunderts führte, wo jede Idee sofort Ideologie werden sollte, wo der sich verwendbar machende Geist mit falschem Tun vergiftet war.

Um darauf zurückzukommen: Scham ist es, um die es – neben Schuld, Sühne, Buße und Vergeltung – in Abuladses Film geht. Der Film transportiert diese hin zum Zuschauer. Dieser soll sich selbst zum Gesehenen verhalten: Sind diese Repräsentanten der »großen Sache«, auf der eine »neue Gesellschaftsordnung« gründet, im Grunde doch nur machtgierige Karrieristen, Parvenüs, vor denen man sich in Acht nehmen muss – am gar Ende bloß simple Verbrecher?

Ja und nein. Denn es ist eben nicht bloß ein Film, der an uns vorbeizieht, sondern eine Jahrhundertgeschichte, in der wir alle tief mit drinstecken. Die Lokomotiven der Revolution rollten über viel zu viele Leiber. Die Blutspur reicht bis zu uns, es sei denn, wir schließen die Augen fest davor, wollen sie nicht sehen.

Gibt es keine Rettung aus diesem Verhängnis? Marx hat über die kollektive Scham Erhellendes in den Deutsch-Französischen Jahrbüchern (in einem Brief an Ruge) geschrieben: »Scham ist eine Art Zorn, der in sich gekehrte. Und wenn eine ganze Nation sich wirklich schämte, so wäre sie der Löwe, der sich im Sprunge in sich zurückzieht.«[255]

Daniil Granin über das Drama der Genetik in der Sowjetunion: *Sie nannten ihn Ur*

In seinen *Erinnerungen* verweist Gorbatschow auf zwei Bücher, die 1987 in der Sowjetunion erschienen und die er als Beispiele des »neuen Denkens« über die Geschichte der Sowjetunion anführt: Das erste ist Anatoli Rybakows *Die Kinder vom Arbat* über den Terror der späten dreißiger Jahre in Moskau. Opfer und Täter kennen sich nicht selten, sind in den gleichen Straßen und Häusern aufgewachsen – welch beklemmende Szenerie aus Angst, Machthybris und Verfolgung. Allerdings habe ihn – und seine Frau Raissa – der Roman künstlerisch nicht unbedingt überzeugt.

Das zweite Perestroika-Buch, das Gorbatschow ausdrücklich nennt, ist Wladimir Dudinzews *Weiße Gewänder* – über den Aufstieg des Scharlatans und Stalin-Günstlings Trofim Lyssenko 1938 zum Präsidenten der Landwirtschaftsakademie. Und damit auch über den Beginn der Verfolgung sowjetischen Genetiker – der Diskreditierung einer Wissenschaft als bürgerlich-reaktionär. Dieses Buch wiederum hat mich künstlerisch nicht überzeugt. So ist das mit dem freien Urteil über Menschen und ihre Schöpfungen.

Aber Dudinzew, der bereits 1956 mit dem Tauwetter-Roman *Der Mensch lebt nicht vom Brot allein* hervortrat, war es durchaus ernst mit diesem Thema. Er sah – zu Recht – im Schicksal der Genetik einen Schlüssel für die Mechanismen der Verfolgung unter Stalin. Jahrelang schrieb er an den *Weißen Gewändern*, um zu zeigen, dass die Frage nach Wahr und Falsch aufhört zu existieren, wenn man sie ideologisch mit der Praxis kurzschließt.

Über Trofim Lyssenko und seine Denunziation der Genetik (den sogenannten Weissmanismus) sprach ich auch im September 1989 in einer Doppel-Prüfung in zwei Nebenfächern meines Philosophiestudiums. Seltsamerweise wurden »Philosophische Probleme der Naturwissenschaften« und »Philosophische Probleme der Gesellschaftswissenschaften« in einem abgehandelt. Ich saß allein mit dem Prüfer in einem der baufälligen Hinterzimmer, die am Berliner Kupfergraben dem Institut gehörten. »Philosophische Probleme der Gesellschaftswissenschaften« war ein Hybrid neben anderen Fächern wie etwa Historischer Materialismus, und auch dieses Fach war eine Erfindung des Genossen Stalin und seiner treuen Schüler in der DDR.

Der Professor, der zugleich das Pech hatte, Parteisekretär des Instituts (das zu dieser Zeit noch »Sektion« hieß) zu sein, sah überaus sorgenvoll aus – kein Wunder, wer im September 1989 in der DDR bis drei zählen konnte, sah sorgenvoll aus. Als er mich fragte, worüber ich sprechen wolle (man konnte immer selbst ein Thema anbieten), und ich ihm antwortete, ich hätte etwas über Pseudowissenschaften in der Sowjetunion am Beispiel des Agrobiologen Lyssenko vorbereitet, stöhnte er auf: »Ja, ja, die Russen!« Bei uns hätte es das nicht gegeben!

Womit er in diesem Falle durchaus recht hatte. Was ich an Lyssenko-Bashing zu bieten hatte, war dann Balsam auf seine geschundene SED-Seele, und nach einer halben Stunde war ich mit der Note »sehr gut« wieder draußen.

Ein wirklich revolutionäres, zudem höchst anspruchsvolles Buch zum Genetik-Thema scheint Gorbatschow jedoch nicht zur Kenntnis genommen zu haben, obwohl es bis heute nichts von seiner Intensität eingebüßt hat: Daniil Granins *Sie nannten ihn Ur*. In der Sowjetunion ebenfalls 1987 herausgekommen, erschien es bereits ein Jahr später auch bei Volk und Welt in der DDR – wie alle Bücher Granins, die sämtlich zu den besten der russischen Gegenwartsliteratur der achtziger Jahre gehörten, von *Der Platz für das Denkmal* bis *Das Gemälde* – ich las sie wie Offenbarungen. Doch auf *Sie nannten ihn Ur* stieß ich seltsamerweise erst jetzt, beim Schreiben dieses Buches.

Dass es sich hierbei um mehr als bloße Perestroika-Literatur handelt, war schnell klar: Es ist die Geschichte der Sowjetunion im Spiegel dessen, was mit der Genetik passierte. Eine Spurensuche in jener Zeitspanne vom Ersten Weltkrieg bis in die achtziger Jahre anhand des Lebenswegs Nikolai Timofejew-Ressowskis, des wohl bedeutendsten Genetikers in der Sowjetunion.

Die frühen zwanziger Jahre nach Beendigung des Bürgerkriegs waren für die Wissenschaft, so lesen wir, trotz Mangel an fast allem paradiesische Jahre. Lauter hochmotivierte Forscher suchten sich ihre Arbeitsfelder, niemand bevormundete oder beschränkte sie. Nikolai Timofejew-Ressowski forschte unter seinen Mentoren Nikolai Kolzow und Nikolai Wawilow über Mutationen anhand der Chromosomen der Taufliege Drosophila. 1925 wurde er nach Berlin an das Kaiser-Wilhelm-Institut für Hirnforschung eingeladen. In Russland gab es bereits 1929 erste Kampagnen gegen »lebensfremde Wissenschaften« – vor allem die Genetik. Granin: »Diskussionen endeten mit Entlassungen.« Und dann begannen die Verhaftungen: »Mechanizisten und Morganisten – was für Worte plötzlich auftauchten! – wurden entlarvt.«[256]

Bis 1945 wohnte Timofejew-Ressowski – unbehelligt als Sowjetbürger, der er immer blieb – in Berlin-Buch. Nach der Befreiung war er dort sogar kurzzeitig Bürgermeister. 1937, in dem Jahr des großes Terrors, dem Kolzow und Wawilow zum Opfer fielen, hatte man ihn ultimativ aufgefordert, nach Moskau zurückzukehren. Er ignorierte diese Aufforderung, was man nach seiner Verhaftung und Deportation nach Russland im Herbst 1945 zum Vorwand nahm, ihn zu zehn Jahren Lagerhaft zu verurteilen. Sein älterer Sohn kam noch in den letzten Kriegswochen wegen Verbindungen zum Widerstand ins KZ, wo er am 1. Mai 1945 starb.

Dass Ur und seine Frau 1937 als Genetiker nicht in die Sowjetunion zurückkehrten, hatte einen simplen Grund: Überlebensinstinkt. In Moskau hatte nun Trofim Lyssenko in Sachen Agrobiologie das Sagen – Stalin ernannte ihn zu seinem persönlichen Landwirtschaftsberater, das machte jede Kritik an ihm und seinen obskuren Theorien unmöglich. In der Tretjakow-Galerie, so Granin, sei eine Skulptur ausgestellt gewesen: »Stalin und Lyssenko sitzen auf einer Bank, Lyssenko zeigt eine Zweigweizenähre. Deutlicher ging es nicht!«[257]

Lyssenko trat mit der Losung an, dass es keine fixen Erbinformationen gäbe, sondern diese variabel seien. Die Kulturpflanzen lassen sich – dem Marxismus-Leninismus-Stalinismus gemäß – »erziehen«. Aus Roggensamen könne Weizen entstehen oder umgekehrt. Eine Frage von Temperatur und Dünger. Das Milieu und nicht etwa Chromosomen seien in der Pflanzenzüchtung entscheidend. Das klang erst einmal verheißungsvoll, aber war wissenschaftlich falsch. Der von Lyssenko verbreitete Slogan gegen die Genetiker lautete, diese seien »Fliegenliebhaber und Menschenfeinde«.

Genetiker, so hieß es nun bis Anfang der sechziger Jahre, seien im Grunde nur Vertreter einer reaktionären bürgerlichen Ideologie, die man bekämpfen müsse. Klassenkampf in der Wissenschaft! Lyssenko, der bäuerlicher Herkunft war, brüstete sich oft mit seiner praktischen Erfahrung, die den Wissenschaftlern (Intellektuellen!) fehle – das gefiel nicht nur Stalin, sondern fatalerweise auch seinem Nachfolger Chruschtschow (ebenfalls von bäurischen Naturell), der Lyssenko, selbst als dieser 1962 endgültig wissenschaftlich widerlegt worden war und als Präsident der Landwirtschaftsakademie abgelöst wurde, nie gänzlich fallenließ. Erst 1965 wurden der Lyssenkoismus öffentlich als Scharlatanerie bezeichnet und die Biologiebücher für die Schulen umgeschrieben.

Das weltanschaulich forcierte Thema lautete: Können erworbene Eigenschaften vererbt werden? Lyssenko, der sich auf Lamarck und Mitschurin (einen russischen Züchter aus dem 19. Jahrhundert) stützte, behauptete dies. Für die Ohren der Parteifunktionäre klang dies verheißungsvoll. Und hatte nicht Lamarck nachgewiesen, dass die Giraffen nur deshalb so lange Hälse hatten, damit sie das Laub auch höherer Bäume erreichten? Davon, wie ein Lebewesen existiert, wird es auch geprägt – so der evolutionäre Gedanke bei Lamarck, der aber, im Sinne Darwins, einen langen Zeitraum umfasst.

Im Nachwort zur deutschen Ausgabe von *Sie nannten ihn Ur*, das der renommierte ostdeutsche Genetiker Hans Stubbe aus dem Pflanzenzüchtungsinstitut Gatersleben schrieb, heißt es: »Er war uns allen ein Vorbild an Lebenskraft und Leidensfähigkeit.«[258] Er konnte das so schreiben, denn die DDR-Genetik kam relativ unbeschadet an Lyssenko vorbei. Zwar mussten alle Landwirtschaftsstudenten Anfang der fünfziger Jahre Lyssenkos *Agrobiologie* lesen, aber verboten war die Genetik nie. Das lag auch daran, dass zu dieser Zeit – noch zu Lebzeiten Stalins – eine Abordnung von Genetikern (darunter Hans Stubbe) zu Ulbricht kam, um ihn über die auf Experimenten beruhenden Forschungsergebnisse zu unterrichten. Ulbricht – den exakten Naturwissenschaften ohnehin zugetan – ließ die Genetiker weiter ihre Arbeit tun. 1951 wurde der Genetiker und Lyssenko-Kritiker Hans Stubbe sogar erster Präsident der Akademie der Landwirtschaften der DDR (und blieb dies auch bis zu seiner Pensionierung 1968) – ein offener Affront Ulbrichts gegen Lyssenko und seinen Gönner Stalin.

Absurderweise war, außerhalb dieser Kreise, dennoch öffentliche Kritik an Lyssenko und seinen Theorien in den fünfziger Jahren auch in der DDR verboten. So gab es etwa den Fall Lothar Falk, Dozent an der Fachschule für Heimatmuseen in Weißenfels. Dieser wurde – er hatte in einem Vortrag Lyssenkos Theorien für überholt erklärt – am 5. Mai 1958 wegen »Propagierung westlicher Theorien« verhaftet. Vermutlich wussten die Richter gar nicht um die paradoxe Situation, dass man in der DDR weiter in Sachen Genetik forschte, aber jede öffentliche Kritik an der Sowjetunion, auch im Falle des Genetik-Verbots dort, als Hetze bestraft wurde. So also wurde Falk wegen »staatsgefährdender Propaganda« (die darin bestanden hatte, dass er einen

»nicht genehmigten Vortrag über Mutationstheorie« vor Studenten gehalten habe) zu einem Jahr Gefängnis verurteilt.[259]

Bei Granin kann man nachlesen, wie absurd es im real existierenden Sozialismus zuging. Nachdem Nikolai Timofejew-Ressowski zu Lagerhaft verurteilt worden war, verschwand er in Kasachstan. Beinahe für immer. Granin beschreibt seine Lagerexistenz so: »Sein Zustand war ernst, er war entkräftet und im letzten Stadium der Pellagra, der furchtbaren Lagerkrankheit, bei der es durch Hunger zu einer so schweren Avitaminose kommt, dass keine Nahrung mehr verdaut wird. Die Barackengefährten schleppten ihn zur Arbeit mit in die Baugrube, setzten ihn dort an die Wand, und er sang. Das einzige, wozu er noch Kraft hatte, war Singen. Deshalb mühten sich die Häftlinge auch mit ihm ab.«[260] Ur hatte die Lust am Leben verloren, getrennt von dem, was diesem bislang seinen Sinn gegeben hatte.

Eine Spezialeinheit des Geheimdienstes suchte zwei Jahre nach ihm – mit dem Auftrag, ihn im Rahmen der Forschungen des Atomprogramms als Experten für Strahlenschäden (er hatte über Mutationen, ausgelöst durch Bestrahlung, gearbeitet) nach Sangul im Ural zu bringen. Als man ihn endlich ausfindig gemacht hatte und befahl, ihn sofort nach Moskau zu schicken, war es fast schon zu spät. Bei klirrendem Frost fuhr man den Halbtoten im Schlitten zum hundertfünfzig Kilometer entfernt liegendem Bahnhof: »Zu allem Überfluss schnitten ihm die Kriminellen, dieselben, die ihn seiner Baßstimme und seiner Räuberlieder wegen ins Herz geschlossen hatten, zum Abschied mit einer Rasierklinge den Rücken aus seiner Tuchjacke. Der Professor würde auch so ankommen, und zwar als Leiche, wozu das schöne Tuch verderben lassen, wenn sich warme Fußlappen daraus machen lassen.«[261]

Wundersamerweise war er immer noch nicht ganz tot, als er in Moskau ankam. Dort nahmen ihn die Geheimdienstler in Empfang und taten alles, um den für sie auf einmal so wertvollen Wissenschaftler am Leben zu erhalten. Fast wäre dann doch noch alles umsonst gewesen, wie Timofejew-Ressowski sich erinnert: »Ich erhielt eine Bluttransfusion. Sie machten das nicht sauber – ich bekam den Rotlauf. Irgendwo wird bei uns ja immer geschlampt. Gab das einen Aufstand, ich dachte, sie sperren den Chefarzt ein, ich konnte ihn mit Müh und Not davor bewahren. Dann hab ich mich hochgerappelt und bin immer mehr zu Kräften gekommen.«[262] Allerdings ist er nun fast blind, kann nur mittels Lupe noch mühsam etwas entziffern. Aber da er wieder forschen soll, kehrt auch der Lebenswille zurück.

Er wird zurück nach Sibirien gebracht. Im Ural existierte das streng geheime »Forschungsprojekt 0211«, das ist das Ziel der Reise. 1947 folgen ihm dorthin auch seine Frau und sein zweiter Sohn aus Berlin-Buch. Ein goldener Käfig, in dem kein Mangel herrschte – außer dem, publizieren zu dürfen. Jedoch, derart abgeschirmt kann er als einziger sowjetischer Genetiker weiter arbeiten, Geheimdienstoffiziere sind damit beschäftigt, ihm den Nachschub der Taufliege Drosophila zu beschaffen (die es de facto für sowjetische Labore nicht mehr gibt). Granin beschreibt die absurde Situation, in der sich Timofejew-Ressowski befindet, so: »Das Leben im Ural war möglicherweise der einzige vor Lyssenkows Terror sichere Ort, ein Ort, an dem die wissenschaftliche Genetik weiterlebte.«[263]

1948 kulminierte der Streit um die Genetik – genauer, Lyssenko und seine Anhänger fühlten sich so stark, dass sie die verbliebenen Kritiker – sämtlich in Russland seit jeher hoch angesehene Akademiemitglieder – an den Pranger stellten. Vom 31. Juli bis zum 7. August 1948 fand in der Lenin-Akademie eine Tagung zur »Lage der biologischen Wissenschaft« statt, die Zeitungen berichteten täglich darüber. Der stenografische Bericht erschien auch auf Deutsch, 1949 im Moskauer Verlag für Fremdsprachige Literatur. Mein Vater, der Anfang der fünfziger Jahre an der Rostocker Universität Agrobiologie studierte, hatte diesen Band in seiner Bibliothek – und wenn er darauf zu sprechen kam, dann wegen des schwer erträglichen Nebeneinanders von menschlicher Größe und Niedertracht, die sich dort abgedruckt findet. In dieser einen Woche sprachen 47 Wissenschaftler zur Diskussion – vor allem ging es um den Kampf gegen den Einfluss westlicher »Morganisten und Weismanisten« (Morgan und Weisman sind Namen von Genetikern) in der Sowjetwissenschaft. Aus der Wissenschaft war Ideologie geworden. Doch Einzelne verteidigten ihre Forscherehre – was, wie jeder wusste, für sie fatale Folgen haben würde. Verlust ihrer wissenschaftlichen Positionen war das Mindeste, auch Gefängnis wegen nachgeschobener Beschuldigungen war möglich. Granin resümiert: »Allen, die gegen Lyssenko gekämpft hatten, waren das Leben, die Arbeit danach auf die eine oder andere Weise verpfuscht. Sie mussten eine andere Beschäftigung aufnehmen – sie übersetzten, wurden Buchhalter, tauchten in entlegenen agronomischen Stationen unter.« Einer wird Zootechniker, eine Wissenschaftlerin schlägt sich als Klavierspielerin in einem Klub durch.

Wie der Stalin'sche Terror im Großen, so dringt auch der Lyssenko-Terror im Kleinen in die Familien ein. Granin schildert den Fall eines bekannten Evolutionsforschers, der nach der Akademietagung »Zur Lage in der biologischen Wissenschaft« als »Weismanist« aus Amt und Würden vertrieben wurde. Das Schlimmste war nicht, dass er in den Fernen Osten gehen musste, wo er als Pelztierzüchter in einer Sowchose Arbeit fand, sondern dass sich seine Tochter öffentlich von ihm lossagte. Sie machte daraufhin Karriere im Landwirtschaftsministerium. Erst in den sechziger Jahren konnte der Evolutionsforscher an sein Institut nach Moskau zurückkehren, wo er dann auch Ur traf. Von diesem auf seine Tochter angesprochen, erwiderte er, man dürfe sie nicht verurteilen, er selbst tue das auch nicht: »Sie hat die Familie ernährt, hat uns die Wohnung und die Bibliothek erhalten. Ich bin ihr dankbar, sie hat ihre Ehre dafür geopfert.« Ur versteht diese Logik nicht, die Bibliothek erhalten – und was sei mit ihm? Das könne er nicht verstehen, er sei eben ein Europäer und kein Russe, bekam er zur Antwort.

Das Lyssenkotum war lange Zeit mit vernünftigen Argumenten oder wissenschaftlichen Fakten nicht zu erschüttern: »Wenn Versuche nicht gelangen, behauptete Lyssenko: ›Ihr habt nicht daran geglaubt. Man muss daran glauben, dann gelingt es auch!« Die Logik einer Sekte hatte die biologische Wissenschaft der Sowjetunion bis Mitte der sechziger Jahre fest im Griff. Manche verglichen Lyssenko mit dem Mönch Rasputin am Hofe von Zar Nikolaus. Dann endlich – mit Breschnews Machtantritt – war der Spuk vorüber. Von der Konferenz »Die Lage in der biologischen Wissenschaft« hatte Nikolai Timofejew-Ressowski 1948 gar nichts mitbekommen – und die Teilnehmer ahnten nicht, dass in einem Labor in Sibirien einer der renommiertesten Genetiker seiner Zeit weiter forschte. Auch nach seiner Freilassung 1955 blieb Ur vorerst auf exklusive Weise isoliert – als Leiter eines Biophysikalischen Laboratoriums in Swerdlowsk, und dann in Obninsk bei Moskau (wo man das erste Kernkraftwerk der Welt gebaut hatte) als Leiter eines Instituts für Medizinische Radiologie. 1955 lud der Physiker I.J. Tamm ihn ein, nach Moskau zu kommen, um über den Forschungsstand der Genetik zu sprechen.

Doch alle biologischen Institute waren zu der Zeit in der Hand von Lyssenko-Anhängern. »Nur die Physiker waren autonom. Sie besaßen eine Festung, und in den Mauern dieser Festung beschlossen sie Urs öffentlichen Auftritt zu organisieren.«[264] Die Entdeckung der Doppel-Helix-Struktur der Chromosomen durch Watson und Crick interessierte viele Moskauer Wissenschaftler, vor allem die jungen. Drei Tage vor dem Aufritt Urs versucht die Landwirtschaftsakademie die Physiker zur Absage der Einladung zu zwingen. Aber Physiker lassen sich nicht von Landwirten zu irgendetwas zwingen. Dann, am Tag vor dem Auftritt, kommt der ultimative Anruf, Chruschtschow persönlich habe den Vortrag untersagt. Der oberste Repräsentant der Physiker, Pjotor Leonidowitsch Kapiza, der sich sogar einmal bei Stalin über dessen Geheimdienstchef Berija beschwert hatte (und es geschafft hatte, diese Ungeheuerlichkeit zu überleben), macht das einzig Richtige: Er ruft Chruschtschow an, wird auch verbunden und erfährt, dass dieser von nichts weiß. Er habe nichts verboten, und über Vortragsthemen müssten sie schon selbst entscheiden. Der Vortrag Urs wird dann zu einem völlig überlaufenen Happening in Moskau gegen die Herrschaft Lyssenkos.

Ein Wissenschaftsdrama, in dem sich die Geschichte der Sowjetunion spiegelt. Aber die Verhältnisse in der Sowjetunion unter Stalin waren Ur, der zwanzig Jahre in Berlin Buch gelebt hatte, fremd geworden: »Er sah keinen Sinn in Versammlungen, in gesellschaftlicher Arbeit, im Wettbewerb – in dem, was unsere Ordnung von der deutschen unterschied. Offen gesagt, wollte er sich gar nicht anpassen. Er blieb ein weißer Rabe und war deshalb immer ein wenig verdächtig.«[265]

Erstaunlich, dass der Zensur dieses Buch »durchgerutscht« war – oder meinte man 1987 zynischerweise, die desaströsen Verhältnisse in der sowjetischen Wissenschaft bekannt zu machen, könne nicht schaden? Ich vermute allerdings, dass die Bücher von Daniil Granin – ebenso wie jene von Aitmatow – gewohnheitsmäßig übersetzt und veröffentlicht wurden. An ein Verbot von Granin oder Aitmatow wollte in der

DDR niemand denken. Oder doch? Was Aitmatow jetzt veröffentlichte, das klang nicht gerade nach Sieg des Sozialismus, das klang eher nach selbstgemachter Menschheitskatastrophe. Ein Ruf nach Mythen, Traditionen und auch nach Religion.

Tschingis Aitmatow zwischen Mythos und Science-Fiction: *Der Tag zieht den Jahrhundertweg*

Tschingis Aitmatow hat über die Ermordung seines Vaters, der zum Volksfeind erklärt worden war, in *Einige Bemerkungen über mich* von 1971 nur einen dürren Faktensatz zu vermelden: »Im Jahre 1937 wurde mein Vater, Parteiarbeiter und Hörer am Moskauer Institut der Roten Professur, von den Repressalien betroffen.«[266] Ausführlicher konnte man zu dieser Zeit nicht über Stalins »Säuberungen« sprechen. Ins Faktische übersetzt heißt das, der Vater wurde 1938 hingerichtet (1957 offiziell rehabilitiert).

Nach zwei Jahren in Moskau kehrt die Mutter mit den Kindern in den Ail Scheker in den kirgisischen Bergen zurück: ein Absturz in jeder Hinsicht, die Familie eines Verräters, die vielleicht nur darum überlebt hat, weil der Vater sie im letzten Moment vor seiner Verhaftung – und im Wissen, dass er verloren war – in den Zug setzte.

Ein bloßes Zurück in die Heimat gab es für Tschingis Aitmatow nicht, die Unschuld, das blinde Vertrauen in die neue Zeit – vorbei. Die Verwandten nehmen die Mutter und die vier Kinder auf, versorgen sie – die rettende Dorfgemeinschaft wird zum Urerlebnis Aitmatows. All die Geschichten der Großmutter, die Treue der Schwester des Vaters, Aitmatows Tante, ihr Sinn für Wahrheit. Nein, für die Familie sind sie keine Verräter-Kinder: »Irgendwie begriff diese Frau, obgleich Analphabetin, dass alles Lüge war, dass dies gar nicht sein konnte.«[267]

Aitmatow ist ein Meister darin, das Aufeinanderprallen verschiedener Welten in bildmächtige Symbole zu bringen. Die Heimat und die Fremde, das Land und die Stadt, Kirgisien und Russland, Treue und Verrat – all das findet sich in einer anderen Begebenheit seiner vor

Schweigsamkeit beredten Autobiographie. Der neunjährige Tschingis, der in der Moskauer Schule fließend Russisch sprechen gelernt hatte, weigert sich, zurück im Ail, diese Sprache zu sprechen. Die Russen haben schließlich die ganze Familie ins Unglück gestürzt.

Aber dann verendet ein wertvoller Zuchthengst, der soeben für viel Geld für die Kolchose angekauft worden war. Ein Fall fürs Amt. Der Kreistierarzt, ein Russe, kommt, das Pferd zu obduzieren, den Schuldigen zu ermitteln. Die Hirten drängen den Jungen, ihnen zu dolmetschen, er weigert sich, bleibt stumm. Schließlich befiehlt ihm die Großmutter im Namen seines Vaters mit dem Russen zu reden. Das allein hilft, er übersetzt. Die Hirten erklären dem Veterinär, dass dieser Ort Uu-Sas heiße, »giftiges Gras«. Daran sei das Pferd gestorben. Und warum nur dieses und nicht die anderen?, fragt der zurück. Die einheimischen Pferde wüssten um die Ungenießbarkeit und rührten es nicht an, bekommt er zur Antwort.

Aitmatows Sätze sind meist kurz, aber reichen bis an die Ursprünge der Erinnerung seines Volkes, ihrer Mythen und Legenden. Auch er selbst geht immer wieder an diesen Anfangspunkt zurück, das verbindet ihn mit seiner eigenen Kindheit – um in der Verbindung von beidem einen neuen Anfang für sein Schreiben zu finden. Früh musste Aitmatow auch administrative Aufgaben übernehmen – und das würde so bleiben.

Der feinsinnige Erzähler war zugleich ein Gremienmensch mit vielen Funktionen – was manch einem befremdlich schien, aber sein Lebenslauf erklärt auch diese Weichenstellung. Als der Krieg ausbricht, ist er vierzehn: »Da ich von allen Halbwüchsigen die beste Bildung hatte, machte man mich zum Sekretär des Dorfsowjets, ein anderer fand sich nicht für diese Arbeit.«

Seine Kindheit nahm Tschingis Aitmatow überallhin mit sich. Die traditionelle Dorfgemeinschaft traf auf den Stalinismus, der seinen Vater tötete. Traum traf auf Trauma. Es waren die Mythen und Legenden Kirgisiens, die ihn retteten. Von diesen handelt auch sein wohl wichtigstes Buch *Der Tag zieht den Jahrhundertweg* von 1980, das zwei Jahre später auf Deutsch bei Volk und Welt erschien. Es ist eine Begräbnisgeschichte, die in eine Science-Fiction-Dimension gestellt wird. Der alte Streckenarbeiter Kasangap an der Ausweichstation Schneesturm-Boranly, gelegen mitten in der kasachische Steppe, wo man eine

Tagesreise lang auf keinen Menschen trifft, ist gestorben. Vierundvierzig Jahre tat er hier an der Bahnstrecke Dienst.

Sein alter Freund Schneesturm-Edige weiß, es ist seine Aufgabe, ihn nun würdig, also nach traditionellem Brauch, zu beerdigen. Die jüngeren Arbeiter auf der Station, auch der angereiste Sohn Kasangaps, ein studierter Städter, sehen das nicht so. Kann man ihn nicht gleich hinter der Station begraben, es sei doch ganz egal wo, tot ist tot. Edige ist empört über diese Menschen: »Für die ist alles wichtig, nur nicht der Tod!«[268]

Er besteht darauf, ihn auf dem traditionellen Stammesfriedhof Ana-Bejit in der Steppe zu begraben, das hat er Kasangap auf einer gemeinsamen Reise zum Aralsee, von wo sie beide stammen, versprochen: »Doch sie hätten lieber nicht fahren sollen. Nichts als Enttäuschung hatte es ihnen eingebracht. Der Aralsee war zurückgetreten. Er trocknet aus, verschwindet.«[269]

Der Weg durch die Steppe, hin zum Friedhof, wird zum Leitmotiv. Der Weg ist lang, und vieles erinnert Edige, während er auf seinem Kamel voranreitet und ein Bagger (zum Aufgraben der Grube im steinharten Boden) und ein Wagen, der den Leichnam transportiert, ihm folgen. Nachdem sie so den ganzen Tag durch die glühend heiße Steppe gezogen sind und den Friedhof schon fast vor Augen haben, werden sie durch einen Stacheldrahtzaun gestoppt. Denn hier beginnt das Sperrgebiet des Kosmodroms, von hier fliegen die Raketen ins All.

Der Zutritt zum Friedhof bleibt ihnen verwehrt – und tatsächlich passiert Ungewöhnliches. Am Abend steigen gleich mehrere Raketen auf. In dieser zweiten Handlungsebene erfahren wir, dass die amerikanisch-sowjetische Raumstation Kontakt zu einer außerirdischen Zivilisation hatte, die auf einem der Erde ähnlichen Planeten in einem fernen Sonnensystem lebt und technisch höher entwickelt ist als die Menschen – so haben sie Raumtransporter, die sich in Lichtgeschwindigkeit bewegen. Sie studieren die Erde schon länger und wollen Kontakt mit deren Bewohnern aufnehmen. Ein Bedrohungsszenario? So jedenfalls verstehen es die Großmächte und versuchen sofort, einen atomaren Schutzschild im All aufzubauen. Darum die startenden Raketen.

Davon aber weiß Edige nichts. Er erinnert sich an den Mythos vom

Mankurt. Fremde Krieger hatten einst die Steppe erobert, ermordeten deren Bewohner oder machten sie zu Sklaven. Dazu hatten sie eine grausame Methode ersonnen. Sie schoren den Gefangenen den Schädel und töteten ein Kamel: »Sie schnitten die Halshaut in Stücke und stülpten diese noch feuchtwarm über den geschorenen Schädel der Gefangenen, wo sie im Nu festklebten wie Pflaster.« Die Haut trocknete in der Hitze der Steppe und presste den Kopf wie mit einem eisernen Ring zusammen. Das dauerte, ohne etwas zu essen oder zu trinken, fünf Tage: »Wer nach solch einer Prozedur nicht unter Folterqualen starb, verlor ein für allemal sein Gedächtnis, und wurde zum Mankurt – zu einem Sklaven, der sich nicht mehr an seine Vergangenheit erinnert.«[270]

Die Mutter eines Mankurts sucht ihren Sohn, der als Sklave bei den neuen Herren in der Steppe Hirtendienste leistet, sie findet ihn – aber dieser erkennt sie nicht. Er hat jede Erinnerung und damit auch jedes Gefühl verloren. Vergeblich versucht sie, ihn daran zu erinnern, was für ein Mensch er einmal war, wie er heißt und woher er kommt. Als sie wiederkehrt, tötet er sie – auf Geheiß seiner Herren – mit einem Pfeil.

Das ist für Aitmatow die Tragödie des gedächtnislosen Menschen der Gegenwart, der unweigerlich zum Mankurt wird. Der Gedächtnisverlust aber beginnt in der Zerstörung der Beerdigungskultur. Nur wer seine Vorfahren ehrt, um die tragische Geschichte weiß, der vermag auch sich selbst zu erkennen, kann zwischen Gut und Böse unterscheiden. Der Slawist Ralf Schröder schreibt über die Konstruktion des Romans, in dem Magie und Hightech ineinander übergehen: »Und die kurze Reise der kleinen Trauerkarawane zu diesem Friedhof dauert länger als ein Zeitalter, weil sie im Nachsinnen Ediges eine Reise ins Innere, in die Geschichte wird.«[271]

Durch Edige erfahren wir auf dem langen Gang durch die Steppe vom Leben der Menschen auf der Ausweichstation Schneesturm-Boranlys. Es ist auch die Geschichte des Stalinismus, der das Land zerstörte. Kuttybajew, ein Arbeiter, war denunziert worden – mitten in der verlassenen Steppe! –, er sei ein feindlicher Spion. Das passiert in Stalins Todesjahr 1953. Geheimdienstler kommen zur Ausweichstation und verhören auch Edige. Kuttybajew, der im Krieg als Partisan in Jugoslawien gekämpft hatte, wollte seine Erinnerungen aufschreiben – für seine Kinder. Seine Aufzeichnungen waren nun in der Hand der Geheimpolizei.

Kuttybajew hatte in Jugoslawien, wie er notiert, auch Engländer getroffen, mit diesen über den Krieg gesprochen – jedoch ohne dabei das »Genie des großen Stalins« zu erwähnen. Wenn das nicht schon ein Beweis für seine unlauteren Absichten sei!, so die Geheimdienstler. Aber, erwidert Edige, er wollte doch nur seine Erinnerungen aufschreiben, was sei denn daran verwerflich? Die triumphierende Reaktion seines Vernehmers lässt nicht auf sich warten: »Da haben wir sie, die feindliche Agitation! Hast du mal nachgedacht, was passiert, wenn jeder x-Beliebige anfängt zu schreiben? Hast du mal nachgedacht, was dann passiert? Als nächstes wird jeder x-Beliebige daherreden, was ihm gerade in den Kopf kommt. Oder nicht? Woher hast du bloß diese fremden Ideen? Nein, mein Lieber, das dulden wir nicht. Solche Konterrevolution stößt bei uns auf Granit!«[272]

Solcherart »feindliche Erinnerungen« würde man Kuttybajew nicht ungestraft durchgehen lassen. Was denn an Erinnerungen »feindlich« sei, will Edige wissen – und ist damit eigentlich schon zu weit im Widersprechen gegangen. Aber wohin soll man ihn denn noch verbannen – er ist doch schon mitten in der Steppe? Die Geheimdienstler nehmen Kuttybajew mit, ein Personenzug hält aus diesem Grund extra an der Ausweichstation – und der Freund taucht nie mehr auf. Drei Jahre später (nach dem XX. Parteitag der KPdSU, auf dem Chruschtschow erstmals über Stalins Verbrechen gesprochen hatte), erfährt Edige, dass er in der Untersuchungshaft gestorben sei.

Aitmatow zeigt in *Der Tag zieht den Jahrhundertweg* die Blutspur, die sich durch die Geschichte der Sowjetunion zieht. Für ihn ist klar, wer sie vergessen will, der will uns alle zu Mankurts machen – der ist mitschuldig an den begangenen Verbrechen.

Tschingis Aitmatows Biographin Irmtraud Gutschke erzählt in *Das Versprechen der Kraniche – Reisen in Aitmatows Welt*, während sie über den Weltautor aus Kasachstan schreibt, auch ihre eigene Bildungs- und Wandlungsgeschichte. Der Beginn ist genau datiert: An einem Herbstabend in Jena 1969 tritt die junge Frau in der Dämmerung aus der Bibliothek des Slawistischen Instituts, in der sie Aitmatows Novelle *Djamila* auf Russisch gelesen hatte, immer noch ganz gefangen von der Magie der Sprache. Und so hebt das Buch an: »Beinahe wäre ich unter ein Auto geraten. So mischte sich Aitmatow in mein Leben ein.« Es ist eine Schrecksekunde, ein Augenblick unerwarteten In-Gefahr-Seins und doch auch ein Augenblick der Entscheidung: »Und schon am sicheren Straßenrand fasste ich einen Entschluss: Ich würde meine Diplomarbeit über Tschingis Aitmatow schreiben. Freilich, da war auch ein leises Gelächter in mir: Übertreib nicht. Denk daran, wie du als Kind mit einem Buch in der Hand gegen einen Laternenmast gelaufen bist.«[273] Die leise Selbstdistanzierung scheint nötig für jemanden, der beginnt, im »Gebirge« (so hat man Aitmatows Werk genannt) herumzuklettern.

Damit beginnt eine lange Reise. 1977 erhält sie das erste Mal die Erlaubnis, in Aitmatows Geburtsort nach Scheker zu fahren. Eigentlich ein Ding der Unmöglichkeit, Ausländer dürfen nicht einfach so ins Land reisen, schon gar nicht in abgelegene kirgisische Dörfer. Durch einen Journalistenaustausch gelingt es ihr, zuerst einmal bis Moskau und dann bis Frunse zu kommen. Doch das herrschende »paranoide Sicherheitsbedürfnis« machte jede freie Bewegung unmöglich: »Und selbst die schlecht bezahlte ›Deshurnaja‹, die ›Diensthabende‹ auf der jeweiligen Hoteletage, war eine Aufpasserin und durfte sich erhöht fühlen, wenn sie dich zurechtweisen durfte.«

Nun bekommt sie die Auskunft, das ganze Gebiet sei für Ausländer gesperrt. Nur wenn der Sekretär des Gebietsparteikomitees eine Sondererlaubnis erteile, hätte sie vielleicht eine Chance. Also passt sie den allmächtigen Provinzparteigott ab, als er am nächsten Morgen aus seine Limousine steigt (dafür hat sie die Zustimmung der unteren Chargen bekommen): »Und so funktionierte es auch, mit einem mädchenhaften Augenaufschlag und trotzig-bittender Stimme. ›Reschim‹, sagte der Gebietssekretär, ohne dass sich seine verschlossen Miene aufgehellt hätte. (Wir werden das entscheiden oder lösen, es konnte beides bedeuten.) Sie würden mich zu finden wissen, ich müsse warten.«[274] Und so bekommt sie tatsächlich die Erlaubnis, den Geburtsort Aitmatows zu besuchen.

Ein begleitender Tross von Jeeps setzt sich in Bewegung: Es ist ein offizieller Besuch geworden, immer mehr Würdenträger schließen sich unterwegs an. Und dann, nach einer Ewigkeitsfahrt über staubige Pisten: Stopp!, man ist da. »Was denn, genauso ein lang gestrecktes, staubiges Straßendorf, wie wir schon einige durchfahren hatten, das sollte Aitmatows Geburtstort sein?«[275] Welche Entzauberung, welche Realsetzung des poetisch-hochgestimmten Beginnens! Sie ist die erste Ausländerin in Scheker.

Als 1985 mit Gorbatschow, dem er ein enger Freund und Berater wird, die Perestroika beginnt, ist Aitmatow einer ihrer Vordenker. Der sozialistische Mensch bleibt eine Utopie, in der Realität herrschen moralische Verwilderung und Entwurzlung, die man zuerst benennen muss, um sie vielleicht einmal überwinden zu können. Solche ungeschönte Geschichten will er erzählen.

Der Autor Aitmatow ist beladen damit, auch ein Literaturfunktionär, ein Repräsentant sein zu müssen – am Ende machten sie ihn sogar zum Botschafter des neuen Staates Kirgistans. Unglücklicher kann ein Mensch kaum sein, dessen Kraftquell ebenso wie sein Schmerzgrund immer die sozialistische Sowjetunion gewesen war, an deren Reform er lange geglaubt hatte.

Seine Heimat lebte in ihm, er trug sie in Herz und Kopf hinaus in der Fremde – und die begann schon in Russland – und endete auch nicht, als er im Alter Botschafter Kirgistans in Frankreich und den Benelux-Ländern wurde. Als der *FAZ*-Reporter Michael Martens ihn 2005 in Brüssel besucht, trifft er auf einen unendlich müden alten Mann, einen »aufgehörten Schriftsteller«, wie es Tucholsky nannte, der wenig Lust hat sich zu unterhalten.

Erst am Ende des Gesprächs, als ihm sein Gast ein Geschenk überreicht, fährt der Blitz jähen Unbehagens in ihn, plötzlich hellwach entschuldigt er sich – und eine Stunde später erscheint Aitmatows Fahrer verschwitzt im Hotelzimmer des Journalisten und übergibt diesem eine riesige Schachtel belgischer Pralinen, die der Fahrer eiligst besorgen musste. Der kirgisische Junge in Aitmatow wusste, dass er sich eines Vergehens schuldig gemacht hatte: Nicht der Gast schenkt, sondern er wird beschenkt.

PROMETHEUS VERLÄSST DEN RAUM

Perestroika-Folgen in der DDR. Christoph Heins Rede gegen die Zensur auf dem X. Schriftstellerkongress 1987

Das »neue Denken« sucht sich ein Feld, auf dem es die überfälligen Kämpfe der Zeit ausfechten kann. Der »X. Schriftstellerkongress der DDR« Ende November 1987 zeugt von diesem Aufbruchsgeist. Man will sich nicht länger schulmeistern lassen. Das Selbstbewusstsein der Autoren ist groß – kein Wunder, ihre Stellung in der DDR-Gesellschaft ist königsgleich (viele solcher Königreiche gab es in der DDR). In Bücher von Christa Wolf, Volker Braun, Erwin Strittmatter, Franz Fühmann, Günter de Bruyn, Stefan Heym, Stephan Hermlin, Jurek Becker oder Christoph Hein blickt die Gesellschaft wie in einen Spiegel.

Christa Wolf ist nicht anwesend, seit der Biermann-Ausbürgerung verweigert sie – das gehört zu ihrem »Einspruch gegen diese Maßnahme« – die Mitarbeit im Verband. Aber sie hat einen Brief an den Kongress gerichtet. Dieser soll nach der Kongress-Regie ignoriert werden, da sind sich Literaturfunktionäre mit den anwesenden Politbüromitgliedern, darunter der Chefideologe Kurt Hager, einig.

Aber Günter de Bruyn meldet sich zu Wort, bittet darum, »einen Freundschaftsdienst« leisten zu dürfen: die Verlesung des Briefes von Christa Wolf. Man ist perplex, aber wagt nicht, dies zu verhindern – schließlich sitzen auch die Westmedien mit im Saal – und der *Spiegel* schildert diese Szenerie dann minutiös. Wolf hebt an, sie habe ihre Mitarbeit im Verband aufgegeben, weil es nicht möglich gewesen sei, in ihm »Widersprüche auf gleichberechtigter Basis« auszutragen. Jetzt jedoch sei es an der Zeit, das Verhältnis zu den Kollegen, die die DDR verlassen hätten, zu normalisieren, der Verband müsse

»den Perspektiven der Zeit gerecht werden«. Was damit gemeint ist, scheint klar: das »neue Denken« aus Moskau.

Am heftigsten ist der Vorstoß, den Christoph Hein wagt. Damit keine Missverständnisse aufkommen, ist bereits mit dem Titel seines Beitrags (der dann auch am 4. Dezember in *Die Zeit* abgedruckt wird) das Wesentliche gesagt. Er lautet: »Die Zensur ist überlebt, nutzlos, paradox, menschen- und volksfeindlich, ungesetzlich und strafbar«. So etwas wurde in der DDR noch nicht straflos öffentlich geäußert. Nun aber geht es.

Auch *Die Reue* ist ein Thema für Christoph Hein, wie für alle, die sich fragen, in welche Richtung sich die DDR künftig politisch wenden würde. Er spricht aus, was viele denken: »In den letzten Wochen las ich in zwei Zeitungen Rezensionen des sowjetischen Films ›Die Reue‹. Dass sich bei beiden Kritikern offenbarende Unverständnis für die groteske Form des Films führte sie zu einem totalen Mißverstehen des gesamten Films. Offensichtlich fehlt diesen Kritikern das einfachste Handwerkszeug ihres Berufes. Und es verschlimmert den argen Zustand der Kritik, wenn dann ... mit Worten wie ›Geschichtspessimismus‹, ›ethischer Nihilismus‹, ›Weltverdruss‹, ›Denunziation‹, ›Fatalismus‹ losgeprügelt wird, als mit den, wie Heiner Müller sagt, ›Lieblingsvokabeln verhinderter Zensoren, aus denen sich die akademische Journaille heute wie gestern rekrutiert‹. Die Kritik selbst ist grotesk, da sie bei dem genannten Film eben das vermißt, was überreich in ihm vorhanden ist, nämlich: Engagement, Verantwortung für die Gesellschaft, sozialistischer Humanismus ... Denn so unerbittlich genau und unbeirrt kann nur ein Künstler arbeiten, der trotz der Verbrechen der Stalinzeit die Hoffnung auf den Kommunismus als einziger humaner Alternative nicht aufgab.[276]«

Dahingestellt sei, ob der letzte Satz nicht eine Art Schutzbehauptung war, damit man den Redner nicht sogleich zum Dissidenten stempelte. Aber so leicht ist das nicht mehr, die SED hat – mit dem Auftreten der Perestroika, wo plötzlich freier Geist und freie Rede gelten – die ungeteilte ideologische Deutungshoheit über das, was Sozialismus war, ist und sein sollte, verloren.

Der Bogen, den Hein schlägt, ist weit. Er hebt an mit Immanuel Kants *Beobachtungen über das Gefühl des Schönen und Erhabenen*, in dem es darum geht, dass ein und dasselbe so unterschiedlich auf Menschen zu wirken vermag, dass es dem einen Freude, dem anderen Ekel bereitet. Diese Diskrepanz ist nicht aus der Welt zu bringen, jedenfalls nicht ohne Gewalt. Und der Schriftsteller steht inmitten des Widerspruchs als Bekenner, der sich ausliefert. Denn, so Hein: »Gewiss, Bücher verraten ihren Autor, Literatur offenbart weit mehr als ihren Gegenstand ihren Verfasser. Literaten sind Exhibitionisten: Es ist nicht möglich, zu schreiben und sich bedeckt zu halten.«[277] Und weil der Autor sich preisgibt mit seinen geheimsten Regungen, verlangt er nach einem Leser, der seine Geheimnisse ebenso teilt wie seine Offenbarungen. Der Verleger und der Lektor sind auf diesem Weg vom Autor in die Öffentlichkeit der Buchwelt die unvermeidbaren Begleiter. Sie bahnen bestenfalls erfolgreich den Weg – und da sind der Unwägbarkeiten bereits viele. Diesen schwierigen Weg muss jedes Buch gehen, überall zu allen Zeiten.

Das heißt aber auch, dass sich kein unberufener Mitleser in dieses sich anbahnende Gespräch, das der Autor mittels Buch mit dem Leser führt, einmischt, es stört. Aber das, so Hein, sei leider in der DDR-Veröffentlichungspraxis nicht der Fall. Und da wird er dann auch auf unverblümte Weise drastisch, unerwartet scharf. Wenn Verleger etwas von Büchern verstehen, dann brauchen sie niemanden, der sie beaufsichtigt, ganz im Gegenteil: Sie können ihn nicht gebrauchen. Die Rede ist vom Zensor, der eine Art literarischer Vorschmecker im ideologischen Auftrag sei.

Ist es für die bestehende Ordnung zulässig, was der Autor da zu Papier gebracht hat und was nun vielleicht viele Menschen lesen werden? Ist es erlaubt, dem Staate nützlich, oder nicht erlaubt, weil schädlich? Was soll er von dieser Instanz in einem hochentwickelten kultivierten Gemeinwesen halten, wodurch legitimiert sie sich? Durch nichts, so Hein. Unmittelbar nach dem Zweiten Weltkrieg, als es um die Zerschlagung der NS-Ordnung auch im Verlagswesen ging, hatte sie ihre Bedeutung, aber nun längst nicht mehr. Spätestens 1956, dem Jahr, in dem erstmals über die Verbrechen Stalins gesprochen wurde, hätte sie verschwinden müssen. Jetzt, also 1987, stelle sich die Situation ganz und gar anders dar: »Die Zensur ist nutzlos, denn sie kann Literatur nicht verhindern, allenfalls ihre Verbreitung verzögern.«

Des Weiteren: »Die Zensur ist paradox, denn sie bewirkt stets das Gegenteil ihrer erklärten Absicht.« Und vor allem: »Die Zensur ist menschenfeindlich, feindlich dem Autor, dem Verleger und selbst dem Zensor.«[278] Einer der Gründe, warum in den vergangenen Jahren so viele Autoren das Land verlassen hätten, sei die Zensur. Sie entmündigt nicht nur den Autor, auch den Leser.

Hein knüpft hier an etwas an, das andere Autoren bereits immer wieder gefordert hatten. Am längsten und wohl auf drastischste Weise war es Stephan Hermlin gewesen. Dieser hatte bereits 1972 – zum Machtantritt Erich Honeckers – ein »Aide-Mémoire« für den neuen SED-Chef geschrieben. Darin geht es vor allem um die Schädlichkeit (und Schändlichkeit!) der Zensur. Hermlin kann mit Honecker offen sprechen, denn dieser hatte, wie bereits erwähnt, 1933 eine illegale KP-Gruppe in Berlin geführt, zu der auch Hermlin gehörte. Was er an ihn über die Zensur schreibt – und ein Großteil des Textes handelt davon –, ist eine unverblümte Situationsbeschreibung: »Ich brauche hier keine Namen zu nennen: Eigentlich jeder begabte Autor unseres Landes ist in den letzten Jahren von der Zensur behindert worden. Das Ergebnis ist ein Austrocknungsprozess, ein Ausweichen in Harmlosigkeit und Konformismus oder auch in Schweigen.«[279]

Aber die Zensur betrifft nicht nur Autoren der DDR, ebenso vor allem als »spätbürgerlich« abgestempelte Autoren der klassischen Moderne. Natürlich liegt ihm dabei die französische Literatur besonders am Herzen: »Die größten Dichter des französischen 19. Jahrhunderts wie Nerval, Baudelaire, Rimbaud sind bei uns nicht erschienen. Die wichtigsten französischen Schriftsteller unseres Jahrhunderts sind, mit wenigen Ausnahmen, hier nie gedruckt worden: ich nenne bloß Proust, Claudel, Gide, Malraux; ich könnte leicht andere hinzufügen.«[280]

Hermlin ist seinen Umgangsformen nach ein Diplomat, der sich die Fähigkeit zu überraschender Schärfe vorbehält. Er weiß genau, was er will, und das lässt er auch durchblicken. Er nennt diese Autoren, aber die beiden wichtigsten sind auch die für DDR-Verhältnisse heikelsten, weil sie zugleich existenzialistische Philosophen sind: Albert Camus und Jean-Paul Sartre. Die nennt er hier nicht, aber in den achtziger Jahren werden sie in der DDR erscheinen – ein Resultat langanhaltender, nie nachlassender Überredungskunst, wie es auch Franz

Fühmann in Sachen Sigmund Freud gelang. Diese Lektüre wird dann tatsächlich zum geistigen Befreiungsschlag, zur existenzialistischen Marxismus-Korrektur!

Das Zensoren-Unwesen muss endlich aufhören, fordert Hermlin im Stile eines Fürstenerziehers im Jahr 1972. Aber es wird bis zum Ende der DDR nicht aufhören. Hermlin zielt auf Strukturen, wenn von Literaturwissenschaftlern die Rede ist, die anonym Gutachten schreiben und sich so in die Rolle von Literaturpolizisten begeben. Das sei wie zu Metternichs Zeiten. Hermlin hat selbst Erfahrungen mit der anonymen Macht der Zensur machen müssen, an einem relativ harmlosen Fall, der Herausgabe von Gedichten Verlaines, zu denen er auch ein Nachwort schrieb. Vier Jahre lag das kleine Buch, das bei Reclam Leipzig erscheinen sollte, ab 1966 auf Eis. »Auf mehrmalige Nachfrage erhielt ich die Mitteilung, der Zensor habe Einwände, man dürfe sie mir aber nicht mitteilen. ... Den Namen des Zensors habe ich bis heute nicht erfahren.«[281]

Von solcherart Machtanmaßung, gepaart mit Inkompetenz, oder auch einer perversen Lust an der Vernichtung schöpferischer Leistungen anderer, zu denen man selbst nicht imstande ist, hat Hermlin endgültig genug. Es klingt drastisch, wenn er erklärt: »Seit Jahren existieren schwarze und graue Listen, auf denen Autoren aus der DDR stehen. Diese Autoren werden gar nicht oder so selten wie möglich genannt ...«[282]

Und dann setzt er zum offenen Schlag gegen seine alten Feinde in der Kulturpolitik an: Alfred Kurella, Alexander Abusch und Hans Rodenberg – sämtlich Protegés von Ulbricht. »In Wirklichkeit handelt es sich bei diesen Genossen um gescheiterte Künstler, Leute ohne ausreichendes persönliches Talent, die ihre Frustrationen auf Kosten wirklicher Künstler abreagieren.«[283] Aber diese drei, zu denen man auch noch Klaus Gysi hinzuzählen kann, der dem in Folge des 11. ZK-Plenums der SED im Dezember 1965 geschassten Kulturminister Hans Bentzien nachfolgte (aber unter Honecker dann gleich zweimal seine Posten verlieren sollte), sind ohnehin politische Altlasten für Honecker. Zwar hatte er selbst sich dieser Dogmatiker für seinen Kulturkahlschlag 1965 bedient, aber nun, im Jahr 1971, für sein neues liberales Image, das er sich als SED-Chef zulegt, passen sie nicht mehr. Sie werden abgelöst – aber sind Hager und Herrmann denn irgendwie besser?

Und Klaus Höpcke, der etwas von Büchern verstand und der Großinquisitor des Verlagswesens blieb? Hermlin schätzt diesen Typus durchaus nicht, doch er weiß wohl, es sind die Strukturen, die solcherart deformierte Charaktere hervorbringen: »Ich kannte den Fall eines Zensors, der sich im Zustand der Nüchternheit damit brüstete, daß er die von ihm ›verhinderten‹ Manuskripte in Leder binden ließ und sie dann in seine Bibliothek stellte. Woran erinnert einen das?«[284]

Bis jetzt ist alles auf der Ebene von Verleger, Autor und Leser beschrieben, einem Dreieck, in dem der Zensor nicht nur überflüssig, sondern ganz und gar fehl am Platz sei. Aber nun geht Hein in seiner Rede noch einen Schritt weiter – auf das Feld der Verfassungsrechte. Und das ist wirklich unerhört, überaus gefährlich für ihn, denn was er nun äußert, das bekommt die Partei sonst nur vom Klassenfeind zu hören, da ist die Sache klar.

Christoph Hein ist einer der erfolgreichsten DDR-Schriftsteller, zumal einer der jüngeren Generation, eine, die am schnellsten mit der DDR bricht. So wie Wolfgang Hilbig, der erklärte, er gehöre einer Generation an, die sich nicht mehr zensieren lasse – und erst seine Bücher im Westen veröffentlicht (die im Osten nicht erscheinen dürfen) und dann selbst hinterhergeht. Wieder eine wichtige Stimme weniger im Lande.

Das Problem der Zensur lässt sich offenbar innerhalb der Grenzen der SED-Ideologie nicht lösen. Doch Christoph Hein bleibt wie ein protestantischer Prediger auf seinem Posten und verlangt Rechenschaft von denen, die sich Rechte anmaßen, die ihnen niemand gegeben hat, mehr noch, die ungesetzlich sind. Aber was er hier ausspricht, das sagt er nicht im schützenden Raum der Kirche, sondern auf einem DDR-Schriftstellerkongress, wo die Abgesandten der Macht im Präsidium sitzen: »Die Zensur ist ungesetzlich, denn sie ist verfassungswidrig. Sie ist mit der gültigen Verfassung der DDR nicht vereinbar, steht im Gegensatz zu mehreren ihrer Artikel.«

Als ob das noch nicht genug wäre, kommt nun ein »Dank an die Presse«. Wäre sie nicht so, wie sie ist, nämlich wirkungslos, dann hätte die Literatur nicht zusätzlich zu ihrer eigenen Aufgabe auch noch die der Presse mit zu übernehmen. Jetzt ist Hein offen auf Perestroika-

Kurs, wenn er die Presse als Werkzeug der Abteilung Agitation und Propaganda des ZK der SED kritisiert: »Aber fehlende oder doch unzureichende Berichterstattung und das Ausbleiben öffentlicher Auseinandersetzungen zu unseren öffentlichen Angelegenheiten in Presse und Medien schädigt und zerstört die politische Kultur unseres Landes.«

Neben der Polemik, die Hein hier abliefert, gibt er eine genaue Definition dessen, was Schriftsteller für ihn sind: Chronisten. »Schreiben ist nach meinem Verständnis dem Bericht-Erstatten verpflichtet.« Natürlich ist der, der etwas berichtet, ein Einzelner, seine Sicht der Dinge subjektiv. Aber beliebig ist es dennoch nicht, denn wenn der Berichtende es ernst meint mit dem, was er schreibt, dann nimmt er sich selbst in die Pflicht. Das Berichtete hat, wenn es denn Gewicht hat, eine existenzielle Dimension. Wie man sie nicht totschweigen darf, so doch auch nicht sie totfeiern und ihre Rolle verklären. »Auf einem Sockel aber lässt sich nicht arbeiten, weil auf ihm keine Erfahrungen zu machen sind, ohne die unsere Arbeit nicht möglich ist.«[285]

Der Wirkungsraum also ist mit dieser Rede abgesteckt: den Mut zu haben, der eigenen Erfahrung zu trauen und diese in eine Sprache zu bringen, in der andere sie teilen oder ihr widersprechen können. So Heins Resümee zum »neuen Denken«, das für die DDR überfällig ist.

Manche behaupten nun – vor allem Klaus Höpcke selbst, von 1973 bis 1989 Chef der »Hauptverwaltung Verlage und Buchhandel« –, dass die »Druckgenehmigungspraxis« sich zu Beginn des Jahres 1989 so grundlegend geändert habe, dass man von einer Abschaffung der Zensur sprechen könne. Aber das stimmt nicht. Immerhin wurde das Druckgenehmigungsverfahren »vereinfacht«. Einen entsprechenden Beschluss seines Amtes stellte Höpcke auf einer internen Sitzung des Schriftstellerverbandes vor.

Darin heißt es, dass man das Genehmigungsverfahren keineswegs abschaffen wolle, aber auf einen »bestätigten Themenplan«, eine »Begründung des Verlages für die Veröffentlichung des betreffenden Titels« und ein Formblatt zur Erteilung der Druckgenehmigung reduzieren wolle. Das ist dann ein »bisschen Zensur«, deren Ankündigung so klingt wie »ein bisschen schwanger«. Aber Fakt ist wohl auch, dass Höpcke und sein Amt dem wachsenden Druck von Autoren – nach der Rede von Christoph Hein nimmt kaum mehr einer ein Blatt vor den Mund – nachgeben müssen: ein bisschen.

Dass der »Zensur-Minister« (so nannte Erich Loest Klaus Höpcke) keineswegs die Abschaffung der Zensur plante, was seine eigene Stellung gleichsam überflüssig gemacht hätte, geht aus einem Schreiben Höpckes an Kurt Hager hervor, das für die Reinhaltung der Ideologie zuständige Politbüromitglied. Am 1. Juli 1988 teilte er diesem mit, man beabsichtige nicht, »die Druckgenehmigungsgrundsätze irgendwo in schriftlicher Form zu veröffentlichen«. Die Verlagsleiter und die Schriftstelleröffentlichkeit sollten mündlich »mit der veränderten Handhabung der Druckgenehmigung vertraut gemacht werden«.[286]

Für Autoren und Verlage war dies immerhin ein Schritt in die richtige Richtung, der völligen Abschaffung der Zensur. Aber öffentlich nachlesbar sollte es nicht sein – das klingt wie ein bisschen Perestroika aber ganz ohne Glasnost. Ein Zugeständnis der Macht an den Geist, auf das sich niemand berufen und das jederzeit wieder zurückgenommen werden konnte.

Immerhin, man muss es Höpcke zugutehalten, dass er keine Freude am Verbieten hatte, die Bücher lieber gedruckt als verboten sehen wollte. Aber er spielte das Zensur-Spiel mit und musste sich dann auch von Kurt Hager eine weitere Abschwächung der geplanten Lockerung der Zensur diktieren lassen. Hager forderte, nur von einer neuen »Auslegung des bestehenden Verfahrens« zu sprechen, und fügte schriftlich die für Höpcke unmissverständliche Warnung hinzu: »Grundbedingung dieses Verfahrens ist selbstverständlich, dass keine den Grundsätzen unseres Staates und unserer Gesellschaft widersprechende Literatur veröffentlicht wird.«[287]

Das aber war genau das Argument der Zensur, mit dem auch bislang schon wichtige Literatur – von Stefan Heyms *Fünf Tage im Juni* bis zu Monika Marons *Flugasche* oder Jurek Beckers *Schlaflose Tage* – verboten worden war.

Die Katastrophen der Welt rücken näher: Christa Wolfs *Störfall*

Eigentlich ist der Mond der nächtliche Beschützer der Schlafenden. Seine Nachthelle schafft einen Gegen-Raum der Poesie. Aber wie Bulgakow seinen Epilog zu *Der Meister und Margarita* mit dem Mond als etwas, das dem Schlaflosen Angst bereitet, schließt, so auch Christa Wolf ihren *Störfall. Nachrichten eines Tages.* Da lesen wir: »Ich habe im Bett gesessen und geheult. Mein Gesicht ist von Tränen überströmt gewesen. Soeben war in meinem Traum ein riesengroßer, naher, ekelhaft in Zersetzung übergegangener Mond sehr schnell hinter dem Horizont versunken. Am nachtdunklen Himmel war ein großes Foto meiner toten Mutter befestigt gewesen. Ich schrie.«[288]

Das erstaunt, denn bis eben hatte man gerade bei Christa Wolf – neben Stephan Hermlin und Franz Fühmann eine wichtige Fürsprecherin der Romantik – den Mond für ihren Bundesgenossen gehalten. Aber dieser 26. April 1986, als im ukrainischen Tschernobyl der Reaktorblock 4 explodiert war, hatte vieles erschüttert – und davon handeln diese »Nachrichten eines Tages«. Sie verändern auch ihr Denken und Fühlen, ihr Sprechen und Schreiben, selbst ihren Alltag auf chaotische Weise: ein plötzlicher Zerfall dessen, was bis eben für normal galt.

Störfall ist ein ebenso wirkmächtiges Buch geworden wie *Kassandra* – die Autorin schreibt wie in einem langen – fiktiven – Monolog all das nieder, was ihr unablässig durch den Kopf strömt und sich nicht anhalten lässt. Alles steht in Frage, nichts ist künftig mehr das, was es mal war. Was ein »strahlender Himmel« ist, darüber wird man künftig nicht mehr unschuldig reden können.

Dieser 26. April 1986 ist der Sündenfall unserer Technikgläubigkeit. Doch können wir das begreifen, geschweige denn ausdrücken, heute, mit unserer Sprache von gestern?

Gleich der erste Satz in diesem schmalen Büchlein gibt zu erkennen, was folgen wird: die Selbstbefragung der Autorin, die sich einen fiktiven Bruder schafft, der am selben Tag eine schwere Gehirnoperation zu überstehen hat. Ausgang ungewiss – nicht nur für den Bruder. Was ist Zukunft?

»Eines Tages, über den ich in der Gegenwartsform nicht schreiben kann, werden die Kirschbäume explodiert sein.«[289] Wird man jemals wieder davon sprechen können, dass nach einem langen Winter im Frühjahr Kirschbäume explodiert seien? Noch weiß man in diesem Mai 1986 nicht, was werden wird. Fakt ist, Anfang Mai liegen die Messdaten der Radioaktivität in der Luft in Ost- wie in Westdeutschland um das Hundertfache höher als der Normalwert. Die radioaktive Einheit der Luft ist hergestellt. Aber solche Zahlen hört man nicht in DDR-Medien, diese Informationen kommen aus dem Westen.

Man hat Angst, weiß nicht, wie gefährlich diese Strahlung ist und was an den pausenlos einströmenden Ratschlägen nun richtig oder übertrieben, gar bloße Panikmache ist. Niemand weiß es, die Gefahr der Strahlungen ist unsichtbar. Also soll man die Kinder zum Spielen ins Freie lassen oder lieber nicht? Darf man frische Milch trinken, mit bloßen Händen in die Erde greifen? Einer der Ratschläge dieser Wochen lautet, nicht zu baden, denn dann dringe die Radioaktivität durch die Haut in den Körper, sondern nur zu duschen.

So hatte sich niemand, auch die Friedensbewegung nicht, den Anwendungsfall der atomaren Bedrohung vorgestellt. Auf dieses kleinere Übel war niemand vorbereitet gewesen, wie Christa-Wolf-Biograph Jörg Magenau schreibt: »Der Atompilz wurde durch die rauchende Ruine des Reaktorblocks abgelöst.«[290]

Christa Wolf macht das, was sie seit *Kindheitsmuster* immer macht, sie denkt über das Unheil nicht unter Absehung der eigenen Person nach. Und sie ist nun mal Schriftstellerin, ihr Material sind die Worte, ihre Worte. Man hat das narzisstisch, elitär und abgehoben genannt – aber die Leser haben diese Art von Selbstbefragung auch in ihrer höchst subjektiven Form angenommen. Neue Wörter sind plötzlich aufgetaucht, wie das »Jod 131«. – »Die Schilddrüse, hat sich herausgestellt, ist also eines unserer sensibelsten Organe zur Speicherung radioaktiven Jods.«[291]

»Kontaminiert« ist auch so ein Wort mit Konjunktur. Was ist eigentlich noch nicht kontaminiert? Und gleichzeitig das Denken an die Operation des Bruders, dessen Schädel geöffnet wird, um den Tumor herauszuschneiden. Die hilflose Frage in diesem Monolog, der ein stummes Gegenüber projiziert, lautet: »Leidest du? Wohin gerät das Leiden, dessen wir nicht gewahr werden können?«[292]

Erweitert die Katastrophe gar unseren Vorstellungsraum, haben die

Wörter nun einen weiteren Assoziationsraum, fragt die Autorin und überlegt, dass ihre Großmutter sich unter einer Wolke nichts anderes vorstellen konnte als kondensierten Wasserdampf. Aber was stellen wir uns vor, wenn wir von einer »radioaktiven Wolke« sprechen? Die Sprache bleibt nicht unberührt von solchen Katastrophen, aber sie geht eigene Wege, nicht die, die man ihr vorzugeben versucht mit einem Regelwerk. Die Selbstbeobachtung der Schreibenden: »Ich spüre das aufgeregte Flimmern an den unscharfen Rändern meines Bewusstseins.«[293]

Und wie wird es weitergehen, wird man die Folgen der Katastrophe auf die gleiche Weise versuchen aus der Welt zu bringen, wie man sie in sie hereingebracht hat – mit noch mehr aufgebotener Intelligenz? Intelligenz, notiert Christa Wolf kühl, sei zum entscheidenden Evolutionsfaktor geworden – oder beschleunigt sie nur das Tempo auf dem Weg in den Abgrund? Eins ist klar, ohne neueste Technik wäre ihr Bruder verloren: Wenn er eine Chance hat, den Tumor zu überleben, dann die durch hochspezialisierte Wissenshaft und Technik.

Dieser Text ist ein sich Vortasten in das Danach, in dem man nicht nur anders denken, auch anders fühlen wird als zuvor. Ihre Fragen häufen sich, an Antwort ist hier nicht gedacht: Haben wir die Geschenke der falschen Götter angenommen, fragt sie oder auch, ganz grundsätzlich: »Treiben die Utopien unserer Zeit notwendig Monstren heraus?«[294]

Die 118 Seiten dieses Textes beziehen ihre Stärke aus dem Mut, die eigene Ratlosigkeit auszusprechen. Viele Fragezeichen. Einen Moment lang, im Mai und Juni 1986, ist das Lebensgefühl bei Ost- und Westdeutschen gleich: eine starke Beunruhigung.

Der neue Standpunkt ist nicht sofort zu erlangen, er verlangt, dass man sich zuvor dem Ungewissen aussetzt, der Sorge, der Ratlosigkeit, auch der Angst vor einem Ende. Manche eher tagespolitisch gestimmte Gemüter beklagen das Fehlen genauer Benennung im Text, dass es sich um das Kernkraftwerk im ukrainischen Tschernobyl handelt etwa, oder von Kritik an der mangelnden Informationspolitik über das Unglück nicht nur in den sowjetischen Medien, auch in denen der DDR. Aber das verkennt, dass Christa Wolf hier keinen journalistischen Text geschrieben hat, sondern einen, der dem Gefühl einer tiefen existenziellen Erschütterung nachgeht.

Das ist dann das wichtigste Fazit dieses schmalen Buches, eines, das seine Gültigkeit behalten hat: »Wieder einmal, so ist es mir vorgekommen, hatte das Zeitalter sich ein Vorher und Nachher geschaffen. Ich könnte mein Leben beschreiben, ist mir eingefallen, als eine Folge solcher Einschnitte, als Folge von Eintrübungen durch immer dichtere Schatten. Oder im Gegenteil, als fortlaufende Gewöhnung an härtere Beleuchtungen, schärfere Einsichten, größere Nüchternheit.«[295]

Störfall. Nachrichten eines Tages spricht den Leser unmittelbar als Gegenüber an, um sich dann tagebuchartig wieder in die Unerreichbarkeit des inneren Monologs zurückzuziehen. Vielleicht half ihr bei dieser Form, dass sie seit 1960 immer einen Tag im Jahr, den 27. September, beschreibt (und das bis ins Jahr 2000 durchhalten wird).

Liest man in diesen unter dem Titel *Ein Tag im Jahr. 1960–2000* erschienenen Aufzeichnungen die Mitte der achtziger Jahre entstandenen Texte, dann spürt man die innere Zerrissenheit Christa Wolfs, ihren »Depressionsdruck«,[296] wie sie es am 27. September 1988 formuliert. Sie war nun mal eine in Ost und West mit Erwartungen beladene Autorin, von ihr erhofft man (zu) viel: Zuspruch, Bestätigung bis hin zu Hilfe und Rettung. Mehr als jemand, der das Schreiben als Beruf gewählt hat, leisten kann. Zumal das Bild von Christa Wolf – vor allem seit *Kassandra* – sich in Ost und West stark zu unterscheiden beginnt.

Im Osten gilt sie als Autorin, die Einzelschicksale mit gesellschaftlichen Bedingungen verbindet, sich selbst dabei auf eine ebenso feinsinnige wie schonungslose Art befragend. Im Westen wird sie zur Kultfigur des Feminismus, was ihr in dieser Frontstellung gegen die Männer alles andere als recht ist. So fühlt sie sich in beiden deutschen Ländern zum Teil missverstanden und in der Gefahr stehend, für fremde – also nichtliterarische – Zwecke instrumentalisiert zu werden. 1987 eskaliert dieser Streit um Christa Wolf auch im Westen, einige beginnen damit, das Idol zu zerstören, oder, wie Marcel Reich-Ranicki später einmal abschätzig sagte: Christa Wolf sei doch keine »heilige Kuh«.

Am 27. September 1987 kann man nachlesen, worum es geht. »Ich werde anfangen, die Laudatio für Thomas Brasch zum Kleist-Preis zu schreiben, die ich am 27. Oktober werde halten müssen.«[297] Denn sie hatte, als Allein-Jurorin, den Kleist-Preis dieses Jahres an den aus der DDR unter Protest fortgegangenen Thomas Brasch (*Vor den Väter sterben die Söhne*) gegeben. Dessen Auftritt 1981 zur Verleihung des Bayerischen Filmpreises für *Die bleierne Zeit* ist so manchem Politiker im Westen noch in unguter Erinnerung. Hatte er sich dort doch zuerst für seine Ausbildung an der Filmhochschule der DDR bedankt, eine Selbstverständlichkeit, sollte man meinen, und damit wüste Reaktionen hervorgerufen. Wie kann man seine Rolle als hofierter Dissident so schlecht spielen, so undankbar sein!

Im Westen spricht er offen darüber, dass die Bundesrepublik »der andere Teil der deutschen Nachgeburt« sei. Franz Josef Strauß, der bei Braschs Filmpreisrede neben ihm stand, hatte übrigens souverän reagiert, als er im Anschluss sagte, er danke ihm dafür, dass er sich hier als Demonstrationsobjekt der liberalitas bajuvaris zur Verfügung gestellt habe.

Nun also der Kleist-Preis. Christa Wolf sagt in ihrer Rede, in der sie die Zerrissenheit des Autors in den Mittelpunkt stellt, dass Thomas Brasch auch nach seinem erzwungenen Weggang aus der DDR Sozialist geblieben sei. Der Erfahrungshintergrund DDR lasse ihn die Rolle der Arbeit dort als soziale Kategorie genauer erkennen, während im Westen Geld und Konsum die zentralen Kategorien seien. Da ist bei einigen westlichen Kommentatoren allerdings die Grenze des Tolerierbaren überschritten. Noch bläst man nicht zur Jagd – damit wartet man bis 1990. Da soll dann ein Denkmal vom Sockel geholt werden – eines, das man zuvor (gegen den Willen der Autorin) selbst errichtet hatte.

Am lautesten reagiert Marcel Reich-Ranicki in der *FAZ*. DDR-Lesern, die sich an die fünfziger Jahre erinnern, ist der bundesdeutsche »Literaturpapst« noch ungut als polnischer Autor Marcello Ranicki mit überaus dogmatischen Urteilen über Literatur etwa in der *Neuen Deutschen Literatur* in Erinnerung. Aber jetzt ist er empört: Ein ins Exil getriebener Autor sei immer noch ein Sozialist? »Wie soll man das nennen: Zynismus, Heuchelei oder ganz einfach Unverfrorenheit?«[298]

Hier taucht auch das Wort von der »Staatsdichterin« zum ersten Mal auf.

Am 13. November antwortet Thomas Brasch Reich-Ranicki in der *FAZ*. Seine Position ist klar: »Wie auch Christa Wolf bin auch ich davon überzeugt, dass eine Gesellschaft, die sich unter großen Schwierigkeiten und in ständiger Veränderung der jahrhundertealten Last der Ausbeutung entledigt, die einzige produktive Möglichkeit in sich birgt.«

Christa Wolf legten sich die nun nicht mehr abreißenden Anfeindungen erst aufs Gemüt, dann auf die Physis. Hans (Chaim) Noll etwa, Sohn von Dieter Noll, sprach in der *Welt* von ihrer »Lebenslüge«. Dennoch hatte sie im November 1987 in München den Geschwister-Scholl-Preis erhalten, die Stimmungslage der bundesdeutschen Öffentlichkeit war in Sachen Christa Wolf (und der DDR!) gespalten. Gab es etwa keinen Gorbatschow, keine Reformpolitik in der Sowjetunion? An Františka Faktorová in Prag schreibt sie am 6. November 1987, und es klingt verzagt: »Ich sehe keine Verbindung von diesen unerhört mutigen jungen Leuten zu mir, aber wenn ich den Preis abgelehnt hätte, hätte ich die Jury beleidigt.«[299]

Im Westen gerät sie auf ein Feld heftiger Polemik (nicht jeder teilt hier die Utopie des erneuerten Sozialismus), doch die Ebene des bloßen Meinungskampfes ist nicht die der Autorin. Ihre ohnehin angegriffene Gesundheit, die Neigung zu Depressionen, gerät nun gänzlich aus der Bahn: Der völlige Zusammenbruch folgt im Jahr darauf. 1988 überlebt sie – fünf Operationen sind notwendig – nur knapp einen Blinddarmdurchbruch mit anschließender Blutvergiftung und Bauchfellentzündung.

Im Mai 1988 hatte sie Helga Schütz geschrieben: »Kurz und gut: Ich bin erschöpft.« Sie hat das *Sommerstück* über die ersten Mecklenburger Jahre in Meteln auf dem Tisch – Meteln, das ist nach einem Hausbrand auch bereits Vergangenheit. Und nun hat sie ihren alten Vater bei sich gehabt, der jedoch in ein Heim nach Berlin-Buch gehen wird. All das liegt ihr auf der Seele.

Am 18. Juli ist es Volker Braun, der von ihrem Blinddarmdurchbruch erfährt: »Ja, diesmal gings mir schlecht, sogar noch schlechter, als ich wusste. Nun habe ich wieder laufen gelernt (wenn auch noch nicht sehr weit), Treppensteigen, essen und Ende der Woche werde ich, wenns so weiter geht, entlassen – arbeitsfähig noch lange nicht, aber das drängt auch nicht so. Ich denke mir, erstmal leben ist eigentlich ganz schön. Und sich nicht von Außen-Anforderungen zerreißen lassen.«[300]

Helga Königsdorf (die dauerhaft mit schwerer Krankheit zu kämpfen hat) schreibt sie am 5. August über den Moment, als niemand wusste, ob die »Sepsis im Bauchraum bleiben oder weitergehen würde«.[301] Da zeigt sich bereits wieder ihre große Stärke, im Beschreiben der eigenen Krankheit denkt sie über Schreiben und Krankheit, über die Erfahrung der Todesnähe nach. Bis hin zu einem Punkt der Einsicht, ihre schwierige Autorenexistenz in der DDR betreffend: »Übrigens – ganz wichtig: Ich glaube, auch verstanden zu haben, warum und wodurch ich gerade zu diesem Zeitpunkt krank geworden bin, und warum mein Immunsystem keinen Widerstand leisten konnte.«[302]

Dean Reed – Ein Amerikaner in der DDR

Wie kam Dean Reed, ein Rocksänger und Schauspieler aus Denver, Colorado, 1971 in die DDR, wo er erstmals beim Leipziger Dokumentarfilmfestival auftauchte – und sofort für starkes Aufsehen sorgte? Auf allerlei Umwegen.

Er besaß die Ausstrahlung eines Sunnyboys, jedoch eines mit betonfesten Prinzipien, die man bei einem wie ihm nicht vermutete. Zudem war er ein echter Amerikaner, der patriotischer als die anderen Amerikaner sein wollte und nie ohne Miniaturflagge reiste, die er auf den Nachttisch im Hotel oder auf einen Schreibtisch stellte – während er aus Protest gegen die amerikanische Politik der sechziger und siebziger Jahre öffentlich die US-Flagge wusch oder gar verbrannte oder Ronald Reagan wegen seiner Weltraumraketenabwehrsystem-Pläne einen »Staatsterroristen« nannte.

Er kommt aus unscheinbar-bürgerlichen Verhältnissen, der Vater ist Lehrer. Dieser Vater, ein erzkonservativer Scharfmacher, ein »Kommunistenfresser«, wurde für den Sohn zum Feindbild eines »Diktators«, an dem er nur eins widerwillig bewunderte: seine rücksichtslose Konsequenz auch gegen sich selbst. Dieses fatale Vaterbild wird noch Folgen haben für Dean Reeds weiteres Schicksal.

Die große Frage, die viele in der DDR beschäftigte: War dieser Dean Reed einer, der es in den USA nicht geschafft hatte und eine zweitklassige Ersatz-Karriere in der Sowjetunion, in der Tschechoslowakei, in Chile, Argentinien – und nun also auch der DDR machte? Ja und nein. Armin Mueller-Stahl, der einige Male (u.a. in dem Western *Kit & Co*) mit Reed zusammenarbeitete und zu den wenigen deutschen (gar ostdeutschen) Schauspielern gehört, die sich in Hollywood je durchgesetzt haben, bestreitet das. »Was für ein toller Typ!«, habe er gedacht, als er ihn das erste Mal sah. Er habe ebenso viel oder wenig Talent wie andere Schauspieler besessen, die in Hollywood erfolgreich wurden – nur bekamen diese irgendwann einmal starke Geschichten zu spielen. Außerdem habe Reed eine ungemein starke Ausstrahlung besessen, vor allem die Frauen liebten ihn.

Reed will Erfolg als Sänger und Schauspieler haben. Und anfangs hat er dann auch tatsächlich ein seltenes Glück. Er wirkt auf das ländliche Publikum seiner Heimat nicht halb so gefährlich wie Elvis Presley, scheint eher der Typus bevorzugter Schwiegersohn zu sein als Rebell. Groß und schlank, sportlich, mit dichtem dunklem Haar und überaus charmant lächelnd. Die *Rocky Mountain News* ruft ihn 1959 zum neuen Glenn Miller aus – womit sie etwas danebenliegt. Die musikalische Richtung stimmt zwar nicht, aber dass er etwas Besonderes hat, wird schnell klar. Zwei Singles sind inzwischen von ihm erschienen, die fallen nicht weiter auf – aber noch ist alles für ihn möglich.

Mit Geschichten wie der folgenden hat er bereits einen Grundstein zum Erfolg gelegt – seiner eigenen Legende. Und die geht bei Reed so: Mitten in der Wüste nimmt er einen etwas heruntergekommenen Anhalter mit, dem er noch dazu das Geld für ein Hotelzimmer gibt. Dieser Anhalter hat Geburtstag und darum singt ihm Reed unterwegs ein Ständchen. Der Anhalter – der eine Art Agent gewesen sein soll – ist von dem Lied angetan und verspricht Reed, dass er ihn einem Musikproduzenten vorstellen wird. Das passiert auch und Reed steigt in das kommerzielle Musikgeschäft ein. Aber von dem verdienten Geld hat er wenig, sein Manager Roy Eberhard beansprucht 25 Prozent seiner Einnahmen, zehn Prozent der Agent, 5 Prozent der PR-Agent und 30 Prozent die Steuer. 1960 verkauft Eberhard seinen Vertrag mit Reed weiter: »Käufer war die Organisation, die in Hollywood mit allem, was es an Showbusiness gibt, handelt und die man getrost als Syndikat, als eine Art Mafia bezeichnen kann.«[303]

Da zahlt er viel Lehrgeld. Aber immerhin – Robert Redford vor

Augen – glaubt man an das Star-Potenzial von Reed und vermittelt ihn an Warner Brothers. Die schicken ihn drei Jahre auf die firmeneigene »School of Stars«, wo der legendäre Paton Price ihm Schauspielunterricht erteilt. Mit Jean Seberg zusammen wird Reed von dem radikalen Pazifisten (der als Wehrdienstverweigerer während des Zweiten Weltkriegs zwei Jahre im Gefängnis war) in seiner Haltung als Schauspieler geprägt. Aber der Widersprüche in seinem weiteren späteren Leben sind viele: Während er im Weltfriedensrat aktiv ist, scheut er sich – als Freund von PLO-Chef Arafat – nicht, archaische Tänze mit über den Kopf erhobener Kalaschnikow aufzuführen oder in den Stellungen von PLO-Kämpfern mit der Gitarre zu sitzen.

Zwei Jahre wohnt Reed bei seinem Guru und fühlt sich nun bereits als Marxist, der Hollywood als Traumfabrik durchschaut. Man bietet ihm eine attraktive Rolle in einer Fernsehserie an, Reed lehnt ab, weil die Filmfigur einen Revolver tragen soll. Statt seiner wird Steve McQueen engagiert. Dennoch, er ist zwanzig und hat alle Möglichkeiten.

Wie aber gelangt er dann aufs Nebengleis – und ist dieses nun besser oder schlechter als das Hauptgleis, das eine glatte Karriere verspricht? Mit seiner dritten Single *Our Summer Romance* (im Elvis-Presley-Stil) hat er – immer noch zwanzig Jahre alt – in den US-Charts wiederum keinen Erfolg (wie auch mit drei weiteren nicht). Aber diesmal passiert etwas Ungewöhnliches – in Lateinamerika, besonders in Chile und Argentinien, ist das von Reed selbst geschriebene Lied ein Hit. Die Single wird über eine Million Mal verkauft!

Die erste Tournee, die er 1961 nach Chile unternimmt, ähnelt einem Triumphzug. Tausende Teenies warten bereits am Flughafen auf ihn, eine Polizeieskorte schirmt ihn vor zudringlichen Fans ab. Der in den USA ganz und gar Unbekannte lächelt hier beinahe von jeder Zeitungstitelseite herab. Wen wundert es, dass er nun die nächsten Jahre durch Lateinamerika tourt, in Argentinien sogar eine eigene Fernsehshow bekommt? Nur hat er in den USA jetzt den Anschluss verpasst.

Zumal er sich auch politisch immer radikaler äußert. Die soziale Frage steht ihm in Chile drastisch vor Augen, wenige sehr Reiche dominieren viele sehr Arme. Salvador Allende, der Sozialist, der 1970 Präsident wird, ist an seiner Seite zu sehen, nennt ihn seinen Freund.

Dann 1973 der Schock: Das Militär unter General Pinochet putscht mit Hilfe der USA. Allende überlebt den Putsch nicht und der Sänger Victor Jara wird zu Tode gefoltert. Das und der vorangegangene Vietnam-Krieg machen aus Reed einen linken Protestsänger.

Bereits 1965 ist Reed Mitglied der argentinischen Delegation zur Weltfriedenskonferenz in Helsinki. Er sitzt im Podium neben der sowjetischen Kosmonautin Valentina Tereschkowa – die er dann umgehend in seine Fernsehshow nach Argentinien einlädt. Der Auftritt wird zur glanzvollen Werbung für die Sowjetunion. Das ist der argentinischen Regierung zu viel, er verliert die Sendung und muss das Land verlassen. Doch eine andere Tür hat sich geöffnet, die zur Sowjetunion. Dort grübelt man, wie man mit der Begeisterung der Jugend für Beat-Musik und Amerika umgehen solle. Am besten man präsentiert ihnen einen kommunistischen Amerikaner, der noch dazu die Musik macht, die angesagt ist! So beginnt Reeds Siegeszug durch die Sowjetunion, wo er schnell als Star gilt.

Als solcher kommt er dann auch in die DDR, wo sich die FDJ-Jugend gegen den Vietnam-Krieg erklärt, für die Freilassung der farbigen US-Bürgerrechtlerin Angela Davis demonstriert, Salvador Allende feiert – und all das aus freien Stücken, mit echter Euphorie. Als Schüler schrieben wir nach dem Putsch in Chile Karten an General Pinochet, er solle gefälligst Allendes Außenminister Luis Corvalan freilassen – das geschah dann tatsächlich und Corvalan ging ins DDR-Exil.

Außenpolitisch herrschte Anfang der siebziger Jahre eine Phase der Übereinstimmung eines großen Teils der DDR-Bevölkerung, vor allem der Jugend, mit der SED-Politik. Die Jungen wussten nichts vom Trauma der Niederschlagung des 68er-Frühlings in Prag – die Weltfestspiele der Jugend 1973 in Berlin waren dann tatsächlich weit mehr als eine gelenkte Demonstration für den Sozialismus, sie waren ein großes Fest mit bis dahin ungeahnten Freiräumen. Und Dean Reed, der amerikanische Protestsänger (als solcher wurde er in den DDR-Medien präsentiert), hatte hier vielleicht seine stärksten Momente: eins mit der Masse derer, die ihn bewunderten. Anfang der siebziger Jahre dachten viele Menschen in der DDR: Dieses Land mag spießig sein und hat mit chronischem Mangel zu kämpfen und auch mit unsinnigen Restriktionen im Kleinen – aber weltpolitisch stehen wir auf der richtigen Seite des Eisernen Vorhangs.

Auch im Film hatten sich für Reed Ende der sechziger Jahre unerwartete Möglichkeiten ergeben: Der italienische »Spaghetti-Western« war begierig auf echte Amerikaner in seinen »falschen« Western. Reed spielt Hauptrollen in einem halben Dutzend Genre-Filme in Italien (darunter 1970 *Adios Sabata* mit Yul Brynner), aber dann legt er sich mit der Produktionsfirma an, fordert gleiches Catering für Haupt- und Nebendarsteller. Auch politisch missfällt sein Engagement, so dass man ihm 1971 nahelegt, Italien zu verlassen.

Als er im gleichen Jahr in Leipzig ankommt samt Gitarre und Protestsongs im Gepäck, ist er ein arbeitsloser Sänger und Schauspieler – der nun in der DDR einige Jahre lang eine rasante Karriere macht. Mit einem geläuterten Amerikaner, der zugleich ein Pop-Idol ist, lässt sich gut gegen die USA agitieren. Zumal Reed die DDR als kommunistisches Paradies preist, wo auch immer er auftritt. Der DEFA-Indianerfilm mit Hauptdarsteller Gojko Mitić (einem früheren serbischen Sportlehrer) boomt, und Reed passt als echter Nordamerikaner gut dazu. Filme wie *Blutsbrüder* von 1975 sind überaus erfolgreich, wie bereits 1973 *Aus dem Leben eines Taugenichts* von Celino Bleiweiß mit Reed in der Hauptrolle (neben der jungen Hannelore Elsner).

Aber nach der Biermann-Ausbürgerung verschieben sich die Koordinaten. Zuerst innenpolitisch. Armin Mueller-Stahl und Jurek Becker versuchen Reed zur Unterschrift der Protesterklärung gegen die Biermann-Ausbürgerung zu bewegen. Vergeblich. Er versteht nicht, was das für ein Protest sein soll – gegen die führenden Politiker der DDR, das sind doch seine Freunde?

Auch außenpolitisch hat sich der Wind gedreht, dagegen helfen keine von Reed dirigierten Sprechchöre der FDJler mehr, die skandieren »Hoch die internationale Solidarität!«. Vietnam haben wir freigekämpft, die anderen von den Imperialisten unterdrückten Staaten, vor allem die Lateinamerikas, werden wir auch noch freikämpfen? Ach ja, so war nun die zynische Reaktion der Jugendlichen – so frei wie wir hier?

Reed gehört plötzlich zur offiziellen Agitprop-Folklore. 1980 gründete sich die unabhängige Gewerkschaft Solidarność in Polen und die

Sowjetunion führte Krieg in Afghanistan. Plötzlich zweifelten wir – standen wir wirklich noch auf der richtigen Seite des Eisernen Vorhangs? Und immer mehr Künstler und Autoren verließen die DDR, glaubten nicht mehr an das »andere Deutschland«, das ein besseres Deutschland sein wollte.

Der DEFA-Regisseur Günther Reisch beriet Reed bei der geplanten Regie zur deutsch-sowjetischen Koproduktion von *Blutiges Herz*, einem »modernen Indianerfilm« über den Protest von Wounded Knee 1973, wo es 1890 ein Massaker an den Sioux gegeben hatte. Jetzt marschierten die Häuptlinge der Sioux nach New York zum UNO-Sitz, um dort gegen die fortgesetzte Unterdrückung der Ureinwohner in den USA zu protestieren. Armee zieht auf – und der friedliche Protest wird gewaltsam aufgelöst. Darüber also will Reed 1986 einen großen internationalen Film drehen, mit sich selbst und seiner Frau Renate Blume in den Hauptrollen. Monatelang pendelt er zu Verhandlungen zwischen Berlin und Moskau – und Reisch, der ihn einige Male begleitet, registriert dabei erstaunt, dass man Reed in der Sowjetunion immer noch wie eine Mischung aus Staatsgast und Superstar behandelt – keine Pass- und Zollkontrolle, überall Spaliere und Ovationen. In Ostberlin, wo er in Schmöckwitz eine Villa bewohnte, war es dagegen still um ihn geworden. Keine kreischenden Schulmädchen mehr am Gartentor, die auf Autogramme warteten wie in den Anfangsjahren – die Jugend hatte längst neue Idole gefunden.

In den achtziger Jahren änderte sich auch in der DDR die Musikszene grundlegend, Bruce Springsteen und Bob Dylan kamen zu Konzerten in die DDR, die Punkszene wurde stärker, auf Reeds rote Elvis-Presley-Nummer und Country standen nur noch die Alten.

Plötzlich war es mit ihm wie mit der DDR, in der er seit 1971 lebte und wo er zwei Mal verheiratet war: Reeds Entwicklung hatte all die Jahre über stagniert. Und er bemerkte nun auch, wie man ihn benutzte. Seine Ehe mit der Schauspielerin Renate Blume, die er 1981 geheiratet hatte, war nicht glücklich. Er bekam Depressionen, wurde im Umgang mit anderen unberechenbar, auch aggressiv. Mehrfach hatte er bereits versucht sich umzubringen. Vergeblich hatte er gegen die Schublade angekämpft, in die man ihn steckte. Ich bin viel mehr als der ewige Protestsänger!, sagte er nun auch offen. Dies Image passte ihm nicht mehr.

Mit *Sing Cowboy, sing,* hatte er sich 1981 bereits als Regisseur versucht, mit zwiespältigem Resultat. Reed erinnerte sich hierbei offenbar an die italienische Westernparodie – so etwas, leichte (seichte!) Unterhaltung, wollte er nun für die DEFA machen. Die aber vermisste – wie auch die Kritiker – den Anspruch in der Geschichte, denn der Indianer-und-Cowboy-Film rangierte in der DDR unter Sozialdrama.

Wieder eine Sackgasse, in der Reed steckte. Die DDR ist ihm inzwischen zu kleinkariert, zu kleinbürgerlich geworden. Im Interview mit der kleinen amerikanischen Zeitschrift *Rolling Stock* äußert er 1986 dazu: »Viele Kritiker meinten, ich würde meiner sozialen Verantwortung nicht nachkommen. Sie glaubten nicht, dass es auch hart arbeitende Cowboys gab, die ihr Leben lang nie einen Indianer getötet haben. Sie glaubten nicht an die Cowboyversion der Westerngeschichte. Die Indianer hatten im Kino die guten Jungs zu sein, und wir wollten, daß sie gewinnen.«[304]

Bei einer Verkehrskontrolle rastet er aus, schreit die Volkspolizisten an, ob sie auch den Regierungskonvoi, der soeben mit 160 km/h an ihm vorbeigerast sei, wegen Geschwindigkeitsüberschreitung belangen würden? Er habe die Schnauze voll von diesem Staat, so wie siebzehn Millionen andere auch – mit diesen Worten kommt es als Reeds Meinungsäußerung ins Polizeiprotokoll. Das Traumland DDR, in das er glaubte gekommen zu sein, erwies sich als Scherbenhaufen, so Armin Mueller-Stahl.

In seinen Reaktionen wird Reed immer auffälliger. Er würde jetzt liebend gern nach Denver, Colorado, zurückgehen, wo seine Mutter lebt, aber dort hat er sich mit seinen kommunistischen Parolen allzu verhasst gemacht. Dort würde er arbeitslos sein.

1984 hatte sich sein Vater, nachdem er bei einem Unfall ein Bein verloren hatte, das Leben genommen. Reed imponierte das: »Mein Vater konnte sich wenigstens umbringen. Ich kann gar nichts.«[305]

Als eine Besucherin in Schmöckwitz beim Abendessen über eine wunderbare Begegnung mit Gojko Mitić, Filmpartner von Reed, erzählt, kann er kaum an sich halten. Als die Besucherin weg ist, schlägt er mit der Faust in eine Glasscheibe, der Arm blutet stark, der Notarzt muss kommen. Wie das passiert sei? Ein Unfall, sagt die Ehefrau. Solche Unfälle würden sich wohl noch wiederholen, meint der Arzt mit bedeutungsvollem Unterton. Tatsächlich, nach einem Ehestreit mit Renate Blume geht er in sein Zimmer und bringt sich am Arm mit einer Machete mehrere Schnittwunden bei. Da wird klar, Reed ist psychisch krank – aber in einem Auftrittsberuf darf davon nichts nach außen dringen. Zumal die Verträge zum Großprojekt *Blutiges Herz* nun tatsächlich unterschrieben sind. Keine gute Aussicht für einen depressiven Menschen, der sich einerseits missachtet fühlt und andererseits vor Herausforderungen Angst hat.

Einen seiner letzten geplanten Auftritte Anfang Juni 1986 beim Pressefest des *Neuen Deutschland* schmeißt er: »Der Schauspieler schnaufte gefährlich, als ihn kein Mitglied der Regierung oder zumindest der Chefredaktion selbst in Empfang nahm, sondern nur ein lumpiger Kulturredakteur. Der Sänger schmiss wütend seine Gitarre auf den Rücken, schrie seine Frau an und betrat den Pressefest-Dampfer nicht.«[306]

Am 12. Juni 1986, zwei Tage vor dem geplanten Drehbeginn von *Blutiges Herz* ertränkt sich Dean Reed im Schmöckwitzer See. Honecker persönlich ordnet an, in den Nachrichten aus der Selbsttötung einen Unfall zu machen – was dann für zahlreiche Verschwörungstheorien Anlass geben sollte, die sich alle nicht bewahrheiteten.

Die Kunst der Erinnerung: Granins *Die Spur ist sichtbar noch* und *Das Gemälde*

Verdrängen ist etwas anderes als vergessen. Vergessen kann man etwas erst, wenn man aufhört, es zu verdrängen. Als Verdrängtes ist das Vergangene noch immer da, unbewältigt und unbewusst. Es beherrscht uns aus dem Dunkeln heraus.

Darum geht es in Daniil Granins *Die Spur ist sichtbar noch*, einer 1986 in der Spektrum-Reihe von Volk und Welt erschienenen Novelle. Novellen erzählen etwas Neues – hier über das Gestern, über den Zweiten Weltkrieg und die Leningrader Front. Ein ehemaliger Leutnant an der Front (wie es Granin selbst gewesen war) ist nun fast schon ein alter Mann. Granin, der hier in den Spiegel der Zeit blickt, spricht über seine Generation. Er selbst wurde 1919 geboren und starb

2017. Bis in seine letzten Lebensjahre schrieb er, mit genauem Gespür für das in der Geschichte Tabuisierte, das sich auch in die Seelen der Beteiligten einfrisst. So wurde Granin, seit 1986 korrespondierendes Mitglied der Akademie der Künste der DDR, eine der wichtigsten Perestroika-Stimmen unter den russischen Intellektuellen.

In *Die Spur ist sichtbar noch* also begegnen wir seinem Alter Ego, Anton Dudarew, einem einstigen Leutnant der Roten Armee, der die Jahre bis zur Rente als Verantwortlicher in einem Materiallager zubringt. In aller Routine den Mangel verwaltend und mit seiner lädierten Gesundheit kämpfend. Da erhält er Post von einer georgischen Ärztin, die zwei Frontkameraden von ihm kannte, die längst gestorben sind. Nun will sie Genaueres von ihm wissen. Sie hat Briefe und will nach Moskau kommen. Genaueres, worüber?

Er hat Mühe sich zu erinnern. Manches ist wie ausgelöscht. Vielleicht ist es auch besser so? Was heißt, man kannte sich von der Leningrader Front? Offenbar stellt sich die Briefschreiberin »die Front wie einen Campingplatz vor, wo alle miteinander Bekanntschaft schließen können«.[307] Aber, wie war sie denn, die Front? Kann man sie jenen, die nicht dabei waren, überhaupt erklären – wo man sie doch selbst nicht versteht? Anton Dudarew war als Panzerleutnant frisch von der Offiziersschule gekommen, man nannte ihn Tocha. Aber Panzer gab es nicht mehr an der Front: »Die Panzer an der Leningrader Front waren inzwischen zu Feuernestern geworden, die so in die Erde eingegraben waren, daß nur noch der Turm mit dem Geschütz herausragte.«[308]

Die Frau, ebenfalls an der Grenze zum Alter, schüttelt den Kopf, als sie vor ihm steht: Dieser aufgedunsene ältliche Mann mit der Halbglatze soll jener Leutnant Dudarew sein, von dem in den Briefen die Rede ist? Die Zeit gibt nicht nur, sie nimmt. Es ist demütigend, aber auch darin ist die Zeit gerecht: Keiner kommt davon, der nicht jung stirbt.

Die Ärztin Shanna, eine resolute Frau, will von ihm etwas über Wolkow wissen, einen anderen Leutnant, mit dem sie sich Briefe schrieb, den sie glaubte zu lieben und auf den sie nach dem Krieg vergeblich wartete. Es ist eine schicksalhafte Figur in ihrem Leben: Ein Mann, den sie nicht persönlich kannte, verfolgt sie seit mehr als dreißig Jahren, auch über seinen Tod hinaus. Ist sie schuldig geworden an ihm und wer außer ihr noch? Wolkow wurde verurteilt, er hatte laut über die zu hohen Opfer an der Leningrader Front gesprochen, die hätten vermieden werden können. Sprach niemand für ihn? Nein, und auch auf seinen Brief, in dem er seine ferne Liebe um ein Stück Seife bat, das er im Lager dringend bräuchte, bekam er nicht einmal eine Antwort.

Der Brief, wie auch ein weiterer, hatte sie nie erreicht. Aber nicht der NKWD hatte ihn einbehalten, sondern ihre Mutter, die die Beziehung ihrer Tochter zu einem solchen Menschen, der um ein Stück Seife bitten musste, unterbinden wollte. Solche Kontakte konnten nur schaden. Erst nach dem Tod der Mutter fand sie beide Briefe und war bestürzt – wie wäre ihr Leben verlaufen ohne diese Unterschlagung?

Dudarew kann sich anfangs beim besten Willen nicht an jemanden namens Wolkow erinnern. Den anderen, mit dem sie Briefe wechselte, Lukjanow, den kannte er. Ein guter Mann. Aber den wollte sie nicht. Er kam nach dem Krieg in Gardeuniform zu ihr nach Georgien gereist, hielt um ihre Hand an – und wurde abgewiesen.

Shanna gibt Dudarew Briefe von Wolkow und jetzt fällt ihm die unselige Geschichte wieder ein. Nein, er hat sich nicht für ihn eingesetzt, das konnte er nicht – oder doch? Zum Glück hat er überlebt, aber Genaueres wusste er nicht von ihm. Wozu die bösen Geister wecken? »Wir wollen sie wecken«, entscheidet die Frau.

Sie hat nur Wolkows Briefe, aber ihn selbst nie zu Gesicht bekommen. »Mir ging durch den Kopf, Wolkow sei wirklich viel kleiner als er gewesen, habe einen krummen Rücken gehabt und affenartig lange Arme, er hätte nicht zu ihr gepasst.« Aber, was er ausspricht, der erwartungsvoll-fordernd blickenden Frau ins Gesicht, klingt anders: »›Breitschultrig war er‹, sagte ich, ›und von athletischem Körperbau, dadurch wirkte er klein.‹«[309]

Was ist wahr, was ist gelogen angesichts der ohnehin flüchtigen Bilder, die wir mit uns tragen, die sich mal zeigen, mal verbergen, heute hell aufleuchten und morgen schon wieder im Dunkel versinken?

Die Frau hat ihr Schicksal, das mit dem Namen Wolkow verbunden ist, nie zu Gesicht bekommen. Wie absurd und wie plausibel doch auch. Nichts ist schwerer, als über sich selbst zu Gericht zu sitzen, wenn das niemand anderes fordert als die Stimme in einem selbst. Jedoch: »Wie schön ist es doch, wenn einen die Vergangenheit in Ruhe lässt.«[310] Aber kann sie das denn, einmal aufgeweckt aus ihrer Versunkenheit, einmal in Unruhe versetzt?

Dudarew, der in der kurzen Zeit, da die Frau ihn begleitet und immer wieder nach Wolkow fragt, dem Panzer-Leutnant der Leningrader Front in sich wiederbegegnet ist, gerät in einen merkwürdigen Zustand. Das Gestern, das doch zweifellos vergangen ist, steht wie gegenwärtig vor ihm. Welch Provokation seiner Lebenslethargie! Shanna hat durch ihn mit Wolkow gesprochen, das ist ihm klar, er war nur ein Mittel zum Zweck. Aber dennoch, ein bloß unbeteiligter Zeuge ist er nicht. Wolkow, das weiß er, hätte ihr kein Glück gebracht: »Er war zu schwerblütig für sie mit seinem übertriebenen Ehrgefühl und der hohen Meinung von sich selbst. Sollte ich ihr das sagen? Es würde ihr die Gewissensbisse nehmen. Sie würde sich nicht länger Vorwürfe machen. Doch ich beschloss zu schweigen. Sie tat mir leid, aber ich spürte, sie brauchte meine Hilfe nicht.«[311]

So also fährt sie nach der Begegnung mit Dudarew innerlich gestärkt nach Georgien zurück, sie kann jetzt anfangen zu vergessen, was sie nicht behalten will. Und er? Steht am Anfang einer Spurensuche. Aber er weiß jetzt etwas, das wichtig ist: »Vor mir stand die einzige Frau auf Erden, die mich mit dem Krieg verband, mit meiner Jugend, mit jenem Leutnantsleben, als wir uns nach Fotos verliebten.«[312]

Mit einem Bild hebt auch in *Das Gemälde* ein schicksalhaftes Geschehen an. Anfangs scheint es eine beiläufige Begebenheit zu sein. Lossew, Bürgermeister aus Lykow, einer Kleinstadt, befindet sich auf Konferenzbesuch in der Provinzmetropole. Er wird von einem Regenguss überrascht und flüchtet sich in eine Ausstellung. Eher desinteressiert schlendert er an den auf grauem Sackleinen aufgehängten Bildern vorbei – aber plötzlich geht ein Ruck durch ihn. Er stutzt, kehrt um, geht wieder an einem der Bilder vorbei. Dieses wirkt, »als wäre er auf ein Hindernis gestoßen«.

Er versteht erst nicht, was hier vorgeht. »Behutsam, um das Gefühl nicht zu verscheuchen, trat er näher. Er sah eine gewöhnliche Landschaft mit einem Flüßchen, einer Weide und einem Haus am Ufer.«[313] Das Bild, so verrät ein Messingschild, heißt: »Am Fluss«. Es kommt ihm irgendwie bekannt vor, erinnert ihn an etwas. Er tritt näher heran, will die Einzelheiten auf dem Bild betrachten: »Als er sich jedoch vorbeugte, zerfiel das Ufer mit allen Details in einzelne Flecke, bestehend aus dicken Ölfarbtupfen, die die Spuren eines Haarpinsels trugen.«

Was nun folgt, ist keine Variation auf Yasmina Rezas Theaterstück *Kunst*, keine allgemein-beliebige Debatte, was alles Kunst sein kann. Nein, hier greift ein Bild, das seine dramatische Geschichte hat, direkt ein in das Leben des Bürgermeisters und seiner kleinen Gemeinde. Denn das Haus am Fluss steht in seiner Gemeinde, es ist Kislychs Haus, und der Maler, der es vor Jahrzehnten malte, heißt Astachow.

Alles hat irgendwie miteinander zu tun – aber wie schnell und tief er in das Schicksal dieses Bildes verstrickt werden wird, ahnt Lossew nicht, als er Astachows Witwe ausfindig macht, um das Bild für die Stadt zu erwerben. Man hat in Lykow doch sonst keine Sehenswürdigkeiten, da wäre es schön, diese Flusslandschaft auszustellen – vielleicht kommen sogar Touristen, es zu betrachten. Denn Kislychs Haus liegt immer noch so idyllisch am Ufer wie zu der Zeit, als das Bild entstand. Und Astachow ist doch inzwischen ein weltweit anerkannter Maler.

Aber das Schicksal des Bildes, so muss er schnell erfahren, hat sehr viel mit der Geschichte der Stadt zu tun. Ein Bild ist eben nicht nur ein Bild, es ist mehr: eine andere Art von Wirklichkeit, die ihr eigenes Recht beansprucht. Kunst beeinflusst Wirklichkeit, setzt ihr die Kategorie Möglichkeit entgegen. So geht auch von diesem Bild eine starke Magie aus: Das da ist Wirklichkeit, sie konkurriert mit der anderen, der alltäglichen, für die wir verantwortlich sind.

Das Bild hat dem Maler kein Glück gebracht. Es war für seine im Ausland lebende Geliebte bestimmt, aber er durfte es ihr nicht schicken. Behalten wollten die Funktionäre der Stadt dieses Bild auch nicht, es war ihnen – trotz, oder gerade wegen seiner Schönheit – ein hässliches Ärgernis. Bei der Malerwitwe erfährt er, warum: »Weil es nicht aktuell war, keine Industrie darstelle. Eine apolitische Landschaft. Das hat man den Malern damals angekreidet. Außerdem Subjektivismus. Verherrlichung der Vergangenheit. … Formalismus.«[314]

Das war in den fünfziger Jahren ein schwerwiegender Vorwurf, der nicht nur Kunst abqualifizierte, sondern auch den Künstler in Gefahr brachte. Aber um Shdanows Kunstdoktrin in der Sowjetunion, die selbstverständlich auch in der DDR galt und sozialistischen Realismus mit Abbildungsnaturalismus gleichsetzte, geht es in *Das Gemälde* nur am Rande. Der Wert des Gemäldes steht inzwischen außer Frage, der Maler, der längst tot ist, ist eine anerkannte Berühmtheit, an der man auch in der Provinz nicht zu rütteln wagt.

Es geht um etwas anderes. Kislychs Haus, ein ungewöhnliches Holzhaus mit Messingdach in der Shmurkin-Bucht, soll für einen Industriebau abgerissen werden. Wer braucht schon Schönheit, Industrie am Fluss ist der Fortschritt – und die Zukunft gehört dem Fortschritt! Lossew, der Bürgermeister, ist von der Magie des Bildes zu sehr ergriffen, um derartigen Nützlichkeitskalkülen noch blindlings glauben zu können. Er beginnt – das Gemälde im Kopf – zu zweifeln. Fängt an darüber nachzudenken, wie man diese Landschaft, die das Gemälde zeigt, vor der Zerstörung bewahren kann.

Als die Bagger anrücken und zuerst beginnen, eine Weide am Fluss zu fällen, die auch auf dem Gemälde zu sehen ist, rebelliert ein junger Mann aus der Stadt, kettet sich an den Baum. Und das in einem Roman aus der späten Breschnew-Zeit! Wütend ruft er der Übermacht entgegen: »Zerstören Sie ungehindert. Bauen Sie Filialen, Flughäfen, Tanzflächen.« Lossew, der Politiker, bei dem sich Erfahrung mit Taktieren im ständigen Widerstreit befinden, eilt herbei – und was er sagt, das klingt, Papier ist geduldig, erst einmal überzeugend: »Extreme entstehen durch Denkunfähigkeit. Du tobst dich aus. Natürlich ist es schön, mit ausgebreiteten Armen dazustehen wie ein Pariser Kommunarde. Die haben aber vorher gekämpft.«

Und nun schon wieder die für jugendliche Helden schwer erträgliche Rhetorik von den Mühen der Ebene, an deren Sinn sie nicht mehr glauben: »Auch für die Shmurkin-Bucht muss man kämpfen. Varianten suchen, Berechnungen vornehmen, überzeugen, Schriftstücke aufsetzen, als Bittsteller gehen, nebenbei gesagt, auch Listen anwenden.«[315] Aber wozu die Mühe, wenn doch alles längst entschieden ist – und sich der bürokratische Apparat niemals durch gute Argumente korrigieren lassen wird?

Granin schreibt eine Sittengeschichte der späten Sowjetunion angesichts einer Gewissensentscheidung. Wer aber sieht diese überhaupt in aller Schärfe an sich gestellt? Wo man doch gewohnt ist, die Verantwortung auf eine jeweils höhere Ebenen abzuschieben. Sollen sich doch die anderen an heiklen Themen die Finger verbrennen – so denken die Apparatschiks, und die Realität scheint ihm recht zu geben. Aber außer dem jungen Revoltierer und einer Zeichenlehrerin gibt es noch jemanden, der im Laufe der Geschehens begreift, dass er sich um eine Entscheidung nicht herumdrücken kann. Eine Entscheidung, die seine Existenz betreffen wird. Dieser jemand ist Lossew, der routinierte Lokalpolitiker, der sonst nie Schwierigkeiten mit faulen Kompromissen hat. Man muss handeln, geben und nehmen, dann springt für alle etwas heraus – aber an dem Gemälde prallt diese Logik ab. Plötzlich zählen die vielen kleinen guten Gründe nicht mehr, mit denen Lossew bis eben bereit war, Kislychs Haus am Fluss für ein Industriegebäude zu opfern. Er kann es nicht, er ist auf der Seite des Gemäldes.

Er weiß nun: »Der Künstler kopiert nicht die Welt, er wetteifert mit ihr.« Er sieht sich auf dem schwankenden Weg gehen zwischen »Nochnichtleben und Nichtmehrleben«.[316]

Mit dem Gemälde ist das Schicksal nach Lykow eingezogen, Lossews Taktieren wirkt angesichts dessen allzu leichtgewichtig. Das sieht er nun ganz deutlich. Er wird sich, seine Karriere, seinen Status als Bürgermeister von Lykow dem Gemälde und der Shmurkin-Bucht, die es zu erhalten gilt, opfern müssen. Die Witwe des Malers hatte ihn gewarnt, als sie ihm das Bild schenkte: Es lasse nicht mit sich handeln, es bereite Ungelegenheiten.

Aber der Fall ist eingetreten, Lossew erweist sich als unfähig, das zu tun, was vorgesetzte Instanzen von ihm erwarten. Er ist kein bloßes ausführendes Instrument mehr, das für ein paar Privilegien das Gewissen in sich zum Schweigen bringt: »Was ihm bisher wichtig vorgekommen war, verblasste, rückte in die Ferne, und ganz andere Dinge wurden ihm wichtig.«[317]

Jahre später. Die Bucht ist erhalten, Kislychs Haus steht – und einige Kunsthistoriker reisen aus Moskau an, erfahren, dass Lossew verschwunden ist. Er sei überfordert gewesen, sagt sein Nachfolger. Wo er hin sei, das wisse man nicht. Kostik, der junge Mann, der sich einst an die Weide kettete, leitet jetzt das örtliche Museum, in dem auch das Gemälde hängt. Immerhin ein Hoffnungsschimmer. Gefragt, wie das Gemälde nach Lykow kam, antwortet er vielsagend: »Wir haben ein gutes Archiv. Auch Aufzeichnungen über Lossew.«[318] Und so beginnt die Geschichte offenbar immer wieder von vorn: mit dem Aufklären von begangenem Unrecht.

Was macht die Magie eines Bildes aus, so fragt sich einer der angereisten Kunstwissenschaftler. Doch wohl nicht, dass es das gleiche Motiv zeigt, wie es auch in der Wirklichkeit zu finden ist. Und er denkt an die Unruhe, die ihm El Grecos *Blick auf Toledo* bereitete, als er es in einer Ausstellung sah. »Das Bild hatte ihn gequält, er war noch einmal hingegangen, hatte wiederum Erschütterung und Verzweiflung empfunden angesichts des wütenden dunkelblauen Himmels, der Hügel, der aufgewühlten blauen Stadt.«

Und dann konnte er nach Toledo reisen und wollte sogleich die Landschaft sehen, die er vom Gemälde her kannte: »Es war das gleiche Panorama wie auf dem Gemälde gewesen, haargenau. Aber es weckte Enttäuschung und Langeweile.«[319]

Nun vor Astachows Landschaft in Lykow stehend, fällt ihm dies wieder ein. Es muss also noch etwas anderes geben, was das Bild zu etwas Besonderem machte – »die geheimnisvolle Wärme des Werks, sein Eigenleben«.[320]

Volker Braun oder die Frage des Übergangs: Der *Hinze-Kunze-Roman*

Die Stagnation, in die die DDR-Gesellschaft nach 1976 geraten ist, bekommt Züge von Agonie. Volker Braun gehört zu denen, die mit jener »Dialektik ohne Dogma«, die Robert Havemann Anfang der sechziger Jahre forderte, einem Endzustand zu Leibe rücken. Wie endet das, was keine Entwicklungsmöglichkeit mehr in sich trägt? Nur durch einen radikalen Paradigmenwechsel, so lautet das Axiom in *Die Übergangsgesellschaft*, die 1989 am Berliner Gorki Theater uraufgeführt wird: »die revolution kann nicht ans ziel kommen als diktatur.«[321]

Das Möglichkeitsfeld neu öffnen, das Militante der eigenen Weltanschauung überwinden, sich wahrhaft demokratisieren – all das liegt mit Gorbatschow in der Luft und prallt doch bis in den Oktober 1989 am Politbüro der SED als dissidentischer Reformismus und Revisionismus ab.

Mit *Lenins Tod* hatte Braun bereits die Frage nach den Verlusten im Fortschreiten gestellt. Revolutionen als Lokomotiven der Geschichte, wie sie Lenin nannte, sind eben ein tief zwiespältiges Bild. Die einen sitzen im voranrasenden Zug und die anderen? Kommen unter die Räder. Das Rot der Revolution ist auch die Farbe des Blutes, der vielen Opfer, die sie fordert. Zu viele, um noch von sich behaupten zu können, Revolution sei eine Sache der forcierten Aufklärung, der menschlichen Emanzipation. Ja, die unverhältnismäßigen Mittel der Gewalt haben das Ziel des Kommunismus als Zustand, in dem die Freiheit des Einzelnen zur Voraussetzung der Freiheit aller wird, wie Marx es formulierte, gründlich diskreditiert.

Das Ende aller Utopie? Nicht völlig, aber in der bisherigen – pathetischen – Form als geschichtlicher Erlösungsvision gewiss. Die Utopie hört nicht auf, aber zieht sich ins Alltägliche zurück, überwintert in den kleinen Bedrückungen und Demütigungen, die doch Fingerzeige auf herrschende Verhältnisse sind. Das wohl erklärt den Erfolg eines heute kaum mehr verständlichen Buches von Volker Braun, dem *Hinze-Kunze-Roman*, der Jahre brauchte, um 1985 endlich zu erscheinen.

Auf einer Ferienreise im August 1982 sitzt die Familie Braun zufällig am Tisch neben der Familie Mittenzwei. Die DDR ist klein und so ist das – noch lange Zeit unveröffentlichte Buch – sofort ein Thema. Der scharfsinnige Werner Mittenzwei entdeckt sofort den inneren Widerspruch des *Hinze-Kunze-Romans*, wie Braun in seinem Tagebuch festhält: »mittenzwei hat auf die schnelle den roman gelesen. ›frechstes, aber unkritischstes buch.‹ ob der einsatz nicht zu hoch sei, gemessen am gewinn, ämter sähen nur details, nicht die struktur des romans. ich verteidige mich sachte, es sei ein letzter versuch, dem gegenstand interesse abzugewinnen.«[322]

Ein Stück unverkennbare DDR-Szenerie, ein Traktat über etwas, das es laut marxistisch-leninistischer Theorie gar nicht geben durfte: Entfremdung im Sozialismus. Regierende und Regierte, Partei und Volk, Herren und Knechte, Hinze und Kunze. Hinze ist Kunzes Chauffeur. Denn Kunze ist ein mächtiger Mann der Nomenklatura und fährt im Funktionärswagen, dem Tatra. Braun stellt uns Hinze und Kunze als Paar vor: »Aber ein ungleiches.« Beide führen sie Dialoge, die Grenzen zwischen Oben und Unten austasten. Wie weit kann jeder von ihnen um Umgang mit dem anderen gehen?

So lautet dann auch die Eingangsfrage dieses merkwürdigen Textes: »Was hielt sie zusammen? Wie hielten sie es miteinander aus? Ich begreife es nicht, ich beschreibe es.«[323]

Das Buch hat eine ungewöhnliche, überaus fragmentarische Gestalt. Dialoge in aufklärerischer Absicht, wie bei Diderot. Aber zugrunde liegt ihm eine Denkfigur, wie sie Hegel in der *Phänomenologie des Geistes* entwickelt hat. Herr und Knecht sind Formen des Bewusstseins. Der Herr beherrscht den Knecht – jedoch passiert in deren Beziehung etwas Bedenkenswertes. Der beherrschte Knecht muss für den Herren arbeiten – so wie Hinze für Kunze. Aber dadurch ist er das aktive Bewusstsein, der Herr dagegen das passive. Und in diesem Verhältnis von Aktivität-Passivität kehrt sich das Verhältnis zwischen Herrscher und Beherrschtem allmählich um. Das, auf DDR-Verhältnisse bezogen, ist die Utopie des *Hinze-Kunze-Romans*. Ein fürwahr subversiver Ausblick auf die 89er-Wende.

Braun nimmt hier ein Motiv von Franz Fühmann auf, der in der Erzählung *Drei nackte Männer* die Begegnung mit einem der Mächtigen im Lande schildert – in der Sauna. Vielleicht beruht dies bei Fühmann sogar auf einer authentischen Begegnung. Der von ihm Beobachtete jedenfalls trägt Züge von Erich Mielke. Die straff und brutal organisierte Macht in Person!

Mit kühler – fast an Ernst Jünger erinnernder – Präzision zeichnet Fühmann detailgenau das Bild der Macht im Lande. Begleitet von zwei kafkaesken Figuren, einer groß- und einer kleingewachsenen, seinen nachlässig lauernden Leibwächtern, betritt der Mächtige die Sauna. Er strahlt eine ungewöhnliche Gesundheit aus für einen Mann über fünfzig, so heißt es. Zudem verströme er ebenso eine ungewöhnliche Sauberkeit korrespondierend mit einer bei jeder Gelegenheit praktizierten Gymnastik zur Körperertüchtigung.

Damit ist das Maß des Ungewöhnlichen auch schon erschöpft. Unauffällig flankiert steht er doch im Mittelpunkt – selbst in der Sauna. Hier ganz nackt von Fühmann porträtiert: »Der Mann in ihrer Mitte war voll im Fleisch. Er war um einen ganzen Kopf kleiner, gedrungen, feist, doch erstaunlich gelenkig, und über und über mit einer grauschwarzen kräusligen Wolle bewachsen, auch über die Schultern und rund ums Knie. Wenn er in Schweiß geriet, glänzte er silbrig. … der Hals war sehr kurz, das Gesicht fast alterslos, auch die – nicht sehr hohe Stirn beinah glatt, nur das Kinn von einer herzförmigen Delle gezeichnet, deren Spitze sich in den Kiefergrund zog. Kleiner Mund, kleine Ohren, der Nacken fest …«[324]

Seine Gestik und die gedämpfte Stimme, mit der er seinen beiden Begleitern Anweisungen gibt, zeigen einen Mann, der überall das Sagen hat. Ist diese Verkörperung der Macht, die sich bei Gelegenheit auch jovial zu geben versucht und einen Witz zum Mithören für alle erzählt (nur seine beiden Vasallen lachen lauthals, der Rest schweigt), eigentlich unsympathisch? Seine »Augen wandern«, so Fühmann, aber immer seien es »Momentaufnahmen genau fixierter Partien, Facettenbilder eines in die Zeit gekästelten Insektenauges«.

Das Benehmen der drei ist auffällig unauffällig: »Sie hielten sich überhaupt strikt an die Regeln. Dass sie die Badezeiten nicht überschritten, sagte ich schon; dass sie weder lärmten noch rauchten noch Alkohol tranken, war selbstverständlich, und als der Wollige – es geschah dies nur beim ersten Besuch – eine Handbürste mit in die Schwitzstube brachte, ließ er sie nach einem Blick auf eines der Verbotsschilder unbenutzt …«[325]

Dem mächtigen Mann ist die finnische Sauna mit nur 74 Grad Celsius nicht heiß genug. Nach dem vierten oder fünften Besuch verlässt er sie mit den ostentativen Worten: »Das reicht nicht!« Am nächsten Tag ist die Sauna geschlossen und wird umgebaut – danach kommt sie zuverlässig auf achtzig Grad. Wenn sich doch alle Probleme in der DDR so einfach lösen ließen!

Wochen später erblickt der Ich-Erzähler den stämmigen Mann, diesmal angezogen und wiederum begleitet von dem Groß- und dem Kleingewachsenen und in einer schwarzen Limousine langsam an ihm vorbeifahrend: »Der Längere fuhr, der Kürzere saß auf dem Beifahrersitz und der Wollige wie in der Sauna hinter den beiden, und die Blicke der kugelrunden Augen sprangen musternd über den Bürgersteig. Nun fielen sie auch auf mich, und er schien mich tatsächlich zu erkennen …« Der mächtige Mann lächelt flüchtig und dann lässt Fühmann den schwarzen Wagen wie einen Schmetterling abheben und durch die Luft davonfliegen.«[326] Das ist schon ziemlich harter Tobak für eine 1977 in der DDR veröffentlichte Erzählung.

Braun setzt hier literarisierend an: »Es kommt mir daher gelegen, daß mein Freund F., ein bekannter Literat, den Stämmigen neulich in der Sauna beobachtet hat, die Literatur schreckt ja vor nichts mehr zurück; ich zitiere aus seinem Bericht: Der Mann war voll im Fleisch.«[327]

Das also ist der Herr, den es zu stürzen gilt – aber der ist, von Berufs wegen, wachsam. So fahren wir also mit Kunze, von Hinze (der ihn nicht liebt) chauffiert, durch Berlin, beide belauern sich mit Worten und Blicken. Eine Analyse von Basis und Überbau, Materie und Bewusstsein, Autor und Werk schließt sich diesen 130 Seiten eines Roadmovies an, das mit dem Stillstand kämpft. Denn dies ist eine Versuchsanordnung, die uns der Autor als Denkschrift übergibt. Aber eigentlich versucht er die ganze Zeit nur sein eigenes Herr-und-Knecht-Problem zu lösen.

Und damit endet dieses schmale, in der zweiten Hälfte der achtziger Jahre in der DDR so wirkungsreiches Buch, das mit der Anti-Utopie von Kafkas *Verwandlung* kämpft: »Ich lief richtig auf den geraden Wegen geradeaus sozusagen, vorwärts sozusagen. Aber ich spürte das Fieber. Ich war eben nur vom Schreiben aufgestanden, aber ich konnte mich nicht mehr setzen. Ich wusste es, ich bin krank, ich kann jetzt nicht weiter. Ich schäme mich, Kameraden. Es ist bei mir weit hinein böse. Ich begreife mich nicht …«[328]

In Volker Brauns Tagebuch kann man nachlesen, welch quälend langen Weg der *Hinze-Kunze-Roman* bis zu Veröffentlichung hatte. Am 25. Dezember 1982 notiert er: »fühmann, der im roman benutzte freund, ruft an: weiß du, was du da gemacht hast? da ist dir etwas gelungen …«[329] Aber als das Buch schließlich erscheint, 1985, da ist Fühmann bereits tot. Braun konstatiert: »der Hinze-Kunze-Roman eine zustandsbeschreibung, der unsere festgefahrenheit zeigt: er hat nichts transitorisches, er sprengt seine welt nicht auf.«[330]

Das Buch erscheint und wird sogleich verboten – so etwas darf es aber in der wohlgeordneten DDR nicht geben, wie Braun notiert: »das verbot des buchs im volksbuchhandel wurde nach drei tagen aufgehoben.«[331]

Die Leser stürzen sich – nach dieser unfreiwilligen Werbung kein

Wunder – auf das Buch, die offiziellen Stellen versuchen es schlechtzureden. So wie Hans Koch, ein intelligenter Zyniker im Staatsauftrag, ein Trinker, der sich bald darauf das Leben nehmen wird. Aber hier kämpft er noch auftragsgemäß gegen diese Provokation: »dies sei aufruf zur konterrevolution.«

Der Inquisitor erkennt sehr wohl, worum es Braun geht, wenn er dekretiert: »die logik des buchs: etwas neues müsse her anstelle des realen sozialismus, damit sei die grenze des akzeptablen überschritten.«[332]

Christoph Hein probt die Aussteigerperspektive: *Der Tangospieler*

Mit diesem Buch hat Christoph Hein im Mai 1989 einen vorgezogenen DDR-Untergangs-Roman vorgelegt. Aber was heißt Untergang? Etwas, das an seinen Endpunkt gekommen ist, muss verschwinden. Dem Zerfall einer Ordnung gilt es nachzudenken, bis zu dem Punkt, wo aus den Trümmern Neues entstehen kann. Ein schmerzhafter Wandlungsprozess, der in den achtziger Jahren überall in der DDR im Gange war. Einer, den man nicht abkürzen kann, weil sein lebendiger Stoff die Biographien von Menschen sind.

Abgekürzt wurde der Prozess dann jedoch 1990 abrupt mit dem Beitritt der DDR zur Bundesrepublik. Jetzt hatte man erst einmal andere Sorgen, als sich um vierzig Jahre Irrungen und Wirrungen mit Höhenfügen und Abstürzen, Lügen und Verweigerung, Beschädigungen und Beglückungen zu kümmern. Die eigene Erinnerung wurde weggesperrt, oder schlimmer noch: vom fremden unbeteiligten Blick des anderen Teilvolkes okkupiert.

Im Mai 1989 erscheint *Der Tangospieler*. Ein für DDR-Verhältnisse unerhörter Vorgang wird erzählt. Dallow, Historiker an der Leipziger Universität, kommt Anfang 1968 nach 21 Monaten Gefängnis frei. Eingesperrt worden war er aus einem absurd klingenden Grund: Er war für einen erkrankten Klavierspieler im Studentenkabarett eingesprungen, hatte auch einen Tango mit frechem Text auf den »Spitzbart« (Walter Ulbricht) gespielt, den Wortlaut dabei gar nicht richtig wahrgenommen. Am nächsten Morgen war er verhaftet worden. Wegen »Verächtlichmachung führender Personen des Staates« war die ganze Kabarett-Gruppe dann verurteilt worden, mitsamt ihm, dem Aushilfspianisten.

Nun also wird er aus dem Gefängnis entlassen – und steht vor dem Nichts. Sein bisheriges Leben ekelt ihn an. An seinem Institut haben sich inzwischen die Postenverhältnisse so verändert, dass man ihn ohnehin nicht zurückhaben will. Aber auch als Kraftfahrer, die überall gesucht werden, bewirbt er sich erfolglos – wir brauchen hier keine Historiker, bekommt er in den Betrieben zu hören. LKW-fahrende Historiker, das klingt nach Ärger. Aber Dallow hat ohnehin nicht vor, einfach irgendwie weiterzumachen. Er fühlt sich durch die Verurteilung (aber eigentlich vom Leben überhaupt) beleidigt, hat nicht vor, nun einfach wieder mitzulaufen.

Er steigt aus – wohl wissend, dass dies auf Zeit ist. Ein Jahr, so hat er nach Bestandsaufnahme seiner Ersparnisse kalkuliert, kann er durchhalten. Es klingt sehr weit weg, liest man heute sein Fazit: »Auf seinem Konto gab es nicht allzu viele Veränderungen, die monatlichen Mietzahlungen, die Abbuchungen des Elektrizitätswerks und der Post, das war alles. Sein letztes Gehalt wurde drei Tage nach seiner Verhaftung überwiesen. Danach waren als einzige Einnahmen nur noch die Zinsen der Bank auf seinem Konto eingegangen. Belustigt registrierte er, daß er einen ganzen Monat nur von Bankzinsen leben konnte.«[333]

Zwei Jahre Mietabbuchungen ohne Gehaltszahlung würde heute jedes Girokonto in die Negativzone treiben – und keine Zinszahlung als Gegengewicht in Sicht.

Wem sollte Dallow nun erzählen, aus welch absurdem Grund er im Gefängnis war? Die Wahrheit sei so lächerlich. »Jede unsinnige Vermutung ist glaubwürdiger.«[334] Immerhin hat es gereicht, sein bisheriges Leben zu zerstören. Aber woraus hatte dieses denn bestanden? Aus immer gleichen Seminaren über die frühe Sozialdemokratie, die alle neuralgischen Punkte aussparten, aus flüchtigen Affären vor allem mit Studentinnen, die ihn schnell langweilten.

Irgendwie erinnert die Szenerie an die intellektuellen Selbstekel-Reports von Michel Houellebecq; auch Heins Freude an der Schilderung erotischer Szenerien klingt verwandt. Dallows einziger Bezugspunkt ist der Kellner Harry (Hein selbst hatte in den sechziger Jahren in Leipzig als Kellner gearbeitet). Der schmuddelige Nachtklub, in dem er arbeitete, ist der Treffpunkt von Leipzigs Elite. Auch der Richter, der ihn verurteilt hat, sitzt dort zusammen mit Dallows Anwalt an einem Tisch. Ein Sinnbild DDR-üblicher Allianzen. Der Richter kann sich an Dallow schon gar nicht mehr erinnern, als dieser seinen Verteidiger begrüßt, ein kleiner Fall für ihn, längst vergessen. Nur Dallow, soeben entlassen, kann nicht vergessen, was passiert ist. Was man ihm angetan hat.

Im Nachtklub sucht Dallow regelmäßig Frauen, die er nach Hause begleiten kann. Das ist nicht schwer, er entwickelt eine gewisse Routine darin. »Nach jedem Barbesuch schlief er mit einer anderen Frau, aber er blieb nie die ganze Nacht.«[335]

Natürlich bleibt so alles in seinem Leben flüchtig und oberflächlich, aber außer Sex will Dallow nichts von Frauen – vorerst jedenfalls. Doch nach einigen Wochen beginnt ihn diese Art anzuekeln. Wozu das alles?

In diesem Augenblick treten zwei Herren auf, die sich Müller und Schulze nennen und ihn in ein leeres Büro im Bezirksgericht bitten. Eines, in dem sie sich selbst nicht auskennen. Die bemüht freundlichen Müller und Schulze (zwei Kafka-Figuren!), die immerzu lächeln, wollen ihm helfen. Er gehöre wieder an die Universität, seine Verurteilung war ein Fehler. Sie würden dafür sorgen, dass alles für ihn wieder so wird wie zuvor. Und als Gegenleistung? Nichts, nur ein paar Informationen, eine diskrete Zusammenarbeit. Dallow lehnt ab, er hat auf Müller und Schulze keine Lust. Da verlässt Schulze für einen Moment die chronische Freundlichkeit: »Wir können Ihnen helfen, wir können Ihnen aber auch hinderlich sein.«[336]

Immer mehr gerät Dallow aus der bürgerlichen Lebensbahn. Eines Tages geht er dem Richter, als er die Nachtbar verlässt, hinterher – der Streit eskaliert, und Dallow beginnt ihn zu würgen. Ein Mordversuch? Dieser Frage wird der angegriffene Richter seltsamerweise nicht auf den Grund gehen – offenbar hat er Angst vor der Wahrheit. Dennoch wird Dallow einbestellt: In drei Tagen solle er eine Arbeit nachweisen, sonst greife das Gesetz für Arbeitsscheue und Asoziale. Auch das ein Haftgrund in der DDR.

Inzwischen blüht der Prager Frühling, der eben noch verbotene freche Tango des Kabaretts wird jetzt ganz selbstverständlich gespielt – die Zeiten haben sich gewandelt. Dallow fühlt sich doppelt betrogen.

Vor allem versteht er sich immer noch als etwas, das mehr ist als bloß ein Partikel in der Masse, auf das es nicht ankommt. Doch, es kommt auf ihn an! Sein Zorn immunisiert ihn vor der völligen Lethargie. Der Zorn lässt ihn noch irgendwie lebendig sein, wenn auch auf eine nahezu psychopathische Weise: »Ich will nichts vergessen, und ich will nichts verzeihen.«[337]

Harry vermittelt ihm eine Stelle als Saison-Kellner im Klausner auf Hiddensee, da verdient er gut und kann zudem in seiner Kammer immer Frauenbesuch haben – er wird sogar zur Adresse, die man untereinander weitergibt. Ein kostenloses Zimmer mit sexuell aktivem Herrn! Das klingt dekadent, DDR-dekadent – aber Dallow hat nach wenigen Wochen, trotz größtmöglicher DDR-Ferne der Insel immer weniger Lust auf Arrangements, die ihn nicht interessieren.

Wie soll er, nach dem, was ihm zugestoßen ist, denn weiterleben? So tun, als wäre nichts geschehen? Das kann er nicht. Aber dass alle anderen es so gar nicht wichtig nehmen, wofür man in diesem Land ins Gefängnis kommen kann, das irritiert ihn schwer. Er weiß nicht, wie es mit ihm weitergehen soll. Aber er habe doch Zeit genug gehabt, sich darüber Gedanken zu machen? Zeit schon, aber im Gefängnis könne man nicht gut denken. Er habe nachgedacht, jeden Tag, aber er wisse es trotzdem nicht.

Doch dann ändert sich ganz plötzlich alles. Die Karten im Spiel der Geschichte sind wieder neu gemischt worden. Die Warschauer-Pakt-Armeen beenden den Prager Frühling, sein Nachfolger am Institut hat morgens um sieben, bei einer frühen Lehrveranstaltung (durchaus DDR-üblich), noch keine Nachrichten gehört – und auf Nachfragen der Studenten erklärt er den Einmarsch der Warschauer-Pakt-Staaten für eine reine Westpropaganda. Das sei etwas, was niemals passieren werde!

Die Folge dieser unbedachten Rede ist, dass der Dozent zwar nicht eingesperrt, aber doch zum Assistenten degradiert wird. Man sucht einen neuen Dozenten: Dallow! Der hat sich nun lange genug gegen alle an ihn herangetragenen Angebote gesträubt und sagt sofort zu. Hier zu besichtigen: der Intellektuelle als Opportunist. Aber warum sollte er den Märtyrer spielen in einem Land, in dem alle Ideale längst verschlissen sind?

Mit Dallow, dem wegen eines Auftritts als Aushilfspianist im Studentenkabarett verurteilten Hochschullehrer, hat Hein das Symbol für eine gebrochene Existenz geschaffen. Die Utopie vom »aufrechten Gang« ist eben nur eine Utopie, nicht alltagstauglich. Aber einer wie Dallow ist auch ein Symptom für das fortschreitende Auseinanderfallen von Anspruch und Realität einer Gesellschaft.

Die Helden von gestern in Christoph Heins Drama Die *Ritter der Tafelrunde*

Welch eine Parabel auf das Ende der Gralsritter, die am 24. März 1989 am Staatstheater Dresden zu Aufführung kam – kurz bevor sich die Realität des Themas bemächtigte, mit weniger geistvollen Dialogen, dafür schneller zum unrühmlichen Ende kommend.

Hans Mayer hat darüber 1991 in seiner *Erinnerung an die Deutsche Demokratische Republik* unter dem Titel »Der Turm zu Babel« nachgedacht, subtil die in der Geschichte liegende Widersprüchlichkeit der Sache darlegend. Was das sei, ein Gral? Ein verborgener, magische Macht verleihender Schatz? Das Glück? Simpel auf die DDR-Analogie gebracht, der Sozialismus, der sich als der falsche erwiesen hat? Der Gral also entzieht sich, ist immer nicht dort, wo man ihn sucht. Entzieht sich umso nachdrücklicher, je energischer man ihm nachstellt. Der Gral ist – und bleibt – offenbar eine Utopie.

Im 19. Jahrhundert, so erinnert Mayer, sei der Blick zurück auf die Gralsgemeinschaft »sehnsüchtig und verzweifelt«[338] gewesen. Beides zugleich. Im 20. Jahrhundert werde alles auf die *Endspiel*-Perspektive Becketts gebracht, das ist jenseits von Hoffnung und Verzweiflung.

Im Grunde geht es darum, was die fortschreitende Zeit mit denen macht, die einst ihre Pioniere waren. Mit sehr verschiedenen Vorstellungen von einer Zukunft, die jetzt bereits Vergangenheit ist. Tragen sie die Schuld daran, dass sich der Gral immer noch verbirgt – zum

Glück, sagen nun manche, Lanzelot darunter, der ihn lange suchte und nun bloß noch eines will: dass er nicht in die Hände der Falschen gerät.

Bevor wir uns einige handelnde Figuren am Hofe von König Artus anschauen, dessen Tage gezählt sind, lohnt ein Blick auf ein Parallelphänomen in der Dramatik: Sudermanns *Sturmgeselle Sokrates*, von Thomas Langhoff 1986 an den Kammerspielen des Deutschen Theaters Berlin inszeniert. Eine Posse um konservierte Ideale, aber eine, die beklemmende Gefühle verursacht. Die einstigen Revolutionäre von 1848 sind alte kauzige Herren, die sich im Alltag längst bürgerlich eingerichtet haben, die in Stammtischmanier die Illusion aufrechterhalten, sie seien immer noch die Helden von einst. Jedes Lachen darüber ist billig, wie jeder weiß, der das Verhältnis von Traum und Realität in seinem eigenen Leben über mehrere Jahrzehnte zu überblicken vermag.

Heins *Rittern der Tafelrunde*, die als Komödie angekündigt sind, fehlt, was Hans Mayer sofort bemerkt, jedes Moment von Schadenfreude. Denn das ganze Figuren-Tableau, das hier ausgebreitet wird, tragen die in der DDR Aufgewachsenen in sich. Jeder hatte eine Funktion im Staate inne und sei es die eines dissidentischen Hofnarren. Mayer: »Das Stück hat keine Helden, weil es sie nicht nötig hat. Es steht auf der Grenze zwischen Endspiel und Befreiungsgeschichte.«[339]

Ist König Artus also nicht der Generalsekretär Honecker und der den scharfmacherischen Part in dieser Tafelrunde übernehmende Keie nicht Stasichef Mielke? Hein selbst hat solcherart unkünstlerischer Gleichsetzung von Fiktion und Realität immer widersprochen, wohl wissend, dass es genau die Analogie ist, die dem Mythos von König Artus im Jahr 1989 ihre drängende Aktualität verleiht.

Was sich hier darbietet, das sind unterschiedliche – und darum auch durch verschiedene Erfahrungen legitimierte – Sichten auf eine Geschichte, sei es die Ritterrunde an König Artus' Hof oder vierzig Jahre DDR. Es ist die Stunde der Resümees, kurz vor dem Ende, wie alle Beteiligten hier ahnen – aber sind sie darum ehrlich, sie, die es vorher nicht waren, indem sie mittels Machtideologie den Gral für sich reklamierten?

Mich erfasst immer noch Ekel angesichts der Selbstgerechtigkeit Keies, eines Typus, den ich in jedem Detail vor Augen habe. Anderen, westlich der Elbe Geborenen oder auch den heute Dreißigjährigen fehlt diese Erfahrung. Sind sie frei davon, unbelastet, vorurteilslos, unwissend in diesem Punkt? Da verlagert sich das in *Die Ritter der Tafelrunde* Verhandelte auf die Leser selbst, die – glücklicherweise – nicht alle das Gleiche lesen, auch wenn sie den gleichen Text vor Augen haben.

Und da kommt etwas für die Dramatik, für jede Dichtung Entscheidendes hinzu. Die Ritter hier sind sämtlich archetypisch geerdet. Oder ist der Typus Keie etwa mit der DDR ausgestorben? Gefragt von Artus, ob sie selbst denn Fehler gemacht hätten, antwortet dieser, ohne zu zögern: »Nein, wir haben keine Fehler gemacht. Keinen einzigen. Schritt für Schritt blieben wir unbeirrt. Wir haben schmerzliche Entscheidungen treffen müssen, wir haben sogar Blut vergießen müssen, das uns teuer war. Aber jeder Schritt war notwendig und richtig.«

Artus antwortet darauf wie ein allzu lang gedienter Staatsmann, der sein Stichwort bekommen hat: »Ja, es waren große Jahre …« Aber dann befällt ihn doch wieder der Zweifel. Was wird die Zukunft bringen? Aus einer (vermeintlich) glorreichen Vergangenheit lässt sich noch keine Zukunft herleiten, jede Zeit muss sich zuerst durch sich selbst rechtfertigen. Also was tun? Artus: »Wir können nur hoffen und den Jungen vertrauen.« Keie kontert: »Vertrauen! Ich traue ihnen nicht.«

Das letzte Wort hat König Artus' Sohn Mordret. Es ist eine Art Vatermord, die Ablehnung des Erbes, das auf ihn zukommt: »Das Artusreich, der Gral, der Stuhl der Auserwählten, es interessiert mich alles nicht. Ich will auch nichts mehr davon hören. Und ich beabsichtige durchaus nicht, als fahrender Ritter durch das Land zu ziehen, um einer Chimäre nachzujagen, an die keiner glaubt, nicht einmal ihr. Ich will kein Ritter der Tafelrunde werden, die Stühle sind viel zu unbequem, und der Tisch ist ein Monstrum.«[340]

Hans Mayer fragt in seinem Aufsatz: »Dies also wäre das letzte Wort über vierzig Jahre einer Deutschen Demokratischen Republik? Narren, Idioten, Verbrecher. Strolche. Vierzig Jahre sind nicht viel: ein halbes Menschenleben nach heutigen Maßstäben.« Nach Ansicht Mayers sollte dies nicht das letzte Wort gewesen sein über einen Versuch in der deutschen Geschichte, zu mehr Freiheit, Gleichheit und Brüderlichkeit zu gelangen. Für ihn ist es die für die Zukunft wichtigere

Frage, was über das zweifellos Misslungene, Schändliche, Lächerliche und auch Verbrecherische hinaus (über das nun seit dreißig Jahren pausenlos geredet wird) an Utopischem in diesem Entwurf steckte. Also etwas, das mehr wert ist als eine Geschichte, über die man mit wegwischender Geste spricht und auf die man immer nur aus der Perspektive des Feindes geblickt hat.

Da kreist die Geschichte, und jene, die sich nun als Sieger der Geschichte fühlten, dünkten sich nun wiederum selbst im Besitz des Grals – und müssen von ihren Kindern aufgeklärt werden, dass sie es nicht sind, sondern Chimären aufsitzen.

Hans Mayer beharrt darauf, dass das Nachdenken über gesellschaftliche Alternativen, auch die grundsätzlicher Natur, für die es den Namen Revolution gibt, mit dem Ende der DDR nicht aufhört. Und wieder ist es keine Antwort, sondern nur eine Frage, die uns bleibt: »War die Deutsche Demokratische Republik, deren Gründung bekanntlich als Gegengründung erfolgen mußte nach Proklamierung einer Bundesrepublik Deutschland, in keinem Augenblick wahrhaft lebensfähig? Die Nachgeborenen werden es wissen und zu entscheiden haben.«[341]

Umkämpfte Utopie. Wie der Streit um Ernst Bloch und Friedrich Nietzsche in der *Sinn und Form* ausgetragen wurde

Als Ernst Bloch 1948 in die DDR kam und an der Leipziger Universität den Lehrstuhl von Hans-Georg Gadamer übernahm, der nach Frankfurt am Main ging, schien es, als würde eine neue Ära beginnen. 1951 erschien dann auch sein im amerikanischen Exil geschriebenes Werk *Subjekt – Objekt. Erläuterungen zu Hegel*. Bloch schöpfte aus tiefen Quellen, ihm stand die gesamte Philosophie- und Religionsgeschichte zur Verfügung. Der Marxismus, den er vertrat, hatte nichts von dürrem Regelwerk, bei dem sich die Dogmatiker ihre Anweisungen abholen konnten, sondern war ein weiträumiges Feld, das Denken vorlebte und bei seinen Lesern förderte. Seine Leipziger Vorlesungen zur Philosophiegeschichte prägten eine ganze Generation von jungen Intellektuellen, von Jürgen Teller bis Gerd Irrlitz.

Dieses Erbe setzte sich fort, als ich 1985 begann, an der Humboldt-Universität die Vorlesungen zur Philosophiegeschichte bei Gerd Irrlitz zu hören. Die freigeistige Atmosphäre war prägend – unter den Büchern, die ich bei meinen Verwandten im Westen erbat, war die vierbändige Ausgabe der bei Suhrkamp erschienenen *Leipziger Vorlesungen* Blochs und natürlich *Das Prinzip Hoffnung.*

Bloch war in der späten DDR nicht eigentlich verboten, aber eben auch nicht erwünscht – man hielt ihn für einen Propheten, der den Boden der »wissenschaftlichen Weltanschauung« verlassen hatte. Ein marxistischer Kabbalist! Die Demontage Blochs begann nach dem Aufstand in Ungarn 1956. Die stalinistische Fraktion der Gesellschaftswissenschaftler, angeführt von Rugard Otto Gropp, dem Vertreter des Fachs Dialektischer Materialismus, bezichtigte ihn des Revisionismus, was schließlich dazu führte, dass er 1957 aus politischen Gründen emeritiert wurde. Daraufhin blieb er 1961 nach einer Reise nach Bayreuth im Westen – und begann noch eine große Alterslaufbahn in Tübingen. In der DDR erschien daraufhin nichts mehr von ihm, sich auf ihn zu berufen, galt als unstatthaft.

Mitte der achtziger Jahre versuchten seine früheren Schüler – Teller war nach einer zermürbenden Odyssee Lektor bei Reclam Leipzig und Irrlitz Professor für Philosophiegeschichte an der Humboldt-Universität –, Bloch wieder in den Kanon des Marxismus zurückzuholen und damit diesen Kanon selbst zu verändern.

1985 veröffentlichte die *Sinn und Form* Ernst Blochs Aufsatz »Aus der Schelling-Vorlesung« sowie einen Beitrag von Gerd Irrlitz unter der neutral gehaltenen Überschrift »Ernst Bloch der Philosophiehistoriker«. Darin heißt es: »Ernst Bloch war ein Meister des Wortes. Nur eine romantische Verbindung von ratio und Expressionismus des Gefühls? – Die literarische Form ist auch wissenschaftlichen, vor allem historischen und philosophischen Texten nicht äußerlich. Sie ist die Form ihres Inhalts, bei Bloch eines Denkens, das marxistisch ergreifen, wirken, verändern will und darum die Sprache achtet. Stil ist Ausdruck sozialer Haltung. Schlechter Stil kann sentimentale Verwaschenheit anzeigen.«[342]

Das klang für die Kaderphilosophen schon schlimm genug, aber die Details machten es erst wirklich gefährlich, als Irrlitz anhand von Blochs Faschismus-Analyse in *Erbschaft dieser Zeit* auf das »Problem der Ungleichzeitigkeit im Bereich der gesellschaftlichen Bewusstseinsformen« kommt. Da geht es um das Selbstverständnis von Philosophie angesichts der Gegenwart als etwas, in dem die Möglichkeit gegenüber der Wirklichkeit zur zentralen Kategorie wird: »Hier konzentrieren sich die Differenzierungen im Fortschrittsbegriff bis zu Verlusten im Fortschreiten, so dass spätere philosophische Epochen wohl zweifellos weitergekommen sind, Kant gegenüber der Renaissance und Descartes, aber manches auch abgebrochen wird und im früheren Denken auch tiefer, ›richtiger‹ gesehen wurde.«[343]

Da steckte der subversive Kern, den die von Politbüromitglied Kurt Hager gehütete SED-Ideologie so nicht hinnehmen konnte. Will man hier etwa mit reaktionärem Ursprungsdenken den Fortschritt demontieren? Die Utopie als offener Raum, in den das Unabgegoltene aller vergangenen Menschheitsträume hineindrängt, birgt die Möglichkeit der Erfüllung wie auch der Entleerung des Anspruchs, den Abbruch einer geschichtlichen Tendenz. Damit war die Utopie pünktlich mit Gorbatschows »Perestroika« und »Glasnost« wieder in der Welt – und ließ sich auch gegen die heftige Abwehr des die ideologischen Dogmen verwaltenden Apparats bis 1989 nicht mehr vertreiben.

1987 erschien dann bei Reclam Leipzig ein schmaler Band von Ernst Bloch, einen Auszug aus dem *Prinzip Hoffnung* enthaltend – er trug den Titel *Freiheit und Ordnung – Abriss der Sozialutopien*. Das war endlich mal wieder lesbare Philosophie, die die unerquickliche Mischung von Abstraktion und Phrase des herrschenden Marxismus-Leninismus im Lande bloßstellte. Gleich auf der ersten Seite wurde die ausdrucksmächtige Großräumigkeit dieses Denkens offenbar: »Beständiger Hunger zieht durch das Leben, nur er zwingt zur Fron, dann erst zwingt die Peitsche. Wäre der tägliche Bissen so sicher wie die Luft, dann gäbe es kein Elend. So aber wächst nur im Traum das Brot wie Laub an den Bäumen. Vorhanden ist nichts dergleichen, das Leben ist hart, und trotzdem war stets ein Gefühl des Auswegs da und dass es möglich sei. Da er so lange nicht gefunden wurde, schwärmte träumerischer Mut nach überallhin aus.«[344]

In der Kunst fiel dieser Geist der Utopie auf besonders fruchtbaren Boden, das Wissen um die Unabgeschlossenheit der Geschichte, jenen »utopischen Überschuss« an Traum, der ihr vorangeht. In aller

Kunst und Philosophie öffne sich ein »Fenster«, hinter dem jene Landschaft liege, die sich erst noch bilde.

Zwei Jahre später eskalierte der Streit in der *Sinn und Form*, durchaus vor dem Hintergrund des geöffneten Bloch-Fensters, aufs Neue. Diesmal geht es um Friedrich Nietzsche, von dessen Werk Editionen geplant sind. Im Heft 5/1986 erscheint von Heinz Pepperle, Philosophiehistoriker an der Humboldt-Universität, der eher zögerliche Aufsatz »Revision des marxistischen Nietzsche-Bildes? Vom inneren Zusammenhang einer fragmentarischen Philosophie«. Ziel seines Textes war es, das Verdammungsurteil von Georg Lukács aus der *Zerstörung der Vernunft*, das den Untertitel »*Der Weg des Irrationalismus von Schelling zu Hitler*« trägt und in Nietzsche einen Vorbereiter des Faschismus sieht, zumindest zu relativieren. Denn immerhin arbeiten zu dieser Zeit am Weimarer Nietzsche-Archiv die beiden Italiener Georgio Colli und Mazzino Montinari an der Kritischen Studienausgabe Nietzsches.

Stephan Hermlin hatte in das von ihm 1976 herausgegebene *Deutsche Lesebuch* zur allgemeinen Überraschung auch Nietzsches Gedicht »An den Mistral« aufgenommen. Er ist einer derjenigen, die für die Einbeziehung von Nietzsche in den Erbe-Diskurs plädieren. An einem scheinbar unscheinbaren Platz, aber dennoch sofort bemerkt, schrieb er in einem Aufsatz über den ungarischen Avantgarde-Dichter Endre Ady: »A propos Karl Marx: Ich glaube nicht, dass Ady ihn je gelesen hat. Gelesen hat er aber leidenschaftlich, wie so viele seiner Zeitgenossen, Nietzsche; nicht nur seine Gedichte sagen es aus, es gibt dafür auch direkte Zeugnisse.« Und dann die Sätze, die das Selbstverständnis des Marxismus-Leninismus, der sich doch als Hauptfeind Nietzsches verstand, erschütterten: »Nietzsche ist ja nicht nur, wie ein anderer großer Ungar [Georg Lukács, Anm. G. D]. behauptete, ein Zerstörer der Vernunft gewesen, sondern gewiss auch einer ihrer Erwecker, ein Ferment des Umsturzes.«[345] Das ist ein Perspektivwechsel mit Folgen.

Nietzsche stärkt das Individuum, ist gegen jede Herdenideologie! In Frankreich wussten das auch die Kommunisten. Und außerdem, wer sagt denn, dass man nur Bücher veröffentlichen soll, deren Meinungen man ganz und gar teilt? Der mündige Leser braucht keine Vormünder, die ihn vor falschen Gedanken bewahren, er urteilt selbst!

Ganz in diesem Geiste ließ ich mir zu Beginn meines Philosophiestudiums an der Humboldt-Universität 1985 von meinen Eltern die im gleichen Jahr erschienene prachtvolle Faksimile-Ausgabe des *Ecce Homo* schenken, herausgegeben und mit einem Kommentar versehen von Karl-Heinz Hahn und Mazzino Montinari. Die großformatige Kassette erschien in der bibliophilen Edition Leipzig, war irrsinnig teuer (über zweihundert Mark) und vor allem für den Export in die Bundesrepublik bestimmt. Aber man konnte sie auch in der DDR kaufen.

Erst im Nachhinein erfuhr ich von dem Philosophen Steffen Dietzsch, dass sein bestellter Kommentar – der unter der Thematik einer Rückbesinnung auf die Qualität des Ästhetischen stand – nicht in der Ausgabe erscheinen durfte. »Friedrich Nietzsches ästhetische Selbst-Erlösung – Ecce Homo« kam dann 1987 auf Polnisch (!) in den in Warschau herausgegebenen *Studia Estetyczne* heraus. Dietzsch hatte seinen Aufsatz unter das Motto von Lautréamont aus den *Gesängen des Maldoror* gestellt: »Meine Subjektivität und der Schöpfer, das ist zuviel für ein Gehirn«.

Dietzschs Deutung der Autobiographie Nietzsches hebt mit einer für DDR-Verhältnisse unerhörten Feststellung an: Dieser habe in einem existenziellen Konflikt gesteckt, als Künstler und Philosoph zugleich Staatsdiener sein zu sollen: »Er wollte immer ein Schicksal sein, und sein Schicksal war doch immer das des Scheiterns.« Also musste er den Versuch, ein neuer Mensch zu werden, in eigene Hände nehmen.

Heinz Pepperle sprach mir gegenüber von einem »neuen Ton«, der mit Nietzsche auch in die – weithin dröge – DDR-Philosophie hineinwirken sollte. Ein liberalerer Umgang mit Nietzsche passte zudem in die Erbe-Politik der SED der achtziger Jahre, sogar Kurt Hager stand dem offen gegenüber. Aber dann kam jemand, mit dem niemand gerechnet hatte, das wütende Enfant terrible der DDR-Philosophie, geschädigt zudem durch acht Jahre Zuchthaus: Wolfgang Harich.

Er erklärte in seinem polemischen Text »Revision des marxistischen Nietzschebildes?« in der *Sinn und Form* 5/1987 eine solche Liberalisierung zum Verfassungsbruch und betätigte derart laut und andauernd den Alarmknopf, dass die stille Diplomatie in Sachen Nietzsche daran zerbrach. Geschickt spielt Harich mit der Angst der Polit-Bürokraten vor der Auflösung ideologischer Prinzipien in »Pluralismus« und »Liberalismus«. Der neue Pragmatismus wurde damit in altbekannt stalinistischen Tönen zurückgepfiffen, Harich sprach wie ein Inquisitor. Gesteht Pepperle, ein Renegat zu sein? Nein, dieser gesteht nicht, bekommt in Heft 1/1988 vielmehr – vorsichtige – Unterstützung durch eine Reihe von DDR-Intellektuellen. Denn Harich hatte nicht nur die Revision des marxistischen Nietzsche-Bildes verdammt, sondern auch gleich noch versucht, den Expressionismus-Streit, der 1938/39 in verschiedenen Exil-Zeitschriften geführt wurde (Lukács hatte den Expressionismus als Verfallskunst bezeichnet und für faschistoid erklärt), ebenfalls im Sinne von Lukács nachträglich zu entscheiden. Das rief nun in weiten Künstlerkreisen heftige Empörung hervor.

Und wie so oft schon ist es Stephan Hermlin, wieder in dieser Zeitschrift, der dies am drastischsten auszusprechen vermag: »Was hier stattfindet und uns allerdings besonders betrifft, ist eine reaktionäre Rückwärtswendung in Richtung auf erledigte Positionen, die Hunderten von fortschrittlichen Künstlern in vielen Ländern die Beschädigung oder die Auslöschung ihres Werks und selbst den Tod einbrachten und sozialistischen Ländern die Schmach zufügten, mit Faschisten verglichen zu werden. Schon ist bei diesem Amokläufer wieder von ›spätbürgerlicher Kulturzersetzung‹, von ›Fäulniserscheinungen‹ die Rede und verwandelt sich die Avantgarde in eine Pseudoavantgarde. Ich frage mich, was ein solcher anachronistischer Müll 1987 in der Zeitschrift unserer Akademie zu suchen hat.«[346]

Und er spitzt, wohl wissend, dass es hier um politische Weichenstellungen geht, noch weiter zu: »Glaubt er im Ernst, wir hätten so viele mit unsinnigen Diskussionen vertane Jahre vergessen, Jahre, die uns niemand zurückgibt, Diskussionen, in denen wir von Kulturfeldwebeln unter Verweis auf dieses oder jenes ›humanistische Element‹ Gnade für den einen oder anderen verfemten Künstler zu erwirken versuchten? … Mancher mag denken, ich hielte mich zu lange mit diesem Nonsens auf und mit jemand, der, was das Politische angeht, sich unter Sozialismus immer nur eine Art von Kriegskommunismus, ein System der Repression vorzustellen vermochte. … Wo eine solche Stimme sich erhebt, warten andere auf ihren Einsatz. Es ist die Stunde der gebrannten Kinder. Auch ich bin ein gebranntes Kind.«[347]

Dennoch, die stalinistisch geprägte SED-Führungsriege ist von Harich so irritiert worden, dass man weitere geplante Nietzsche-Editionen auf Eis legt – erst 1990 erscheint bei Reclam Leipzig die *Fröhliche Wissenschaft* mit einem Essay von Renate Reschke.

FLÜSTERN UND SCHREIEN

Reformer und Verweigerer. Rudolf Bahros *Die Alternative*, das »Sozialismusprojekt« und die »Umweltbibliotheken«

In den achtziger Jahren entsteht eine alternative Szene in der DDR, die sich aus verschiedenen Quellen speist: der Friedensbewegung, kirchlichen Gesprächskreisen, der Umweltbewegung, einer autonomen Literaturszene, zu der auch eine Punk-Szene, eine Modeszene etc. hinzukommen. Man rechnet in der jüngeren Generation immer häufiger nicht mit dem Staatssozialismus der DDR, was nicht heißt, dass man mit dem bürgerlich-parlamentarisch organisierten Kapitalismus der Bundesrepublik rechnet. Nein, man verstand sich als alternatives Lebensprojekt, jenseits etablierter Strukturen und tradierter Ideologien. Es ging um die vita experimentalis, eine neue Art des Zusammenlebens in kleineren Zirkeln, die dann im Nachhinein den Namen »Nischen« erhielten.

Der Soziologe Wolfgang Engler spricht von einer »Spaltung« in der DDR-Gesellschaft, die sich in den achtziger Jahren vollzog: »Der alte Generationenzusammenhang der Ost-68er war in zwei Fraktionen zerfallen, in Etablierte und Außenseiter, ›Politiker‹ und ›Ethiker‹; Reformisten und Idealisten; die dritte politische Generation der DDR dachte und handelte fortan in einem gespaltenen Bezugssystem. Aus Verbündeten waren Gegner geworden.«[348]

Robert Havemanns Vorlesungen »Dialektik ohne Dogma« wurden im Wintersemester 1963/64 öffentlich an der Humboldt-Universität gehalten, 1964 erschienen sie im Westen als Buch. Allein schon die Programmatik des Titels prägte eine ganze Generation kritischer Geister in der DDR. Anders war es bei Rudolf Bahros *Die Alternative.* Sie erschütterte bei ihrem Erscheinen 1977 paradoxerweise den Westen viel stärker als den Osten.

Im Osten blieb Bahro eher fremd und unverstanden. Woran lag das? 1965 war Bahro als Stellvertretender Chefredakteur der Studentenzeitschrift *Forum* nah dran an den Veränderungen, die mit Ulbrichts Reformpolitik möglich geworden waren. Aber im gleichen Jahr, als er dort ankam, war es damit auch schon wieder vorbei. Dass er dann in *Forum* ohne Genehmigung Volker Brauns Stück *Kipper Paul Bauch* abdruckte, kostete ihn seinen Posten. Wie das zu dieser Zeit üblich war, fand er sich – zur »Bewährung in der Produktion« – in einem Betrieb der Gummi- und Kunststoffherstellung wieder, abgeschoben auf einen Posten in der Arbeitsorganisation. Dort blickte er in die schmutzigen Abgründe der Industrieproduktion, dort erwachte auch seine Abkehr von der Industriegesellschaft und sein ökologisches Gewissen.

Bis 1977 blieb er Abteilungsleiter des Gummikombinats in Berlin-Weißensee, erlebte die Entmündigung der Arbeiter im Arbeiter- und Bauernstaat. In diesen Jahren schrieb er *Die Alternative* – die glücklichste Zeit seines Lebens wird er später sagen, er habe wie ein Mönch in Klausur gelebt. Schon damals muss ihn das Esoterische angezogen haben. Sein Werk pendelt zwischen Apokalypse und Versprechen auf Rettung. Dazu kommt in den siebziger Jahren der Ehrgeiz, seine alternative Gesellschaftsvision mit Marx und Engels zu begründen.

Ein fleißiges Suchen nach den passenden Stimmen im Werk der »Klassiker« kennzeichnet *Die Alternative.* Die Zitate sind gruppiert um einen Grundgedanken: Die Kommune ist die Basis des Kommunismus, der Staat ihr Feind. Ein solch anarchistischer Impuls scheint angesichts der Erfahrungen im Staatssozialismus gewiss notwendig – ihn griffen auch andere Reformkräfte auf. Dieser Gesellschaft kann nur eine starke Dosis Basisdemokratie gegen den falschen Gott Staat helfen! Denn der sozialistische Staat reproduziert die Entfremdung unter dem Siegel ihrer Aufhebung. Darum geht es in *Die Alternative.*

Bahro fordert ein »Aktionsprogramm aller progressiven Kräfte« und dieses soll vor allem eine Frage beantworten: »Was muss geschehen, um die gemeinsamen Grundlagen aller patriarchalischen Herrschaftskultur an ihrer materiellen und ökonomischen Basis zu liquidieren?«[349]

1977 erscheint *Die Alternative* in der Europäischen Verlagsanstalt und wird sofort zum Bestseller, 300 000 Exemplare wurden verkauft. Bahro hatte das Manuskript in den Westen schmuggeln lassen (von dem Musikwissenschaftler Harry Goldschmidt) und auch Kopien an Freunde in der DDR verschickt. Zum Erscheinen präsentiert der *Spiegel* einen Auszug samt Interview mit Bahro – am gleichen Tag wird dieser von der Staatssicherheit verhaftet. Damit ist er über Nacht weltbekannt geworden. 1978 verurteilt man ihn wegen »landesverräterischer Sammlung von Nachrichten« und »Geheimnisverrat« zu acht Jahren Gefängnis. Nicht wegen der *Alternative* – auf einen scholastischen Auslegungsstreit der Schriften von Marx und Engels wollte man sich offenbar nicht einlassen.

Im Jahr darauf wurde Bahro amnestiert und reiste in den Westen aus, der für ihn »eine goldene, hohle Nuss« war. Hier war er eine Berühmtheit und ging von Podium zu Podium. Die gerade entstehenden Grünen zogen ihn erst an und stießen ihn dann ab. Nicht ökologische Reform des Bestehenden wollte er, sondern ein ganz anderes System.

Sein Motto lautete: »Kommune wagen!«. Manche verstanden dabei nur Sekte und sahen in ihm einen verkappten Guru. Zu Unrecht? Das Spirituelle spielte für ihn eine wachsende Rolle. Erst müssen wir uns innerlich erneuern, bevor wir die äußere Welt erneuern können, ist eine von Bahros Grundpositionen.

Zum Zweck einer spirituellen Reise verbrachte Bahro 1983 mehrere Wochen in der Kommune von Bhagwan Shree Rajneesh in Oregon. Er fühlte sich dort spirituell angeregt, äußerte sich positiv über seinen Aufenthalt – obwohl die Kommune kurz darauf zwangsweise aufgelöst und Bhagwan aus den USA ausgewiesen wurde. Das Autoritäre, der Machtmissbrauch in religiösen Gemeinschaften, die jenseits der bürgerlichen Gesellschaft als geschlossene Erweckungsgemeinschaften existierten, störte ihn offenbar nicht. Mehr noch, er sprach schließlich selbst von einer »unsichtbaren Kirche«, die die Anhänger seiner Lehre von der »Sozialökologie« meinte. Auch von Kim Il Sung in Nordkorea, wohin er reiste, fühlte er sich inspiriert.

Die Grünen hatte Bahro 1985 nach viel Streit wieder verlassen, auch stieß dort seine Rede von den »Fürsten der ökologischen Wende« auf Widerstand – und so trat er am 16. Dezember 1989 als Gast auf dem außerordentliche Parteitag der SED auf, die sich hier zur SED-PDS umbenannte – und Bahros ehemaligen Anwalt Gregor Gysi zum Parteivorsitzenden wählte. Seine Rede jedoch kam bei den Delegierten nicht gut an, zu egozentrisch fanden sie sie in dieser gesellschaftlich höchst angespannten Situation. Da spürten beide Seiten, dass man sich wenig zu sagen hatte, weil man in gänzlich verschiedenen Erfahrungswelten lebte. Obwohl die DDR-Erfahrung, das Gummiwerk, ebenso wie die Zeit im Zuchthaus Bautzen (wo er begann die Bibel zu lesen), in ihm nie verblasste.

So stand er innerlich schließlich zwischen Ost und West, fühlte sich in beiden Teilen des Landes gleich unwohl. Als man 1996 die Richter, die Bahro 1977 verurteilt hatten, wegen Rechtsbeugung anklagte, hielt er dies für falsch: »Der Westen hat keine Legitimation, über irgendetwas, das in der DDR war, zu Gericht zu sitzen. Die Westdeutschen geht das nichts an: sie haben keinen Bezug dazu, was hier gewollt war.«[350]

1991 begann Rudolf Bahro an der Humboldt-Universität Berlin sein Institut für Sozialökologie aufzubauen und hielt Vorlesungen, die auf seinem Buch *Logik der Rettung* basierten. Anfangs war der Andrang groß – auch ich zählte zu den Zuhörern. Aber die meisten blieben nach und nach weg, enttäuscht vom raunenden Ton einer auserwählten Gemeinschaft der Wissenden. Seine Vorlesungen hielt Bahro noch bis in sein Todesjahr 1997, aber da dann tatsächlich vor einer eher überschaubaren Schar von Anhängern. Lebensreformexperimente mitsamt Meditation und freier Liebe? Seine Frau nahm sich 1993 das Leben. Sie stürzte sich von der Siegessäule – diesem Symbol patriarchalischer Herrschaft, das Bahro doch immer bekämpfen wollte. Ein Schock für ihn, auf den er seine kurz darauf ausbrechende Krebserkrankung zurückführte.

Nein, Bahro war für die alternativ gestimmte DDR-Intelligenz in seinem Habitus zu missionarisch, zu esoterisch, zu sehr egozentrischer Guru. Dabei war vieles von dem, was er zur Kritik der Industriegesellschaft und dem falschen Glauben an einen starken Staat verbreitete, zweifellos richtig. Dieser Ansatz war auch – jedoch ohne spirituelles Sendungsbewusstsein – sowohl unter der kritischen DDR-Intelligenz als auch in oppositionellen Kreisen der alternativen Kulturszene in den achtziger Jahren der DDR verbreitet.

Das sogenannte Sozialismusprojekt an der Humboldt-Universität ab Mitte der achtziger Jahre nahm einiges von diesen Anstößen auf (so die überfällige Kritik des starken Staates), anderes jedoch nicht (so die Ablehnung der kapitalistischen Produktionsweise). Zurück aufs Land und zur sich selbst versorgenden Kommune? Das würde den globalen Herausforderungen keineswegs gerecht – und könnte auch die DDR-Wirtschaft nicht retten.

Wie muss man den existierenden Sozialismus umbauen, dass er modern, also zukunftsfähig wird? Das war die Ausgangsfrage. War sie längst anachronistisch geworden? Bis vor Kurzem galten solche Fragen nach einem anderen Sozialismus als Revisionismus und Reformismus – aber angesichts der Perestroika in der Sowjetunion war es auf einmal zwar offiziell nicht erwünscht, aber auch nicht mehr verboten, über Reformmodelle des Sozialismus nachzudenken.

Dass es Kräfte im Parteiapparat gab, die einen Politikwechsel forcieren wollten, wurde uns Philosophie-Studenten 1987 durch einen Personalwechsel im Bereich »Historischer Materialismus« deutlich. Eine Einteilung, die auf Stalin zurückging, dessen Schrift *Über dialektischen und historischen Materialismus* Bestandteil der »Geschichte der kommunistischen Partei (Bolschewiki), kurzer Lehrgang« war. Darin fand sich eine aller wirklichen Dialektik hohnsprechende Schuldidaktik, die weitere Simplifizierung der von Lenin ohnehin schon versimpelten Theorie von Marx und Engels.

Der Lehrstuhlinhaber des Bereichs »Historischer Materialismus«, Gottfried Stiehler, ging in Rente, und mit ihm wurde sein viele Jahre lang betriebenes Projekt »Triebkräfte des Sozialismus« ausgemustert. Dieses Projekt basierte auf dem Stand nach dem Abbruch der Neuen Ökonomischen Politik, in der es um marktwirtschaftliche Hebel ging – die sollte es in den Anfangsjahren unter Honecker als Parteichef nicht mehr geben. Also ging man auf die Suche nach »Triebkräften« der Gesellschaft jenseits des Marktes. Statt mehr Geld mehr gute Worte? Man ging das zur Verfügung stehende Inventar an Motivationsinstrumenten noch einmal durch: vom sozialistischen Wettbewerb bis hin – als »Triebkraft des Sozialismus« – zu dem »Verband der Kleingärtner, Siedler und Kleintierzüchter« (VKSK) mit immerhin 1,5 Millionen Mitgliedern. Auf diese Weise sollte der Produktivitätsabstand zum Westen aufgeholt werden? Das glaubten am Ende auch viele der führenden Genossen nicht mehr. Und so kam 1988 Michael Brie als Bereichsleiter für den Bereich »Historischer Materialismus« ans Institut für Philosophie. Er und sein Bruder André Brie forcierten eine Wiederauflage der Neuen Ökonomischen Politik, die Wirtschaft sollte marktwirtschaftlich ausgerichtet werden, flankiert – und korrigiert – von pluralistischer Parteienlandschaft, Rechtsstaat und echter Basisdemokratie. War das nicht ein Konzept von sozialer Marktwirtschaft? Ja, aber eines, das auf die Besonderheiten der gewachsenen Strukturen von fast vierzig Jahren DDR-Sozialismus einging. Für uns Studenten war dieses »Sozialismusprojekt« das U-Boot der Perestroika an der Humboldt-Universität.

Einer der Köpfe dieses Forschungsprojekts war Rainer Land. 2010 erinnerte er sich an den Versuch, dieses »Umbaupapier« im Februar 1990 in Westberlin zur Diskussion zu stellen: »In der Diskussion erklärten einige der anwesenden linken Intellektuellen aus Westberlin, unsere Reformvorschläge liefen im Prinzip auf das hinaus, was man im Westen habe: Kapitalismus und Parteienherrschaft, all das, wogegen man seit Jahrzehnten kämpfe. Sozialismus sähe anders aus, und es sei doch fatal, dass die Leute in der DDR den Sturz des Stalinismus nicht nutzen würden, endlich eine wirkliche sozialistische Alternative zum Westen aufzubauen.«[351]

Da war plötzlich ein erheblicher Konflikt mit den von gänzlich anderen Erfahrungen gespeisten Positionen der westdeutschen Linken, die immer nur aus der Opposition zum kapitalistischen System heraus agierten – nie die Tyrannei eines nichtkapitalistischen Systems am eigenen Leib erfahren mussten. Denn was tritt an die Stelle der nicht vorhandenen ökonomischen Korrektive? Moralische Positionen, also reiner Voluntarismus, der schlimmstenfalls in die Pol-Pot-Perspektive Kambodschas mündet. Freie Bahn für Psychopathen der Macht und für Demagogen.

Dagegen stand das »Sozialismusprojekt« als wirksamer Weg zur Entstalinisierung der Strukturen. Aber für den ethischen Sozialismus klang dies zu unschön. Auch über die Rolle des Staates war man uneins. Für nicht wenige linke westdeutsche Politiker war »die Stärkung des Staates gegenüber den Unternehmen die Voraussetzung für ein soziales, ökologisches und kulturelles Korrektiv«.

Auf der anderen Seite artikulierte sich die aus eigenen Erfahrungen gespeiste Position der meisten ostdeutschen Intellektuellen (hierin einig mit Rudolf Bahro). Sie waren »durch den Eindruck eines übermächtigen Apparats geprägt, der durch die Verschmelzung von Staatspartei, Staatsapparat und Wirtschaftsunternehmen zu einem ›Monosubjekt‹ fusioniert war. Wir wollten einen in seiner Macht erheblich eingeschränkten Regierungs- und Staatsapparat, dafür aber umso mehr basisgebundene politische Kontrolle.«[352] Ein weites Feld. Linke Sekten und Splittergruppierungen aus den Westen trafen nun auf die aus dem Schatten von verbotener Fraktions- und Plattformbildung herausgetretenen Ostintellektuellen, die sich vermutlich mehrheitlich nicht einmal als links bezeichnet hätten – sie reflektierten das Scheitern des bisherigen staatssozialistischen Systems, das in seinem historischen Ausmaß eine Tragödie war.

Doch davon war die Westlinke völlig frei, sie pflegte weiterhin ihre Feindbilder, war ungebrochen im Kampfmodus. Ihre klaren weltanschaulichen Koordinaten waren eben nicht so durcheinandergeraten wie bei jenen, die nun den Untergang des sozialistischen Systems zu denken versuchten, dabei getragen waren von einem tief melancholischen Gefühl.

In der Endphase der DDR polarisierte sich das Land immer stärker. Was bei den einen innerer Abschied von der DDR in Trauer und Zorn war, wobei man sich doch einen Rest Utopie (Perestroika!) bewahren wollte, war bei den anderen eine rigoros-unsentimentale Absage. Da war die Rede von Bonzen und Unrechtstaat, die nach der Wende Konjunktur hatte, und, schon da, sehr viel Hass auf die Herrschenden.

Die Konstellation lief auf gegenseitiges Ignorieren und Blockieren hinaus, wie Wolfgang Engler konstatiert: »Die oppositionellen Aussteiger hielten die SED-Reformer der dritten Generation für moralisch anrüchig und galten in deren Augen als politisch inkompetent. … Tatsächlich waren die Reformer so wenig unmoralisch, wie die Außenseiter unpolitisch waren.«[353] Während für die Moralisten jeder Kontakt mit möglichen Reformkräften im Ministerium für Staatssicherheit ein Tabu war, suchten die politisch etablierten Reformer durchaus die Rückendeckung von Geheimdiensten. Auch die des KGB, der immerhin durchaus ein Hort des Reformdenkens in der KPdSU geworden war (gegen Breschnews Rüstungslobby) und aus dem schließlich Gorbatschows entschiedenster politischer Förderer Juri Andropow kam.

Ein ungewöhnlicher Versuch einer Ost-West-Annäherung fand 1987 statt, als sich Kommissionen von SED und SPD auf ein gemeinsames »Dialogpapier« einigten. Es trug den Titel: »Der Streit der Ideologien und die gemeinsame Sicherheit«. Gewollt war ein Ausstieg aus der Rüstungsspirale und ein friedlicher Wettbewerb der Systeme. Mit anderen Worten: eine Entmilitarisierung auch des Umgangs miteinander, die Stärkung der eigenen Friedensfähigkeit zuerst durch verbale Abrüstung.

»Grundregeln einer Kultur des politischen Streits« wurden definiert. Darin heißt es: »Keine Seite darf für sich ein Recht deutlicher Kritik und der polemischen Darstellung der anderen Seite in Anspruch nehmen, das sie ihr nicht in gleichem Maße zuzubilligen bereit ist.«[354] Sollte das der Beginn einer neuen Debattenkultur sein, das Aufbrechen der verknöcherten Verkündigungsmentalität der SED-Spitze?

Das Schicksal Herbert Häbers, 1984 bis 1985 Mitglied des Politbüros, spricht dagegen. Häber war ab 1973 Leiter der Westabteilung des ZK – und hatte den 1984 nicht zustande gekommenen Besuch Honeckers in der Bundesrepublik vorbereiten sollen. Abgesagt werden musste er aufgrund des massiven Widerstands einer Gruppe von Kreml-Politikern um KPdSU-Generalsekretär Konstantin Tschernenko, die keinen separaten ost-west-deutschen Dialog wollten. Tschernenko drohte Honecker sogar damit, dass derartige deutschlandpolitische Alleingänge für ihn persönlich Konsequenzen haben könnten.[355] Postwendend macht der Machtpolitiker, der Honecker auch immer ist, Herbert Häber zum Sündenbock. Dieser erleidet einen Zusammenbruch, wird in die Psychiatrie gebracht – und bittet von dort aus »gesundheitlichen Gründen« um die Entlassung aus dem Politbüro.

So ist das Ideologiepapier also ein Hoffnungszeichen inmitten des Kalten Kriegs, das vor allem auf die Initiative von Erhard Eppler, dem Vorsitzenden der Grundwertekommission der SPD, zurückging. Auch in der SED mussten sich nun Positionen neu klären, darunter: Wie hielt man es mit der SPD? Otto Reinhold, der Chef der Akademie für

Gesellschaftswissenschaften beim ZK, und auch Kurt Hager, das für ideologische Fragen zuständige Politbüromitglied, mochten keineswegs auf ihr Feindbild Imperialismus verzichten. War also das Papier nur dazu da, im Vorfeld des nun doch zustande kommenden Honecker-Besuchs in Bonn im September 1987 für eine bessere Atmosphäre zu sorgen, um dann schnell wieder vergessen zu werden? Es scheint so.

Wie sich der Widerspruch zwischen den Generationen und damit das unterschiedliche Selbstverständnis in Familien zeigte, erkennt man bei Christa und Gerhard Wolf sowie deren beiden Töchtern mitsamt Lebenspartnern. Während die Eltern auf einen weiteren Dialog mit der Staatsmacht setzten (wenn auch zunehmend frustriert), verweigerten sich Annette Simon und ihr Mann Jan Faktor wie auch Tinka Wolf und deren Lebensgefährte Martin Hoffmann (der dann als Grafiker maßgeblich Gerhard Wolfs Verlag januspress mitprägte). Hoffmann arbeitete in der Umweltbibliothek der Zionskirchgemeinde mit und wurde bei Protesten gegen deren Beschlagnahme im November 1987 durch die Staatssicherheit festgenommen.

Allerdings wurden die Festgenommenen bald wieder auf freien Fuß gesetzt, denn der Staatssekretär für Kirchenfragen Klaus Gysi versuchte eine Eskalation zu vermeiden und wurde vermutlich auch wegen dieser zu liberalen Position 1988 von Erich Honecker in den Ruhestand versetzt.

Ein weiterer Dissens zeigt sich zwischen denen, die die DDR (oft im Zorn und notgedrungen) bereits verlassen hatten. So flammt ein Streit zwischen Thomas Brasch und Günter Kunert auf. Ein schmerzhafter Klärungsprozess, der unterschiedliche Positionen erkennen lässt. Brasch hatte Christa Wolf, die 1987 für *Störfall* den Geschwister-Scholl-Preis erhalten hatte, gegen Angriffe von Marcel Reich-Ranicki verteidigt und dabei erklärt, er sei »nach wie vor Bürger der DDR«. Das erregt den Zorn Günter Kunerts, der einen offenen Brief an Brasch schreibt, in dem er fragt: »Sind wir eigentlich Exilanten oder nur zeitweilig im Westen sich aufhaltende, in der Wolle gefärbte ›Ossies‹?«[356]

Dass dieser Generationen-Gegensatz keineswegs ein starrer war, zeigt Gerhard Wolfs Hinwendung zu neuer Lyrik, die jenseits offizieller Strukturen von Schriftstellerverband oder Akademie existierte.

Er gehörte zu den Förderern von Bert Papenfuß-Gorek und initiierte im Aufbau Verlag die Edition »Außer der Reihe« mit Szenelyrik. Über Papenfuß-Gorek sagt Gerhard Wolf, dies sei ein Autor, dem »die Sprache, wie er sie täglich hörte und las, nicht mehr selbstverständlich war«. Das ist ein neuer Ansatzpunkt, der sich in Versen wie diesen ausspricht: »meine sprechmeise/spricht leise weise/spricht haut laut –«[357]

Das waren Angriffe aufs Etablierte, den Bruch, den Abbruch des Diskurses (den man leerlaufen sah) forcierend. Hier stellte sich bereits die Frage: Wozu gehört mehr Charakter, zum Bleiben oder zum Gehen? Klar ist, dass diese Frage zu generalisieren hieße, die Wahrheit, die im Schicksal des Einzelnen liegt, zu verfehlen.

Magie des einfachen Lebens: Andreas Dresens Film *Gundermann*

Es gibt die Helden und die Anti-Helden. Auf die einen ist die Gegenwart stolz, die anderen sind ihr peinlich. Aber aus der Gegenwart wird Vergangenheit, die Helden werden vergessen, die peinlichen Anti-Helden, die in keine Gegenwart passen, jedoch nicht. Sie erzählen die wahre Geschichte unseres Lebens. Eine Geschichte aus Versagen, Enttäuschung, erlebtem und begangenem Verrat, unerfüllter Sehnsucht und Scheitern. Das ist es, was bleibt. Alles andere ist Illusion und Trugbild.

Andreas Dresen hat von Anfang an einen sicheren Sinn für solche Anti-Helden gehabt. Solche, die im Riss zwischen den Zeiten fast versinken, aber wie sie sich dagegen zu wehren wissen, das besitzt eben doch eine eindringliche Poesie, wie wir oft erst im Nachhinein bemerken. Mit *Gundermann* knüpft er nun an seine frühen Filme der neunziger Jahre an, wie *Stilles Land* mit Kurt Böwe und Thorsten Merten über die Wende in einem Provinztheater, das von der Welle der Vereinigungseuphorie in seiner apathischen Existenz fast hinweggespült wird. Aber damit auch an jene Melancholie, die das vereinigende Band der späten achtziger Jahre der Endzeit-DDR bildete: Wir haben nur noch eine kurze Frist, lasst sie uns für wichtige Dinge nutzen. Ein morbides Refugium mit Heimatqualitäten.

Wer war eigentlich Gerhard Gundermann? Vieles, aber auf jeden Fall ein merkwürdiges Ost-Gewächs, das vor allem zu befremden vermochte. 1955 in Weimar geboren, wollte er nach dem Abitur Berufsoffizier (Politoffizier!) werden, wurde aber wegen Befehlsverweigerung unehrenhaft entlassen. Er hatte sich geweigert, für den Armeegeneral Heinz Hoffmann ein Lied zu singen, mit dem Hinweis, das sei schädlicher Personenkult. Fortan arbeitete er als Hilfsarbeiter in der Braunkohle von Hoyerswerda und brachte es schließlich zum Baggerfahrer, zum Gründer der »Brigade Feuerstein«, die ins FDJ-Bild der kritisch-klassenbewussten DDR-Jugend passte. Gundermann vereinigte schon damals den Tschekisten und den Staatsfeind in sich, arbeitete bis Anfang der achtziger Jahre als IM »Grigori« für die Staatssicherheit, wurde dann jedoch selbst Objekt der Observation. Ein linientreuer Dissident oder schlicht ein Querulant?

Der schmal-blasse, geradezu spillrige, ewig missionierende Gundermann mit großer Brille und gewaltigen Schneidezähnen, die an ein belesenes Nagetier denken ließen, war nicht gerade der Typ, auf den die Fans flogen, weder die weiblichen noch die männlichen. Überall Mauern, aber davon ließ er sich nicht beeindrucken. Er lebte und dichtete in seinen Widersprüchen, in denen er jene des Landes erkannte, in dem er lebte. 1996 wurden die letzten Bagger seiner Grube verschrottet, der traurigste Tag im Leben Gundermanns, für den der Lärm und die Isolation auf dem riesigen Schaufelradbagger immer einen Schutzraum gebildet hatten, in dem er schreiben und sogar singen konnte, ohne dass ihn jemand störte. Nur ein Auftrittskünstler und kein Arbeiter mehr zu sein, das konnte er sich nicht vorstellen. Am Verlust seines Baggers starb er dann wohl auch – 1998 an einer Hirnblutung.

Und plötzlich wurde klar, wie viel Traurigkeit, wie viel Todesahnung in seinen Liedern immer schon war: »Ich habe keine Zeit mehr/Ich nehm den Handschuh auf/Ich laufe um mein Leben und gegen/Den Lebenslauf.« Zeugnisse einer verlorenen Generation, für die Gundermann stellvertretend bekennt, er habe auf das richtige Pferd gesetzt, das verloren habe?

Hans-Dieter Schütt versammelt in *Tankstelle für Verlierer* Gespräche, die er kurz vor Gundermanns Tod mit ihm geführt hat. Ein Minenfeld von Utopie und Ideologie, Wahrheit und Lüge. Ein Kampfgebiet, das Gundermann zu befrieden versuchte – zuerst in sich selbst. Über seine IM-Tätigkeit für das MfS sagt er: »Ich muss niemanden um Verzeihung bitten, aber mir selbst kann ich das nicht verzeihen.«[358]

Wie Gerhard Gundermann, der Motor seiner »Seilschaft« war (so lautete der bewusst provokante Nachwende-Name der Band, die mit ihm bis zum Schluss spielte, trotz der IM-Vorwürfe), so ist Alexander Scheer der Motor von Dresens *Gundermann*-Film. Ein Ereignis an Intensität und Einfühlung! Wenn er singt, dann mit leichtem Rio-Reiser-Einschlag, oder soll man sagen: Brückenschlag?

Dresen setzt an einem neuralgischen Punkt ein: die Konfrontation mit den plötzlich auftauchenden Stasi-Vorwürfen werden zur Konfrontation Gundermanns mit sich selbst. Was ist wahr, was gelogen am eigenen Selbstbild? Der Film wird zur Reise des Gerhard Gundermann und damit auch des Landes, in dem er lebte, zu sich selbst. »Hier bin ich gebor'n/Wo die Kühe mager sind wie das Glück/Hier hab ich meine Liebe verlor'n/Und hier krieg ich sie wieder zurück.« Man denkt an Walter Benjamin, der sagte, man müsse das, was in der Geschichte voreilig an Lebendigem begraben wurde, wieder aus der Erde befreien. Eine Arbeit für Baggerfahrer?

Der so maßlos wirkende Gerhard Gundermann wollte im Grunde nichts anderes als das einfache Leben. Wie anspruchslos man einerseits im Äußeren sein konnte, wenn man andererseits so unstillbar unbefriedigt blieb wie Gundermann, das verblüfft heute am meisten – wo wir uns doch zumeist so vollständig dem Takt von Zeit und Verwertung unterworfen haben. Wer ist denn der eigentliche Verräter seiner Kindheitsträume: derjenige, der diese sie realisierend hinter sich lässt, oder derjenige, der lebenslang in ihnen feststeckt? Schütt spricht das magische Bewusstsein von Gundermann aus, wenn er notiert: »Das Aufheben der kleinsten Schraube im Tagebau und der Sternenhimmel drüber sind ihm eine Einheit von Materie und Phantasie, die von jener kosmischen Denkungsweise gespeist wird, wie man sie bei Aitmatow, Lem und den Brüdern Strugatzki literarisch geformt findet. Äußeres Leben, Motorik des Alltags sind ihm nur Hilfsmittel, sich wahrhaft naiv in den scheinbaren Welträtseln zu bewegen und anders als andere mit Zeit und Raum umzugehen.«[359]

Dresen erklärt mit *Gundermann* die DDR-Geschichte auf eine Weise, die zur Selbsterkenntnis von Ost und West gleichermaßen führen könnte – jenseits aller Rechthaberei. Über jenen Osten, den grauen und hässlichen, den in vielen Dingen rückständigen, der offenbar doch etwas an sich hatte, was die in ihm Aufgewachsenen heute vermissen – trotz all der vielen angenehmen Dinge, die sie nun besitzen –, ist lange beharrlich geschwiegen worden.

Dresens *Gundermann* ist auch eine Liebeserklärung an den Arbeiter, der einmal etwas anderes war als ein »Arbeitnehmer«. Ich denke an Georg Maurers Epos *Das Unsere*, das anhebt »Arbeit ist die große Selbstbegegnung des Menschen«. Wir erkennen plötzlich die Schönheit der Schaufelradbagger, bevor wir ihre Natur-Zerstörungskräfte kritisieren. Gemeint ist eine Arbeit, die mehr ist als bloß Selbstverwirklichung, nämlich Selbstwerdung durch nichtentfremdete Arbeit, die zum Motor einer wahrhaft freien Gesellschaft wird. Das ist zugegebenermaßen jene Utopie des kommunistischen Eigentumsverhältnisses, von dem Marx schrieb. Wer sie zu leben versucht, verstrickt sich folgerichtig in unlebbare – aber darum nicht unsinnige – Widersprüche.

In der Geschichte wohnen jene Dramen, die dem Leben erst ihr Gewicht geben. Gundermann sagte, wenn es die Idee des Kommunismus nicht schon gegeben hätte, wäre er selbst darauf gekommen. »Von jedem Tag will ich was haben/Was ich nicht vergesse/Ein Lachen, ein Sieg, eine Träne/Ein Schlag in die Fresse«.

Gegen den Industrialisierungswahn: Valentin Rasputins *Abschied von Matjora* und *Der Brand*

Zwei Jahre vor seinem Tod 2014 schrieb der sowjetische Autor Valentin Rasputin das Vorwort zu den Erinnerungen Nikolai Ryschkows. Der war von Gorbatschow zum Ministerpräsidenten gemacht worden, aber sah sich nach dem Zerfall der Sowjetunion von diesem verraten. Verbitterung über den Untergang der Sowjetunion hatte nun auch Rasputin erfasst, dabei hatte er deren blindwütig-schwerindustrielle Naturzerstörung bereits 1976 in *Abschied von Matjora* (deutsch 1979) beklagt.

Valentin Rasputin, der in Irkutsk lebte, entdeckte das Thema Umwelt also nicht erst dann für sich, als es bereits Konjunktur hatte, sondern schrieb schon in den siebziger Jahren gegen blinde Fortschrittsgläubigkeit an. Diese verkörperte für ihn der Bau des Wasserkraftwerks von Irkutsk. Ein riesiger Stausee wurde angelegt, der nicht nur das ökologische Gleichgewicht der Natur zerstörte, sondern auch tausende Menschen aus ihren Dörfern vertrieb. Vor dem Fluten wurden die Holzhäuser niedergebrannt.

Diesen Seismographen des dörflichen Lebens und seiner Zerstörung bewahrte seine Enttäuschung nicht davor, die Nähe von reaktionären Ideologen zu suchen. In Ryschkow – deswegen schreibt er das Vorwort – sieht er den besonnenen Vertreter eines langsamen, auf mehrere Jahre angelegten Übergangs zur Markwirtschaft, in Gorbatschow mit seinem 500-Tage-Programm einen »Hochstapler«, verantwortlich dafür, dass das »seiner Stützpfeiler beraubte, schwergewichtige Staatgebäude«[360] zusammengebrochen sei.

Mit Valentin Rasputin tritt der alte Widerstreit in der russischen Gesellschaft (und ihrer Kultur) zwischen Slawophilen und Westlern auf radikal antiwestliche Weise zutage. Damit verbunden ist auch eine unübersehbare Intellektuellenfeindschaft. An Russland soll man glauben, es nicht zu verstehen versuchen, meinen die Slawophilen. Ein Zuviel an Wissen verdirbt den russischen Menschen, meint auch Rasputin. Denn wie sei das Verhalten hoch gebildeter Eliten bei der Demonstration auf dem Manegeplatz am 16. September 1990 anders zu erklären, als eine *Prawda*-Sondernummer mit dem Artikel eines italienischen Journalisten über die Ausfälle des betrunkenen Boris Jelzin in den USA verteilt worden war: »Das waren erwachsene und gebildete Jelzin-Anhänger aus den Wissenschaftszentren in der Umgebung von Moskau. Mehr Bildung und Klugheit geht nicht! Aber wie verrückt geworden, zerrissen und zertrampelten sie in einer allgemeinen Psychose die zuvor verteilte Sondernummer der ›Prawda‹ …«[361]

Der Typus Jelzin zeigte sich hier bereits in seiner polarisierenden Wirkung. Während Gorbatschow zu integrieren versuchte, forcierte Jelzin die Spaltung der Gesellschaft. Diesen Eindruck hatte ich bereits ein Jahr zuvor, als ich im Sommer 1989 für einige Wochen im Studentenaustausch in Moskau, Leningrad und Kiew war. An der Moskauer Lomonossow-Universität hatte Jelzin einen Auftritt vor Wissenschaftlern. Unsere russischen Betreuer luden uns ein, ebenfalls mit in den großen Hörsaal zu kommen, und übersetzen seine Rede. Er stand da wie eine leibhaftige Bildzeitung und verbreitete sich ungehemmt über senile und unfähige Politbüromitglieder und die allzu laschen Versuche Gorbatschows, mit diesen abzurechnen.

Die Stimmung im Saal war sofort aufgeheizt, es drohte ein Tumult. Anhänger riefen »Bravo!«, Gegner forderten ihn auf, sein Parteibuch abzugeben. Aber das, entgegnete Jelzin mit Emphase, sei ihm »heilig«. Überhaupt präsentierte er sich als rastloser Arbeiter im Dienste des Volkes, der sich jede Nacht höchstens zwei, drei Stunden Schlaf gönne. Eine billige Selbstinszenierung, die auf Eskalation gerichtet war.

Nach einer knapp verhinderten Saalschlacht standen wir, eine Handvoll deutscher Studenten (die einzigen Ausländer bei diesem denkwürdigen Auftritt), wieder vor dem Eingang. Dort wartete der uralte Tschaika samt Fahrer auf Jelzin, der zu dieser Zeit als stellvertretender Bauminister einen Karrieretiefpunkt erlebte. Als der Fahrer uns als Ausländer erkannte, sprach er uns an. Was er sagte, klang forciert hymnisch: Ob wir auch so überwältigt von Boris Jelzin seien?! Nein zu sagen, trauten wir uns nicht, denn Jelzins Fahrer wirkte nicht, als ob er kritische Einwände hinnehmen würde. Die Russen mochten den großsprecherischen und immer alkoholisiert wirkenden Jelzin nun mal mehrheitlich sehr viel lieber als den puritanischen Gorbatschow.

Nach dem Verschwinden der Sowjetunion kam in Russland mit Boris Jelzin ein Vertreter westlicher Interessen an die Macht – und für Rasputin war nichts Schlimmeres vorstellbar als der Kapitalismus, der jetzt einzog. Nun näherte er sich einer merkwürdigen Sammlungsbewegung aus orthodoxen Kommunisten und Nationalisten an, der »Front der Nationalen Rettung«, die in schwülstigen Tönen Tradition und Heimat pries. Rasputin gehörte zu den Unterzeichnern des am 23. Juli 1991 in der *Sowjetskaja Rossija* erschienenen Manifestes: »Ein Wort an unser Volk«. Dieses hebt an: »Ein unerhörtes Unglück hat sich ereignet. Das Heimatland, unser Land, der große Staat, uns anvertraut mit seiner Natur, mit den glorreichen Vorfahren, es geht zugrunde, zerbricht, versinkt in die Finsternis und ins Nichts.«

In solch pathetischem Ton geht es dann auch weiter. Erstaunlich, dass Rasputin – ein der russischen Sprache mächtig wie kaum ein anderer Autor und mit einem genauen Gespür für Nuancen – sich von einer derartigen Inszenierung nicht abgestoßen zeigte. Vielleicht war er das sogar – aber noch stärker stieß ihn der nun beginnende Siegeszug des Kapitalismus ab, in dem er den größten Feind der sibirischen Landschaft sah. In seinen letzten Lebensjahren kämpfte er für die Rettung des Baikalsees und gegen eine dort gebaute umweltverschmutzende Papierfabrik. Die Papierfabrik war stärker.

Rasputins Roman über den Untergang des Dorfes Matjora lohnt es, immer wieder zu lesen. Er könnte in ähnlicher Weise auch in der Lausitz spielen, wo die Braunkohlentagebaue ein Dorf nach dem anderen verschlangen. Häuser wurden gesprengt, ganze Friedhöfe eingeebnet, Kirchen zerstört. All das für den wachsenden Energiebedarf im Lande. Irgendwo muss der Strom ja herkommen, das räumt auch Rasputin in *Abschied von Matjora* ein. Doch jahrhundertealtes Kulturland zu fluten und so die durch Stalins Politik ohnehin schon schwer beschädigte Dorfkultur vollends zu zerstören, ist das der Fortschritt?

Man nannte die Entwicklung – in der Sowjetunion wie in der DDR – in einer Mischung aus Naivität und Ideologie die »Überwindung der Unterschiede von Stadt und Land«. Aber diese, so Rasputin, ging immer zu Lasten der Dörfer. Pawel, der Sohn Darjas, der uralten Hauptheldin des Romans, fragt dann auch: »War der Preis, den sie jetzt zahlten, nicht doch zu hoch? Bestand nicht die Gefahr des Überbezahlens? Nur jene schmerzt der Verlust nicht, die hier nicht gelebt, nicht gearbeitet, die nicht jede Furche mit ihrem Schweiß getränkt hatten.«[362]

Darja warnt vor den Folgen der Zerstörung, aber niemand (außer den Alten) hört auf sie, diese Kassandra auf dem Dorfe! Selbst wenn sie zu schwach sind, es zu verhindern, müssen die Alten sich im Namen ihres gelebten Lebens und dem ihrer Vorfahren gegen dieses Unheil wehren. Und so haben wir teil am stillen Protest einiger uralter Frauen in Matjora, die sich beharrlich der Umsiedlung in anderswo gebaute Reihenhäuser verweigern. Die neue Siedlung ist modern, aber schlecht gebaut auf unfruchtbarem Land, noch dazu auf einem Nordhang gelegen, wo es immer kalt, dunkel und feucht ist.

Die Dörfler rätseln, warum hat man gerade diese Stelle für ihre

Siedlung ausgesucht? »Am ehesten war es wohl wie im Märchen gewesen: Man hatte aufs Geratewohl einen Pfeil ausgeschickt, und wohin der Wind den Pfeil trug, dort wurde die Siedlung hingebaut. Dabei war die Erklärung denkbar einfach: Die Erbauer hatten nicht für sich selbst gebaut, und sie hatten es sich leichtgemacht.«[363] Dieses Es-sich-leicht-Machen liegt den alten Frauen im Dorf schwer auf der Seele. Sie kennen das Leben und wissen, dass es ohne sein eigenes Gewicht zu erlangen, umsonst gelebt war.

Die neue Siedlung ist kein gewachsenes Dorf, aber auch keine Stadt – sie hat keine Geschichte, kein Zentrum, keinen Friedhof –, ist schnell aus dem Boden gestampft worden. Gewiss, die Wohnungen haben einen Elektroherd und statt der alten Öfen eine moderne Heizung. Aber für den Samowar, ohne den der Mensch, das wissen die alten Frauen in Matjora genau, kein Mensch sein kann, ist hier kein Platz. Man kann Radio hören, vielleicht gibt es sogar Fernsehen, das Leben ist leichter, aber was heißt das schon? Manche von den Jungen finden das gut, endlich müssen sie sich nicht mehr um alles kümmern wie in Matjora, wo sogar das Brot aus selbst angebautem Getreide gebacken wurde. Und dabei immer in Angst vor einer Missernte! Oder die Kühe füttern, damit man Milch bekommt. Jetzt hat man in Matjora bereits den Strom abgestellt, das Aggregat, das ihn erzeugte, wurde weggeschafft – die noch Ausharrenden haben nun wieder ihre alten Petroleumlampen hervorgeholt.

In der neuen Siedlung ist alles anders: Getreide wächst da ohnehin nicht, und Brot und Milch gibt es im Laden, so einfach. Aber die Alten, die bereits aus dem Dorf weg- und in die Siedlung gezogen sind, sterben hier schnell, ohne viel Aufhebens zu machen – es wirkt wie eine Flucht. Für ihre zurückgelassenen Holzhäuser, die abgebrannt werden, haben sie eine Entschädigung erhalten. Schließlich war es ihr Eigentum. Aber wozu braucht Darja in ihrem Alter noch Geld? In der Siedlung gehört den aus Matjora Vertriebenen nichts mehr, die Wohnungen sind bloß gemietet.

Der letzte Sommer des Dorfes Matjora vor der Überflutung wird zur Kulisse des Romans. Keine heile Welt, aber eine mit altbekannten Gebrechen, eine, die in all ihrer Kargheit doch heimatlich war: »So lebte das Dorf: schlecht und recht, hatte sein Auskommen, hielt seinen Platz oben auf dem linken Hochufer besetzt, sah die Jahre kommen und gehen: wie das Wasser, das es mit den anderen Dörfern in der Nachbarschaft verband und das es seit jeher ernährt hatte. Und so wie das Wasser unaufhörlich dahinströmte, so schien auch das Dorf in Ewigkeit dazustehen. Die einen legten sich in die Friedhofserde, andere wurden statt ihrer geboren, manche Häuser wurden altersschwach, dafür wurden neue Häuser gezimmert.«[364]

Der ewige Kreislauf von Werden und Vergehen, von Geborenwerden und Sterben, von Sommer und Winter zeigt den Mensch im Einklang mit der Natur. Matjora, ein Inseldorf, beschützt von der Angara, die es umfließt. Aber nun bricht der Fortschritt mit schicksalhafter Macht herein. Es gibt Verluste im Fortschreiten, gewiss. Aber was Rasputin hier schildert, das ist bloß noch fortschreitende Zerstörung: industriell-bürokratische Barbarei, für die es keine Rechtfertigung gibt. Ein Rückschritt.

Eindrucksvoll ist die Dramatik der Einebnung des Dorffriedhofes, in den Augen der letzten Dorfgreise eine Schändung der Ahnen, die dort liegen. Es folgt ein wütender Protest, fast ist es eine Revolte der Alten gegen jene, die geschickt wurden, die Grabkreuze abzusägen. Rasputin ist hier beinahe in der Rolle jenes Mönchs Rasputin am Zarenhof, der dort als wunderheilende Stimme des Volkes vergöttert und dann 1916 als unberechenbarer politischer Faktor ermordet wurde. Nun sieht er eine »lärmende und böse Prozession« sich in Richtung Friedhof in Bewegung setzen: »Dort liegen Menschen begraben – nicht Tiere. Wer hat es gewagt, unsere Gräber zu schänden?«[365]

Die Antwort, die sie bekommen, ist in jeder Hinsicht unbefriedigend: »Bevor das Wasser eingelassen wird, muss in der Überflutungszone Ordnung geschaffen werden. Das Territorium muss vorbereitet werden.« Über siebzig Orte seien vor der Überflutung umzusiedeln, eine Riesenaufgabe, da sei für Empfindlichkeiten alter Dorfleute kein Platz, bekommen sie zu hören. Aber die Empörung der Alten erlangt eine geradezu mythische Gewalt. Eine der Alten ruft: »Solange ich hier lebe, so lange ist auch Erde unter meinen Füßen, und diese Erde schändet ihr gefälligst nicht!«

Darja, die Stärkste unter ihnen, ist auch die Älteste. Sie weiß, woanders wird sie nicht mehr hingehen, ihre Stärke ist an Matjora gebunden, sie muss mit untergehen, wenn das Wasser kommt. Zu ihr gehen die anderen Alten des Dorfes in diesem Sommer. Eine Heuernte noch, und dann erst brechen Feuer und Wasser über sie herein. Sie werden die letzten Spuren der Menschen tilgen, die hier seit Generationen lebten. Bei Darja finden die Alten Trost, bei Tee aus dem Samowar leben sie für Momente wieder auf und reden über sich und ihre Familie, die Eltern und Großeltern.

Eine allerletzte Frist, wie Darja wohl weiß, die sich nicht mit umsiedeln lassen wird. Sie erinnert sich an ihren Vater, der beim Sterben zu ihr sagte, sie solle leben, sich rühren, »damit wir Toten … wie ein Splitter hier im Diesseits stecken«. Aber da habe sich der Vater wohl geirrt: »Ich bin's, die den Mut sinken ließ. Ich hätt mich früher nach drüben aufmachen müssen, ich bin schon lange keine Hiesige mehr … ich bin eine Dortige, ich gehör ins Jenseits. Ich leb schon längst nicht mehr auf meine eigene, sondern nach fremder Weise, ich begreife nichts: wohin, warum?«

Warum erblicken die Menschen in ihnen, den Greisen, bloß immer nur das Gestern, die vergangene Zeit, die sie nichts angeht? »Alle rennen immer nur vorwärts. Die sind schon ganz außer Atem, die müssen nach jedem Schritt verschnaufen – und trotzdem rennen sie immer weiter.«[366]

Aber nun geht es nur noch um eines: Wenn sie schon nicht mehr auf ihre eigene Weise leben können, dann wollen sie wenigstens ihren eigenen Tod haben, hier auf Matjora. Aber ohne sich dabei vor Gott zu versündigen – wie soll das gehen? Indem sie einfach ausharren und da bleiben, wo sie immer gewesen sind. Mit ihnen ist jener seltsame Inselgeist, der sie schützt. Als die Häuser – bis auf eines, wo Darja und die anderen Alten zusammenkriechen – abgebrannt sind, was bleibt da noch? »Das Dorf Matjora hatte sich aus seiner Verankerung gelöst, hatte sich in die Luft erhoben und war davon geflogen.«[367]

Als man die letzten auf der Insel Zurückgebliebenen mit einem Kutter gewaltsam holen will, senkt sich Nebel über den Fluss, das Schiff verirrt sich, fährt im Kreis. Und die Alten blicken hinaus: »Im Fenster war ein düsteres, feuchtes, nässendes Licht – ein Unterwasserlicht.« Zu hören ist auch etwas: ein »trostloses Heulen«, das nichts anderes sei als »der Abschiedsruf des Herrn der Insel«.[368] Diese phantastische Welt, in der Gestern und Heute ineinander übergehen, scheint für immer verloren. Und man fragt sich beim Lesen, ob es der Sinn von Fortschritt sein kann, sie verloren zu geben. Aber wurde sie überhaupt verloren gegeben?

Doch die Geschichte der zunehmenden Verwüstung von innerer und äußerer Natur ist damit noch nicht zu Ende erzählt. Im Jahr 1985 (deutsch 1987) erscheint Rasputins *Der Brand* – bei Volk und Welt, in jener legendären Spektrum-Reihe, die zahlreiche Übersetzungen fremdsprachiger Texte, darunter für das Selbstverständnis der Ostdeutschen wichtige sowjetische Neuerscheinungen, veröffentlichte. Unter den Autoren sind Jewgeni Jewtuschenko, Michail Bulgakow, Wassil Bykau, Marina Zwetajewa, Anna Achmatowa, Anatoli Marienhof, Daniil Granin oder Arkadi und Boris Strugazki.

Der Brand setzt zwanzig Jahre nach dem Untergang von Matjora ein. Sechs Dörfer sind in einer neuen Siedlung unweit der Angara vereinigt worden. Sosnowka aber ist weder Stadt noch Dorf, sondern nur eine Wohnsiedlung für Arbeiter in der »industriellen Holzgewinnung«. Mit schwerem Gerät werden die Bäume in den sibirischen Wäldern gefällt, aufgeforstet wird hier nicht – noch scheint der Wald unendlich groß. Doch schon müssen die Arbeiter über hundert Kilometer zum nächsten Holzeinschlag fahren, bis dahin ist nur noch ödes Land. Es ist absehbar, dass bald eine neue Siedlung gebaut werden muss, näher am schrumpfenden Wald.

Die Geschichte vom verheerenden Brand erzählt der Kraftfahrer Iwan Jegorow, das Alter Ego Rasputins. Es ist die Geschichte eines Tages. An diesem brennt das große Versorgungslager der Siedlung ab – alle Versuche, es zu löschen, schlagen fehl. Kein Wunder, die »›Feuerspritze‹, die einzige im ganzen Holzgewinnungsbetrieb, war schon vor zwei Jahren für Ersatzteile ausgeschlachtet worden und stand nur noch auf dem Papier.«[369]

Der Mangel an Ordnung hat erschreckende Ausmaße angenommen, ebenso die Verrohung der Menschen. Nicht nur, dass Wanderarbeiter des schnellen Geldes wegen hierherkommen, oder auch welche, die es sich in Arbeitsverweigerung bequem machen, mittlerweile treten gut organisierte Kriminellen-Gangs auf, die das Vakuum der herrschenden Nichtorganisation mit ihren eigenen Strukturen ausfüllen. Dabei zeigt sich dann auch, dass in der Siedlung längst kein Zusammenhalt, kein Wir-Gefühl mehr existiert. Die sich auflösende Gemeinschaft erweist sich als wehrlos gegen kriminelle Angriffe. In Matjora wäre das anders gewesen!

Die Erzählung ist von Anfang an auf einen endzeitlichen Ton gestimmt. Iwan Petrowitsch fühlt sich unerklärlich müde und irgendwie, so ahnt er, hat diese Müdigkeit nicht nur mit ihm zu tun: »Er hatte einfach den Nullpunkt erreicht, weiter ging es nun nicht mehr. Gestern war noch etwas für später übriggeblieben, heute war alles aufgebraucht.«[370] Das kann man als Sinnbild für die Sowjetunion verstehen, deren Zerfall Mitte der siebziger Jahre längst begonnen hat – in den Menschen selbst, ebenso in den gesellschaftlichen Strukturen.

Das riesige Warenlager sehen die Einwohner nun zum ersten Mal von innen. Wegen des Brandes ist es geöffnet worden, um möglichst viel herauszuschaffen, bevor die Flammen es vernichten. Das Lager ist übervoll und enthält Dinge, die die normalen Arbeiter nie zu Gesicht bekommen. Offenbar existiert ein Verteilungssystem jenseits des offiziellen. Und diese inoffiziellen – mafiösen – Strukturen sind längst dominant geworden.

Ist *Der Brand* nun eine Anklage, kritischer Report über Missstände? Nein, es ist ein Abgesang auf eine zerfallende Ordnung, ohne neue Hoffnung – der Brand wird zum apokalyptischen Bild. Was jetzt kommt, ist der Untergang, die Vernichtung. Für Rasputin eine Folge der wachsenden Selbstentfremdung, der Entwurzelung von immer mehr Menschen: »Ungemütlich und unordentlich, weder städtisch noch dörflich – biwakartig war diese Siedlung, als hätten sie wie Nomaden auf ihrem Zug von Ort zu Ort hier haltgemacht, um das schlechte Wetter abzuwarten, und waren hängen geblieben.«[371]

Die moralische Verwüstung der Menschen wird, wie dann auch bei Gorbatschows Reformen, zum zentralen Thema. Dass dieser Kampf kein Spleen ist, sondern den Nerv einer kranken Gesellschaft trifft, das kann man bei Rasputin lesen: »Wieviele Tagediebe und Abstauber es doch auf der Welt gibt! Wie ist es nur gekommen, daß wir uns denen ausgeliefert haben, wie nur?«[372]

Der Alkohol spielt bei dieser Degeneration eine zentrale Rolle: »Natürlich hatte es Trunkenbolde gegeben, wo gab es die nicht im heiligen Russland, aber dass sie sich ganz offen zu einem Klüngel zusammenschlossen und sich ganz offen zu einer machtausübenden Gewalt mit Ataman und Sowjet auswuchsen, die nichts fürchtet und keine Scham mehr kennt – das war noch nicht da, das hatte es noch nicht gegeben. Das waren schon unsere eigenen Errungenschaften.«[373]

Und wo bleibt der einfache, der leidende und hoffende Mensch inmitten dieser Verwüstung? Der Brand reinigt nichts, er bringt nur etwas Ungutes zu Ende. Das gibt Rasputin den Anstoß zu einem geradezu religiösen Schlussbild: Der Mensch, der dazu noch Mensch genug ist, verlässt diesen schandbaren Schauplatz, wo am Ende neben dem ausgebrannten Lager die geretteten Waren liegen – und zwei Menschen, die sich im Streit um sie gegenseitig getötet haben.

Iwan Petrowitsch, der Kraftfahrer, der noch Matjora in sich trägt, geht ohne Ankündigung einfach fort, immer weiter Richtung Taiga, bloß fort von diesem schrecklichen Ort: »Er sah sich von weither und in der Ferne: Ein kleiner verirrter Mensch geht über die Frühlingserde, der die Hoffnung aufgegeben hat, ein Zuhause zu finden, gleich wird er ein Wäldchen erreichen und für immer dahinter verschwinden.«[374] Sucht er den Tod oder die Neugeburt – und wie wäre beides voneinander zu unterscheiden?

Klaus Gysi – Dandy und Funktionär

Es gibt einige Witze über Klaus Gysi, diese merkwürdige Dandy-Figur, die sich in den Parteiapparat der SED wie zufällig verlaufen zu haben schien. Der Mann mit der erstklassigen Karriere in der zweiten Reihe der Spitzenfunktionäre. Der Mann mit dem Überschuss an Charme unter lauter biederen Funktionären. In der zweiten Reihe ist so einer in bestimmten Zeiten gewiss besser aufgehoben als in der ersten. Über seine Zeit als erster Botschafter der DDR in Italien, Malta und dem Vatikan von 1973 bis 1978 kursieren zahlreichen Anekdoten. So die von den bei der Vorbeifahrt des Papstes im offenen Cabriolet am Straßenrand tuschelnden Römerinnen: »Wer ist denn der weiß gekleidete Mann neben Klaus Gysi?«

Nach Italien passte er gewiss besser als in die DDR. Nicht nur wegen der Römerinnen, auch wegen der Opulenz, mit der man Alltägliches zu inszenieren weiß. Er staunte immer wieder, wie unangestrengt man dort jenes Dauerchaos hervorzubringen vermag, für das die Deutschen viele Pläne machen müssen. Und dann hat das Resultat hierzulande nicht halb so viel Aberwitz und Erotik wie in Rom.

Ronald Paris, der Maler mit Sinn für die Symbolik menschlicher Zustände, bereiste Italien das erste Mal im Wagen des DDR-Botschafters Klaus Gysi, unterwegs zeichnete und malte er Gesehenes. So ist Gysi in Rom eine Zeitlang für eine bestimmte Künstlergeneration das, was wenig später Frank Castorf für einen anderen Kreis von Künstlern in Anklam sein würde (bei vielen Unterschieden natürlich) – eine Zuflucht, Rettung und Refugium in einem.

Klaus Gysi, mit jüdischem Familienhintergrund, zeigte gewiss Affinitäten zum Katholizismus. Sinn für Rituale, wie sie in altgewordenen Institutionen überwintern, ohnehin. Aber vor allem Loyalität Institutionen gegenüber, die die Macht (ebenso wie die Ohnmacht) verwalten. Bejahung des Prinzips Sünde, Reue, Sündenvergebung, neuerlicher Sünde. Unter den Kardinälen, die von ihrem Kollegium mit offener Verachtung als »Stall« sprachen, fiel er nicht weiter auf. Hatte er das Zeug zum Großinquisitor? Nur halb, denn es fehlte ihm an Konsequenz, an abstrakter Prinzipienstrenge. Daraus resultiert ein Mehr an Freigeist. Mit ihm habe man sich gut verschwören können, meint Tochter Gabriele Gysi, die Regisseurin und zeitweilige Lebensgefährtin Frank Castorfs.

Aber natürlich trug ein Intellektueller wie er auch schwer an der Last der kommunistischen Ideologie. Ideologie, das ist der Leichnam einer einst lebendigen Idee in den Händen von Funktionären und Bürokraten. Aus diesem Zwiespalt kam keiner heraus, der in der DDR das Denken lernte: Die Verwirklichung einer Idee wird zu ihrer Zerstörung. Also aufhören zu handeln und nur im geistigen Gegenreich der Utopien leben?

Das war Gysis Sache nicht, also wählte er jenes Leben im Widerspruch, zu seiner Partei, dem Staat, zu sich selbst – und hörte doch nicht auf dazuzugehören. Nein, ein Renegat, ein Dissident, ein Ketzer wollte er nicht sein. Nicht aus Feigheit, sondern weil es ihm sinnlos vorgekommen wäre – er glaubte an die Aufklärung der Mächtigen.

Aber die Schatten, die solcherart gehobene Diplomatie wirft, sind lang und tiefschwarz, wenn auch nicht ohne Komik. Emine Sevgi Özdamar, die 1976 den Besuch des DDR-Botschafters in Italien bei Tochter Gabriele daheim erlebte (eine eigene Wohnung in Berlin besaß er nicht mehr), erinnert sich: »Die Art, wie er seinen Koffer allein zwei Treppen zu Gabis Wohnung hochtrug, erinnerte mich an den Murnaufilm ›Nosferatu‹, in dem der Hauptdarsteller seinen eigenen Sarg wie einen Koffer zu den Ruinen trägt.« Dort angekommen, holt er frische Feigen, Oliven, Parmesankäse, Trüffel, Wein und einen Schnaps namens Centerba hervor: »Für Gabi und Gregor hatte er Bluejeans mitgebracht. Ich bekam einen Kugelschreiber, auf dem sich ein junger Mann auszog, wenn man auf den Knopf drückte.«

Ein Lebenskünstler? Ja, aber eben auch ein Überlebenskämpfer aus Not – und das von Anfang an. Am Ende schließlich ein lebender Toter, der seine Seele an die Macht verkauft hat, ein trauriger Vampir, der andere mit in sein Unglück zieht? So ungefähr sieht es Andreas Goldstein in seinem 2019 ins Kino gekommenen Film über seinen Vater Klaus Gysi, der unmissverständlich aburteilend *Der Funktionär* heißt. Ein hadernder, traurig-böser Blick auf den immer abwesenden Vater. Der Mann, der die Frauen liebte und sie zurückließ, wenn er zur Nächsten zog. Ein Casanovatyp, egomaner Frauenzerstörer? Die Kinder Gregor und Gabriele Gysi sehen das nicht so, sie haben ihren Vater dennoch geliebt und sprechen heute gern über ihn. Auch, weil er wichtig für sie blieb.

Es ist eine Biographie, in der sich die Katastrophen des 20. Jahrhunderts spiegeln. Vielleicht war der unter Kommunisten hedonistisch wirkende Lebenshunger von Klaus Gysi auch ein Reflex des Davongekommenen auf jene übermächtige Todesdrohung, unter der er jahrelang gelebt hatte. Mit sechzehn war Gysi, Sohn eines sozialdemokratischen Arztes, in die KPD eingetreten, wurde 1935 von der Berliner Universität relegiert, ging im Jahr darauf nach Cambridge, war 1939 Mitglied der Studentenleitung der KPD in Frankreich. Bei Kriegsausbruch als feindlicher Ausländer interniert, kommt er nach dem Waffenstillstand durch viel Glück frei. Denn statt ins berüchtigte Lager Le Vernet fährt ihn ein französischer Offizier in den nichtbesetzten Teil Frankreichs. Umgehend wird er auf Beschluss der KPD nach Deutschland zur politischen Untergrund-Arbeit geschickt. Das klingt nach Himmelfahrtskommando.

Wundersamerweise überlebt er – und wird sich dafür 1951 vor dem Parteikontrollausschuss der SED verantworten müssen. Man misstraut ihm, ermittelt gegen ihn. Ein Jahr lang hat er »Funktionsverbot«, dann darf er wieder in Reih und Glied mit seinen Genossen marschieren. Versteht man da noch Gysis Loyalität? Gabriele Gysi im Gespräch mit Hans-Dieter Schütt: »Druck gibt es immer. Von heute aus ist es leicht, Zensuren über Vergangenes zu verteilen. Nehmen Sie die Härte, die Gnadenlosigkeit dieses 20. Jahrhunderts!«[375]

Nach der Verhaftung von Walter Janka wurde Klaus Gysi 1957 Verleger des Aufbau Verlags. Er leitete das Haus mit Geist und ideologischer Strenge. Ein Buchliebhaber als gelegentlicher Zensor, wie Hans Mayer erfahren musste. Ernst Bloch und Georg Lukács, anfangs von der SED hofiert, dann tabuisiert, sollten sich namentlich in Mayers Aufsätzen nicht mehr wiederfinden. Es seien doch nur einige kleine, unwichtige Streichungen, man bemerke sie kaum, so Mephisto Gysi mit falschen Engelszungen. Mayer reagierte prinzipiell: Völlig unmöglich sei es, etwas über Romantikrezeption zu schreiben, ohne Lukács zu erwähnen. 1963 verlässt auch Mayer die DDR, er hat genug vom Dirigismus der SED, er hat genug von Leuten wie Klaus Gysi. Stephan Hermlin wird in der DDR bleiben, aber seine Verachtung lässt er den allzu wendigen Gysi jederzeit spüren, nennt ihn einen zynischen Opportunisten.

Gysi wurde Kulturminister nach dem Kahlschlagplenum vom Dezember 1965 (intendiert von Erich Honecker) bis just zur endgültigen Machtübernahme desselben Honecker 1973, der ihn wieder absetzt und weit weg als Botschafter nach Rom schickt (es galt die Früchte von Ulbrichts Anerkennungspolitik zu ernten). Aus Rom zurückgeholt, wird er 1979 zum Staatssekretär für Kirchenfragen. Ein Flaneur mit Festanstellung.

»Kirche im Sozialismus« lautete die neue salomonische Formel (nicht »für« oder »gegen«, sondern schlicht »im«), die seine Amtszeit prägte. Zweifellos eine Liberalisierung. Diese endete 1988, denn der Parteispitze war der Dialog Gysis mit der Kirche zu eng geworden. Man entließ den allzu erfolgreichen Staatssekretär stillschweigend.

Der sarkastisch gewordene Gysi sagte daraufhin dem Staat den baldigen Untergang voraus.

All das gehört zur DDR-Historie, die sich im Nachhinein halb wie ein schlechter Kriminalroman, halb wie ein Drama von Schiller liest. Schütt: »Gysi war in allen Funktionen der Techniker, der zugleich Artist zu sein hatte – er wurde dorthin gerufen, wo es brannte, und seine Aufgabe bestand darin, das Feuer gleichsam in Papiertüten außer Reichweite zu schaffen.«[376]

Andreas Goldstein blickt anders zurück auf Klaus Gysi: der Sohn auf seinen Vater, dessen Abwesenheit er nur schwer ertrug. Es ist ein Blick voll unbestimmter Trauer. Die heute herrschenden Stereotype erzählen keine wirkliche Geschichte zwischen Hoffnung und Enttäuschung, sie erzählen gar nichts mehr. Deshalb hat Goldstein diesen Film über seinen Vater gedreht: überfällige Korrektur beginnt immer im Persönlichen.

»An verregneten Tagen sich an Zeiten erinnern, die man nicht erlebt hatte.« Diese Worte spricht der Regisseur und Autor Andreas Goldstein (geboren 1964) in dem Film, den er über seinen Vater Klaus Gysi drehte. Der Ton offenbart eine große Todesnähe, in der sich das ganze Unverhältnis von Vater und Sohn spiegelt. Immer wieder Schwarz-Weiß-Fotos, fast immer ohne Menschen, auch wenn er Berliner Straßen abbildet. »Die Stadt damals war viel leerer.« Ein elegischer Grundton, auf der Grenze zum Depressiven.

Was hat er versäumt? Vor allem seinen Vater, den er nie richtig kennenlernte. Der immer woanders war, auch als sie pro forma noch zusammenlebten. Als Klaus Gysi Botschafter in Rom wurde, wechselte er (wie öfter in seinem Leben) auch die Familie.

Schließlich steht Andreas Goldstein am Totenbett seines Vaters, mit dem er nur wenige Gespräche führte, die bleiben. Die Leerstelle müssen im Film Ausschnitte des DDR-Fernsehens schließen, wo man in den sechziger Jahren noch diskutierte, dann nicht mehr.

Der tote Vater, sagt Goldstein, habe kein Gefühl in ihm aufgerufen. Aber seit zwanzig Jahren schrecke er immer wieder nachts auf, wenn er den Leichnam vor sich sehe. Es gibt Filme, so hören wir im Off, »die sind wie Bestattungen«. Nicht leicht zu ertragen, aber doch notwendig, um etwas mit Würde zu Ende zu bringen.

Ein Abgesang. Alfred Wellms *Morisco*, der wohl unbekannteste große Roman der späten DDR

Eine Folge der Biermann-Ausbürgerung war, dass die Literaturwissenschaftlerin Sigrid Damm im Kulturministerium kündigte und freie Schriftstellerin wurde. Nicht eben einfach, vor diesem Hintergrund einen beruflichen Neustart zu wagen.

Mehrere ihrer Projekte lehnen die Verlage ab, dann kommt eines zustande: ein Interviewband mit Kinderbuchschriftstellern. Darunter auch Alfred Wellm, der mit *Pugowitza* ein bekanntes Kinderbuch geschrieben hatte, aber das war schon recht lange her. Mitte der sechziger Jahre hatte er mit *Pause für Wanzka* ein in seiner Bedeutung nur mit Erwin Strittmatters *Ole Bienkopp* vergleichbares kritisches Buch über das Schulwesen herausgebracht, das für heftige Reaktionen im Bildungsministerium (gerade war Margot Honecker Ministerin geworden), aber auch bei Lehrern und Schülern gesorgt hatte.

Pause für Wanzka ist ein Buch mit autobiographischem Hintergrund: Wellm war nach dem Krieg Neulehrer gewesen, hatte es sogar zum Schuldirektor und Kreisschulrat gebracht, bevor er Schriftsteller wurde. In dem Buch geht es um Wanzka, der ebenjenen Weg vom Lehrer zum Schulrat gegangen war und nun, kurz vor der Pensionierung, noch einmal an seine Lehreranfänge anknüpfen wil. Er gibt seinen Posten auf und geht als einfacher Lehrer an eine Schule, die als problematisch gilt. Dort erlebt er das am eigenen Leib, was er als Bildungsfunktionär mit zu verantworten hatte: Schönreden, Gleichgültigkeit, Lügen, Duckmäusertum. Es ist ein ähnliches Thema wie es *Karla* behandelt, Herrmann Zschoches gleichnamiger DEFA-Film von 1965 (nach Ulrich Plenzdorf, mit Jutta Hoffmann in der Hauptrolle), der zu den nach dem 11. ZK-Plenum verbotenen gehörte. Nur dass es dort eine idealistische Berufsanfängerin ist, die an der Borniertheit und den Dogmen des Schulbetriebs scheitert.

Wanzka geht als Lehrer in Verhältnissen unter, die er viele Jahre lang selbst vertreten hatte. An dem Buch faszinierte jedoch mehr als das Thema: Es war Wellms zwischen verschiedenen Realitätsebenen oszillierende Sprache. So schrieb kein anderer Autor. Eigentlich will Wanzka auf eine Reise gehen, die Dinge anders erleben. »Descansar« heißt die romantische Sehnsuchtsvokabel. Stattdessen führt ihn seine Reise wieder an die Schule – und dort prallt er, der lebenserfahrene Mensch, wie ein x-beliebiger Träumer auf die schnöde Realität. Er versteht die Welt und auch sich selbst nicht mehr: »Die Phantasie, die kluge Gefährtin, bückt sich nach jedem Stück Wahrhaftigkeit, ehe sie sich an den Zauber macht.«[377] Daran hatte er geglaubt, gilt das nun nicht mehr?

Offenbar nicht, jedenfalls nicht im Bildungswesen seines Landes. Denn am Ende muss er konstatieren: »Die Welt dreht sich nicht schneller und nicht langsamer. In Wanzka aber war es leer, und er fand nicht den Anhalt, dass er etwas hätte denken können.«[378] Als Wellm 1963 mit dem Schreiben des Romans begann, dessen Entstehen Erwin Strittmatter mit Zuspruch begleitete, auch das Manuskript dringlich dem Aufbau Verlag empfahl, hatte mit dem VI. SED-Parteitag gerade der kulturpolitische Aufbruch begonnen. Probleme des Sozialismus sollten offen und kritisch behandelt werden. Ende 1965 brach die Eiszeit an. Und Wellm steckte mit *Pause für Wanzka* mittendrin. Im Mai 1967 übergab er das Manuskript seinem Lektor Günter Caspar, wehrte alle stilistischen und inhaltlichen Änderungswünsche energisch ab. Aber einem Argument konnte er sich dann doch nicht verschließen: Mit seinem vollständig hoffnungslosen Ende werde das Buch nicht durch die Zensur kommen.

Also fügt er ein Kapitel an, das wenigstens einen Funken Hoffnung für seinen Lieblingsschüler birgt, ein hochbegabtes Mathematiktalent, dessen Betragen schlecht ist und das sich für andere Fächer nicht interessiert. Laut Schule bleibt für ihn nur die Schusterlehre. Aber Wanzka findet eine Lösung – jedoch außerhalb des Bildungswesens. Er stellt seinen in keine Norm passenden Schüler einer Mathematikkoryphäe vor. Das Buch endet mit der Überlegung Wanzkas, vielleicht doch wieder auf seinen Schulratsposten zurückzukehren – wenn andere dort ihre Sache so schlecht machen. Etwas viel Optimismus vielleicht am Ende – aber für das, was dann an Kampagne gegen das Buch folgte, ein für Wellm überlebensnotwendiger Schutz.

Ein heftiger Streit beginnt, ob man solch ein Bild des Bildungswesens der DDR überhaupt zeichnen dürfe. Die Talente verkommen? Das ist doch eine feindliche Unterstellung! Das Manuskript zieht Kreise. Am heftigsten wendet sich Margot Honecker gegen das Buch – so etwas dürfe nicht gedruckt werden. Dann ist es Ulbricht, der – vermutlich auch, um das Ehepaar Honecker in die Schranken zu weisen – persönlich entscheidet. So schlecht sei die Geschichte ja nun nicht, befindet er, man könne sie ruhig drucken und die Genossin Honecker müsse schon zugeben, dass in ihrem Ressort nicht alles zum Besten stehe.

Ende 1968 wird *Pause für Wanzka* endlich ausgeliefert – und wirkt vor dem Hintergrund der Niederschlagung des Prager Frühlings endgültig wie ein dissidentisches Buch. Lehrer werden zu Stellungnahmen gegen das Buch gedrängt, erkennen »ihre sozialistische Schule« bei Wellm nicht wieder. Die offiziell geschürte Empörung ist groß – aber das Buch wird gelesen. Immerhin werden eine Viertelmillion Exemplare von *Pause für Wanzka* verkauft.

Wellms ehemalige Lehrerkollegen, die sich in dem Buch dann allzu genau wiedererkannten, wollten es sogar demonstrativ auf dem Schulhof verbrennen.[379] Erst der Kreisstaatsanwalt, dem diese Absicht zugetragen wurde, konnte das mit der Warnung vor dem politischen Straftatbestand einer solchen Bücherverbrennung verhindern. Die Verfilmung, die die DEFA – mit Frank Beyer als Regisseur und Jurek Becker als Szenaristen – geplant hatte, kam nicht zustande. Erst 1989 brachte das Fernsehen eine Verfilmung in der Regie von Vera Loebner heraus – mit den großartigen Kurt Böwe und Dieter Mann in den Hauptrollen.

Sigrid Damm gerät in eine Odyssee, als sie 1979 für ihr Interview-Buch zu Wellm nach Lohmen bei Güstrow kommt. Sie verliebt sich so heftig in den Autor, dass sie schnell bereit ist, für ihn ihre Familie aufzugeben. Ihr Mann und der jüngere Sohn bleiben in Berlin, und sie zieht mit dem älteren, Joachim, der sich später als Puppenspieler Hamster Damm nennen wird, zu Alfred Wellm. Für den Jungen beginnt nun ein Martyrium, vergleichbar mit jenem, das Ingmar Bergman in *Fanny und Alexander* schildert. Denn der in seinen Büchern so feinfühlige Stilist und Pädagoge Wellm ist im Häuslichen ein absoluter Tyrann. Ein Erziehergemüt schlimmster Sorte – so jedenfalls empfindet es der Junge.

Alfred Wellm als Schriftsteller und Mensch imponiert ihm gar nicht – er ist bereits seit Jahren der Freund eines anderen großen Autors: Franz Fühmann. Die Tochter Achim Roschers, eines Redakteurs der Zeitschrift *Neue Deutsche Literatur*, ging in seine Klasse – sie besorgte ihm die Adresse Fühmanns. Also schrieb er ihm einen Brief zu dem vom Autor nacherzählten *Prometheus*. Zu dieser Neufassung der Titanenschlacht lieferte Nuria Quevedo die Bilder. Fühmann, der Kinder ernst nahm, antwortete ihm. Er gestand ihm auch seine Schwierigkeiten beim Schreiben, das langwierig und mühsam sei, antwortete auf den Bericht Joachim Damms über seine Rolle als Zirkusdirektor im Ferienlager an der Ostsee mit eigenen Impressionen.

Es klingt überaus launig und gelöst, wie er dem am Anfang ihrer Freundschaft neunjährigen Joachim über eigentlich ernste Dinge berichtet: »Es gibt auch bei uns Erwachsenen verschiedene große Zirkusse, einer davon heißt Schriftstellerverband. Es gibt darin alles Mögliche; Pferde, Esel, vielleicht auch hie und da einen Löwen, auch Mickey-Mäuse und Trampeltiere und Spatzen und Elefanten, na und was Du so willst. Ich selbst würde mich für ein Kamel halten. Ich arbeite blödsinnig viel und bin ausdauernd, komme mit wenig Nahrung aus und lasse mich an der Nase herumführen.«[380]

Und dann bittet ihn Joachim – von seiner Leidenschaft für Puppen, die er selbst baut, überwältigt – ein Stück zu schreiben, wenn er mal Zeit habe. Das Personal hat er bereits beisammen, fehlen noch die Dialoge. Fühmann antwortet: »… der grüngefleckte Teufel soll Dich holen. – Du hast mir ja einen niedlichen Floh ins Ohr gesetzt.« Im Sommer 1976 erhält er einen dicken Umschlag, der das Stück mit den von Joachim vorgegebenen Personen enthält: eine dicke Dame, ein Drache, ein Sultan, ein Zauberer, ein Ritter und ein Sklave. Es trägt den Titel: »Der glückliche Ritter von Trinitat oder Wie wird man Oberdiskutierer« – »Ein Puppenspiel in 4 Akten für Joachims sechs Puppen«. Darüber machen sie einen richtigen Vertrag, Joachim gehört das Stück, aber wenn er es aufführt und Einnahmen hat, dann wird eine prozentuale Beteiligung des Autors fällig. Joachim Hamster Damm darf sich als Auftraggeber eines Puppenspiels von Franz Fühmann fühlen – und er führt es dann mit seinen selbst gebauten Puppen im Beisein Fühmanns tatsächlich auf.

Was hatte dagegen Alfred Wellm aufzuweisen, der ihm wie ein Drache (diesmal der von Jewgeni Schwarz im gleichnamigen Stück) die Mutter geraubt hatte? Joachim Hamster Damm urteilt bündig: »Alfred Wellm war in fast allen Dingen das Gegenteil von Franz Fühmann.«[381] Die Eifersucht, die Wellm beherrschte, war offenbar sein prägender Charakterzug. Wenn Sigrid Damm schrieb, dann sei ihm dies unerträglich gewesen: »Schließlich arbeitete meine Mutter nur noch heimlich und verfasste so ihr erstes großes Buch ›Vögel, die verkünden Land‹ stets in der Nacht, wenn Alfred Wellm schlief.«[382]

Auch der Kontakt mit Fühmann wird jetzt schwierig, der eifersüchtige Wellm will den Kontakt unterbinden. Fühmann hatte Wellm, den er in der Akademie der Künste regelmäßig traf, dann wohl einmal wegen seines patriarchalen Gebarens zur Rede gestellt – mit eher negativem Resultat. Den entscheidenden Anstoß für seine spätere Arbeit als Puppenspieler und Bühnenbildner bekommt Hamster Damm, als ihm Fühmann 1979 Alfred Jarrys *König Ubu* schenkt. Der Eintritt ins Reich der Moderne, mitsamt ihrer absurden Grausamkeiten. Kurz vor dem Abitur in Güstrow, als Hamster Damm *König Ubu* im Schulklub mit dreißig Puppen und einigen Mitstreitern aufführt (zu der Aufführung erscheint Alfred Wellm demonstrativ nicht, und auch Sigrid Damm darf nicht kommen), schreibt ihm Fühmann, der bereits an seiner schweren Krankheit laboriert und nicht dabei sein kann: »Da gibt es eigentlich nur Entweder-Oder, entweder dieser Ubu hat einen am Kragen, oder man sagt: Was soll der Quatsch. Nun hat er Dich gepackt, der Papa, steckt Dich ein bisschen ins Gehirnzerquetschungsmaschinchen.«[383]

Von Wellm also gibt es nur Negatives zu berichten? Nein, das nicht, denn er schreibt in diesen Jahren ein großartiges, auch gegen sich selbst schonungsloses Buch, *Morisco*, das 1987 im Aufbau Verlag erscheint. Es gehört zu den wichtigsten, die in der DDR je geschrieben wurden – ein radikaler Abgesang (diesmal ohne jenen Hoffnungsfunken, zu dem er sich bei *Pause für Wanzka* noch überreden ließ) auf die DDR, mehr noch: ein apokalyptisches Schussbild. Verbieten wäre eine Option gewesen, aber die Zensoren entschlossen sich zu etwas anderem: drucken, aber nicht besprechen lassen. Und so drang *Morisco* nie so tief ins Bewusstsein der Leser, wie es das Buch verdient hätte.

Sigrid Damm hat sich den vormundschaftlichen Anwandlungen Alfred Wellms schließlich entzogen – dieser war nun allein, in jeder Hinsicht allein, als Mensch und Autor. Diese Katastrophe seines Lebens ist Teil des Buches über den Architekten Andreas Lang, der früh

Karriere macht. Doch als er merkt, dass das, was er baut, keine Städte mit Häusern sind, sondern bloße Ansammlungen billiger Wohnblöcke, frustrierender Schlafsilos, steigt er aus dem hoffnungslos-korrupten Leben eines Planungsleiters aus, bricht alle Brücken seines bisherigen Lebens hinter sich ab.

Er lässt Frau und Kind zurück und zieht auf eine Burgruine auf dem Lande, die er mit einer Handvoll Maurer vor dem Verfall retten soll. Ein aussichtsloses Unterfangen. Bis dahin ist dies eine Art Franziska-Linkerhand-Sujet, aber der Aussteiger, der er ist, lässt sich nicht mehr von irgendetwas – und sei es die große Liebe – befrieden: »Flucht ist das letzte, um sich zu retten. Danach ist nur der Tod.«[384]

Das wird zum Rahmen für die Zeitreise durch sein Leben, durch sein Land, das immer mehr verfällt, nicht mehr seines ist. Seine Frustration, als Autor nicht so anerkannt zu werden, wie er es zweifellos verdient, schwingt immer mit, ahnend, dass das allgegenwärtige Verschweigen auch dieses Buch treffen wird: »Wie kommt es, sagte Anna, dass man über manche Bücher gar nichts hört, man nichts in den Zeitungen liest, während andere Bücher, die unglaubwürdig sind und die uns gar nicht berühren, weil die Menschen in ihnen keine Wahrheit haben, gelobt werden und viele Rezensionen haben?«[385]

Wellm erschafft einen surrealen Handlungsrahmen, in der Burg spuken Gestalten aus vergangener Zeit: Wir sind eben nirgendwo die Ersten, überall stoßen wir auf Geschichte – und diese hat keinen Grund, uns besonders wohlgesonnen zu sein, wo wir doch ihre Zeugnisse achtlos verfallen lassen oder sie gar bewusst zerstören. Gleichzeitig reflektiert Wellm auch das Schöpferische, den Akt des Schreibens selbst: »Plötzlich wird mir bewusst: ich bin eingedrungen in den Prozess einer Entstehung, die keine Zeugen haben will. Ich bin der Lauscher an der Wand, einer, der in fremden Tagebüchern blättert. Ich steige hinunter und gehe wieder.[386]

Wellm erkennt – das weiß Hamster Damm nicht – im Stiefsohn das konkurrierende schöpferisches Universum, in einer Ausschließlichkeit, die ihm Angst macht. In *Morisco* wird er auf den misslungenen Versuch, eine Beziehung zwischen ihnen herzustellen, zurückkommen. Er beobachtet den Jungen, erkennt ihn genauer, als dieser es ahnt: »Jan hatte die abnorme Veranlagung, sich ganz in eine imaginäre Welt zu versenken.« Großartig eigentlich, aber für den passionierten Lehrer bei einem Kind nicht hinnehmbar. Die Lehrerin beschwert sich bei ihnen, Jan höre nicht zu, bemale alle seine Hefte mit Drachen und anderen Phantasiegebilden, rede manchmal sogar mit sich selbst. Auch Fühmann taucht in *Morisco* auf, als erfolglos-dissidentischer Bildhauer Josef, der ihm Frau und Kind wegnehmen will. Oder bildet er sich das in seiner Eifersucht bloß ein? »Eines Tages hatte ihm Josef ein Buch geschenkt, Stücke von Alfred Jarry, darunter ›Vater Ubu‹. Hieraufhin trennte sich Jan von seinem jahrelangen Plan, verließ Odysseus, Jules Verne, Golo und Goethe, um sich nun mit der gleichen Absolutheit König Ubu zuzuwenden.«

Es ist ein melancholischer Blick zurück, die Romanfigur geht dabei fließend in den Autor über, der Stiefvater, der Abbitte tun, nachträglich kundtun will, dass er sehr wohl Anteil am Leben und Fühlen des Jungen nahm damals, aber dennoch hilflos blieb, ein Fremder: »Ich betrat Jans Stube fast nur noch, wenn er nicht im Hause war. Untersuchte die technischen Kniffe, war ganz erstaunt über die Effekte, die sie auslösten, betrachtete alles sehr eingehend. Wie kommt er zu solchen Gesichtern, solchen Ausdrücken? … unverhüllt findet man in einem jeden Gesicht ein Stückchen seines Selbst, und sei es die Miene eines Mörders.«[387]

Der Weg des Außenseiters, des Architekten Andreas Lenk – ist auch sein eigener. Wohin führt er? Ins Inferno, den selbst gelegten Brand der mühsam in Teilen selbst restaurierten Burg. Der Architekt als Brandstifter, der alles in den eigenen Untergang hineinzieht! Eine Art Mitnahme-Selbstmord der effektvollen Art? Diese Vermutung haben auch die im Fortgang unvermeidlich auftretenden Sicherheitsorgane. Sie wollen wissen, ob es sein könne, dass er bei seinen Selbsttötungsabsichten vielleicht auch noch an offene Rechnungen denke, vielleicht an führende Repräsentanten des Staates? Wer sich umbringen will, den kann man nicht mit den üblichen Strafmaßnahmen abschrecken, der steht über dem Gesetz, der ist auf fatale Weise frei. Oder war der Brand doch nur eine Fahrlässigkeit, keine vorsätzliche Handlung, ein Unfall? Was diese Geheimpolizisten nicht wissen, weil Lenk es selbst nicht weiß, ist, ob das Geschehen Realität oder Traum war.

Was passiert in der Gefängniszelle, in der Lenk nun, eines schweren Verbrechens beschuldigt, nachts wachliegt? Die hellwachen Träume ergreifen von ihm Besitz. Eine andere Welt öffnet sich. Ist es die eines Irrsinnigen oder von einem, der darauf besteht, über das banale Hier und Jetzt hinauszugehen? Er weiß es nicht, wir wissen es nicht: »Ich fühle mich so unversehens mündig, ja meine Volljährigkeit hat nun begonnen. Gewiss, man wird sie mir bald wieder nehmen, man nimmt sie mir bereits, aber: ich habe sie das erste Mal gespürt. Und ich werde mich jetzt häufig daran erinnern, fast jedes Jahrhundert, und ich werde mich immer stärker daran erinnern, und eines Tages, eines Jahrhunderts werde ich die Mündigkeit mir nicht mehr nehmen lassen, vielleicht in diesem Jahrhundert, vielleicht im übernächsten, ich weiß, zu lange wird es nicht mehr dauern. Und ich werde aufrührerischer gegen die, die meine Träume wieder niedrig machen …«[388]

Frank Castorf und Alexander Lang blicken in die Schatten der Revolution

Für die Volksbühne hatte Heiner Müller kurz vor seinem Tod einige Sätze geschrieben: »Theater, wenn es lebt, ist eine alte Schreibmaschine, wenn es gut ist, mit löchrigem Farbband, in den Löchern wohnt das Publikum, und manchmal reißt es, dann freut sich die Kritik.« Das hatte Müllers Erzrivale Peter Hacks allerdings bündiger formuliert, als er meinte, Kunst lebe von den Fehlern der Welt. Aber was Müller von Hacks unterscheidet ist genau das, was ihn zu Frank Castorf bringt, dessen Volksbühne er eine historische Leistung bescheinigt: »… die Befreiung aus der programmierten Sinnschleife, in der die Stimme erstickt.«[389]

Castorf hat vielleicht nie Ziele gehabt, aber starke Antriebe: Irritation tradierter Wahrnehmungsmuster, die blind machen! Lieber ein Chaot oder Dilettant sein, als ein kunstfertiger Epigone (Hacks!), der keine Erfahrung mehr macht! Die »Triebstruktur« von Stücken offenzulegen, wird dagegen ein Zugang zum Theater, den auszeichnet, völlig ungewiss zu sein. Seine Diplomarbeit hatte er über Ionesco geschrieben, das gab die Richtung vor. Aber ebenso wie der zweite Theaterrevolutionär der achtziger Jahre, Alexander Lang, wollte er im Grunde immer »Commedia dell'arte« machen – intelligenten Jahrmarkt mit allen Mitteln. Bei Castorf als entfesseltes, rauschhaftes Schauspielertheater, das sich in assoziierte Gegenwelten hineinsteigerte (mittels Collage verschiedenster Texte und Improvisation), bei Lang präzise ins Absurde getrieben wie ein Marionettentheater. Beide Regisseure arbeiten sich ab an der Geschichte, die eine Mischung aus bösem Witz und Fleischwolf zu sein scheint.

Es war erst Frank Castorfs dritte Inszenierung, 1979 am Theater Brandenburg, die gleich zum Skandal wurde. Die gleiche Konstellation, in der Heiner Müller 1988 am Deutschen Theater sein dreißig Jahre altes Stück *Der Lohndrücker* noch einmal auf die Bühne brachte. Mit Marx gesprochen: die Wiederholung der Tragödie als Farce. Müller inszenierte den *Lohndrücker* selbst, weil es die eigenen Illusionen waren (mehr noch: die zu lange geteilte Ideologie), die es nun zu zertrümmern galt. Er wollte das Unwahre an diesem Stück vor dem Hintergrund von dreißig Jahren DDR-Geschichte (die waren seit der Premiere vergangen) herausfinden. Es wurde zum grandiosen Spiel mit der eigenen vorsätzlichen Blindheit. Kein Kabarett, keine Ironisierung, das wäre billig gewesen. Aber gerade dies zu vermeiden war schwer, erforderte die ganze Erfahrung Müllers als Autor und Regisseur.

Und nun kommt der frisch diplomierte Theaterwissenschaftler Frank Castorf von der Humboldt-Universität nach Brandenburg, sagt, er habe während des Studiums Karl Grünbergs *Golden fließt der Stahl* gelesen, das wolle er gern inszenieren in der Stahlarbeiterstadt Brandenburg (die ebenso berühmt für ihr Zuchthaus war). Das hörte sich gut an in den Ohren eines Intendanten: endlich mal ein junger Mann, den die heroischen Anfänge der DDR interessieren, der ein Stück über Arbeiter machen will. Aber wie schon beim *Lohndrücker* war jedem, der nicht blind und taub im Lande DDR lebte, eine Sache völlig klar: Arbeiter sind nicht pathetisch. Im Gegenteil, sie sind umstandslos materialistisch, wie auch die 89er-Wende zeigte, die mit dem verzögerten Auftreten der herrschenden Klasse auf den Straßen sofort alle Ideen einer Reform des Sozialismus als intellektuelle Spintisiererei wegwischte und auf Helmut Kohls »Allianz für Deutschland« setzte – und damit dann auch gewann oder verlor, wie man es sehen will.

Grünbergs *Und Golden fließt der Stahl* ist das Machwerk eines schlichten Gemüts. Kriminalstory im Kalten Krieg, wo Gold im Stahl (daher der Titel) auf die Goldzähne eines der Akteure verweist. Dem Brandenburger Intendanten hatte Castorf nicht gesagt, was dieses Stück für ihn bedeutete – und der ahnte den Skandal nicht, mit dem sich der Name Frank Castorf bald zuverlässig verband. Denn die DDR-»Identifikationswut« von *Und Golden fließt der Stahl* pur auf die Bühne zu bringen, war gleichzeitig die Totaldemontage eines Stücks sorgsam gepflegter Erinnerungsfolklore. Natürlich war das voller unfreiwilliger Komik, aber das Lachen sollte den Beteiligten im Halse stecken bleiben. Castorf im Rückblick: »Es war eine böse Inszenierung, die sehr ernsthaft daher kam, mit einem realistischen Bühnenbild. Und Menschen sprachen Sätze, bei denen es einen manchmal schauderte, weil darin natürlich der ungebrochene Stalinismus zu spüren war.«[390]

Der Stoff lässt ihn nicht los, und so wird er 1996 *Und Golden fließt der Stahl* noch einmal an der Volksbühne inszenieren. Gibt es wahre Töne im falschen Stück?

1979 aber, zum dreißigjährigen Republik-Jubiläum, wollte man sich in Brandenburg nicht so im Spiegel sehen: Die Inszenierung wurde unmittelbar nach der Premiere abgesetzt – und Castorf entlassen. Er hatte ohnehin keinen richtigen Arbeitsvertrag, auf den er sich berufen konnte. Aber immerhin, es gab einen zivilisatorischen Fortschritt: In den fünfziger Jahren, zur Zeit der ganz und gar humorlosen Schauprozesse, hätte Castorf anders für eine solche Frechheit bezahlt. Aber statt Zuchthaus oder zermürbender Selbstkritik-Rituale, wie sie Heiner Müller mit seiner *Umsiedlerin* noch Anfang der sechziger Jahre durchlaufen musste, stand Ende der siebziger Jahre nur noch der Gang zum Arbeitsgericht. »Das war ja diese moderate Diktatur, wo man zwar Ärger kriegte, aber die ja nicht mehr die Durchschlagskraft einer physischen Vernichtung hatte wie zu Anfang der fünfziger Jahre.«[391]

Da Castorf zu dieser Zeit mit der Regisseurin Gabriele Gysi zusammenlebte, der Schwester von Gregor Gysi, lag es nahe, mit deren Bruder als Anwalt um sein Recht zu kämpfen. Gysi hatte Castorf vor dem Prozess gewarnt: »Wir sind auf dünnem Eis.« Und so beschreibt er die für die späte DDR typische Szenerie: »Die Kreisleitung saß mit im Gerichtssaal. Der Gewerkschaftskreisvorstand saß da und nahm Stellung, nach der wir völlig unrecht hätten und die Entlassung völlig legitim sei. Im Grunde genommen gäbe es kein Arbeitsverhältnis. Und dieser Richter für Arbeitsrecht am Kreisgericht Brandenburg hörte sich das alles an, kam wieder rein und verkündete sein Urteil im Namen des Volkes und gab uns in allen Punkten recht.« Das sei schon zu der Zeit gewesen, so Gysi, als »auch Richter anfingen, Wert darauf zu legen, Richter zu sein«. In den fünfziger Jahren hatten die Staatsanwälte allein das Sagen. Hier also nicht mehr – und Castorf hört aus der Urteilsbegründung den Unterton heraus: »Macht eure politischen Prozesse woanders, aber nicht bei mir.«[392] Und so sei er dann für zwei Jahre bezahlt worden und brauchte (durfte) nicht mehr am Brandenburger Theater arbeiten.

Da bot sich Anklam an, weit weg von Berlin in der vorpommerschen Provinz. Wollte man Castorf einen geschützten Raum bieten, sich auszuprobieren, oder wollte sich die Kulturbürokratie selbst vor Castorfs Angriffen schützen? Wie bei Alexander Lang auch war bei Castorf ein ungeheurer Furor, er selbst spricht von Wut, gar Hass auf die herrschenden Selbstgefälligkeiten, die tumbe Denkfaulheit. Nun war Castorf der Sohn des Eisenhändlers Castorf im Prenzlauer Berg (der Familie gehörte der gar nicht so kleine Laden mit acht Schaufenstern seit Ende des 19. Jahrhunderts), auch er also ein Kleinbürgerkind. Die Szenerie seiner Jugend erkennt er im DEFA-Film von Gerhard Klein *Berlin Ecke Schönhauser* von 1957 wieder. Aber selbstständig Gewerbetreibende waren in der DDR beargwöhnte Relikte einer vergangenen Zeit, sie mussten tagtäglich ums Überleben kämpften, fast – aber nicht ganz so vergeblich – wie die »Kulaken« während der Kollektivierung der Landwirtschaft in den dreißiger Jahren in der Sowjetunion.

Kleinbürger in der DDR galten als potenziell reaktionär. Frank Castorf liebte seine Eltern, die sich bis zu ihrem Tod jede Inszenierung des Sohnes anschauten – das konnte ja auch nicht ohne Wirkung auf sie bleiben. »Kleinbürgerlich« als Kampfbegriff ist also eine zweischneidige Sache. Oft trifft man sich damit selbst. Oder wie Gottfried Benn sehr lakonisch bemerkte, natürlich sei er kleinbürgerlich in seiner Lebensweise, irgendeinen Halt im haltlosen Schreibexzess brauche er doch.

Castorfs Regiearbeiten in Anklam – es waren genau sechs in fünf Jahren –, von denen selbst die legendäre *Norma* von Ibsen auf die Probebühne verbannt worden war, wirkten auf das Anklamer Establishment, vom Bürgermeister über Partei- und Gewerkschaftsleitungen bis hin zu Direktoren von Einrichtungen und Fabriken aller Art, sowie auf die Einzelhändler, als sei ein Ufo mit Außerirdischen gelandet. Sie wussten nicht, ob sie dagegen kämpfen oder darüber lachen sollten. Jedoch fühlten sie sich wie alle echten Spießer (nicht alle Kleinbürger sind notwendigerweise Spießer) in ihren Vorstellungen von Sitte und Anstand verletzt. Wer sich auf der Bühne auszieht und immerzu Scheiße schreit, der gehört weggesperrt, mindestens – da waren sie sich einig.

Castorf in Anklam, das muss wie ein Western gewesen sein: einer gegen alle. Und der Held hat, so schnell er auch seinen Colt zieht, keine Chance gegen die miesen Hinterweltler, die ihm hier auflauern. Es sind einfach zu viele. Was denkt sich Castorf, der sich nicht nur ungeliebt, sondern verhasst in Anklam wusste? Verwandle den dir entgegengebrachten Hass in eine positive Antriebsenergie – zeig es ihnen, mach sie fertig, indem du ihnen den Spiegel vorhältst, ihnen entgegenschreist, was sie für tumbe Gestalten sind. Auch ein Thema fortan für Castorf: deutsches Gemüt, eine Archäologie des Frohsinns! Anklam war der Härtetest für ihn, aber auch eine erzwungene Selbstbefragung in Insolation. Wohin sollte es künftig gehen?

Im Gespräch mit Hans-Dieter Schütt sinniert er: »Man fährt im Traum als Steppenwolf auf dem Highway, aber man sitzt doch nur in Anklam. Die Bundesrepublik war keine Alternative. Vielleicht wäre ich abgehauen, wenn Holland unser Nachbar gewesen wäre.«[393] Das erinnert an einen anderen aggressiven Melancholiker, den es mehr als einmal aus der Bahn des Zuträglichen trug: Gerhard Gundermann. Bei diesem von der Konstitution her spillrigen Berserker gegen sich selbst lagen Größenwahn und Selbstvernichtung dicht beieinander. Gundermann wird über Castorfs Theater sagen (da hat Castorf schon sein eigenes Haus, die Volksbühne im Zeichen von Bert Neumanns Räuberrad): »Es ist Beschleunigung und gnadenlose Langsamkeit zugleich. Castorf, Rocky V. Sein Konditionstrainer hieß Honecker.«[394]

Das Thema der »kompakten Majorität«, wie es in Ibsens *Volksfeind* heißt, nahm er, nachdem er 1985 in Anklam gefeuert worden war, mit nach Karl-Marx-Stadt, diese heimliche Theaterhauptstadt der DDR. Dort hatte ihn Intendant Gerhard Meyer eingeladen zu inszenieren (nicht nur einmal, sondern sogar noch ein zweites Mal: Heiner Müllers *Bau*). Jetzt wurden seine Inszenierungen über einen kleinen Kreis von Berliner Freunden hinaus erfolgreich.

Aber dagegen war er seit Anklam nun immunisiert, den Zuschauern, dieser Meute, darf man sich nicht ausliefern, man bleibt doch immer der Dompteur im Zirkus: »›Volksfeind‹ in Karl-Marx-Stadt war damals eine meiner besten, politischsten und bösesten Inszenierungen. Um es sehen zu können, sind Zuschauer durch die Toilettenfenster eingedrungen. Ibsens Stück, es sollte eigentlich im Zusammenhang mit der 88er Liebknecht-Luxemburg-Demonstration abgesetzt werden, handelt quasi von einem Badedoktor [gespielt von Gerd Preusche, der dann mit Castorf an die Volksbühne ging, Anm. G. D.], der gegen die ganze verfluchte Majorität wettert und Sätze zu sprechen hat, die ich damals streichen sollte, z. B. ›Vielleicht ist es im freien Westen auch nicht viel besser, aber man wird nicht so langsam zu Tode gequält wie bei uns.‹ Laufend solche Sätze von Ibsen!«[395]

Und dann kam auch schon – im gleichen Jahr 1988 – das Angebot der Volksbühne, wenn auch nur für die Bühne im dritten Stock, Paul Zechs Rimbaud-Essay *Das trunkene Schiff* zu inszenieren, das Deutsche Theater folgte mit *Paris, Paris* von Bulgakow – und dann kamen die Angebote aus dem Westen, Köln, Basel, München, für Castorf war das wieder wie in Anklam, eisige Ablehnung, dünkelhaftes Spießertum, wenn auch auf höherem Konsumniveau.

Aber der Osten Berlins blieb sein Bezugspunkt, eine Hassliebe. Am 22. September 1990, in den letzten Tagen der DDR, hatte an der Volksbühne Castorfs *Räuber* von Schiller Premiere. Sein Programm einer ganz eigenen Ästhetik des Widerstands.

Seine erste prägende Inszenierung über die neue kapitalistische Wirklichkeit wird er 1997 mit Hauptmanns *Die Weber* vorlegen. Sein Resümee der sich vollziehenden Verwestlichung: »Aus dem ›Hunger!‹ der Weber wurde der Ruf der Arbeiterschaft nach Flügen ins Ballermann-Paradies – mit ›Unger‹-Reisen. Aus der Jagd nach Brot wurde die Schnäppchenjagd; so geht es aufwärts im Kapitalismus: Die Armut stieg vom Magen in den Kopf, aus Armut wurde Armseligkeit. Hauptmanns ›Weber‹ sind mir eine wichtige Glosse zur Globalisierung.«[396]

Alexander Langs Weg zum zweiten wichtigen Bühnenrevolutionär des ostdeutschen Theaters der achtziger Jahre verlief anders. Sein Theater ist eine zugespitzte ästhetische Setzung, raffiniert und zugleich auf intelligente Weise sinnlich. Lang bewies, dass dieses Paradox von starker Ausstrahlung ist, wenn man es so handhabt wie er. Dabei war er schon eine Reihe von Jahren Schauspieler am Deutschen Theater gewesen, als er – eher durch einen Zufall – zur Regie kam. Dort sollte – endlich – Heiner Müllers *Philoktet* (nach Sophokles) inszeniert werden, aber der Regisseur warf mittendrin hin. Da lag es nahe, dass einer der drei Schauspieler – um diese wichtige Produktion zu retten – übernimmt: Alexander Lang. Und wie? Wie einer, der sich mit einem Schlag entfesselt. 1977 kommt dann die Inszenierung heraus – jenseits aller flachen Politparabeln ersteht mit wenigen Mitteln ein Beziehungsdreieck zwischen Odysseus (Christian Grashof), Neoptolemos (Roman Kaminski) und Philoktet (Alexander Lang). Eine Endspiel-Szenerie über die Absurditäten jener Macht, die Geschichte zu beherrschen glaubt und dabei doch immer wieder der beharrlichen Ohnmacht unterliegt. Seitdem galt der Schauspieler Alexander Lang als eines der ungewöhnlichsten Regie-Talente im Lande.

Tragödie auf ihren clownesken Kern zu bringen – und in der Clownerie die Tragödie aufscheinen zu lassen, das war das Überwältigende an Langs Theater, der zugleich in romantischer Manier den Ästhetizismus auf die Spitze trieb. Aber immer voller unerwarteter Brüche. In Langs Lesart von Grabbes *Herzog Theodor von Gothland* etwa sah man Christian Grashof wieder und wieder ein riesiges Schwert schwingend und irrsinnig brüllend über die Bühne stürzen. Das war dann wie bei Castorf – nur eben aus der artistischen Gegenweltperspektive heraus. Es traf das Gefühl der herrschenden Sinnlosigkeit, die sich in einen Irrsinnstaumel (den barocken Totentänzen ähnlich) hineinsteigert, weil sinnvolles Handeln angesichts der Geschichte offenbar nicht möglich erschien. Lang gelang 1983 auch mit einem Gegenwartsstück ein großer Publikumserfolg (fast hundert Vorstellungen) – Christoph Heins *Die wahre Geschichte des Ah Q*. Wie überlebt man eine Revolution – oder auch bloß eine vorgebliche Revolution? Hein und Lang spielen mit der müde machenden Geschichte, in der große Worte auf kleine Menschen treffen. Auch dies eine DDR-Beckett-Variation in seltsam chinesischem Gewand, sich jeder schnellen Handhabung entziehend, jedoch von elementarer Ausdruckskraft. Es war also möglich, ein Stück ostdeutscher Endzeit-Philosophie, in der nur ab und zu ein Utopie-Funke aufblitzt, erfolgreich auf die Bühne zu bringen. Christoph Hein hat dieses Paradox, das die DDR-Kunst im ganzen betraf, so formuliert: »Es ist eine Merkwürdigkeit, dass ein raueres Klima schönere Blumen hervorbringt. Das spricht nicht für das rauere Klima, Kunst ist ein seltsame Pflanze.«[397]

Höhepunkt der Reihe wichtiger Inszenierungen Alexander Langs am Deutschen Theater war 1981 Georg Büchners *Dantons Tod*. Es spielt im Jahrmarkts-Guckkastenbühnenbild von Volker Pfüller zu den leitmotivischen Elektro-Klängen von Keith Jarrett, die Vergeblichkeiten reproduzieren. Ein Hauch von Melancholie liegt so über der forciert künstlichen Szenerie, kontert die hochfliegenden Worte, die vieles versprechen, aber – wenigstens anfangs – nicht mit der Auslöschung des Sprechers selbst rechnen.

Das Revolutionsthema ist in den achtziger Jahren, da die offizielle DDR den herrschenden geistigen Stillstand mit quasiwestlichen Konsumträumen übertüncht und die Rebellion Einzelner eher in der Rückzugsgeste ins Private liegt, sehr fern gerückt. Weder Traum noch Alptraum birgt es – die Umwälzung, die der Gegenwart doch ihre Legitimität gibt (die ihr kaum noch einer zubilligt), scheint sehr gestrig, sehr vergangen und sehr gleichgültig. Nichts, das in die Zukunft weist. Dabei galten der SED-Ideologie die Jakobiner als die ersten Bolschewiken, die, weit ihrer Zeit voraus, konsequent die Ideen rein haltend und mittels permanenter Revolution dem reaktionären Gestern wie dem opportunistischen Heute mittels Terror ins Gesicht schlugen.

Nun hatte die späte DDR in ihrem Alltag nicht mehr allzu viel mit dem militanten Erbe der Französischen Revolution im Sinn, was für ihre gewachsenen zivilen Maßstäbe sprach, aber zugleich mit der Militanz schien ihr auch jeder radikale Gedanke abhandengekommen zu sein. Die DDR der achtziger Jahre war weder militant-stalinistisch noch kommunistisch-visionär. Beide Tendenzen trägt der Jakobinismus, der alles radikal, also von der Wurzel her umwälzen will, untrennbar miteinander verbunden in sich. Der Jakobinismus hatte wohl in kaum einem historischen Zeitabschnitt so wenige Anhänger wie in der Endzeit der DDR. An radikale Umwälzungen wollte man nicht mehr glauben – blind für jene Revolution vom Herbst 1989, auf die der unerträgliche Stillstand, in dem man gefangen war, hintaumelte. Volker Braun hatte mit *Lenins Tod* bereits auf die andere Seite der Revolution gewiesen: Jenseits der »Lokomotiven der Geschichte« kamen diejenigen ins Bild, die diese Lokomotiven überrollt hatten – die Blutspur der Revolution interessierte meine Generation mehr als die Revolution selbst.

Ganz an den Beginn dieser Zeit fällt Alexander Langs Büchner-Lesart am Deutschen Theater in der Schumannstraße 13a. Während der Lehrbetrieb im Fach Marxistisch-Leninistische Philosophie an der Humboldt-Universität, in dem ich zu dieser Zeit tagtäglich als Student steckte, eher einen Bogen um derart unerquickliche Themen wie Revolutionstheorie machte (man wollte weder den alten Stalinismus vertreten, noch sich revisionistischer Umtriebe bezichtigen lassen), steuerte der Regisseur Alexander Lang am Deutschen Theater ohne Umwege darauf zu. *Dantons Tod* stieß in das herrschende Sinn-Vakuum mit der Wucht eines alles in Frage stellenden Manifests!

Diese Inszenierung wurde bis zum Ende des Jahrzehnts ein Guckkasten negativer Dialektik, der den in der DDR abwesenden Adorno über den Umweg Büchner doch noch ins Gespräch brachte – mitten im Abendlicht des DDR-Sozialismus. Es erstand der vorgezogene Epilog einer Revolution, die für sich Permanenz reklamiert hatte.

Was ich damals sah: Christian Grashof zu Beginn vor den noch geschlossenen Vorhang tretend, kaum verständlich murmelnd, er müsse noch einige Worte sagen. Und er sagt sie mit Büchner: »Die Geschichte ist vom lieben Herrgott nicht zur Lektüre für junge Frauenzimmer geschaffen worden, und es ist mir auch nicht übelzunehmen, wenn mein Drama ebenso wenig dazu geeignet ist.« Grashof, in weißem Anzug, spricht mit – von langen Pausen – gezügelter Emphase.

Die Pausen sind die Kunst. Sprechen kann jeder, aber Pausen in der richtigen Länge machen, das nicht. Zu kurze Pausen zeugen von Gedankenlosigkeit, zu lange sind prätentiös. Der richtige Abstand zwischen den gesprochenen Worten bestimmt den Ausdruck – den hörbar gemachten Gedanken. Christian Grashof kann sprechend Nähe und Distanz in ein Maß bringen, in dem Pathos ebenso aufscheint wie dessen Brechung. Der aufwallenden Hitze begegnet der kühle Kopf – mitunter in einem einzigen Wort. Aber das allein ist es auch nicht: Man muss den Gedanken auch zeigen, ihm ein Bild finden.

Das Gesagte trifft den absterbenden Lebensnerv einer Gesellschaft: »Der Dichter ist kein Lehrer der Moral. Er erfindet und schafft Gestalten, macht vergangene Zeiten wieder aufleben und die Leute mögen dann daraus lernen, so gut wie aus dem Studium der Geschichte.« Eine Gegenwart, die sich mittels Geschichte legitimieren will, stößt auf das Dilemma, dass diese Geschichte von sehr vielen unmoralischen Dingen berichtet, man sie also – will man sie derart zur eigenen Beglaubigung verwenden – gar nicht en détail am einzelnen Menschen, sondern nur als Abstraktum studieren darf. Das meint Büchner, wenn er sagt, er wolle in *Dantons Tod* die Geschichte zeigen, wie sie ist, und nicht, wie sie sein sollte.

Hier kommen dann auch jene »Idealdichter« vor, die gut besoldeten Schönredner vor dem Herrn, die bloß »Marionetten mit himmelblauen Nasen und affektiertem Pathos« zeigen. Lang und Pfüller nehmen die groteske Schönrednerei des Schreckens beim Wort – und spielen dieses Szenario in den folgenden zweieinhalb Stunden durch.

Fünf Minuten dauerte der Vorspruch, den Grashof, Zettel in der Hand, wie ein Abgesandter der Bürger der Stadt, in aller zögerlichen Entschlossenheit zelebriert wie die verbotene Flugschrift einer Partisanenbewegung, die der Geschichte das falsch tönende Pathos austreibt und dafür ein eigenes, echtes einsetzt. Dieses lebt dann vom Schmerz, der jenes unpathetische Pathos ausmacht, das nicht lügt (dem Schrei!) – und kühlt es auf kalkulierte Weise wieder bis zur Emotionslosigkeit herunter.

Nähe braucht Distanz, um Kunst zu werden, die Rede die Pause – und einen Christian Grashof, der diese wachsenden Abstände auszudrücken vermag. *Dantons Tod* ist in Alexander Langs Regie das Protokoll einer Revolution, die das Schicksal trifft, vorerst siegreich zu sein – genau das aber verurteilt sie angesichts einer Zeit, die weit über die Machtkalküle der Beteiligten hinausweist, zum Scheitern.

Es öffnet sich der Vorhang, Christian Grashof als Danton trifft auf Inge Keller (damals schon um die sechzig) als Julie. Ton und Bild, die der Guckkasten des Marionettentheaters nun freigibt, offenbaren den barocken Totentanz, der inmitten von Gryphius' Vanitas-Klagen das Weltveränderungspathos (ohne Schmerz, aber mit starker Attitüde) in die Regionen der Gespensterseherei treiben. Julie: »Du kennst mich.« Danton: »Ja, was man so kennen nennt.« Und dann räsoniert er darüber, dass man die Schädeldecken aufbrechen müsste, um den Gehirnen die Gedanken zu entreißen. Dieser Exkurs mündet in den Satz : »Ich liebe dich wie das Grab.« Und Julie schluckt diesen Satz mit einem lakonischen »Oh« herunter, der den Wirkungstreffer, den Danton bei ihr erzielt hat, verbergen soll. Es ist eine makabre Szenerie – und es bleibt eine makabre Szenerie bis zum Schluss, drinnen im Theater und draußen im Staat.

Dass der Staat auch drinnen sein könnte, im Theater, das wollte man nicht glauben – und wenn, dann nur in seiner negativen Gestalt, aufgehoben in etwas anderes. Die Revolution, die mit *Dantons Tod* verhandelt wird, ist die Revolution des Theaters selbst. Und sie traf das Schicksal jeder Revolution, wie Adolf Dresen 1990 konstatierte: »Das Theater der DDR war ein Ort der Revolution, doch mit ihrem Sieg leerten sich die Häuser.«

Wir sehen Grashof doppelt: Danton mit weißem Anzug, offenen dunklen Haaren und Händen in den Hosentaschen: der Dandy der Revolution, vom Naturell her ein lässiger Lustmensch mit starken Leidenschaften, der mit der Versuchung zum Fanatismus kämpft – und unterliegt. Aber Grashof ist auch Robespierre, ebenfalls im weißen Anzug, doch mit gepuderter Perücke und intellektualistischer Nickelbrille, zudem liegt ein schwarzer Schal um seinen Hals wie ein Blutreif. Robespierre spricht oft so leise, dass man ihn nicht versteht, dann wieder schreit es auf schrille Weise aus ihm heraus: ein entlaufener Priester, dem die Revolution ein metaphysisches Obdach gegeben hat – den »Kult des höchsten Wesens«.

Lang inszeniert das Duell Danton gegen Robespierre, Grashof gegen Grashof, als innere Zersetzung der Idee der Revolution. Der Gedanke, der sich realisieren will, wird terroristisch: die Blut-Brücke verbindet die beiden Köpfe der Revolution, die folgerichtig abgeschlagen werden.

In seinen »Arbeitsthesen« zu *Dantons Tod* notiert Alexander Lang: »›Dantons Tod‹ ist kein Historiendrama, sondern ein Büchnersches Gegenwartsstück.« Und weiter heißt es: »›Dantons Tod‹ ist kein naturalistisches Abbild von Wirklichkeit. … kein Stück der direkten Aussage sondern der indirekten. Büchner war Realist genug, daß er die Erfahrungen seiner illegalen revolutionären Tätigkeit, die ihn fortwährend zur Tarnung und zu einem blitzschnellen ›Rollenspiel‹ zwang, auch bei seinen literarischen Produktionen anwandte.«[398]

Der Diskurs auf der Bühne trifft den wunden Nerv der achtziger Jahre in der DDR, ihrer museal gewordenen Revolutionsrhetorik, der nichts anderes mehr entspricht als Volkes Wille zur Realsetzung des Bewusstseins. Entillusioniert euch! So hört man von der Bühne herab: »Die Revolution muss aufhören und die Republik muss beginnen.« Das entspricht dem, was Volker Braun im Film *Die Übergangsgesellschaft* forderte, die Revolution könne nicht als Diktatur zum Ziel gelangen.

Nichts weniger als der herrschende Revolutionsbegriff wurde dabei vom Sockel gestürzt und damit die pathetische Selbstverklärung der »herrschenden Klasse« zum Spießrutenlauf durch die Gasse der Ironie gezwungen. Wollte man heute Alexander Langs Theater in einem Satz erklären, dann vielleicht so: Man schaut ein Denkstück, man denkt ein Schaustück. Der Abend besteht aus dreißig Bildern, kurzen, grell überzeichneten Schlaglichtern. Eine Zirkusnummer zu jener Musik von Keith Jarrett, die Roman Kaminski – gleichzeitig der Deputierte des Nationalkonvents Camille Desmoulins und Mitglied des Wohlfahrtsausschusses St. Just – auf dem Klavier improvisiert.

Wir sehen Paare und Passanten. Aller Anspruch auf Größe verwandelt sich dabei ins Groteske. Das Prinzip Doppelrolle zieht sich durch. Jeder scheint auch sein Gegenteil. Christian Grashof ist Robespierre, der »Unbestechliche«, mit seinem Tugendterror. Er taucht seine Impotenz in das Blut derer, die weniger reduzierte Menschen sind als er. Den scharfen Abstraktionsgeist zu zeigen, dem es an Leib mangelt, genügt eine Nickelbrille. Aber wie ähnlich er Danton dennoch sieht! So vereint der weiße Anzug den Dandy der Revolution mit ihrem Hohepriester. Weiß, das ist hier nicht die Farbe der Unbefleckten, sondern die des Todes.

Eine schnelle Wendung nach links oder rechts, und schon wird aus Danton Robespierre und umgekehrt. Danton, das elegante Triebtier, erscheint dabei als das Alter Ego des prätentiösen Robespierre. Danton erträgt den Dauerbetrieb der Köpfmaschine irgendwann nicht mehr, ihm schlägt das Gewissen. Robespierre schickt auch ihn auf die Guillotine – aber nur, um ihm bald nachzufolgen auf diesem Altar der Revolution.

Furioser Höhepunkt der Inszenierung ist der Dialog zwischen Robespierre und Danton über die Frage der Gewalt. Grashof kämpft mit Grashof. In dieser Szene, die wie der wirre Ausbruch eines Schizophrenen wirkt, sehen wir die zwei Ikonen der Französischen Revolution in ihrem Verlöschen noch einmal grell aufflackern. Sie können nur noch pausenlos vor sich hin sprechen, sie hören nichts mehr.

Selbst das Volk ist reduziert auf Zweierbeziehungen. Kurt Böwe und Dietrich Körner sind zwei Kolosse von Komödianten, die das Volk zeigen, wie es bei jeder Hinrichtung genauso jubelt, wie es dem jetzt zu Köpfenden tags zuvor noch bei seiner Rede zujubelte. Ein hämisches Ungeheuer, auf dessen Vernunft man besser nicht zählt. Oder zeigt sich gerade hier der Kern aller Vernunft, Überlebensinstinkt zu sein?

Diese Inszenierung besaß etwas Einmaliges auch unter den Lang-Inszenierungen. Allein die Metamorphose des Wortduells zwischen Danton und Robespierre zum dramatisch übersteigerten Selbstgespräch des Geistes der Revolution! Grashof hatte zuvor Lang gefragt, wie er denn diesen heftigen Schlagabtausch ganz allein spielen solle. Das werde sich schon finden, bekam er zur Antwort. Man versuchte es mit Puppen, aber das funktionierte nicht. Bis Grashof sagte: »Dann mach ich das jetzt allein. Man wird schon merken, wer ich gerade bin.« Und wir sehen: Die Revolution frisst ihre Kinder.

Spricht man mit Christian Grashof, dann spürt man, wie nah ihm Langs Zugang zur Geschichte bis heute geblieben ist. Dieser skeptische Blick von unten, der den großen Worten nicht mehr glaubt, war immer auch seiner! Grashof, das Flüchtlingskind aus dem Sudetenland, hat das Chaos der Geschichte erlebt. Was er auf der Bühne spielen wollte, das waren die Brüche, die Wunden, die die Geschichte dem Einzelnen schlägt. »Das splittert und fügt sich gleichzeitig auch zusammen.«

Georg Seidel demoliert den Mythos vom herrschenden Arbeiter

Dieser Autor dichtet nur noch Endspiele der brutalen Art. Die Arbeiter spielen, das ist Georg Seidels Befund, längst nicht mehr mit beim intellektuellen Tanz um das goldene Kalb namens Utopie. Im Westen bekommt man für seine Arbeit harte Währung, im Osten bloß bedrucktes Papier, dazu leere Worte. Wenigstens gibt es noch Schnaps zu kaufen im Konsum und gratis Prügeleien.

Georg Seidel muss es wissen, er ist – ähnlich wie Wolfgang Hilbig – ein schreibender Arbeiter, oder eher ein Autor, den man so lange in die Produktion verbannt hat, bis er die DDR mit Arbeiteraugen sah und so auch über sie schrieb. So wie sie war, und nicht, wie sie gern sein wollte. Eine Untote. Anders als Hilbig blieb Seidel bis zum Schluss in der DDR. Aber nicht wie die alternative Prenzlauer-Berg-Szene in Berlin, die den Eindruck erweckte, eine exterritoriale Avantgardeexistenz zu führen – und sich vor allem mit sich selbst beschäftigte.

Für Seidel blieb das Thema des Arbeiters im Sozialismus wichtig, eben auch weil er sich selbst keinesfalls als bohemehafter Aussteiger fühlte. In seinen Stücken geht es um die Erosion der großen Ideen in kleinliche Affekte. Am 3. Juni 1990, vier Monate vor dem Ende der DDR, starb er mit vierundvierzig Jahren an Krebs. Der russische Futurist Chlebnikow war ihm in seinem absurd-abgründigen Witz nah. Eines der letzten Gedichte Chlebnikows, vor seinem frühen Tod 1922, ist betitelt: *Ich bin gestorben und in Lachen ausgebrochen*. Hier kann man lesen: »In allen Gliedern der Lebensgleichung wurde schlicht das Zeichen ›Ja‹ durch das Zeichen ›Nein‹ ersetzt.« Seidel bekennt sich zu Chlebnikow, zur russischen und sowjetischen Literatur überhaupt, weil ihn das Assoziative fasziniert: »Diese lineare Schreibweise, auch dieser direkte Zug, das Vorwärtstreibende.«[399]

Georg Seidel kann zusammen mit Irina Liebmann als Begründer eines autonomen Autorentheaters in der DDR gelten, das sie 1987 auf dem X. DDR-Schriftstellerkongress gefordert hatte. Zu diesem kam es nicht, und so verließ sie ein Jahr später das Land.

Ihre Biographie spiegelt die schicksalhaften deutsch-russischen Verwicklungen des 20. Jahrhunderts: Irina Liebmann wurde 1943 in

Moskau geboren, wo ihr Vater, der jüdische Kommunist Rudolf Herrnstadt, als Emigrant das berüchtigte Hotel Lux überlebte, ihre Mutter war eine russische Germanistin. Herrnstadt selbst wurde, nach seiner Rückkehr aus der Emigration, Chefredakteur des Zentralorgans der SED, des *Neuen Deutschland*.

Nach Stalins Tod am 5. März 1953 plädierte er für eine Ablösung Ulbrichts, wofür er sich der Rückendeckung durch Stalins potenziellen Nachfolger im Kreml, dem Geheimdienstchef Lawrenti Berija, und auch des DDR-Staatssicherheitsministers Wilhelm Zaisser versicherte. Doch Berija wurde hingerichtet, Chruschtschow unterstützte weiter Ulbricht, und Herrnstadts politisches Schicksal war besiegelt. Nach dem Aufstand vom Juni 1953 wurde er wegen seiner Unterstützung der protestierenden Arbeiter aus der SED ausgeschlossen und ins Deutsche Zentralarchiv nach Merseburg abgeschoben, wo er – schwer lungenkrank – 1966 starb.

Seidel verstand sich als Autor jenseits der offiziellen Strukturen stehend, jenseits aber auch der dissidentischen Subkultur. Nahm Seidel die DDR noch ernst, hoffte er auf eine Reform, oder hatte er sie bereits abgeschrieben? Diese Frage so gestellt, wäre ihm zu abstrakt gewesen. Er erzählte von Menschen ohne Hoffnung. Irina Liebmann schrieb später, das sei Literatur »aus der DDR«, aber eben keine »DDR-Literatur« mehr gewesen. Das klingt fast genauso scholastisch wie Klaus Gysis kirchenpolitische Formel von der »Kirche im Sozialismus«, die keine sozialistische Kirche, aber eben auch keine antisozialistische sein sollte.

Aber was Irina Liebmann dann über Seidels Schreib-Motivation sagt, das kommt aus unmittelbarer Erfahrung: »Unser Alltag, der scheinbar gar nicht mehr kunstwürdige, quälte ihn wirklich, und die Frage: Was ist mit den Menschen geschehen? Wer sollte für so etwas Interesse haben? – Die Beteiligten.«[400]

Seidels Menschen ahnen sich in einem gesellschaftlichen Nirgendwo gefangen, und dieses Gefühl macht sie ganz verrückt: dumpf und aggressiv zugleich. Irina Liebmann kennt Seidel und die Not des Theaters der achtziger Jahre in der DDR – und darüber vergisst sie dann auch schnell wieder die neudeutschen Kategorisierungen von 1991 von einer »Literatur aus der DDR«, die keine »DDR-Literatur« mehr sei. Aber gehört Becketts *Endspiel* nicht auch noch zur bürgerlichen Gesellschaft, der er seine Nachrufe schreibt?

Geboren wurde Georg Seidel 1945 als Sohn eines Schlossers in Dessau, der Bauhausstadt, unter den Nazis Rüstungsschmiede und darum das Ziel schwerer alliierter Luftangriffe. Er wächst in der zerstörten Stadt auf, lernt Werkzeugmacher mit Abitur, besucht – ein Jahr lang – das Katechetenseminar, das ihn enttäuscht. Fortan glaubt er weder an Kirche noch Sozialismus. Stattdessen wird er Bühnenarbeiter am Dessauer Theater. Studiert dann doch in Karl-Marx-Stadt an der Ingenieurhochschule. Aber kaum hat er damit begonnen, marschieren 1968 die Truppen des Warschauer Paktes in Prag ein. Der Prager Frühling ist beendet. Alle Studenten sollen sich nun bereit erklären, den Sozialismus mit der Waffe in der Hand zu verteidigen. Seidel weigert sich, erklärt, er sei Pazifist – und wird exmatrikuliert.

1969 muss er dann zur Armee – kommt zu den Bausoldaten, die gibt es noch nicht lange in der NVA. Da treffen sich angehende Theologen und dissidentische Nischenbewohner aller Art.

Wehrdienstverweigerung wurde mit Gefängnis bestraft, und Bausoldaten hatten es nicht leicht, das Beispiel sollte keine Schule machen. Darum mussten sie schwer arbeiten. Beim Abladen von Zementsäcken aus einem Zug stürzt Seidel vom Waggon – Trümmerbruch der rechten Hand. Seinen ihm bereits zugesagten Studienplatz am Leipziger Literaturinstitut verliert er als Folge seines pazifistischen Bekenntnisses. Er kämpft um seine Zukunft als Autor, die an diesem Studium hängt – er kämpft mit Windmühlenflügeln. Gegen das Urteil, das ihn als künftigen Autor ablehnt, gibt es keinen Einspruch: »Ihrer Berufsbildung nach sind Sie Arbeiter. Wenn heute ein Arbeiter die literarische Aussage versucht, dann verlangt unsere Gesellschaft allerdings, daß er dabei die Position der herrschenden Arbeiterklasse einnimmt …«[401] Fortan wird das Schreiben dieses DDR-Don-Quichotte genau um diese Frage kreisen. Was ist aus dem Arbeiter, dem Vertreter der herrschenden Klasse geworden?

Wieder arbeitet er als Beleuchter, erst bei der DEFA, dann am Deutschen Theater in Berlin, wo er eine halbe Bühnenarbeiterstelle bekommt, die seine Familie ernähren muss. In Schwerin bei Christoph Schroth, der nach neuer DDR-Dramatik sucht, wird erstmals mit *Kondensmilchpanorama* ein Stück von ihm aufgeführt. Die Theaterwelt bemerkt den eigenen Ton bei diesem Sonderling, aber das hat anfangs keine Folgen. Die Berliner Theatergrößen, auch Alexander Lang, mögen sich darauf nicht einlassen. Aber Tatjana Rese, Langs künstlerische Mitarbeiterin in den achtziger Jahren, erkennt seine Bedeutung, unterstützt ihn, so dass er 1982 Dramaturgieassistent am Deutschen Theater wird. *Jochen Schanotta*, die Geschichte eines radikalen Einzelgängers und Verweigerers, kommt 1985 am Berliner Ensemble zur Uraufführung, jedoch flankiert von der FDJ-Agitpropgruppe »Karls Enkel«, die die ausweglose Negativität des Stückes mit frechen Einwürfen von der Seite kontrastieren soll. Welch eine Demütigung für Seidel! 1986 wird Tatjana Rese *Jochen Schanotta* dann erstmals textgetreu am Theater Schwedt inszenieren.

Dieses Stück, das die Thematik von Plenzdorfs *Die neuen Leiden des jungen W.* aus den siebziger Jahren aufnimmt und in eine Endzeit stellt, ist aus trauriger Wut gemacht. Es ist kalte Wut über die zerstörte Kreativität des Einzelnen. Plenzdorfs Edgar Wibeau war ein anarchistischer Typ gewesen, der gegen seine Umwelt revoltierte. Jochen Schanotta aber hat der Vermittelmäßigung durch Uniformisierung nichts anderes mehr entgegenzusetzen als seine Verweigerung.

Und so erinnert sich Jochen Schanotta an seine Schulzeit, den ersten Tag Werkunterricht: »Wir kamen in einen sehr großen Raum, eine Kreissäge stand dort, Schraubstöcke. Jetzt geht richtig was los, hab ich gedacht, ein Mann kam und gab uns allen ein Stück graue Pappe. Erst schneiden wir die Ränder ganz gerade, hat er gesagt, und wer das gemacht hat, dem stemple ich einen Vogel drauf, den malt ihr dann grün. Als der Lehrer zu mir kam mit dem Stempel, hatte ich schon selbst einen Vogel gemalt. Wir malen alle den gleichen Vogel aus, hat der Lehrer gesagt, gab mir ein neues Stück Pappe, stempelte, und daß du nicht über den Rand malst! Ich Idiot habs so gemacht, und am Ende hatte ich den gleichen Vogel wie alle.«

Die offizielle Reaktion auf *Jochen Schanotta* war DDR-typisch, aber darüber konnte man in den späten achtziger Jahren nur noch lachen – oder resigniert mit den Schultern zucken. Doch es war ein bitteres Lachen, als das DDR-Bildungsministerium unter Margot Honecker erwartungsgemäß eine Kampagne gegen das Stück startete mit dem Ziel, es zu verbieten. Doch an den Theatern gab es immer mehr Intendanten, Regisseure, Dramaturgen und auch Schauspieler, die sich gegen derartige Ansinnen – die ihnen meist durch die Kreis- und Bezirksleitungen der SED übermittelt wurden – erfolgreich zur Wehr setzten.

1987 wurde am Mecklenburgischen Staatstheater Schwerin Seidels *Das langsame Kind* in der Regie von Christine Harbot uraufgeführt. Das Stück sorgte später unter dem Titel *Carmen Kittel* für Furore. Ein Villon'scher Schlusspunkt unter die späte DDR-Dramatik, zu der – neben Heiner Müller und Volker Braun – durchaus gleichrangig auch Georg Seidel gehört.

Carmen Kittel, ein Heimkind, das eine Wohnung zugewiesen bekommen hat, ist ein Problemfall, den niemand mehr lösen kann. Mit einer unerhört inspirierten Wucht nähert sich Seidel seiner Figur, die aufgehört hat zu träumen, auch wenn sie den ganzen Tag mit anderen Frauen im Kartoffelkeller sitzt und den Kartoffeln »die Augen aussticht«. Was sie von den Kartoffeln weiß, ist verallgemeinerbar: »Kartoffeln sind ein dumpfes Gemüse.« Nein, sie träumt nicht von einem anderen Leben, sie sitzt auf dem Klo und schläft. Die älteren Frauen, hart geworden im Alltag der Produktionsroutine, sehen verärgert und empört das Arbeitsscheue der jungen Frau, ihre Apathie: »Wie sie ankommt, sie nimmt eine Kartoffel, gähnt, sticht der Kartoffel ein Auge aus, gähnt wieder, starrt die Kartoffel an, sticht ihr dann noch ein Auge aus, irgendwann noch eins, gähnt wieder, lässt die Kartoffel fallen, plumps machts, dann gähnt sie wieder, nimmt die nächste Kartoffel, starrt die Kartoffel an, sticht ihr aber nicht die Augen aus, lässt die Kartoffel fallen, ihr fallen dann auch die Augen zu.«[402] Ein Spiegel der Arbeitswelt der DDR.

Freunde hat Carmen keine, nur kurze brutale, erwartungslose Affären. Kurze Sauf- und Prügelbekanntschaften, wie Harald, dessen Weltweisheit in Schnaps getaucht ist: »Hauptsache das Zeug dreht, drehn muss es im Kopf, die Drehzahl muss stimmen. … Warum soll die herrschende Klasse immer nur billigen Schnaps saufen? Wir sind die herrschende Klasse, hoch lebe der Cognac.«[403]

Da ist nicht mehr als purer Hohn über einem Abgrund von Gleichgültigkeit. Im Mittelpunkt dieser Gesellschaft steht der Mensch? Die Wahrheit ist eine andere: »Vielleicht zählt der Mensch erst als Toter. Aber die Lebenden, die sind besoffen, und die Toten sind nicht mehr vorhanden.«[404]

Die Vision des »neuen Menschen« scheint angesichts der realen Arbeitswelt bloß noch eine dreiste Lüge, die die Funktionäre gewohnheitsmäßig im Munde führen. Die Künstler und Intellektuellen leiden, stellen Ausreiseanträge oder ziehen sich weit in Nischen zurück. Die Proletarier fluchen und betäuben sich mit Alkohol: »Hier kann jeder still vor sich hinsterben ohne zu frieren.«[405]

Und keine Hoffnung auf Veränderung? Carmen scheint einer verlorenen Generation anzugehören. Eine ihrer Arbeitskolleginnen bringt die Misere so auf den Punkt: »... Kartoffeln, dieses dumpfe Gemüse, so was ernährt ein ganzes Volk. Weil es so ist, darum wird es hier nie eine anständige Revolution geben, der Deutsche muss erst seine Eßgewohnheiten ändern. Die Kartoffel, das Graue immer unter der Erde, das nie das Sonnenlicht sieht; wenn doch, wird sie grün, wie unsereins rot vor Scham.«[406]

Helga Paris zum Beispiel. Fotos aus den späten Jahren der DDR

Die Fotos, die wir von der DDR haben, sind ein kostbarer Schatz in Schwarz-Weiß oder blaustichigem Orwo-Color. Sie zeigen, dass es Überfülle in diesem Land nie gab, man richtete sich in Überresten verschiedenster Art ein. Die Dinge wirkten alt und verschlissen oder neu und billig. Diese Mischung gab dem DDR-Milieu eine merkwürdig unzeitgemäße Patina. Was auffällt in den wichtigen Arbeiten von Arno Fischer, Sibylle Bergemann, Roger Melis, Harald Hauswald, Helga Paris bis hin zu Angela Fensch und Ute Mahler, das ist jene Intensität, die ebenfalls aus einer schwer bestimmbaren Verbindung resultiert. Die Melancholie versäumten Lebens und der Hunger auf ebenjenes Leben, das an der nächsten Ecke nicht nur auf uns wartet, sondern etwas ist, das man erwartet. Weil es ein unscheinbares Glück verspricht? Die Fotos zeigen: Oberflächen zählten in diesem Alltag weniger als jener Kern, der trivial, hochstaplerisch, verträumt, naiv oder berechnend sein konnte, aber dabei eben auf eine geradezu schockierende Weise echt.

Diese Fotos verbindet, dass sie vom Betrachter jene konzentrierte Stille fordern, die zur stummen Zwiesprache wird. Es sind Gegenbilder zur permanenten Kommunikation unserer Gegenwart, die sich mit einer Flut von Bildern und Tönen über uns ergießt, ohne dass etwas davon bleibt. Der Niedergang der DDR in den achtziger Jahren, der auf Filmmaterial überwintert hat und nun auch immer mehr den Weg in wichtige Fotobände fand, traf mich mitten in meinen, mit Goethe gesagt, »Lehrjahren«. Christoph Dieckmann schreibt im Vorwort zu Harald Hauswalds eindrucksvollem Bildband *Ferner Osten. Die letzten Jahre der DDR*: »Die DDR, das waren wir selbst. ... Eine zweite Herkunft wird uns nicht gegeben.«[407]

2019 zeigte die Berliner Akademie der Künste eine Retrospektive von Helga Paris. In ihrem Werk offenbart sich exemplarisch das, was auch – je nach individueller Art zu sehen – die anderen genannten Fotografen auszeichnet. Es sind Fotos, die mit großer Aufmerksamkeit die kleinen Verwandlungsmomente im alltäglichen Leben festhalten, so etwas wie Exerzitien des Übergangs. In welchen kaum bemerkbaren Momenten tritt aus dem gelangweilten Warten einer Arbeiterin auf den Feierabend die unstillbare Erwartung auf ein ganz anderes Leben hervor? Helga Paris' Fotos von ebenso unscheinbaren wie unübersehbaren Kittelschürzenträgerinnen sind berühmt. Man muss das Besondere hinter der Uniformisierung bemerken wollen. Das Spektakuläre verbleibt so im Alltäglichen, es scheint nur kurz auf. Helga Paris besitzt jenes Talent zum Menschen, von dem Tschechow sprach. Es ist Bereitschaft zum einfachen Leben.

Gibt es das authentische Bildgedächtnis einer Zeit, zumal das einer untergegangenen Gesellschaft wie der DDR? Fotos bilden das ab, was ist. So glaubt man gemeinhin. Doch schon, wenn zwei Fotografen ein und dasselbe fotografieren, bemerkt man, dass die Bilder grundverschieden werden. So grundverschieden, wie es die Fotografen auch sind. Dass sehr verschiedene Bilder des gleichen Motivs entstehen, muss also etwas mit der Art des Sehens zu tun haben, dem Blickwinkel. Was ist es, das man zuerst bemerkt – und welche technischen Möglichkeiten nutzt ein Fotograf, dieses Bemerkte sichtbar zu machen?

Es sind zumeist Momentaufnahmen in Schwarz-Weiß. So fotografierte die 1938 im pommerschen Gollnow geborene und in Berlin aufgewachsene Helga Paris fast ein halbes Jahrhundert lang Dinge, von denen sie das Gefühl hatte, dass sie sie selbst – und vielleicht auch andere – etwas angehen.

Tatsächlich blicken die Fotografierten in jedem Falle zurück, selbst dann, wenn es scheinbar tote Dinge sind, eine Berliner Straße an einem Nebelmorgen etwa. Auch da ist etwas Aktives im Bild, das dem Betrachter entgegenkommt. Das Foto »Winsstraße mit Taube« aus den siebziger Jahren zeigt, dass ein einziger Vogel in einer dunklen Straße buchstäblich ein Lichtblick sein kann.

Oder auch die Serie »Häuser und Gesichter«, fotografiert 1983–1985 in Halle an der Saale. Menschen stehen vor Gebäuden, die mehr sind als eine bloße Kulisse: der verlängerte Leib dieser Menschen – abgenutzt, mit sichtbaren Spuren vergehender Zeit, aber noch im rußigen Schwarzgrau überaus präsent. Zu diesem Thema entstand auch der Bildband über Halle, *Diva in Grau*.

Helga Paris' Schwarz-Weiß-Fotos suchen den Grauton, der Übergänge zeigt. Sie geben der Umgebung, die andere Fotografen einfach wegschneiden, um den Blick zu konzentrieren, sehr viel Raum. Das macht ihre Bilder, die mehr sind als bloße Bild-Chroniken, so interessant: als Momentaufnahmen von kleinen alltäglichen Begebenheiten. Sie bergen in sich immer mehr als den einen Punkt, auf den zu schauen sich lohnt. Das hier sind Panoramen des Alltags, der aus vielen kleinen Dramen und Komödien besteht.

Diese Fotos bergen den Geist einer Zeit, wie er auf der Straße liegt. Dazu muss man Vertrautes so anblicken, als sähe man es zum ersten Mal: »Ich habe Halle fotografiert wie eine fremde Stadt«, sagt sie. Nur was man in eine Distanz zu bringen vermag, kann man auch wieder nah zu sich heranholen. Der Moment des Zurücktretens zuvor jedoch ist entscheidend.

Ohne die »arbeiterliche Gesellschaft«, als die der Soziologe Wolfgang Engler die DDR bezeichnete, wären diese Fotos anders. Die Straßen von Berlin, Prenzlauer Berg, wo sie seit 1966 lebt, wirken auch darum so grau, weil hier schwere, schmutzige Arbeit alltäglich war – vom Kohle-Ausfahren bis zur Müllabfuhr. Und auch die Armut, die diesen Arbeiterbezirk prägte, in dem besonders viele Rentner lebten, war alles andere als farbig. Der Schatten des Krieges lag bis in die achtziger Jahre über dem Osten Berlins.

Als Helga Paris – ermutigt von dem Dokumentarfilmer Peter Voigt – in den sechziger Jahren zu fotografieren begann, wählte sie zuerst Motive aus der Nachbarschaft. Da war etwa die Familie Köstner, die im gleichen Haus wohnte, die sie von 1968 bis 1981 mit der Kamera begleitete. Der Vater arbeitete im Schlachthof, die drei Söhne bei der Müllabfuhr. Die Fotos zeigen jenen selbstverständlichen Arbeiterstolz, der heute bloß noch eine vage Erinnerung ist.

Der Blick der Fotografin sucht die Menschen hinter ihrer sozialen Stellung, die oft genug eine Pose ist. Welche Gefühle, welche Sorgen und Hoffnungen tragen sie mit sich? Für *Das Magazin* fotografierte sie Mitte der siebziger Jahre Serien über »Berliner Kneipen« und »Müllfahrer«. Wann eigentlich verschwanden die vielen Berliner Eckkneipen, ab wann wäre eine Fotoserie über Müllfahrer nicht mehr zu veröffentlichen gewesen?

Auch ihre Künstlerfotos, von denen es zahlreiche gibt, sind bewusst alltäglich. Ob Autoren wie Christa und Gerhard Wolf in Meteln, Adolf Endler, Erich Arendt, ihre enge Freundin Elke Erb oder die Maler Nuria Quevedo, Dieter Goltzsche, Charlotte E. Pauly oder Arno Mohr – hier sind Menschen zu sehen und nicht die Repräsentanten ihres Werks.

Immer wieder hat Helga Paris stark belebte Plätze fotografiert, über einen längeren Zeitraum, manchmal über Jahre. Diese Orte wirken mit Menschen anders – eben belebt! – als in den seltenen Momenten ohne sie, wo die Leere um sich greift. Im Wechsel zwischen beidem liegt die Faszination. So blickt sie auf den Alexanderplatz oder den Leipziger Hauptbahnhof. Menschen im wechselnden Licht, die es entweder eilig haben oder hier gestrandet sind – es ist in jedem Falle ein visueller Zusammenklang von Mensch und Ort, der verzaubert, auf eine durchaus unspektakulär-herbe, aber eindringliche Weise. Jedenfalls dann, wenn man diesen Szenen in sich Zeit und Raum gibt. Denn die Menschen und Milieus, die ihre Fotos zeigen, befinden sich gleichsam im ständigen Transit.

Noch ist die Endstation nicht erreicht – und auch für den Künstler, der Zeuge und Akteur gleichermaßen ist, gilt das, womit Ronald Paris, der Maler und frühere Ehemann der Fotografin, begegnet man ihm, gern ein Gespräch beginnt und es auch wieder beendet: »Wir üben weiter!«

Werner Tübke verschwindet im »Welttheater«

Er sei zwischen 1976 und 1987 »sozusagen aus der DDR-Wirklichkeit ausgetreten«, notiert Werner Tübke im September 1990 in sein Tagebuch, zurückblickend »auf meinen Berg im Thüringischen«. Ein Staatsgroßauftrag, den Bauernkrieg in einem riesigen Rundgemälde im eigens dafür errichteten Gebäude in Bad Frankenhausen darzustellen, nimmt ihn mehr als zehn Jahre gefangen. »Ich habe also die Endphase der DDR gar nicht mitbekommen, sicherlich kritikwürdig. Aber ohne dieses produktive Wegtauchen wäre das Bild nicht entstanden.«[408] Den Titel des Panoramas mag er nicht, aber dieser ist Teil des offiziellen Sprachgebrauchs: »Frühbürgerliche Revolution in Deutschland«. Er selbst hätte den Titel: »Teatrum mundi« – Theater der Welt, Welttheater also, vorgezogen.

Ende des Jahres 1988, da ist das Rundgemälde bereits fertig, denkt Tübke über die Anfänge des Großprojekts nach. »Ob die Zeit damals erfasst ist? Weiß ich nicht, ich kann mich nicht einmal selbst erfassen.«[409]

Die äußere Seite, ein Abfolge von Ereignissen: Historiker um ihn herum, er in Kolloquien mitschreibend, die Reise nach Moskau »ins schreckliche Borodino«. Das war das Vorbild, auf das sich die Politiker bei der Auftragsvergabe bezogen. Ein Stück bebilderter Historie ohne künstlerischen Eigenwert, wie Tübke bitter vermerkt.

Für ihn selbst seien es dunkle Jahre gewesen: »1. 1. 76 Vertragsabschluss. Ende des Rektorats HGB in Leipzig, Auszug, Umzug, Chaos, Heirat, keine Übersicht, vorher noch diese oder jene Bekanntschaft, Kopf immer noch unter Wasser. Keine Vorstellung von der Aufgabe.«[410]

Bereits seit 1975 stand der Rohbau des Rundgebäudes auf dem Schlachtberg, auch Blutrinne genannt. Am 15. Mai 1525 hatte hier die Entscheidungsschlacht des aufständischen Bauernheeres um den Prediger Thomas Müntzer gegen die Fürstenheere stattgefunden – die Bauern wurden niedergemetzelt, sechstausend Tote soll es gegeben haben.

Das überdimensionierte Denkmal zur »Frühbürgerlichen Revolution in Deutschland« war Teil der neuen Erbe-Doktrin der DDR-Kulturpolitik. In der Kleinstadt Bad Frankenhausen jedoch sprach man bloß despektierlich vom »Elefantenklo« oben auf dem Berg. Diese, so Tübke, zu »hastig gebaute Hütte« musste nach Abschluss des Bildes erst einmal zwei Jahre lang rekonstruiert werden, damit im September 1989, also kurz vor der Wende, die Eröffnung des Rundpanoramas überhaupt stattfinden konnte.

Die 14 Meter hohe und 123 Meter lange Leinwand wurde auf einem Spezialwebstuhl in der Sowjetunion aus einem Stück hergestellt – und kam zum Erschrecken des Malers zwei Jahre zu früh an, musste eingelagert werden, mit ungewissem Ausgang. Aber sie überstand die Wartezeit unbeschadet, wurde aufgespannt und von fünf eigens eingeflogenen russischen Arbeiterinnen nach der – geheimen – Rezeptur russischer Ikonen-Malerei in mehreren Schichten grundiert. Dann konnte es nach einer dreijährigen Orientierungszeit losgehen – mit einer Fassung im Maßstab 1:10, die Tübke in einem extra großen Leipziger Atelier malte. 3000 Figuren fanden Platz – teils historische Personen, teils allegorische. 1983 begann die Übertragung auf die große Leinwand im Rundbau.

Revolutionsmalerei ist es nicht geworden, eher eine Art Mysterienspiel ohne Anfang und Ende. Eine Paraphrase auf das Thema »Geist und Macht« oder auch »der Einzelne in und vor der Geschichte«. Man kann dieses Bild, wie alle Kunst, auf sehr verschiedene Weise betrachten: auch als großen Kampf zwischen Gut und Böse, auch als Dualität von Leidenschaften der geschichtlich Handelnden und dem Leiden, das dieses Handeln hervorruft. Sogar sich selbst malte Tübke mit hinein. Für ihn ist dieses Bild eine Art Traumtagebuch.

Gleichsam zur Einstimmung malt er 1976 die »Verspottung des Ablasshändlers«, übt sich auch in den Stil einer vergangenen Zeit ein, jedoch mit gegenwärtigen Absichten. Er wolle keinesfalls der Nachläufer seiner Vorbilder sein, bekennt er. 1987 schließt er die letzte Lücke im Bild, der letzte weiße Fleck verschwindet. Sinnigerweise hat er sich für diese letzten Striche das Motiv »Der Schuh des Schmeichlers« ausgewählt.

Ein Zeitalter wird besichtigt – vom Maler selbst mit den von ihm gewählten Mitteln. Lauter Symbole für das, was ihn gleichermaßen vorantreibt und lähmt. Der Turm zu Babel etwa ist das Sinnbild einer sich einmauernden Staatsmacht, einer bröckelnden Festung gleich. Der tote Fisch kontrastiert die Vision der neuen Erde mit jenem Untergang, der dem Neuen vorangeht. Tübkes Vision ist auch die einer drohenden Apokalypse, eines großen Weltgerichts. Gemalt in russischen Farben, für die er sich nach dem Testen verschiedener anderer entschied. Die Farbe mit dem Namen »grüne Erde« nennt er unvergleichlich – den Verbrauch von 90 000 Farbtuben kann man nur exorbitant nennen. 1722 Quadratmeter Fläche bemalt er mit Hilfe junger Maler, die bei ihm studiert hatten. Am Anfang waren es fünfzehn, dann sechs – am Ende bleibt nur einer der Gehilfen übrig.

Tübke ist ein strenger Meister (auch gegen sich selbst), der dies bleiben will. Ein Künstlerkollektiv liegt ihm nicht. Die Schwierigkeit des Unterfangens liegt darin, dass die Flächen nicht totgemalt wirken sollen, sie müssen auf große Entfernung lebendig wirken. Also darf die Farbe nicht gestrichen oder getupft werden, Tübke selbst spricht vom »Schlagen« der Farbe, die zugleich eine Struktur erkennen lassen muss. Vor allem, sagt er, ging es niemals darum, die Vorlage bloß vergrößert wiederzugeben, sondern um das Schaffen eines neuen Bildes in einer ganz anderen Dimension. Wobei er der Vorlage durchaus detailliert folgt, aber malerisch passiert eben das Gegenteil von bloßer Kopistenarbeit.

Die Figuren sind so zahlreich, dass man nicht beginnen sollte, sie aufzuzählen. Doch die Gegensätze sind es, die dem Panorama (ein Wort, das Tübke für seine Arbeit ablehnte) die innere Dramatik geben. Da ist der ewige Narr, Sinnbild des Humanismus, aber da ist auch Pilatus, der sich im Schatten der jeweiligen Macht bewegt, der Intellektuelle als Erfüllungsgehilfe der Macht. Man ahnt: Mitten im Staatsauftrag fühlt sich Tübke als beides zugleich, Pilatus und Narr.

Über Struktur und Bildkomposition sagt der Maler: »Ich denke mir nichts aus, male ins Blaue hinein … dann fällt mir schon was ein: beim Arbeiten.«[411] Tübke bekennt, er denke in Bildern.

Und so passiert das Außergewöhnliche, der Künstler in seiner Krise malt sich zurück ins Leben. Wie einem Sportler während eines Wettkampfes sei es ihm in diesen zwölf Jahren der Arbeit am Frankenhausen-Bild gegangen. Durch »Lustempfinden« habe er sich regeneriert.

Vieles sei zerstört gewesen, soziale Beziehungen, zum Teil auch der Beruf, die Gesundheit, aber im Schaffen des Werks sei ihm zugleich etwas anderes gelungen: »Das sind auch 12 Jahre Neuaufbau von Persönlichkeitsstrukturen. Mit dem Bild habe ich mich am eigenen Schopfe aus dem Sumpf gezogen.«[412] Jedoch das »Abenteuer der Erfindung« ist kräftezehrend, so stark, dass der Maler bekennt: »Noch mal machen möchte ich es nicht.«

Dabei steht er nun vor dem fertigen Opus – und wie er das geschafft hat, ist ihm ein Rätsel: »Das war ich nicht! Das Bild habe ich nicht gemalt. Ich tauche jetzt erst langsam wieder auf. Mein innerster Kern muss ausgewechselt gewesen sein.«[413]

Das Mysterium des schöpferischen Augenblicks, zumal wenn er sich regelmäßig wiederholt, in seinem Falle ganze zwölf Jahre lang. Hat da »ein Höherer« mitgewirkt? Der Maler weiß es nicht, das Geheimnis soll auch gar nicht gelüftet werden. Das paradoxe Zugleich von Gegensätzen ins Extrem gesteigert, bestimmt die Atmosphäre.

Was ist es, das hier zum schöpferischen Ausdruck drängt? »Ich habe ganze Szenen historischen Bildmaterials gemodelt übernommen, dessen Bedeutung ich nicht kannte, kennen wollte, etwas Geheimnisvolles soll man so belassen, dann wird es produktiv. … ich habe mich während der Arbeit wie ein Freimaurer gefühlt! Das war entscheidend und spannend. Auch wie ein Jesuit, sehr aufregend! Ich war Freimaurer und Jesuit, verstand die Himmelszeichen. Ich war in der Gnade. Kein Verdienst.«[414]

Nachdem das »teatrum mundi« hinter ihm liegt, notiert er 1988 in sein Tagebuch: »Macht, Macht, Macht! Es ist lächerlich. Sie sehen ja alle keinen Weg. Verwaltung einer Mangelgesellschaft ohne Visionen. Das ist keine Aufbruchszeit. Das Jahrhundert ist ermüdet.«[415]

Das Problem, das sich in diesem Werk zeigt, ist exemplarisch: der Künstler und seine Zeit. Der Vergleich mit dem Ikonenmaler Rubljow, so wie ihn Andrej Tarkowski in seinem epochalen Film zeigt, muss hier einmal erlaubt sein. Der Künstler zweifelt an Kirche, Staat und vielleicht auch an Gott, geht bis an – und über – die Grenze der Verzweiflung: »Heute loben sie dich, morgen schmälern sie dich, für ein und dieselbe Sache.«

Der Fotograf Roger Melis. Von Friedrichshagen nach Paris

Der Fotograf Roger Melis gehörte zu den wenigen, die Wolf Biermann Freund nannte – viele der zu Ikonen gewordenen Fotos des Sängers rund um die Chausseestraße 131 stammen von Melis. Dennoch kommt Melis in Biermanns Memoiren namentlich nicht vor, auch nicht seine Frau Dorothea Melis, die Redakteurin der legendären Modezeitschrift *Sibylle* war und ebenso zum Kreis um Biermann gehörte. Das zählt zu den schwer erklärlichen Erinnerungsverlusten, die eigentlich unstatthaft sind.

Roger Melis hatte in den sechziger Jahren als wissenschaftlicher Fotograf an der Charité begonnen, mir begegnete er zum ersten Mal durch seine Fotos zu Gerhard Wolfs wunderbarem Essay »Beschreibung eines Zimmers – 15 Kapitel über Johannes Bobrowski« aus dem Jahr 1971 – da war der Dichter gerade sechs Jahre tot, sein Zimmer unverändert bis ins Detail. Hier in der Friedrichshagener Ahornallee 26 entstanden Bobrowskis *Litauische Claviere* und *Levins Mühle*. Was ist das Besondere an so einem Raum? Die Atmosphäre, die sich zwischen Auge und Erinnerung an das Gelesene herstellt: »Das Zimmer eines Schreibenden, der immer fortgehn wollte und deshalb alles zu sich hereinholte, was er brauchte.«[416]

Der Bogen von hier zu Biermanns Wohnung in der Chausseestraße, wo der seit 1965 mit Auftrittsverbot Belegte viel Besuch empfing und auch seine Lieder probte und auf Tonband aufnahm, schlägt sich aus diesen Gründen leicht. Auch das ist wissenschaftliche Objektfotografie, in die sich jedoch Menschen verlaufen haben. Die Hauptperson ist ohnehin immer nur einer, die anderen müssen sich schon mal die Gesichter verdecken, im Mobiliar verschwinden.

Melis hat seine Fotos nicht – oder nur selten – stilisiert. Er suchte den natürlichen Ausdruck, das Besondere im Alltäglichen. Auch er fotografiert Menschen bei der Arbeit, im Reifenwerk Fürstenwalde oder in den chemischen Werken Buna. Aber da sind keine Helden der Arbeit zu sehen, sondern Volk, das sich Gedanken macht, sich langweilt oder sich schlicht wegträumt von hier.

Grandios sind seine Künstlerporträts, eben weil sie nicht den Künstler, den man kennt – oder heute auch nicht mehr kennt –, inszenieren, sondern den Menschen, der aus welchen verborgenen Quellen auch immer ein Werk zu schöpfen vermag. Biermann 1975 auf der Weidendammer Brücke vor dem Preußischen Reichsadler im Brückengeländer mit aus der Manteltasche ragendem SED-Zentralorgan *Neues Deutschland*. Sarah Kirsch 1977 vor ihrer Ausreise aus der DDR auf Umzugskisten, die kyrillisch beschriftet sind und aus wer weiß welchen sowjetischen Depots stammen. Aber alles nicht gestellt, sondern den Augenblick in einer Szene festhaltend, der dem Fotografen am wenigsten gestellt erscheint.

Schwierig war Anna Seghers, die sich wie immer in einer Pose verbergen, unerkennbar bleiben wollte. Nur die Repräsentantin des Schriftstellerverbandes sollte man sehen, nicht den Menschen. Melis erinnert sich: »Beim Fotografieren bot sie mir zu meiner wachsenden Verzweiflung nur jene verbrauchten Posen, die ich schon von ihren gängigen Pressefotos her kannte: Sie setzte sich an die Schreibmaschine, stellte sich vor dem Bücherregal auf oder nahm ein Buch in die Hand, von dem sie routiniert lächelnd aufschaute. Ich habe dann einfach so lange weiterfotografiert, bis sie erschöpft und schon fast unwillig auf ihrem Stuhl saß und mich bloß noch ansah.«[417]

1981 fotografiert er eine Reihe von Autoren aus aller Welt, die zu den von Stephan Hermlin initiierten Berliner Begegnungen zur Friedensförderung anreisen, darunter Erich Fried, Robert Jungk, Luise Rinser oder Adolf Muschg. Er sucht – und findet zumeist – intime Momente der Versunkenheit, der Abkehr vom Offiziösen.

Als er Anfang der achtziger Jahre einige Wochen für einen Bildband nach Paris reisen darf, nähert er sich der französischen Metropole als Fremder, der Frankreich im Herzen trägt, sehr vorsichtig an. Dokumentiert, bildet ab, zeigt, was er sieht – aber will auf keinen Fall Kennerschaft vortäuschen, wo er doch nur ein flüchtiger Besucher ist. Er bekennt sich zu einer »schmerzlichen Ausschnitthaftigkeit«, die jedes Foto bleibt.

Seine schlichten Straßenszenen, die der Bildband *Paris zu Fuß* versammelt, wurden zum Bestseller. Stephan Hermlin schrieb im Geleitwort: »Und nun kommt also ein ziemlich junger Reisender nach Paris, aus der Deutschen Demokratischen Republik, von wo man nicht so einfach nach Paris reisen kann … Wie dem auch sei, er hat Glück gehabt, er konnte nach Paris fahren, Freunde haben ihn aufgenommen, er hat sich umgesehen. Was bemerkt ein DDR-Bürger, der dazu noch Fotograf ist, bei seinem ersten Besuch (ich wünsche ihm weitere) in Paris? Er kennt sich nicht aus, er ist kaum der Landessprache kundig, er hat so gut wie kein Geld. Mich interessieren seine Fotos. Ich finde sie schön.«[418]

Frankreich verband ich in den achtziger Jahren mit den Namen der Dichter Louis Aragon oder Paul Éluard oder denen der Philosophen, die zugleich hinreißende Schriftsteller waren wie Jean-Paul Sartre und Albert Camus, diese viel umraunten Existenzialisten. Ihre nach und nach auch in der DDR erscheinenden Bücher verschlang ich, vor allem Sartres Kindheitserinnerung im Zeichen der Sprache, *Die Wörter*, oder auch von Camus *Die Pest*. Da waren aber auch die Chansons von Juliette Greco oder Charles Aznavour und viele, viele andere.

Mein Paris-Bild war gewiss ein Traumbild, das eine reale Unerreichbarkeit voraussetzte. Genährt wurde es bei mir auch von Heinz Czechowskis *Von Paris nach Montmartre*, einer im Januar 1977 unternommenen Reise auf der Suche nach der literarischen Avantgarde von Ivan Goll bis Tristan Tzara, die über billige Hotels, Straßencafés bis zum Jardin du Luxembourg und den Friedhöfen Montmartre und Père-Lachaise führte. Der Autor fotografierte selbst. Seine Schwarz-Weiß-Fotos zeigen eine grau verregnete Metropole. Kein Postkartenbunt hatte hier Platz. Es ist ein elegischer Ort zwischen Atem der weiten Welt und blickloser Tristesse. Der Exilant Heine träumte hier einst von einem besseren Deutschland und schloss resigniert: »Es war ein Traum.«

Ja, mit diesem Frankreich hätte ich mich damals gern vereinigt! Das französische Kulturzentrum in Berlin war ein ständig nicht nur (aber auch) von Studenten überlaufener Ort – und dass Präsident François Mitterrand anfangs auch kommunistische Minister in seiner Regierung hatte (die Koalition flog schnell wieder auseinander), fand ich verheißungsvoll.

Selbiger Mitterrand kam dann Ende Dezember 1989 mit sämtlichen Ministern seiner Regierung in die DDR, um Möglichkeiten für einen von ihm präferierten Beitritt der DDR zur Europäischen Union und nicht zur BRD zu sondieren. Aber die weltpolitischen Weichen waren da bereits anders gestellt.

Michail Schatrows *Weiter, weiter, weiter* und der Aufstand der Orthodoxie

Die Stücke des sowjetischen Dramatikers Michail Schatrow kreisen immer wieder um die Gründungsszene der Sowjetunion: Die Oktoberrevolution und die Rolle Lenins dabei. *Blaue Pferde auf rotem Gras* war in der DDR ein erfolgreiches Stück – nach der Premiere 1979 am Berliner Ensemble wurde es bis 1990 insgesamt 250 Mal gespielt. Lenin beim Versuch, die postrevolutionären Mühen der Ebene zu meistern, im Kampf gegen linke und rechte Extremisten (sogenannte »Kinderkrankheiten« des Kommunismus), gegen Dogmatiker und Bürokraten, im geduldigen Gespräch mit den Menschen, die zu ihm kommen. Das war nicht gerade subversiv, aber eben auch nicht bloß affirmativ, keine bloße Ideologie.

Lenin sollte als irrender und sich korrigierender Mensch erscheinen, der keine Ikone sein wollte, zu der er nach seinem Tod 1924 gemacht wurde. Die Ausstellung des präparierten Leichnams Lenins in einem Mausoleum sagt alles über den Totenkult, der die vitale Utopie vom anderen Leben überschattete. Schatrow sammelte viele zeitgenössische Quellen, präsentiert wenig bekannte Äußerungen Lenins und das machte das Geschehen auf der Bühne ebenso lehrreich wie unterhaltsam. Diese Art von Dokumentartheater füllte dann die Leerstellen der floskelhaften offiziellen Geschichtsschreibung, jene Geschichte der KPdSU, die bis in die achtziger Jahre auf Stalin'sche Dogmen zurückging – ein Konstrukt aus Stalinkult (der ab Chruschtschows Rede auf dem XX. Parteitag der KPdSU mit Schweigen bedacht wurde) und zahlreichen Verfälschungen, die bis in die Zeit der Perestroika unberührt blieben. Das betraf vor allem Lenins Versuche einer politischen Reform, die er Anfang der zwanziger Jahre mit der Neuen Ökonomischen Politik begann – und die dann von Stalin 1929 als »rechte Abweichung« gestoppt wurde –, ferner die Terrorwelle von

1937/38, den Hitler-Stalin-Pakt sowie zahlreiche weitere »weiße Flecken« in der Geschichtsschreibung.

Mit *Diktatur des Gewissens* ging Schatrow 1986 bereits – im Schutz der Perestroika – einen energischen Schritt weiter in diese Richtung. Auch dieses Stück kam in der DDR auf die Bühne. Friedo Solters Inszenierung von *Diktatur des Gewissens* am Deutschen Theater Berlin war im Januar 1990 in einer Aufzeichnung im zweiten Programm des DDR-Fernsehens zu sehen. Auch damit wird deutlich: Schatrows Stücke gehörten zur geistigen Vorbereitung der 89er-Wende. Endlich die Wahrheit über die Geschichte erfahren, sich nicht mehr bloß mit ihrem schönen Schein abfinden lassen, der immer lügt und mit dem es sich die Herrschenden bequem gemacht haben – das war das Programm dieser Stücke über die Gegenwartsgeschichte, die selbst Geschichte schrieben. Dazu gehören auch Volker Brauns *Lenins Tod* oder *Die Übergangsgesellschaft*.

Mit *Weiter, weiter, weiter* – im Stile einer Ermittlung angelegt – provozierte Schatrow 1988, noch bevor das Stück überhaupt auf die Bühne kam, in der Sowjetunion hitzige Debatten. In der DDR blieb es ganz verboten, die Hefte 1 und 2 der *Neuen Zeit* (Moskau), die es 1988 auszugsweise druckte, wurden in der DDR nicht ausgeliefert – Reformgedankengut aus Moskau stand jetzt ganz oben auf dem Index.

Das Politbüro der ZK der SED hatte das Verbot nach kollektiver Lektüre beschlossen, die Begründung klingt wie eine Kampfansage: »Deshalb werden wir die Verbreitung solcher grundfalscher, schädlicher Auffassungen in den deutschsprachigen Ausgaben sowjetischer Publikationen nicht zulassen.«[419]

An diesem Stück formierte sich auch in der Sowjetunion erstmals mit ganzer Wucht der Gegenschlag zu Gorbatschows Perestroika. Zumal Schatrow unter den Künstlern einer der prominentesten Vertreter dieser Reformpolitik war – 1986 wurde er Sekretär des sowjetischen Schriftsteller- und Theaterverbands. Die Parteiorthodoxie sah also in ihm einen Mann Gorbatschows. Als diese nun gegen *Dalsche … Dalsche … Dalsche*, so der Titel im Russischen, auf die Barrikaden geht, ist auch Gorbatschow gemeint.

Die Szenerie: Auferstehung der Toten zum Disput über die Revolution und die Folgen. Gewidmet ist das Stück den »Menschen der Oktoberrevolution«, also nicht nur den Umstürzlern, auch den Gestürzten, den Tätern wie den Opfern. Die Szenenanweisung fordert »leichte Sessel«, die im Halbkreis stehen. Hier kommen die Dabeigewesenen zu Wort, prominente und weniger prominente. Dies ist das Gegenteil der offiziellen Geschichtsschreibung[420], in der alles klar und aufgeräumt erscheint und nach der alles so abgelaufen ist, wie es ablaufen musste mit den weisen Führern der revolutionären Massen Lenin und Stalin. Die Szenerie hier ist das Gegenteil davon. Unaufgeräumt, chaotisch, in jeder Weise provisorisch.

Die Geschichte des 20. Jahrhunderts wird uns als eine Baustelle präsentiert, auf der man sich nicht einmal über die Lage der Fundamente des zu errichtenden Gebäudes im Klaren ist. Sicher ist nur, die bisherigen Zeichnungen taugen nichts. *Was tun?*, so der Titel einer berühmten Schrift von Lenin, die hier aber keine Rolle spielt. Dennoch, der Berufsrevolutionär, der Macher tritt mit einem Satz auf, wie man ihn von ihm erwartet: »Revolution zu machen ist weitaus interessanter, als von ihr zu erzählen oder über sie zu schreiben.«[421]

Man kann das anders sehen – und Schatrow selbst wird zu denen gehören, die immer wieder über diese Schicksalsrevolution für Russland (und die Welt) nachdenken werden. Der die Geschichte der Oktoberrevolution so erzählt, dass zugleich die Alternativen zu dem, was sich dann in der Praxis vollzog, deutlich werden. Was hat die Revolution an Fortschritt gebracht, welchen Freiheitsgewinn für den Einzelnen, den Marx immerhin als Kriterium für den Kommunismus angesehen hatte? War diese Revolution die Überwindung der Barbarei oder deren Siegeszug unter der Fahne ihrer Abschaffung?

Schatrow hebt in seinem Stück-Text die jahrzehntelange Simplifizierung der Revolutionserzählung auf – er schafft Überfülle, will die Komplexität des Phänomens deutlich machen. Auch will er zeigen, dass es nicht nur die Revolutionäre im Kampf gegen reaktionäre Kräfte gibt, sondern er übersetzt diesen allzu schlichten Gegensatz in ein schier unüberschaubares Panorama von Einzelschicksalen, verschiedensten Gruppierungen und Interessenlagen. Es gibt eben nicht nur Schwarz und Weiß, wie das Klassenkampfschema suggeriert, sondern viele Abstufungen von Grau.

Als Erstes tritt General Kornilow auf, der über »Schmierenliberale« wettert und Kerenski Verrat vorwirft. Kerenski, der im Exil uralt wurde, sinniert dann auch: »Im Jahr 1970 war schon niemand mehr am Leben, der an den Exzessen des Oktobers teilgenommen hatte – außer mir in New York und Molotow in Moskau.«[422] Da ist klar, dieser Revolutions-Diskurs verläuft anders, als man ihn siebzig Jahre lang in der Sowjetunion führte – die Gebetsmühlen sind außer Betrieb. Die Vertreter der neuen Macht treffen in diesem postumen Diskurs auf die Vertreter der alten Macht und auch auf jene Übergangsfiguren, die nur eine kurze Zeit auf der politischen Bühne standen und schnell wieder verschwanden.

Dann der Auftritt Stalins, der immerhin fast dreißig Jahre an der Spitze von Partei und Staat (beides bald schon nicht mehr zu trennen) stand und die Sowjetunion wie kein zweiter Politiker prägte. Ein effizienter Despot, ein neuer Iwan der Schreckliche, dem Menschenleben nichts bedeuteten, ein Verbrecher welthistorischen Formats? Auch in diesem Totenreigen, den Schatrow auf die Bühne bringt, scheint sein Selbstbewusstsein nicht gebrochen, wenn er sich mit Auftritts-Sätzen wie diesen in Position bringt: »Wir binden uns nicht die Hände mit formalem Kram und Kategorien bürgerlicher Moral, wo es um eine hirnlose Bande von Spionen und Mördern geht, die in der Arbeiterklasse längst nichts mehr zu melden hat. Mich muss ich nicht vorstellen. Die Meilensteine meines Weges sind hier nicht vergessen. Der wichtigste: Ich habe einen Krieg gewonnen, den die Geschichte der Menschheit noch nicht erlebt hatte, ich hütete Lenins Erbe und habe den Sozialismus aufgebaut.«[423]

Was ist von dieser Selbstauskunft zu halten?

Schatrows Familie bestand, so berichtet er selbst, aus lauter Berufsrevolutionären. Eine Tante des 1932 Geborenen stand schon vor der Revolution in enger Verbindung mit Lenin, der ihr auch ihren künftigen Ehemann vorstellte, Alexej Iwanowitsch Rykow, Politbüromitglied und Unterstützer der Neuen Ökonomischen Politik, der von Stalin 1929 zusammen mit Bucharin der »rechten Abweichung« beschuldigt und 1938 nach einem Schauprozess hingerichtet wurde. Wie auch

Schatrows Vater, der 1937 aufgrund erfundener Anschuldigungen verhaftet und ermordet wurde. Insgesamt kamen dreißig Angehörige der Familie Marschak (so der eigentliche Name Schatrows) während der »Säuberungen« zu Tode.

Schatrows Mutter, eine Deutschlehrerin, wurde während einer der letzten großen Verhaftungswellen unter Stalin 1949 zu lebenslangem Gulag verurteilt. Wie durch ein Wunder überlebte sie und kam 1956 frei.

Michail Schatrow kannte das Schicksal, Sohn von »Volksfeinden« zu sein, also aus eigener Erfahrung. Immerhin konnte er dennoch studieren: Bergbau, da wurden noch Leute gesucht, und so bekam auch er mit seinem alles andere als makellosen Familienhintergrund (aber so etwas war in der Sowjetunion dieser Jahre keine Seltenheit) eine Chance. Während des Studiums begann er zu schreiben, bereits damals über Lenin und die Oktoberrevolution, jedoch in Form von Lobgesängen, die ihm offizielle Anerkennung und Geld einbrachten, so dass er seiner Mutter jeden Monat dreißig Rubel in den Gulag nach Sibirien schicken konnte.

Seinem Thema Revolution blieb er auch fortan treu. Es wurde zum roten Faden seines Werks, wobei er durchaus an eine Blutspur dachte. Mit *Weiter, weiter, weiter* hatte er 1988 jedoch – in den Augen orthodoxer Leninisten – ein Tabu verletzt. Er fordert Lenin auf, sich zu rechtfertigen. Über sein Verhältnis zu Stalin, zur Macht und zur Demokratie. Der revolutionäre Terror: ein Zivilisationsbruch, aus dem weitere folgten? Er will mit diesem Stück die Diskussion über das Selbstverständnis der sowjetischen Gesellschaft radikaler führen, radikaler im Sinne von: die Anfänge in Frage stellen.

Lenin soll keine Ikone mehr sein, sondern ein an die Macht gelangter Umstürzler? War Stalin derjenige, der sich zu Unrecht seiner Ideen bemächtigt hatte, ein Verräter also, oder der legitime Fortsetzer dessen, was in Lenins Politik bereits angelegt war? War Lenin also der Vorgänger Stalins? War der Kampf gegen die konkurrierenden Sozialrevolutionäre ein Verrat an den örtlichen Sowjets als den eigentlichen Interessenvertretungen des Volkes? Wer hat die Macht – die Partei oder die Sowjets?

Wer wie ich in einer Kreisstadt der DDR aufgewachsen ist und täglich auf dem Schulweg an dem »Rat des Kreises« und der »Kreisleitung der SED« vorbeiging, dem war schon durch das Erscheinungsbild dieser Gebäude (das eine unscheinbar und baufällig, das andere neoklassizistisch-repräsentativ) klar, dass die SED alle Macht hatte und staatliche Einrichtungen im Prinzip nur dazu da waren, diese Macht zu verwalten. So muss sich auch das Verhältnis zwischen Sowjets und Bolschewiki dargestellt haben, das es in den zwanziger Jahren, noch vor der absoluten Herrschaft Stalins, nicht mehr zu ändern gelang, wozu die Neue Ökonomische Politik jedoch Ansätze bot.

Das ist ein weites Feld, und ganz bewusst werden in dem Stück die Fragen nicht beantwortet – es steckt keinerlei Didaktik darin –, sondern verschüttete Denkansätze skizzenartig freigelegt. Eine Selbstverständigungsdebatte ist angestoßen, mit bewusst offenem Ausgang. Das gesprochene Wort beruht auf Dokumenten, die wie eine Collage zusammengesetzt werden. Wie ernst etwa war es Lenin mit seiner Warnung vor Stalin als seinem Nachfolger?

Den Zugang zu Parteiarchiven der KPdSU versperrte man sorgsam vor Schatrow. Denn dort lagerte Herrschaftswissen. Doch die Festung war 1988 umkämpft. Schatrow verweist darauf, dass bis 1927 der Umgang mit Texten verschiedener bolschewistischer Theoretiker noch weitgehend unzensiert war, dass sich hierin die Dramatik von Richtungskämpfen innerhalb des Führungszirkels der Bolschewiki spiegelte. Und noch etwas kommt hinzu, was die Parteihistoriker, angestellt bei Parteiinstituten und Akademien, am meisten beunruhigte: Schatrow war es mit seinen Stücken gelungen, aus einer Art Geheimwissenschaft einen öffentlichen Fall zu machen. Plötzlich diskutierte das ganze Land Fragen der Revolutionstheorie!

Die Revolution war wieder zum Thema der Kunst geworden, aber auf eine neue Weise: mittels lange unterdrückter Dokumente, deren Existenz nicht mehr zu leugnen war. So stellt sich die Frage nach der Wahrheit von Geschichte plötzlich anders, wie Schatrow bemerkt: »Aber der Künstler kann auch in solche Geheimnisse eindringen, die zu durchdringen der Historiker nicht imstande ist.«[424]

Die Debatte, die sich an *Weiter, weiter, weiter* entzündete, trifft also den Nerv der Perestroika. Am 2. April 1988 erscheint dann im *Neuen Deutschland* der Nachdruck eines unter der Rubrik »Leserbriefe« laufenden ganzzeitigen (!) Textes aus der *Sowjetskaja Rossija*. Er steht unter der Überschrift »Ich kann meine Prinzipien nicht aufgeben« und ist verfasst von einer allseits unbekannten Chemikerin namens Nina Andrejewa. Ihr Text bündelt all jene poststalinistischen Positionen, die die Perestroika überwinden will. Hier also versuchen diese orthodoxen Kräfte, in die Offensive zu gelangen. Sie machen sich die traditionelle Intellektuellenfeindschaft der immer noch mächtigen Funktionärsschicht zunutze, wenn sie gegen einen »linksliberalen Intelligenzlersozialismus« polemisieren, dem eine »Tendenz zur Verleumdung der Geschichte des Sozialismus inne wohne«.[425]

Gemeint ist wieder in erster Linie Schatrow, der mit *Weiter, weiter, weiter* direkt in die Stalinismus-Debatte eingegriffen hatte. Man versucht die Aufführung des Stücks in Moskau und Leningrad zu sabotieren. Aber die heimlichen Intrigen des Apparats geraten in dem Moment ins Stocken, wenn das Prinzip Konspiration nicht mehr greift und über alles öffentlich debattiert werden kann. Denn schon kündigen Theater im sibirischen Tomsk, Komosomolsk am Amur, Rostow am Don und Taschkent an, *Weiter, weiter, weiter* herauszubringen.

Die Zeitschrift *Snamia*, in der *Weiter, weiter, weiter* erschienen war, erhielt in kurzer Zeit 298 Leserbriefe, 252 davon sprachen sich für Schatrows Stück aus, 46 dagegen.

Bizarrerweise bringt das *Neue Deutschland* am 17. Februar 1988 eine Stellungnahme von drei Historikern gegen Schatrow in vollem Wortlaut, während das Stück selbst verboten ist. Die Autoren beklagen, dass Lenin von Schatrow gleichsam vor ein Tribunal geladen werde, sich zu rechtfertigen. »Hauptangeklagter ist … Lenin.[426]«

Sie zitieren eingangs den Anspruch Schatrows: »Wir wollen uns im Spiegel der Revolution sehen und Revolution ist in jedem von uns durchlebten Tag.«[427] Daran schließen sie die folgende Polemik an, die wie eine Aburteilung im alten Stil – also als allein im Besitz der Wahrheit befindlich – klingt. Objektive Geschichtsgesetze würden ignoriert, der »historische Prozess als Konfrontation einzelner Persönlichkeiten, als Realisierung von Ambitionen und subjektiven Konzeptionen dargestellt, die dazu bestimmt sind, dieser oder jener Persönlichkeit den Zugang zur Macht zu sichern«[428].

Warum man darüber nicht einmal (wie bislang auch nicht) ernsthaft nachdenken müsse, wird auch gesagt: »Die Idee ist nicht neu –

sie wird, seit sie von den Menschewiki in Umlauf gebracht wurde, von den bürgerlichen Historikern bis heute strapaziert.«[429]

Das alte ideologische Prinzip: Man denunziert eine Quelle als feindlich und sieht sich so der Pflicht ernsthafter Auseinandersetzung mit dem Gesagten enthoben. Dabei ist es doch zweifellos des Dramatikers Aufgabe, die handelnden Personen in ihren Bezügen aufzuzeigen. Ist das – wie unterstellt – ein Ignorieren objektiver Faktoren? Für die Perestroika wird doch gerade die Analyse des Zustands der Gesellschaft im Ganzen entscheidend. Denn das ist nach Lenin das Kennzeichen einer revolutionären Situation: die Noch-Herrschenden können nicht mehr wie bisher weitermachen und die Beherrschten wollen es nicht länger.

Die drei Historiker, die gegen Schatrow zu Felde ziehen, schließen ihr Pamphlet notdürftig auf Perestroika getrimmt, es gehe darum herauszufinden, »was wir brauchen, um den durch die Strategie der Umgestaltung bereits vorgezeichneten steilen Aufstieg zu Lenins Höhen zu bewältigen«.[430] Da zeigt sich dann die eigentliche Gefahr, die darin liegt, dass »Perestroika« genau so zur Floskel im Munde von Apparatschiks verkommt wie es 1989 dann auch mit der »Wende« im Munde von Egon Krenz passierte: Sie drohte eine nichtssagende Vokabel unter anderen zu werden, der keine neue Realität entsprach. Nein, Stefan Heym hatte recht gehabt, als er in *Der Winter unseres Missvergnügens* konstatierte, Stalin habe noch längst nicht den Raum verlassen.

Manche Angriffe auf Schatrow klingen fanatisch. Da wird einigen ihr Gott, das Väterchen Stalin, das nur Gutes für die Menschen tat, beschmutzt. Auch das findet sich in den Leserbriefen der Zeitschrift *Snamia*. Schatrows Text sei die »Fieberphantasie eines Wahnsinnigen«, eine »widerliche Publikation«. Oder bündig auf den Punkt gebracht: »Leute und Schmeißfliegen und Nestbeschmutzer vom Schlag eines Schatrow, Rybakow usw. verschwinden, zum Glück wird man alles vergessen, was sie betrifft, aber was der Genosse Stalin und wir unter seiner Führung getan haben, bleibt ewig in der Geschichte, und darauf werden – ebenso wie wir – auch unsere Nachkommen stolz sein.«[431]

Das ist die Stimme der gläubigen Gefolgsleute, die der Stalinismus hervorgebracht hat, zu jeder Tat und Untat bereit.

Aber es gibt auch andere Wortmeldungen, die sind – das liegt in der Natur der Sache, die sie vertreten – nicht militant, sprechen eben auch von sich selbst, jenem »subjektiven Faktor«, den der Stalinismus so beargwöhnte. Eine andere Zuschrift zeigt sich nach der Lektüre von *Weiter, weiter, weiter* im Sinne des Autors zum Weiterfragen angeregt: »Zu schreiben, das hätte uns stark befriedigt, reicht die Kraft nicht aus, da wir etwas Komplizierteres empfunden haben. Ungeachtet dessen möchten wir Ihnen fest die Hand drücken und Ihren unbezähmbaren Geist unterstützen. Was Sie machen, haben wir nötig, so nötig wie Brot, Luft und Wasser ...«[432]

Schatrow selbst äußert sich über die Rolle von Personen in der Geschichte in einem Publikumsgespräch am 21. April 1988: »Ist es denn kein Unterschied, wer 1985 ans Ruder gekommen ist? Michail Sergejewitsch Gorbatschow oder Viktor Wassiljewitsch Grischin mit seiner Losung ›Lasst uns Moskau in eine kommunistische Musterstadt verwandeln!‹?«[433]

Der Widerspruch zum Verlautbarungston ist nicht mehr zu unterdrücken, weder in der Sowjetunion noch in der DDR. Auch das *Neue Deutschland*, das den gesamten »Leserbrief« von Nina Andrejewa abgedruckt hatte, kommt am 9. April nicht umhin, auch die Replik zu diesem Angriff auf die Perestroika, die in der *Prawda* erschien, abzudrucken. Sie stand unter der Überschrift »Die Prinzipien der Umgestaltung: revolutionäres Denken«. Darin wurden die »Sozialismus-Klageweiber« im konservativen Apparat verortet, der die Perestroika sabotiere, um eigene Machtpositionen zu erhalten.

Der politische Richtungskampf war nun offen ausgebrochen – auch für den Leser in der DDR wurde es möglich (und nötig), sich in öffentlichen Diskussionen zu dieser oder jener Position zu bekennen. Wir Philosophie-Studenten, die beide Texte ausgiebig debattierten, feierten das als einen Sieg. Ganz im Sinne Schatrows, der Tschechow zitierend meinte, es gehe darum »den Sklaven tropfenweise aus uns herauszupressen«[434], was bedeutet, sich nie mehr bedingungslos auf eine Idee einschwören zu lassen – denn solche bedingungslosen Ideen, die den skeptischen Einspruch des Einzelnen nicht zulassen, sind immer nur Ideologie, nach Marx also falsches Bewusstsein.

Thomas Heise auf der Suche nach Heimat

Jedes Werk, das entsteht, schöpft aus verborgenen Quellen, nicht selten sind es Lebenswunden. Diese bestimmen dann die Form, in der jemand sich ausdrückt. Bei Thomas Heise (Jahrgang 1955) ist es das Sammeln dessen, was vom Tage übrig blieb. Das ist oft bloßes Fragment, mitunter sogar einfach Schutt, unverwertbarer Rest. Aber eben nicht als Fundament, auf dem man dann etwas baut, das sich stolz zum Himmel erhebt. Nein, keine Botschaften, keine höheren Synthesen. Es bleibt am Boden, verweigert sich jeder vereinheitlichenden Ordnung.

Einer der wichtigsten Filme von Thomas Heise, in dem sich Biographisches mit dem Alltag in der DDR wie der Nachwendezeit mischen, heißt darum auch *Material* (2009). Ungeformtes, Ungeschöntes in der empirischen Unstimmigkeit, die ein anderes Wort für Leben ist – und auch für Geschichte?

Wer auf diese Weise Filme macht, die wie ungeschnitten wirken (es aber natürlich doch sind, wenn auch dem minimalistischen Selbstverständnis des Regisseurs folgend), der lässt sich Zeit – und fordert dies auch seinen Zuschauern ab. Mit *Das Haus* (1984) irritierte er ebenso wie mit *Volkspolizei* (1985). Heute ist seine Art, Geschichte möglichst absichtslos zu dokumentieren, zu einer der wenigen unverfälschten Bildquellen über die DDR geworden.

Auch *Heimat ist ein Raum aus Zeit* von 2019 schließt hier an. In gut dreieinhalb Stunden erzählt er seine Familiengeschichte als deutsche Jahrhundertgeschichte, randvoll von Brüchen, Katastrophen, gefährlichen Ideologien und falschen Illusionen. Nein, Utopien kommen bei ihm, der in der DDR-Subkultur sozialisiert wurde, nicht vor. Dass er sich nun mit über sechzig Jahren seiner Familie zuwendet, ist auch ein Exerzitium, eine Art Katharsis. Wie der Weg überhaupt, den Thomas Heise als Regisseur ging.

Aus Widersprüchen und purer Opposition gemacht, ist er doch ein Wahrheitssucher strenger Observanz. Erst am Theater als Mitarbeiter von Fritz Marquardt am Berliner Ensemble und dann beim Film (er ist heute Professor in Wien). Er verachtete die DDR, wurde von der Staatssicherheit observiert.

Der Stachel seiner Existenz: sein Vater Wolfgang Heise, der Philosoph, ein Hegelianer und Kommunist an der Humboldt-Universität (er starb 1987). Von vielen seiner Schüler verehrt, blieb er dem Sohn fremd.

Pure Abwehr aus erlittener Kränkung? Andere hatten durchaus ein nahes Verhältnis zu Wolfgang Heise, sogar Wolf Biermann, der an wenigen Menschen je etwas Gutes fand, wird über ihn dichten: »Sein Herz blieb stehn aus Rebellion/Er war mein DDR-Voltaire,/Denn er durchschaute immer schon/Auch seine eigene Illusion/Ce qui touche le coeur.«

Wolfgang Heise gehörte zur gleichen Generation wie Christa Wolf oder Heiner Müller, die zur DDR ein Verhältnis aus kritischer Loyalität bewahren wollten, was ihnen am Ende immer weniger gelang. Aber blindwütige Opposition war ihre Sache nicht, das hielten sie für unterreflektiert angesichts der geschichtlichen Tragödien und Verbrechen. Die Staatssicherheit wird über Wolfgang Heises Sohn Thomas festhalten: »Die Kinder traten als Initiatoren jugendlicher Banden in Erscheinung.« So quälen Väter und Söhne einander, wenn beide ihre Erfahrungen mit der Geschichte nicht verleugnen wollen.

Dass sich Thomas Heise dazu entschlossen hat, seine Familiengeschichte über drei Generationen zu erzählen, hat Gründe. Einer davon ist, dass sowohl seine Mutter Rosemarie Heise (Herausgeberin von Walter Benjamin in der DDR, Voltaire-Übersetzerin und Redakteurin der Zeitschrift *Neue Deutsche Literatur*), die ihm nah war, als auch sein ferner Bruder 2014 starben. Plötzlich war er allein, fühlte sich als Übriggebliebener einer komplizierten Geschichte, in die alle Beteiligten verstrickt sind.

Diese Familiengeschichte, die in Wien und Berlin bei den Großeltern beginnt, wollte er erzählen. Aber nicht auf jene Weise, die seine Eltern gutgeheißen hätten, sondern auf seine eigene. Es ist eine Annäherung geworden, die auf Distanzen besteht. Thomas Heises Konsequenz frappiert stets aufs Neue. Nein, er macht es niemandem leicht, seine Filme zu sehen, es sind Hochkonzentrationsräume, Meditationen über ein Thema, das ihn selbst mit einschließt, wenn auch als das, was er immer am liebsten war: eine Randfigur, die nicht mit handelt, sondern beobachtet. In seinen Filmen gibt es keine auftretenden

Zeitzeugen, keine Interviews, schon gar keine Spielszenen. Er selbst verliest im Off Tagebücher, Briefe, Dokumente.

Das gesprochene Wort ist der eine Raum, den er hier eröffnet. Der andere sind die sparsam eingesetzten Bilder. Sie dekonstruieren fragwürdige Sinnzusammenhänge, etwa wenn er lange Straßenszenen zeigt (die Schönhauer Allee, vom Balkon seiner Mutter, als sie ins Heim kam, das sie nur drei Wochen überlebte), verlassene Büros, geschlagenes Holz (wenn es um den Wald geht), Industriebrachen. Diese Bilder lasten schwer, wie auch die Worte schwer lasten.

Aber so entsteht auf spröde Weise ein poetischer Raum der Anverwandlung, auch von Umgewichtung der Schuld. Der Vater, der sich als schlechter SED-Parteisoldat erwies und als Dekan der Philosophischen Fakultät abgesetzt wurde, auch weil er nicht bereit war, für den Parteiausschluss von Robert Havemann zu stimmen, trug mehr Wahrheit in sich, als sein rebellierender Sohn, der unter Liebesentzug litt, ihm lange Zeit zubilligen wollte.

Aber auch jetzt bleibt der harte Befund des Sohns: Irgendwann, bald nach Kriegsende, habe Wolfgang Heise seine eigene Sprache verloren und eine fremde gesprochen, die den Sohn nicht erreichen konnte. Doch darunter liegt auch das Schweigen, das mehr ist als Unfähigkeit, den Schmerz, die Enttäuschung, den Verlust an Glauben an eine bessere Zukunft aussprechen zu können. In einer Kurklinik trifft der herzkranke Vater Christa Wolf, die einen psychischen Zusammenbruch erlitten hatte. »Was können wir tun?«, fragt sie ihn. Er, mit versteinerter Miene in die Ferne blickend, habe geantwortet: »Anständig bleiben.«

All das findet sich in diesem filmischen Essay über die Heise-Familie, aber immer sehr indirekt erzählt, bis auf wenige Ausnahmen. Thomas Heise hatte Heiner Müller bei einem Bulgarienurlaub kennengelernt und fand in ihm einen geistigen Ersatzvater, einen, der nicht wie Wolfgang Heise in seinem bedeutenden Buch *Hölderlin. Schönheit und Geschichte* aus der hegelianischen Weltgeistperspektive über die Romantik schrieb, sondern selbst tief in die Schatten der Vernunft eintauchte. Müllers Credo wurde schnell das von Thomas Heise: »Der Künstler ist nicht jemand, der die Welt transkribiert – er ist ihr Rivale.«

Kurz vor dem Tod Wolfgang Heises brachte er seinen Vater und Heiner Müller dazu (ein vom Regisseur spät verstandener Liebesdienst von beiden an ihm), sich vor seiner Kamera über Brecht und die Rolle des Intellektuellen angesichts der Geschichte zu unterhalten. Das Gespräch zählt heute zum Werk Heiner Müllers und war für beide Diskutanten, die nicht ungleicher hätten sein können, eine einzige Qual.

Beide Seelen, beide geistigen Traditionslinien, so denke ich am Schluss von *Heimat ist ein Raum aus Zeit*, wohnen auch in Thomas Heises Brust: als schwere Erblast und kostbares Geschenk zugleich.

Underground: Die Punkszene oder der Wille zum Augenblick

Unübersehbar in den achtziger Jahren: Die Jugend entwand sich immer mehr der kontrollierenden Fürsorge durch die FDJ. Lautstark und schrill erwachte die Punkbewegung von »Feeling B«, über »Zwitschermaschine«, »AG Geige« bis »Kaltfront«. Wenn man sich heute Aufnahmen dieser Bands besorgt, dann hören die einen nur Krach, und die anderen schwelgen in Seligkeiten. Geteilte Erinnerung Ost. Was diese verschiedenen Kleinwelten dennoch verband: Sie lebten in der Hitze des Augenblicks, wollten nicht mehr im Wartesaal der Zukunft sterben, so eins der populär gewordenen Bekenntnisse der Szene. Vergangenheit und Zukunft denen, die keine Gegenwart haben!

Man sang höhnisch von der »Maschinenrepublik« und »Ich will immer artig sein«. Ich kannte damals diese Bands nicht, die ja auch eher eine regionale Verbreitung hatten, gegen Szenegurus á la Sascha Anderson war ich allergisch, und alternative Kunstbemühungen langweilten mich. Obwohl ich vom Alter her genau in die Szene gepasst hätte und es vom Friedrichshain nicht weit in den Prenzlauer Berg war. Aber wir lebten eben in vielen Parallelwelten.

Offensichtlich gab es »die DDR« nicht mehr, sondern viele unterschiedliche Milieus und Szenen (nicht nur die des Prenzlauer Bergs). Auch »die Staatskunst« und »die oppositionelle Kunst« gab es nicht, sondern eine Vielzahl von mehr oder weniger kritischen Strömungen.

Manche meinen sogar, es gab keine strenge Trennung mehr zwischen Opposition und Staatssicherheit. Ging alles ineinander über, hörte alles Bisherige auf zu sein? Aber was daraus werden würde, wusste niemand. Vielleicht nichts, vielleicht alles, so wichtig war das nicht, denn was zählten schon Geld und Karriere?

Nun ja, die Individualisten vom »Prenzlauer Berg«, die gab es, solche wie Adolf Endler oder Peter Wawerzinek hatten ein kühlen Blick auf das, was echt war an der Szene und was bloß Mache – und Selbstreklame. Endler notiert 1983 in seine Tagebuch: »Nachricht vom Kunsthandel/Sascha Anderson, der so etwas wie der DDR-Agent Pencks zu sein scheint, wandert – wie mir Rathenow erzählt – in diesen Tagen im Ländchen umher, um für eine illegale Ausstellung in Magdeburg die zahlreichen und weit verstreuten Bilder und Bildchen Pencks zusammen zu holen, die seit des Malers Flucht vor drei/vier Jahren eine enorme Wertsteigerung erfahren haben: Internationaler Ruhm hat sich eingestellt für den in der DDR ›asozial‹ dahin radelnden Penck/Winkler, vermutlich auch Reichtum. Hier hat er, um existieren zu können, seine Produkte an der Peripherie von Pop-Konzerten o. ä. für zwanzig, dreißig Mark verramscht; dort wird er zum Helden der feinsten Galerien; und was einmal zwanzig Mark gekostet hat, kriegt man u. U. nicht mehr unter tausend … Anderson, das Schlitzohr, hat mit Sicherheit seinen Schnitt gemacht; und man missgönnt es ihm nicht … Er tummelt sich ja zur Genüge!«[435]

Und Peter Wawerzinek erinnert sich: »Wir waren zu dumm, zu naiv, zu unerschrocken und dennoch höchstens für die kleinste aller Schandtaten anzettelbar. Ein nicht organisierter Haufen braver Murrköpfe, denen das leiseste Muhen schon hinreichte, es als wilden Stierbrüller anzusehen. »[436]

Offensichtlich wollte man es genauso indifferent, wie es klingt. Opposition war gestern – mit »Renft« und Biermann, beide verboten, Letzterer ausgebürgert. Jener Kampf, das Konkurrieren um das Wahrheitsmonopol der herrschenden Partei, das oft genug in Krampf mündete – war doch immer noch eine Folie der alten Muster: Wer hat ihn, den roten Stein der Weisen, den es gibt oder auch nicht.

Diese Frage interessierte hier definitiv nicht mehr, man spielte so, wie es einem gefiel, jenseits der alten Normen und Gesetze. Jeder auf seine Weise. Aber man musste als Punk auch hart im Nehmen sein.

Der Spruch kursierte, als Punk käme man eher in den Knast als zum neuen Hemd.

Als dann nach der Wende herauskam, dass Anderson ein IM der Staatssicherheit war, der für ein bescheidenes Honorar von erst dreihundert, dann fünfhundert Mark mit den Genossen in Grau in konspirativen Wohnungen konferierte und sich wichtig fühlte – da hieß es bei allen, die dubiose Verhältnisse hassten, sofort: Die Szene ist ein Produkt der Stasi! Mit Biermanns »Arschloch-Anderson«-Spruch folgte nach der Diskreditierung der »Staatskunst« nun auch die der alternativen Szenekunst. Im Osten war offensichtlich nichts, ein Vakuum, das es zu füllen galt?

Christoph Tannert schreibt über den Versuch, nach über drei Jahrzehnten »die Szene« rekonstruieren zu wollen: »Es gehört schon ein fast manisch zu nennender Eifer dazu, all die Facetten der von der DDR-Norm abweichenden Existenzformen zu ergründen. Denn das Geflecht aus Solidargemeinschaften, losen Gruppen, Spaßmachern und verrückten Einzelkämpfern existiert ja schon lange nicht mehr. Es fiel bereits vor dem Ende der DDR auseinander.«[437]

Tatsächlich beginnt sich Anfang der achtziger Jahre die Punk-Bewegung zu politisieren und damit auch getrennte Wege zu gehen. Die einen wollten mit dem Links-Rechts-Schema nicht weiter zu tun haben, andere gingen eher nach rechts, da links der Protestraum von offizieller Seite besetzt schien. Plötzlich waren auch die Skinheads da, es gab Überfälle, etwa auf die Zionskirche. Ab 1984 kamen die Ausreisewellen – wie überhaupt die alternative Szene sich spaltete in jene, die nur noch rauswollten, und jene, die unbedingt, so lange es ging, dableiben wollten. Das kulminierte dann im Herbst 1989: Wer rechnete noch mit der DDR und wer längst nicht mehr?

Aber auch die, die einen Ausreiseantrag gestellt hatten, mussten oft noch Jahre lang ausharren. Dabei wurden sie in der Regel so schikaniert, dass sie im Westen nichts Gutes mehr über den Osten berichten konnten, außer dass er endlich hinter ihnen lag. Auch Sascha Anderson reiste aus – und blieb auch im Westen der Stasi als IM verbunden, aber eher aus alter Gewohnheit, wie er sagt, er traf seine Führungsoffiziere ein, zwei Mal im Jahr in Prag oder Budapest.

Außenseiter gab es immer zahlreich in der DDR. Solche, die in kein Raster passten, weder ideologisch noch künstlerisch – von Gerhard Altenbourg bis Horst Hussel oder Carlfriedrich Claus. Man halluzinierte, paraphrasierte und emigrierte in surreale Gegenwelten. Sie wollten für nichts als für sich selbst stehen. Penck etwa ging Strawalde, bei dem er studierte, nur voraus – und dieser Strawalde, so nannte er sich als Maler, hatte als Jürgen Böttcher 1965 wiederum seinen einzigen Spielfilm gedreht: *Jahrgang 45*, der auf dem 11. ZK-Plenum zu den Verbotsfilmen gehörte. Danach drehte er nur noch Dokumentarfilme, etwa solche, in denen ausschließlich rangierende Züge gezeigt wurden. Ein eigensinniger, ein bedeutender Künstler. Wie viele dieser notorischen Außenseiter war er eine Mehrfachbegabung.

Auch in der Szene wurden Mehrfachbegabungen kultiviert, oder auch nicht kultiviert. Wer Lust hatte, etwas zu machen, der tat es – ohne langes Studium, Meisterschaft war nicht vonnöten, nur Lust bei der Sache. Und so, erinnert sich Cornelia Schleime, machten die Maler auch Musik, drehten Filme oder schrieben Gedichte. Das dilettantische Gesamtkunstwerk feierte den Augenblick, den es zu leben lohnte.

Auch Cornelia Schleime wollte alles machen, was das eigene Leben intensivierte. Oppositionell war das nicht, erinnert sie sich, es war einfach nur das Eigene, das offiziell nicht gewollt war. Um in Dresden Malerei und Grafik studieren zu können, absolvierte sie eine Ausbildung als Friseurin und Maskenbildnerin. Der Berliner Maler und Grafiker Dieter Goltzsche – der mit Hans Vent und Wolfgang Leber zur Berliner Schule gehört – erinnert sich, wie die junge Cornelia Schleime in seinem Volkshochschulkurs Zeichnen saß – mit solchen Kursen verdienten sich auch bedeutende Maler, die gerade nicht so hoch im Kurs standen, ihr Geld.

Berliner Schule, das war natürlich ein Kampfbegriff der Leipziger und Dresdner Schule gegen die formal orientierte Malerei dieser Berliner Künstler, die das bloße Bebildern von Themen, das sie in der Leipziger Schule zu erkennen meinten, verachteten. Die Szene also, könnte man sagen, ist überall in allen Generationen: Die Gebildeten sagen eher Schulen, die romantisch Gestimmten sprechen von Künstlerkolonien.

Zurück zur Prenzlauer-Berg-Szene, die weder Schule noch Kolonie sein wollte. Cornelia Schleime stellt, da sie keine Perspektive mehr für sich erkannte, einen Ausreiseantrag, insgesamt waren es fünf, bis sie 1984 ausreisen konnte. Die Zeit bis dahin wurde zur Leerstelle im Wartesaal der Noch-nicht-Fortgegangenen, derer in der Kunstszene viele waren. Entstand so etwas Bleibendes, das auch noch heute einen Wert hat? Kritiker sagen, dass man im Prenzlauer Berg die westliche Postmoderne erfand, viele Jahre nachdem man sie im Westen erfunden hatte.

Das ist natürlich die Ignoranz derer, die sich nicht auf einen besonderen historischen Raum wie den der DDR einlassen wollen, der noch jene prägte (auch beschädigte), die ihm nur möglichst schnell entfliehen wollten. Wenn autonome Kunst der Ausdruck eigener Erfahrung ist, dann kann dies auch mit geborgten Mitteln geschehen. Siehe Cornelia Schleime: Performance war nicht neu, mit Filmen zu arbeiten, wie sie es tat, auch nicht, Vorhandenes mit Eigenem zu übermalen, ebenso wenig … Aber dennoch, was sie ausdrückte an Hoffnung und Enttäuschung, das konnte nur hier und jetzt so entstehen.

Als sie 1981 Ausstellungsverbot erhielt, das niemals offiziell ausgesprochen wurde – man räumte einfach ihre Exponate aus Ausstellungen und ließ ihren Namen auf Plakaten überkleben – da fand auch sie zur Urzelle der Berliner Szene: in die Küche von Wilfriede Maaß. Sie war Keramikerin und betrieb mit ihrem Mann Ekkehard Maaß eine Art Werkstatt und Lesebühne. Dort bemalte Cornelia Schleime unter Pseudonym Keramiken, um überhaupt Einnahmen zu haben.

Die Küche, über die Annekatrin Hendel einen hinreißenden Film gedreht hat, wurde zum Szenetreff, zum Salon, zu dem natürlich auch Sascha Anderson kam, der sich entweder tatsächlich in Wilfriede Maaß verliebte oder vielleicht auch bloß die Ehe zersetzen wollte oder sollte, jedenfalls war der Schaden, den sein Eindringen in Küche und Herz des nun nicht mehr Ehepaares Maas anrichtete, immens. Hendels Film heißt *Anderson.*

Auch Cornelia Schleime kam zum Punk. Zusammen mit Rolf Kerbach gründete sie die »Zwitschermaschine« und trat mit Bondage-Selbstinszenierungen auf. Das waren provokante Nacktperformances, über die sie sagt: »Sie nahmen mir die Freiheit zur Kunst, darum hab ich mich selbst entblößt.«[438]

Als sie bereits im Westen war, malte sie 1986 das wichtige Bild *Der Osten ist grau, der Westen hat auch etwas Farbe.* Ein Bekenntnis zum Nicht-Bekenntnis auch hier. Die Distanz zum Vorfindlichen scheint groß, hier wie dort. Der Osten ist ebenso wenig wie der Westen etwas, das man bejahen könnte. Darum muss man immer weiterarbeiten an der eigenen Kunst als Gegenentwurf zur herrschenden Banalität. Man muss es nicht Utopie nennen, aber die Visionen, auch die apokalyptischen, arbeiten in uns.

Konrad Wolfs *Solo Sunny* und Markus Wolfs *Die Troika*

Konrad Wolf gelingt 1980 mit *Solo Sunny* das Porträt einer zwischen Zorn und Melancholie festsitzenden Gesellschaft. Der anarchistische Stachel sticht nun nicht mehr so oft und nicht mehr so tief. Das Verhältnis der Einzelnen zu ihrem Staat wird distanzierter, vorbehaltvoller, auch ironischer. Es geht sie nicht mehr so unmittelbar an, was geschieht. Man könnte auch von grassierender Gleichgültigkeit sprechen. Unter der leidet Sunny, eine vormalige Fabrikarbeiterin, die nun als Schlagersängerin mit einer Band über Land tourt. Sie ist nicht richtig gut als Sängerin, das spürt sie – aber überall um sie herum scheint Mittelmaß zu genügen. Das macht sie aggressiv und verletzlich zugleich: »Ich glaub, ich muss wissen, dass mich jemand haben will.« Aber Bindungen sind schwierig, allein sein auch.

Solo Sunny wurde Konrad Wolfs fünfzehnter und letzter Film. Zwei Jahre später starb er an Krebs – nach zermürbenden Kämpfen, die er als Präsident der Akademie der Künste führte, gegen die Parteifunktionäre einerseits und die radikalen Positionen von immer mehr Künstlern andererseits. Zwischen seiner kommunistischen Gläubigkeit und dem eigenen wachsenden Zweifel wurde er zerrieben.

Ungewöhnlich war dieser Film für ihn auch, weil er sich darin erstmals auf die Widersprüche der Gegenwart einließ. Seine bisherigen Filme standen sämtlich im Schatten der ihn prägenden Erfahrung des Zweiten Weltkrieges. Als Sohn des kommunistischen Arztes und Schriftstellers Friedrich Wolf lebte er (wie auch sein Bruder Markus) seit seinem achten Lebensjahr im sowjetischen Exil. 1942 wurde er Soldat der Roten Armee, kämpfte gegen die deutschen Truppen. Sein

1969 entstandener Film *Ich war neunzehn* erzählt davon. Aber in seinem vielleicht wichtigsten Werk *Goya*, das ihn seit Mitte der sechziger Jahre beschäftigte, jedoch erst 1971 in die Kinos kam, spitzt er bereits – im historischen Kontext – die Künstler-trifft-Macht-Thematik zu.

Konrad Wolfs bulgarischer Drehbuchautor Angel Wagenstein, sein deutscher Dramaturg Walter Janka, auch sein russischer Dramaturg, der vormalige Kulturoffizier in der Sowjetischen Besatzungszone Alexander Dymschitz, versuchen dem Regisseur seine kommunistische Gläubigkeit auszutreiben, diesen schweren Rucksack, den er mit sich herumträgt. Wagenstein erinnert sich an ihre Gespräche beim abendlichen Wodka: »Immer wenn wir zusammensitzen, fangen wir an ›Tschorni Woron‹ zu singen, und es kam zu einem Gespräch über diese ›treuen Kommunisten‹. Die waren zehn Jahre im GULAG-Lager und dann, wenn man sie befreit, bleiben sie genauso treue Kommunisten. Und Koni sagt: ›Das ist ein Kommunist.‹ Ich sage: ›Koni, für mich ist das ein Idiot. Zehn Jahre unschuldig dort sein, wenn es wieder raus geht, dann wieder: Es lebe der Kommunismus. Hat der nicht zwei Gramm Grips? Anstatt zu fragen: Ist das denn Kommunismus?‹«[439]

Nun also in *Solo Sunny* eine junge Frau, nicht gebildet, auf der Suche nach dem Sinn ihres Lebens. Die großartige Renate Krößner, die Konrad Wolf am Brandenburger Theater fand, ist eine durch und durch Widerspenstige, die sich nicht zähmen lassen wird. Die Männer für eine Nacht in ihrer Hinterhof-Wohnung im Prenzlauer Berg setzt sie gewöhnlich am nächsten Morgen mit den Worten vor die Tür: »Is ohne Frühstück – und ohne Diskussion.« Für Kompromisse ist sie unbegabt – genau wie Konrad Wolf als Regisseur, während er als Akademiepräsident ständig Kompromisse machen muss, auch faule.

Ralph, der Aushilfssaxophonist in ihrer Band (bevor sie rausgeschmissen wird), ist anders. Er ruht offensichtlich in sich. Ein diplomierter Philosoph, den Sunny zu erobern versucht. Aber der ist Stoiker, denkt über den Tod nach, der in der Gesellschaft tabuisiert werde, und haust ebenfalls auf einem Hinterhof, umgeben von vielen alten Büchern. Wolfgang Kohlhaase schrieb das Drehbuch und führte Co-Regie – er kannte sich im Berliner Milieu bestens aus. Er wusste von Leuten, die in der allzu ausrechenbaren DDR »unausrechenbare

Träume« hatten und »gefährlich« lebten. Ohne zu wissen, wohin sie ihr Traum noch führen würde. Dieses Grundgefühl, das auch *Solo Sunny* trägt – ich allein notfalls gegen alle – traf den Nerv der Zuschauer. Für einen DEFA-Film lief er ungewöhnlich erfolgreich. Nicht zuletzt war dies auch eine Feier der Berliner Hinterhöfe – hier leben sie alle in den alten bröckelnden Mietskasernen, die sogar noch vor laufender Kamera immer weiter für Honeckers neues Berlin gesprengt werden. In der »Platte« kann man sich weder Sunny noch Ralph vorstellen.

Es ist eine der wenigen großen Filmrollen von Alexander Lang, Schauspieler am Deutschen Theater in Berlin, der selbst gerade auf dem Weg war, Regie-Star des ostdeutschen Theaters zu werden. Aber das Zusammenspiel zwischen Krößner und ihm funktioniert. Ist es eine unlebbare Liebe zwischen Sunny und Ralph? Die sozialen Welten waren in der DDR bekanntlich keine hermetisch getrennten, eher waren es die des Temperaments. Und während Sunny ihren Lebenshunger zu stillen versucht, denkt Ralph über die Randzonen des Lebens nach. Große Liebe, heiraten, Familie, sich einrichten, Karriere – darüber können sie nur lachen. Sie feiern den Augenblick, der schnell vorbeigeht. Was oft vergessen wird: Regine Dobberschütz wurde Sunnys Gesangsstimme, Günter Fischer schrieb die Musik.

Sunny also ist von durchschlagener Naivität, die sie immer wieder neu aufs Spiel setzt. Aber die erhält sie sich trotz nicht aufhörender Enttäuschungen: »Man müsste doch auch Persönlichkeit haben, wenn man nicht berühmt ist.« Natürlich ist so eine wie sie nicht kleinzukriegen, obwohl man bis zum Schluss nicht weiß, ob sie jemals eine erfolgreiche Sängerin werden wird. Aber als sie sich bei ihrer neuen Band vorstellt, die jazzige Musik macht, sagt sie, dass sie »einen Eckenpinkler einen Eckenpinkler« nenne. Mit diesem Mut zur Wahrheit fängt doch eigentlich immer alles an.

Konrad Wolf, der Künstler, hat einen Bruder, den lange niemand kennt, dabei ist er einer der mächtigen Männer im Lande, Chef der Auslandsspionage des Ministeriums für Staatssicherheit, Markus Wolf. Schillernde Figur, die er war, enttarnte er sich erst selbst und quittierte dann 1986 den Dienst, schrieb als Privatmann das Buch

Die Troika über sowjetisch-deutsche Urszenen mitten im Stalinismus des Zweiten Weltkrieges.

Natürlich besaß der oberste Geheimdienstler Insider-Kontakte nach Moskau, hatte sich offenbar zurückgezogen, um zu gegebener Stunde als Mann der Perestroika in der DDR wieder hervorzutreten. Dazu kam es dann nicht.

An *Die Troika* erinnern heißt also, an eine Weichenstellung in der Endzeit der DDR-Geschichte zu erinnern. Wie Buridans Esel verharrte die SED-Spitze bewegungsunfähig zwischen der Option einer Perestroika auch in der DDR und einer Verschärfung des ohnehin schon dogmatischen Kurses.

Am 9. März 1989 erschien das Buch von Markus Wolf gleichzeitig im Aufbau Verlag und im Claassen Verlag. Eine Ost-West-Doppelpremiere – und das bei einem Buch, dessen Autor der kurz zuvor aus dem Dienst ausgeschiedene Generaloberst des Ministeriums für Staatsicherheit und weltbekannte Spionagechef Markus Wolf war, bislang mehr ein Gerücht als eine reale Person.

Nicht nur in der DDR merkte man auf, auch im Westen. Egon Bahr, der dann später ein Vorwort zur Taschenbuchausgabe der *Troika* schrieb, erinnert sich, dass er nach der Lektüre sofort zu Willy Brandt ging und ihn fragte, ob er das Buch schon gelesen habe. Als Brandt verneinte, wagte Bahr die prophetischen Sätze: »Wenn ein Mann mit seinen internen Kenntnissen so etwas schreibt und es dort gedruckt wird, dann kann die DDR über Nacht wie ein Kartenhaus zusammenbrechen.« Brandt antwortete: »Übertreib nicht.«[440] Aber Bahr hatte nicht übertrieben, das Buch über die drei Emigrantenkinder Konrad Wolf, Lothar Wloch und Viktor Fischer im Moskau der dreißiger Jahre war jener Hoffnungsschimmer, auf den die Gorbatschow-Anhänger in der DDR gewartet hatten. Die Familien werden vom Stalin-Terror zerstört, die drei Freunde zerstreut es später in alle Welt. Konrad Wolf fand die beiden Freunde aus der Karl-Liebknecht-Schule, wollte einen Film über sie drehen, kam aber nicht mehr dazu. Markus Wolf übernimmt den Auftrag gleichsam von seinem Bruder und macht daraus ein Buch. Bezeichnend, dass Bahr hier nicht eine mögliche Reform sieht, sondern nur den Zusammenbruch.

Über die Entstehung und Wirkungsgeschichte von *Die Troika* zu reden, heißt anders über die Katastrophengeschichte des 20. Jahrhunderts zu urteilen. Anders meint: nicht vom Ende her, als bloße Panegyrik auf eine Gegenwart, die immer recht hat, sondern mitten hineingehend in den dramatischen Prozess der Geschichte, dessen Ausgang nicht nur den Akteuren selbst lange unklar erschien.

Solche Weichenstellungen in der Geschichte muss man immer erinnern, will man mehr als bloßes Treibgut des Hier und Jetzt sein. Wie kamen bestimmte Entscheidungen zustande, welche Umstände und Hintergründe spielten mit hinein in das, was sich dem Einzelnen dann als schicksalhaftes Geschehen darbot?

Damals vor dreißig Jahren zur Buchpremiere im Schloss Friedrichsfelde kam das Buch in buchstäblich letzter Sekunde aus der Druckerei. Aufbau-Verleger Elmar Faber überbrachte es, während sich die Kameras des Westfernsehens um den geheimnisvollen Markus Wolf scharten, der hier seinen ersten öffentlichen Auftritt hatte – mit dem er reichlich Ärger im Politbüro hervorrief. Stasi-Chef Mielke überbrachte ihm die Aufforderung, keinerlei Interviews mehr zum Buch zu geben – zu spät, der Deckel war vom Topf. Hans Modrow, mit dem Markus Wolf zuvor über das Buchprojekt gesprochen hatte, spürte gleich, dass damit »etwas losging«. Etwas, das in Richtung einer DDR-Perestroika zielte.

Natürlich liegt es jetzt nahe, über die Einfluss-Sphären sowjetischer Politik, gar von Geheimdiensten, zu sprechen, die auch in der DDR Veränderungen anstoßen wollten. Aber das allein wäre nicht so bedeutsam, wie es das Buch dann wurde: einerseits als ein eindrucksvolles Dokument der Entstalinisierung, andererseits eröffnet sich hier auch ein poetischer Erinnerungsraum – eine Jahrhunderterzählung, die anhand dreier Lebensschicksale den Leser in Bann schlägt, und das bis heute.

Die Wiederbegegnung des Autors mit dem Haus in Moskau, in dem die Brüder Markus und Konrad Wolf einst aufwuchsen – das Zusammentreffen von Erinnerung und Gegenwart, das ist der Stoff von Literatur auch hier. Markus Wolf denkt darüber nach, ahnt mehr, als er weiß, dass die aus dem Leben Gegangenen häufiger bei ihm sind als die Lebenden. Das ist die Position des Autors, der alle Rückwege zum

Tagewerk eines Funktionärs abschneidet. Markus Wolf, Sohn des Arztes, Dramatikers und schließlich Politikers Friedrich Wolf und Bruder des Filmregisseurs und Akademiepräsidenten Konrad Wolf, wusste, wie sehr Vater und Bruder unter ihren Doppelexistenzen litten.

Einmal, nicht lange vor seinem Tod, habe ich Markus Wolf interviewt, und er sprach davon, wie er kurz davorstand, Schauspieler bei Gustav von Wangenheim am Deutschen Theater zu werden. Aber er durfte nicht, leitete 1945 nach seiner Rückkehr mit der Gruppe Ulbricht per Parteiauftrag den Berliner Rundfunk, und ein Auftrag folgte dem anderen. Doch mit *Die Troika* war er wieder dort angelangt, wo er einst ohnehin hinwollte: bei der Kunst.

Diesen Anspruch merkt man der *Troika* an – und das Buch löst ihn ein. Doch ein schweres Opfer wurde zur Vorbedingung für diesen so entscheidenden Schritt: der Tod des Bruders Konrad Wolf, der sich immer höchst unwohl in seiner Haut gefühlt hatte und mit nur sechsundfünfzig Jahren starb.

In seinen letzten Lebensjahren hatte Konrad Wolf ständig an dem Troika-Projekt gearbeitet, die legendäre schwarze Mappe mit Fotos und Dokumenten trug er immer bei sich, auch im Krankenhaus. Ursprünglich sollte es ein Spielfilm werden, Angel Wagenstein, der auch das Drehbuch für *Goya* geschrieben hatte, legte Textentwürfe vor, man einigte sich nicht. Vielleicht auch, weil es so grundsätzlich wurde.

Markus Wolf wusste, einen Film konnte er nicht drehen, aber etwas anderes vielleicht: ein Buch schreiben. Eines, das nach Antworten sucht und diese nicht als fertige verkündet. Hans-Dieter Schütt erinnert sich daran, dass er damals bei der *Jungen Welt* nicht zu den Wegbereitern der *Troika* gehörte. Mit seiner fatalen Rezension zu Abuladses *Die Reue* zwei Jahre zuvor hatte auch er für sich eine Weiche gestellt: gegen eine Perestroika in der DDR. Mein Gott, bloß eine Rezension, gegen die inzwischen Tausende Texte stehen, die einen anderen Geist atmen!, so könnte man einwenden, sollte man einwenden. Aber auch das ist Schicksal: den richtigen Moment der Umkehr verpasst zu haben.

Damals war es die *Wochenpost* mit der Chefredakteurin Brigitte Zimmermann, die den Mut hatte, *Die Troika* in Fortsetzungen vorab zu drucken, trotz aller Einschüchterungsversuche. Denn die Logik galt immer noch, dass die Stalinisten ja vor allem Antifaschisten gewesen seien und darum jede grundsätzliche Kritik an ihnen dem Klassenfeind nütze. Aber auf dieses Entweder-Oder des Kalten Krieges ließ sie sich nicht ein, *Die Troika* war damit in der Welt, nicht bloß der kleinen der DDR. Das Buch jetzt noch zu verbieten, war unmöglich geworden.

Und warum ist es heute vielleicht wichtiger denn je? Vor allem, weil es ein tief menschliches Buch über eine Freundschaft ist, die weltanschauliche Gegensätze zu überbrücken vermag.

Mit der Einheit endet eine Freundschaft: Sarah Kirsch und Christa Wolf entzweien sich

Seit Sarah Kirsch im Sommer 1977 aus der DDR ausreiste (nachdem sie bei Erich Honecker persönlich interveniert hatte) und Christa Wolf, mit ihren Zweifeln kämpfend, in der DDR zurückblieb, litten beide Freundinnen unter der Trennung. Sie kannten sich seit 1959. Da lebten Christa und Gerhard Wolf ebenso wie Sarah und Rainer Kirsch in Halle an der Saale. Die Wolfs zogen 1962 nach Kleinmachnow, die Kirschs gingen ans Leipziger Literaturinstitut – und erst 1968, nach ihrer Trennung von Rainer Kirsch, zog auch Sarah Kirsch nach Berlin. Sie trafen sich häufig, schrieben sich Briefe, die (besonders von Sarah Kirschs Seite) intime Details nicht aussparten – und das sollte auch nach 1977 so bleiben.

Als die Wolfs 1973 ihr Refugium auf dem Lande in Meteln gefunden haben, gehört Sarah Kirsch zu den Sommergästen. Eine Szenerie, die Christa Wolf später in *Sommerstück* beschrieben hat, dem Verse von Sarah Kirsch vorangestellt sind. Die Figuren sind literarisch frei behandelt, auch wenn Günter de Bruyn diese Art Mischung aus privater Beobachtung (mit realen Personen) und freiem Erzählen missbilligt. Als »Bella« taucht darin Sarah Kirsch auf – wieder einmal brachial unglücklich verliebt, nicht sehr rücksichtsvoll anderen gegenüber, aber eben ein exzentrisches Ereignis, von dem sich Ellen, Christa Wolfs Alter Ego, überaus angezogen fühlt.

Das Cover-Foto des 2019 veröffentlichten Briefwechsels von Christa Wolf mit Sarah Kirsch schließt sich vielleicht erst auf, liest man diese Zeilen im *Sommerstück*: »War nicht der Blick, den Ellen jetzt Bella zuwarf, ein Liebesblick, wie sie ihn nie empfing? Was tat Bella dafür, geliebt zu werden? Nichts.«[441] Und noch etwas beschreibt Christa Wolf an der Freundin, eine Eigenschaft, die sie beide völlig unterscheidet und die einiges darüber sagt, wie diese einmal so enge Beziehung zu Ende gehen wird: »Und wenn Bella unglücklich war, so war sie es doch auf eine von Grund her andere Art als sie. Selbst das Unglück war bei ihr, wie es sein sollte, und sie käme nicht auf den Gedanken, sich selbst daran Schuld zu geben. Noch im Unglück hatte sie Glück.«[442]

Man blieb sich nah, obwohl Sarah Kirsch die DDR-Probleme gründlich hinter sich ließ. Sie ging als Stipendiatin der Villa Massimo nach Rom und zog dann auf Vermittlung des ebenfalls ausgereisten Günter Kunert in die Lüneburger Heide. Haus, Garten, Himmel, Wasser und Erde, der Sohn Moritz und immer neue – und immer wieder scheiternde – Beziehungen zu Männern bestimmten ihr Leben. Zwischendurch schrieb sie Gedichte, die bleiben werden.

Und über Jahrzehnte, trotz des getrennten Alltags in verschiedenen Gesellschaftssystemen, schicken sich beide Autorinnen weiter Briefe, oft seitenlang, manchmal mehrmals im Monat. Sarah Kirsch bekommt ein Einreiseverbot in die DDR – aber die Wolfs haben nun ein Visum, sie können sich im Westen treffen und tun das auch.

Kann diese lange und tiefe Freundschaft etwas auseinanderbringen? Ja, die deutsche Einheit und ihre hässlichen Begleitumstände. Da zeigt sich, dass Sarah Kirsch keine innere Anteilnahme für die DDR – für deren Reform sich Christa Wolf einsetzt – mehr aufzubringen vermag. Da ist nur noch Bitterkeit, fast schon Hass gegen den Osten.

Bis in den heißen 89er-Sommer war das Brief-Gespräch launigen Tons vor sich hin geplätschert. Keine Politik drängte sich dazwischen. Man war sich immer noch nah. Dann kommt am 26. August ein Brief von Sarah Kirsch mit der Wendung: »vor Schreck erstarrt wohl die Tinte«. Gemeint ist das Massaker auf dem Platz des Himmlischen Friedens in Peking an friedlichen Demonstranten. Und die SED-Führung beglückwünscht Peking noch dazu! Da wäre sie spätestens aus der SED ausgetreten, übermittelt Sarah Kirsch – nicht wissend, dass

Christa Wolf am 27. Juli 1989 dem Parteisekretär der Akademie der Künste tatsächlich ihren Austritt erklärt hat.[443]

Jetzt ist die Weltgeschichte auch in den Briefen präsent. Christa Wolf, die im Herbst 1988 nach einem Blinddarmdurchbruch mit anschließender Sepsis mehrere schwere Operationen durchzustehen hatte und im Frühjahr 1989 erneut erkrankt war, zudem unter Depressionen leidet, hält sich im September 1989 in der Schweiz auf. In Ascona, nahe dem Monte Veritá, trifft sie die Psychologin Ruth C. Cohn, »eine Jüdin, die nach USA emigriert war und eine eigene psychologische Schule entwickelt hat«.[444]

In den USA war Christa Wolf bereits mehrfach gewesen, als Gast zu Vorträgen und als Stipendiatin. Ihr Fazit dazu war bereits 1983 deutlich ausgefallen: »America ist sehr groß und für uns nicht so recht geeignet.«[445] Aber jetzt, bei dem Versuch, im September 1989 in Ascona ihre innere Balance wiederherzustellen, werfen die deutsch-deutschen Angelegenheiten bereits deutliche Schatten.

Dazu gehört die Besetzung der Prager Botschaft durch ausreisewillige DDR-Bürger, die medienwirksam von Außenminister Genscher in die BRD geholt werden – in 14 Sonderzügen reisen 11 000 DDR-Bürger in den Westen aus. Unsinnigerweise müssen diese (so eine Bedingung der SED-Spitze, die die Explosivität der Lage verkennt) über das Territorium der DDR geleitet werden, was die Ausreisehysterie im Lande weiter anheizt.

Christa Wolf sieht in Westdeutschland reaktionäre Kräfte auf dem Sprung, und das teilt sie am 24. September 1989 auch Sarah Kirsch mit: »Es ist ja widerlich, wie die Rechte in der Bundesrepublik nun nichts weiter empfinden kann als Triumph, und daß sie immer Recht gehabt hat, und wie sie nicht sieht, wohin das Werbegetrommel zur deutschen Wiedervereinigung führt: Liefert ›unseren‹ Rechten den gewünschten Vorwand für noch mehr Starre.«[446]

Mit »unseren« Rechten meint sie das SED-Reformverweigerer-Politbüro um Honecker, Mielke und Hager. Sie selbst aber will mit Gleichgesinnten unbedingt eine Gesellschaftsreform, bevor es dafür zu spät ist. Mit anderen DDR-Schriftstellerinnen wie Helga Königsdorf, Sigrid Damm, Daniela Dahn und Helga Schütz initiiert sie am 14. September 1989 eine Resolution des Berliner Schriftstellerverbandes, in der es zur Massenflucht aus der DDR über Ungarn heißt: »Der Exodus ist nur ein Zeichen für angestaute grundsätzliche Probleme in allen Bereichen der Gesellschaft. Es fehlt inzwischen nicht an Analysen und Ideen, sondern an Möglichkeiten, sich öffentlich über sie zu verständigen und sie wirksam zu machen. Aus Sorge um die weitere Entwicklung fordern wir, daß dieser demokratische Dialog auf allen Ebenen beginnt.«[447]

Sarah Kirsch wurde 1988 Stadtschreiberin in Mainz, schrieb dort einen Film über Anna Seghers, die hier geboren wurde – war mit dessen Ergebnis jedoch nicht zufrieden. Nie wieder Fernsehen! Da sei keine Kunst möglich, so lautet ihr unversöhnlicher Kommentar. Auf eruptive Weise unversöhnlich sind auch ihre Kommentare zur deutschen Einheit. Sie hat jedoch vor allem jene Reformsozialisten im Auge, die die DDR in letzter Sekunde noch retten wollen. Ihnen glaubt Sarah Kirsch kein Wort. »Denn sie wollen ja Zeit gewinnen und retten was zu retten ist. … Die vielen Wölfe im Schafspelz, die ich sah! Steineckert! Marcus-W. ich lach mich krank!«

Über den 4. November auf dem Berliner Alexanderplatz, als angefangen mit den Schauspielern Ulrich Mühe und Johanna Schall über Steffi Spira, Pfarrer Schorlemmer, die Schriftsteller Stefan Heym, Christa Wolf und Heiner Müller bis hin zu SED-Bezirkschef Günter Schabowski und dem vormaligen DDR-Geheimdienstchef Markus Wolf (der 1986 zurückgetreten war) zahlreiche Wendezeitgrößen auftreten, wird Sarah Kirsch nur sarkastisch urteilen: »Über die vielen Reformer staunte ich auch!«[448]

Natürlich muss die saloppe Art, in der Sarah Kirsch über die Bemühungen spottet, mittels eines reformierten Sozialismus eine eigenständige DDR zu retten, Christa Wolf verstimmen. Sie unterstützt die Initiative »Für unser Land«, die ihr Programm ironischerweise am gleichen Tag, dem 28. November 1989, vorstellt wie Bundeskanzler Helmut Kohl sein »Zehn-Punkte-Programm zur Überwindung der Teilung Deutschlands und Europas«. Die DDR steht am Scheideweg – und die DDR-Bürger haben am 18. März 1990 die Wahl. Dass die »Allianz für Deutschland« der haushohe Gewinner dieser Wahl werden würde, zeichnet sich früh ab – Beitritt statt Konföderation, das bedeutet bedingungslose Aufgabe jeder staatlichen Souveränität und damit die Auflösung der DDR. Beitreten zum Geltungsbereich des Grundgesetzes werden die neu gegründeten Bundesländer Ost.

Eine neue Bundesrepublik, wie von manchen erhofft, entsteht so nicht. Und der Verfassungsentwurf des Runden Tisches – der eher zaghafte Versuch der Bürgerbewegung, unmittelbar nach der Wende politische Macht auszuüben – wandert in die Archive. Den Auftrag des Grundgesetzes, dass ein vereinigtes Deutschland sich eine neue Verfassung geben müsse, ignoriert die siegreiche Politik West. Christa Wolf konstatiert bereits in einem Brief vom 17. Dezember 1989 an Sarah Kirsch »finsterer werdende Zeiten«. Was sie damit meint? »Noch nationalistischer, noch intelligenzfeindlicher …«[449]

Der Ton zwischen den Freundinnen wird kälter. Die Mauer werde ihr noch fehlen, teilt Sarah Kirsch den Wolfs mit, und sie fürchte sich davor, die zerfallenden Städte zu sehen. Es klingt, als wäre sie schon ewige Zeiten im Westen. Leseland DDR? »Als ich weg war, lasen sie Eva Strittmatter.« Und mehr noch: »Bald liest niemand mehr im Leseland DDR. Sie ziehn sich Videos rein. Es gab gar kein Leseland.«[450]

Sie solle nicht so depressiv sein, ermutigt Sarah Kirsch die im Zuge der Einheit ferngerückte Freundin – und hat doch auch ihren Anteil an deren wachsender Enttäuschung. Die Kampagne gegen die »treue Parteigängerin der SED« und »Vermeidungsvirtuosin« Christa Wolf startet am 3. Mai 1990 in der *Welt* – und Sarah Kirsch schweigt dazu. Der sogenannte Literaturstreit über den Stellenwert der »offiziellen« DDR-Kunst- und Literatur entbrennt, der Grundtenor deutet sich an: Dies alles sei Staatskunst, also ein Herrschaftsinstrument der SED gewesen, besitze keinen eigenständigen künstlerischen Wert.

Nur Dissidenten machen gute Kunst? Ulrich Greiner forciert diese Lesart in *Die Zeit* vom 1. Juni 1990 noch, indem er den diskreditierend gemeinten »Christa-Wolf-Sound« verkündet – eine »flaue Unverbindlichkeits-Melodie in der apart formulierten Sprache«. Immerhin, es gibt Gegenstimmen gegen diese Art von Demontage. Eine der am deutlichsten zu vernehmenden ist die des französischen Kulturministers Jack Lang, der Christa Wolf im September 1990 in Paris den Orden »Officier des arts et des lettres« verleiht.

In der Bundesrepublik aber stößt man sich vor allem an Christa Wolfs Engagement für eine Initiative zur Erhaltung einer eigenständigen DDR. Dass sie auch zu den wichtigsten Initiatoren einer Untersuchungskommission zu den gewaltsamen Übergriffen von Polizei und Staatssicherheit gegen Demonstranten am 8. und 9. Oktober 1989 gehört, unterschlägt man. »Unser Land« sollte ein anderes werden als die DDR, die wir kannten – aber eben auch anders als die Bundesrepublik, in die sie spurlos eingehen, in ihr untergehen sollte.

Der Zug zur Einheit rollt, nach den Bedingungen der Regierung Kohl, und niemand soll ihn mehr aufhalten oder auch nur die Feierlaune stören. Christa Wolf am 17. Mai 1990 an Sarah Kirsch: »Ja, nun dringt das Leichengift, das von der Zersetzung dieser Gesellschaft kommt, überall ein und zerstört den Rest.«[451] Wird der Paragraph 218 (das Verbot der Schwangerschaftsunterbrechung) nun wieder eingeführt, werden die Rechte der Frauen beschnitten? Das sind die Fragen, die Christa Wolf (und ihre beiden Töchter) beschäftigen. Sarah Kirsch jedoch versteht nicht, warum Christa Wolf dieser DDR-Gesellschaft nicht einfach den Rücken kehrt. Wenn sie zudem mit Hermann Kant zusammen Klaus Höpcke »beschütze«, sei ihr das zu hoch. Überhaupt: »Es ist ein einziger Albtraum, wie der Besuch in Ostberlin vor ein paar Tagen. Besonders die Fischerinsel. Hausmitteilungen der PDS am schwarzen Brett und alles stinkt ... 1000 gespaltene Grüße!«[452]

Christa Wolf antwortet, sie möchte der Freundin (ist sie das denn noch?) gern »ungespaltene Grüße schicken, fühle aber, daß auch ich gespalten bin, sicher auf andere Weise als Du«. Dieser Brief ist eine Art Schlusspunkt – er enthält eine Prognose über das Kommende und das Wissen, dass sie auf Beistand von Sarah Kirsch dabei nicht hoffen kann: »Die Verdächtigungen blühen natürlich jetzt, darunter auch ungerechtfertigte, daher sollte man besonders sorgfältig damit umgehen ... gut wär, Du würdest nicht alles glauben, was jetzt über mich gesagt oder geschrieben wird. Daß ich's mir selber nicht leicht mache, kannst du glauben, aber die Motive für die massiven Demontage-Versuche einiger Leute hier sind ja auch durchschaubar. Also: Ich habe nicht mit Kant zusammen Höpcke beschützt.«[453]

Die Dinge liegen komplizierter, als es die Schlagzeilen suggerieren. Sehr bald werden sich einige Medien auf Christa Wolfs Kontakte zur Staatssicherheit von 1959 bis 1962 als »GI Margarete« stürzen. Dass sie von 1969 bis 1989 im »Operativen Vorgang Doppelzüngler« selbst Objekt der Überwachung durch die Staatssicherheit war, davon ist erst einmal keine Rede. Die Ost-Eliten sollen moralisch delegitimiert werden. Augenscheinlich unterstützt Sarah Kirsch diesen politischen Kurs – dabei weiß sie doch aus eigener Erfahrung aus der Zeit nach der Biermann-Ausbürgerung, was Kampagnen mit Menschen machen. Die über solcherart »Demütigung« immerzu »jammernde« Helga Königsdorf nervt Sarah Kirsch offensichtlich, sie versteht offenbar nicht, worum es geht, wenn diese warnt: »Ich empfand den einseitigen Politiktransfer von West nach Ost als demütigend. Demütigungen sind immer gefährlich, weil die meisten Menschen dann jemanden brauchen, an den sie diese Demütigung weitergeben können.«[454]

Noch einen Versuch unternimmt Christa Wolf, um eine Brücke zur fremd gewordenen Freundin zu bauen, und schreibt am 15. Dezember 1990 an Sarah Kirsch: »Ich möchte nicht, daß wir vielleicht durch ein Mißverständnis noch mehr auseinander getrieben werden.«[455] Doch alles steuert auf den endgültigen Bruch hin, als die Stasi-Gerüchte um Christa Wolf laut werden. Eine dieser Quellen ist Sarah Kirsch. Sie rechtfertigt sich in einem Brief vom 4. August 1992: »Das Gerücht habe ich nicht gemacht, es war lange vor mir unterwegs, gab ja viele.« Dies ist der letzte Brief eines dreißig Jahre andauernden Briefwechsels – und auch einer besonderen Freundschaft. Er endet: »So viel so gut so schlecht. Es tut mir leid wenn alles so hübsch grausam verfahren nun ist, ich hab aber nix in die Welt gesetzt, keine Urheberin bin ich, diesz solltest Du dennoch erfahren. So viel also. Auweia!«[456]

Franz Fühmann streitet für junge Poeten und sitzt im Bergwerk fest

Die letzten zehn Jahre seines Lebens, also ab Mitte des siebziger Jahre, kreist Franz Fühmanns Denken um das Thema Bergwerk. Er hungert sich viele Kilos herunter, gräbt probehalber tiefe Löcher auf seinem Grundstück in Märkisch-Buchholz, um ins Bergwerk einfahren zu können. Kupfer fasziniert ihn noch mehr als Kali. Es ist einerseits der Eros der Arbeit, des männlichen Körpers im Kampf mit den Elementen, der ihn dazu bringt, sich unter die Arbeiter zu mischen, zu denen er, das weiß er wohl, nicht gehört. Aber es ist nicht so wie Anfang der sechziger Jahre, als er mit *Kabelkran und Blauer Peter* eine Werftreportage schrieb, weil der entlaufene NDPD-Funktionär Fühmann das wirkliche Leben, den Alltag in der Produktion, am eigenen Leib erfahren wollte.

Nein, das ist es nicht, er verbindet etwas anderes mit dem Bergwerk, dessen Realität er in jeder Faser seines Körpers spüren will – das Bergwerk gehört zum Projektionsraum Romantik, der ihn seit E. T. A. Hoffmann beschäftigt. Die Kupferkönigin, von der Hoffmann schrieb, verwirrt die Sinne derer, die unter Tage sind, eröffnet damit aber zugleich eine surreale Traumwelt. Eine Fluchtvision, mit der er es sich jedoch nicht leicht macht. Nein, das Schreiben selbst ist ihm zum Bergwerk geworden, eine Lebensform der Tiefe, in der es nicht mehr um vorzeigbare Resultate geht.

Sein Ekel vor der herrschenden Lüge der DDR-Kulturpolitik wächst mit den Jahren ins Unerträgliche. Er reagiert bei öffentlichen Auftritten, etwa in der Akademie der Künste, wo sich die in seinen Augen gelehrte (durch die Macht korrumpierte) Ignoranz versammelt, oft so heftig, fast unkontrolliert, dass es regelmäßig zu Eklats kommt. Fühmann weiß, dass dies so nicht weitergehen kann. Also versucht er sich schreibend durchzugraben zu einer Wahrheit, die niemand wissen will. Aber immer wieder opponiert er auch laut und scharf, besonders dann, wenn es um junge Kollegen geht, die, das sieht er wohl, mit der DDR nicht mehr rechnen und von denen einer wie der andere auf dem Sprung steht, das Land zu verlassen, wenn die Schikanen zu groß werden.

Er appelliert an die Mächtigen, diesem Aderlass an schöpferischem Vermögen nicht einfach zuzusehen (oder ihn sogar zu befördern, weil so lästige Reibung reduziert wird), er appelliert an die jungen Dichter, die in der DDR nicht gedruckt werden, auszuhalten und den Kampf um Publikationsmöglichkeiten zu führen – er steht, so signalisiert er, an ihrer Seite. Viel Energie fließt in diese uneigennützigen solidarischen Akte. Immer wieder setzt er sich für junge Dichter ein, die er gern überschwänglich als Genies ausruft, von Wolfgang Hilbig über Gert Neumann und Uwe Kolbe bis hin zu Dieter Schulze. Die

Kraft fehlt ihm dann beim überdimensionierten Bergwerksprojekt, über dessen Fortgang er Ingrid Prignitz, seine Lektorin im Hinstorff Verlag, in einem langen Brief vom 24. Januar 1983 unterrichtet.

Viele verwickelte, labyrinthische, geradezu verstiegene Skizzen über den Aufbau des Buches und die Bedeutung des Bergwerks haben sich angesammelt: »Erstens als meine Landschaft, und zweitens als Ort des Nachdenkens über meine Arbeit.«[457]

Fritz Rudolf Fries, der den spanischen Surrealismus in die DDR brachte und eine Art der Erzählung kultivierte, die – von *Der Weg nach Obliadooh* bis *Verlegung des mittleren Reiches* – unverwechselbar in Gestus und Rhythmus war, erkannte im Bergwerksmotiv das Paradox, das es als Werk im klassischen Sinne zum Scheitern verurteilte. Das ist aber auch die Stunde des romantischen Fragments, das »die Unvereinbarkeit der real existierenden Banalität mit den Mythen« aufzuheben vermag. Und er fragt: »Aber ist nicht in dieser Unvereinbarkeit das eigentlich Unheimliche?«[458]

Die wichtigste Nachricht: Er habe mit der Niederschrift begonnen. Er folgt damit dem eigenen, in die imaginäre Rede auf einen jungen Kollegen gesetzten Anspruch: »Dichter sein, heißt aufs Ganze aus sein.« Nach seinem Tod im Sommer 1984 wird seine Lektorin sichten, was an Text – an dem Fühmann unablässig gearbeitet hat – vorhanden ist: nicht mehr als 129 Seiten, eher eine simple Skizze über das Einfahren ins Bergwerk, eine Industriestudie ähnlich *Kabelkran und Blauer Peter* zwanzig Jahre zuvor. Zur Kupferkönigin gelangt er nicht. War ihm dies Scheitern vorbestimmt? Der vielleicht wichtigste Satz in dieser Bergwerksskizze lautet: »Die Grube war der Ort der Wahrheit, dort wurde jeder Handgriff gnadenlos gewogen, wie hielt da meine Arbeit stand, die angestrebte, und das, was sich Bahn brach? – Ich war entschlossen, es zu erfahren.«[459]

Körperlich fühlt sich Fühmann immer schlechter. Er schiebt es auf eine nicht auskurierte Grippe und auf »Verwachsungen« des Darms. Dabei ist es Krebs im letzten Stadium, aber zu dieser Zeit sagen Ärzte den Kranken nicht die Wahrheit über ihren Zustand. Gewiss ahnt Fühmann einiges, weiß auch, aus diesem Bergwerk kommt er nicht mehr heraus – auch ihn wird die Kupferkönigin holen. Vielleicht hat diese Vorstellung von einem Tod in der Tiefe der Erde sogar etwas

Tröstliches? Fries: »Diese unterirdische Welt muss für Fühmann paradoxerweise sehr viel weniger labyrinthisch gewesen sein als die Oberwelt, die wir uns mit Wegschildern, Gebots- und Verbotstafeln vollgestellt haben.«[460]

Stephan Hermlin war für Fühmann Anfang der fünfziger Jahre als Dichter jemand, dem er folgen wollte. Nun gehört Fühmann selbst schon zu den Alten und sucht unter den Jungen nach echten Talenten. Hermlin schreibt, wie Fühmann auch, inzwischen keine Gedichte mehr, er schreibt nun vor allem über Dichtung und dichtet die Gedichte anderer großer fremdsprachiger Autoren nach, anhand von Interlinearübersetzungen. Hermlin ist immer noch ein wichtiger Anwalt für Literatur, die über den Horizont der führenden Genossen geht. Mit seiner überlegenen Art kann er ihnen gut begründen, warum sie in der DDR zu drucken dennoch wichtig ist – von Nietzsche bis Paul Éluard. Aber in den achtziger Jahren scheint sich Hermlin immer mehr artifiziellen Attitüden zu überlassen, sein einstiges Interesse an der Dichtung junger Autoren schwindet. Er wird jetzt – durchaus überzeugend – zum letzten »spätbürgerlichen Schriftsteller« in der DDR.

Hermlin hat mit vielem bereits abgeschlossen, vor allem mit der sich proletarisch gebenden geistigen Beschränktheit der Spitzengenossen, die er ostentativ nicht mehr als seine Genossen behandelt. Aber auch seine Dichter-Kollegen nehmen ihn immer mehr als hochmütig wahr. Ingrid Prignitz berichtet Fühmann recht verblüfft über eine Nicht-Begegnung mit Hermlin. Nach einer der zermürbenden Diskussionen in der Hauptverwaltung Literatur habe sie sich erschöpft auf einer Bank ausgeruht, da »zog Stephan Hermlin wie eine silberhäuptige blausamtene Orchidee an mir vorbei«.[461]

Fühmann antwortet, er kriege solche Fußtritte auch, »z. Bsp. von dieser himmelblauen Orchidee, die da an Dir vorbeigerauscht ist, nein, die geruht hat, an Dir vorbeizurauschen …« Und er berichtet von dem Versuch, Hermlin zu sich nach Märkisch Buchholz einzuladen. Das liege für diesen doch fast auf dem Weg, wenn er von der Autobahn komme, ein Abstecher von 15 Kilometern! Hermlin habe an seiner Pfeife gezogen und gesagt: »Ja, eigentlich hast du recht, also gut, ich komme! und ich beschreib ihm den Weg, und der Schluss der Beschreibung ist der Hinweis, daß die letzte Strecke, ca. 400 Meter, schlechter Waldweg ist, mit Schlaglöchern, aber festem Untergrund, man muß also langsam fahren – und die Orchidee saugt an der Pfeife und nimmt sie aus dem Blütenmund und sagt mit unnachahmlichem Charme: ›Also weißt Du, Franz, wenn das so ist, dann ist mir's zu schade um meinen schönen Sportwagen, also da komme ich selbstverständlich nicht!‹« Auf den Einfall, das letzte Stück zu Fuß zu gehen, wie er selbst es tue, komme »so eine Kostbarkeit doch nicht«.[462]

Hier zeigt sich eine gewisse neurotische Konstellation zwischen beiden, die etwas von Lagerkoller hat: Man kennt sich zu lange und zu gut in den überschaubaren Künstler- und Literatenkreisen der DDR, was eben nicht nur Vorteile hat.

Je mehr Fühmann seine Kräfte schwinden fühlt, desto mehr kümmert er sich um die Jungen, die ihm einmal nachfolgen sollen, die letzte Hoffnung eines untergehenden Landes (das sieht Fühmann sehr wohl!), eines Landes, das einst mit einem ungeheuren Bildungsfuror angetreten war. Seine imaginäre Rede von 1980 über Wolfgang Hilbig, dessen Gedichte nicht in der DDR erscheinen sollen, ist berühmt geworden. 1983 ist sie auch in dem Band *Essays* zu lesen. Im gleichen Jahr kommt schließlich doch Wolfgang Hilbigs *Stimme Stimme – Gedichte und Prosa* im Leipziger Reclam Verlag heraus – dem beharrlichen Einsatz Fühmanns sei Dank. – Ich kaufte mir damals diesen Band, 123 Seiten auf holzhaltigem Papier, der wie ein Nachkriegsdruck wirkt und – für DDR-Verhältnisse und für ein Reclam-Bändchen ohnehin ungewöhnlich – stattliche 8 Mark kostete.

Auch Gert Neumanns *Schuld der Worte*, vor denen Fühmann demütig niederkniend versicherte, dagegen seien wir alle nichts, erschien 1989 endlich bei Hinstorff Rostock. Da war Fühmann schon fünf Jahre tot, aber was zählt sein Einsatz – der auch andere Publikationsvorhaben, etwa die Veröffentlichung Sigmund Freuds in der DDR, einschloss, aus heutiger Sicht, wo es doch alles überall und im Überfluss gibt?

Die Bedeutung, die diese Veröffentlichungen damals für uns hatten, lässt sich kaum überschätzen, sie waren buchstäblich geistige Nahrung, etwas, das man heute, im Zustande geborener Sattheit nicht mehr versteht. Damals verloren immer mehr Autoren, vor allem die jüngeren, Lust und Geduld, jahrelang durch die Zensurmühlen gedreht zu werden. Er gehöre einer Generation an, die sich nicht mehr zensieren lasse, hatte Hilbig erklärt – und seine Manuskripte ohne große innere Kämpfe in den Westen zum Fischer Verlag gegeben.

Es muss nicht unbedingt hier sein, es kann auch woanders sein – mit dieser Haltung konnten Fühmann, Stefan Heym, Christa Wolf oder Heiner Müller nur schwer umgehen. Für sie, die in der DDR lebten, aber leicht im Westen veröffentlichen konnten, war ein Buch erst dann wirklich existent, wenn es auch im eigenen Land zu haben war.

Und so lese ich Fühmanns »Praxis und Dialektik der Abwesenheit«, seine imaginäre Rede auf Wolfgang Hilbig (immerhin fünfzehn Seiten lang), mit wachsender Melancholie. Hilbig, ein Heizer aus Meuselwitz, der lange in diesem Beruf arbeitete und nebenbei schrieb, war eigentlich das, was sich die DDR immer gewünscht hatte: ein schreibender Arbeiter. Aber diesen wollte sie nicht. Denn er war ein wirklicher Dichter, keiner, der Produktion bebilderte oder gar mit agitatorischen oder pseudokritischen Floskeln umrankte. Was er, wenn er nachts allein vor dem Ofen stand, notierte, las sich so wie im großartigen Gedicht »episode«: »im düstern kesselhaus im licht/rußiger lampen plötzlich auf dem brikettberg/saß ein grüner fasan/ein prächtiger clown/silbern und grün den leuchtend roten reif am hals mit unverwandtem aug mit dem großen gelben schnabel/aufmerksam/zielte er auf mich …« Das Resultat dieser mysteriösen Begegnung: »konversation fand nicht statt/ich bewegte mich und er flog davon durch die offene tür«[463] – Bewusstseinsverwandlungen inmitten giftiger Verbrennungsgase, surreale Selbst- und Welterweiterungen, »wahrnehmungen in der finsternis«. Soll man ihnen glauben? Das ist die Dimension bereits in Hilbigs frühen Gedichten.

Fühmann schließt daran die Frage an, warum dieser zweifellos bedeutende Dichter in der DDR nicht anwesend sei. Weil er den Preis nicht zu zahlen bereit ist, der ihm Anwesenheit ermöglichen würde? Dieser Preis wäre die »Preisgabe von Erfahrung« – »partielle Selbstaufgabe« also. »Verkrüppelung ist keine Synthese, sondern nur schlechtes Anwesendsein: eine als Anwesenheit kaschierte, also verlogene Abwesenheit.«[464] Das, was hier gesagt ist, scheint ungeheuerlich. Und bezieht Fühmann diese Aussage auch auf sich selbst? Fühmann kämpft um Veränderung, obwohl er den Glauben daran bereits verloren hat.

Dennoch, auch wenn er in diesem Land DDR auf verlorenem Posten steht, er wird aushalten, denn an den Westen glaubt er erst recht nicht.

Aber Fühmann wäre nicht dem Autor seines Lebens, Georg Trakl, und dessen Einsicht »Der Wahrheit nachsinnen, viel Schmerz« verpflichtet, würde er sie nicht noch weiter vorantreiben, Selbsterkenntnis, die über die Grenze des Lebbaren geht: »Ohnmacht heißt ja immer, nichts als Objekt sein, und man erhebt sich aus ihr zum Subjekt nur dadurch, daß man wagt, sich als Objekt anzuschauen; bei diesem Mann in einem Selbstdistanzierungsverfahren, das solches Anschaun ganz wörtlich nimmt.«[465]

Das Gedicht »abwesenheit« spricht dieses Befremden über den – so heißt es bei Fühmann – verlorenen »Durst« (man könnte auch »Hunger« oder »Erwartung« sagen) aus, jenes Lebensgefühl, das für eine falsche Anwesenheit steht, der eine ehrliche Abwesenheit vorzuziehen sei: »ich sah die zuhaus/im bett starben/ich begreife nicht/die schreckliche zufriedenheit/ihrer gesichter«[466].

Das Resümee, das Fühmann in seiner imaginären Rede zieht, gleicht einer inständigen Bitte um einen Platz für den Dichter Wolfgang Hilbig in einem Land, das seiner Stimme so sehr bedürfte: »... ich zeige Ihnen einen Dichter. Er ist hier nicht anwesend. Seine Abwesenheit quält; sein Anwesendsein wird Schwierigkeiten bringen: Er ist ein Dichter.«[467]

Hilbig ist einer der großen – und zugleich der älteste unter den jungen Autoren, für die sich nicht nur Fühmann, auch Christa und Gerhard Wolf oder Heiner Müller einsetzen. Aber diese Jungen sind eben überaus verschieden – und nicht jeder hält, was er verspricht, so einer wie Dieter Schulze etwa, über den Fühmann am 22. Oktober 1981 schrieb: »Dieter Schulze ist eine Genie.«[468]

Allerdings schreibt er dies auf Wirkung kalkulierend in einem Brief an den Präsidenten des Obersten Gerichts der DDR. Denn Schulze, das vormalige Heimkind, geht keiner Arbeit nach, was nach DDR-Recht »asoziales Verhalten« bedeutet, auf das Gefängnis steht, und er kultiviert auch nicht nur die große anarchistische Attitüde, sondern eben auch die kleinkriminelle Praxis: Er stiehlt gelegentlich, was er zum Leben braucht. Um Schulze vor dem Gefängnis zu bewahren, geben ihm Christa Wolf, Franz Fühmann und Heiner Müller, die von seinem punkigen Talent überzeugt sind, regelmäßig Geld. Christa Wolf, so heißt es, gibt monatlich 200 Mark, Müller bezahlt das – offenbar recht schreibfaule – Genie nach Zeilen.

Im Falle Schulze also ist es Fühmann nicht allein, der an den »genialen Dilettanten« glaubt. Adolf Endler, einer der Nestoren der Prenzlauer-Berg-Szene, erinnert sich in *Tarzan am Prenzlauer Berg* an den merkwürdigen Schulze-Hype, der sich da vor seinen Augen abspielt. Ein »Exponent der literarischen l'art brut« sei Schulze mit Sicherheit gewesen, einer, der in die das Dilettantische feiernde Szene passt. Aber dennoch, vielleicht ist Schulze – was Wolf, Fühmann, Müller nicht sehen wollen – weniger Avantgarde als schlicht ein anmaßend auftrumpfender halber Analphabet? Das fragt sich der Sensationen aller Art still genießend beobachtende Endler und ringt sich durch zu einem: Und wenn schon? Nicht ohne innere Heiterkeit zitiert er dann aus Schulzes Rattenepos: »... unsere ratte springt/dem wachtmeister ins/gesicht/krallt sich fest/so fest – das der wachtmeister/blut lassen muß/unsere ratte keifte/jetzt den wachtmeister/an – sprich nix mehr/komm mit auf den hoff/graben ...!/der wachtmeister kämpfte/nur gegen seinen eckel/blut und eckel und/eine ratte in seinem gesicht – kein grund/um sich wohl zu fühlen/herr wachtmeister ...!« Vielleicht ist es die sich ausbreitende Langeweile, die ausrechenbare Durchschnittlichkeit allerorten, die ein Kuriosum wie Schulze plötzlich so interessant macht?

Endler konstatiert: »Schulzes meistens mörderisch-aggressiv gespannte Sprache ist im Grunde nicht weit von der jener zwei Putzfrauen entfernt, die mir neulich einen Zettel vor die Wohnungstür gelegt haben: ›Sollen wir sammeln das sie sich ein apptreter kaufen können Der Scheuerlappen liegt hofentlicht auch bald wieder da. Sonst gehs auch anders ...‹«[469]

Auch Fühmann muss in seinem Brief ans Oberste Gericht einräumen, dass das »Genie« Schulze ein »Halb-Analphabet« sei, der »eine allen Regeln hohnsprechende Un-Orthographie« schreibe. Aber wenn Fühmann für jemanden eintritt, dann rückhaltlos, darum macht er dem Obersten Gericht folgendes Angebot: »Ich erkläre mich bereit, in dem Sinn für Dieter Schulze zu bürgen, dass ich mich für materielle Schäden, die er der Gesellschaft zufügen sollte (Mietsschulden, Schulden beim Elektrizitätswerk, bei Verkehrsmitteln, vielleicht auch einmal eine Sachbeschädigung), für haftbar erkläre und für sie aufkomme. Ich bin bereit, mit Dieter Schulze Kontakt zu halten; ›erziehen‹ oder gar ›bessern‹ kann ich ihn nicht, das kann keiner, am wenigsten ein Gefängnis.«[470]

Was er sich mit Dieter Schulze aufgeladen hat, wird ihm erst nach und nach klar. Am 30. Juni 1983 schreibt Fühmann an Ingrid Prignitz, es gehe ihm schlecht, nicht nur der »Scheißgrippe« wegen. »Ich habe kein Vertrauen mehr.« Während er »als diensthabender Antifaschist« im Westen rumreise, würden hier »die Leute ausgebürgert«. Gemeint ist Dieter Schulze, »das einzige echte Genie, das hierzulande rumläuft«, er werde ihn am 8. Juli nach Westberlin bringen. Die Verzweiflung wächst, das spürt man in seinen Briefen, etwa wenn es, weil sich die Akademie der Künste nicht für Dieter Schulze einsetzen will, unkontrolliert aus ihm herausbricht: »Pack ist das, Gesindel, Geschmeiß, diese ganze Mittelgeneration, die Herren Rücker und Kohlhaase, und der Kant sowieso, das ist verrottet und faul bis ins Mark, und gibt sich so biedermännisch, und – nee, ich habs satt.«[471]

Am 19. Juli unterrichtet er den Staatssekretär im Ministerium für Kultur Löffler darüber, wie er Schulze nach Westberlin gebracht habe. Vorläufig wohne dieser im Literarischen Colloquium am Wannsee. Er könnte nun anfangen, sich eine Existenz aufzubauen, werde wohl auch Arbeitslosenunterstützung bekommen, aber habe sofort sein ganzes Geld in eine elektrische Schreibmaschine gesteckt »und spielt mit ihr wie mit einem Märchenspielzeug herum«. Fühmann selbst schreibt auf einer uralten Maschine, nicht elektrisch. Und jeder, der es gut mit Schulze meint, rät ihm, sich erst einmal eine Arbeit zu suchen, »aber da wird er graugrün im Gesicht und versteht plötzlich nichts mehr – *das* will er nun eben gerade nicht«. Nebenbei stöhnt er, die »herrlichen Dinge« und das »herrliche Geld« vor Augen: »Wenn ich bloß nich in die Dealer- und Ganoven-Szene reinrutsche!«[472]

Hört er Fühmanns Antwort, wenn man das nicht wolle, passiere es auch nicht, überhaupt? Fühmann schließt seinen Bericht an den Staatssekretär damit, dass er aufgrund seines schlechten Befindens sein Angebot doch annehmen werde, für ein paar Tage ins Regierungskrankenhaus zu gehen, um sich durchchecken zu lassen. Er ahnt nicht, dass selbiger Staatssekretär laut darüber nachdenkt, ob man

Fühmann nicht wegen seiner zunehmenden Verhaltensauffälligkeiten und seiner Vorliebe für Geisteskranke in die Psychiatrie verbringen sollte. Tatsächlich besucht Fühmann Anfang der achtziger Jahre regelmäßig die Samariteranstalten in Fürstenwalde, arbeitet, zusammen mit dem Fotografen Dietmar Riemann, an einem Bildband zu »Leben mit geistig Behinderten«. *Was für eine Insel in was für einem Meer* erscheint 1985 im Hinstorff Verlag, da ist Fühmann schon ein Jahr tot.

Ingrid Prignitz erfährt am 13. Juli 1983, dass er »elend büßen« müsse und langsam »ein klein bisschen wahnsinnig« werde, jedoch: »... hab vorher noch, mit dem Zeug + Fieber, bei 33 Grad in West Berlin ein ausgewiesenes (Staatsbürgerverl.) Genie, Dieter Schulze, dort durch den Start gebracht – und zum Dank hat er mich um 2100 DM betrogen – ich habs jetzt satt.«[473] Ist noch irgendwo Hoffnung?

Seit er aus Westberlin zurück ist, verschlechtert sich sein Zustand dramatisch. Ein knappes Jahr später schildert er Adolf Muschg seine Situation: »Seit Juli letzten Jahres Charité, 4 Operationen, 2 mal so grade noch von der Schippe gesprungen, wie man in Preußen zu sagen pflegt, und die Folgen: Stahlkorsett, das mir die Luft abschnürt, und anus präter; die Kombination von beidem ist sehr unangenehm.«[474] Dennoch arbeitet er weiter, schreibt an seinen bitterbösen »Märchen für Erwachsene«, notiert seine Träume und versucht, mit dem »Bergwerk« voranzukommen. Vergeblich, er bricht die Arbeit ab.

Auf einer Lesereise in Heidelberg, Frankfurt und Butzbach, die vielversprechend beginnt, kommt der finale Zusammenbruch, und Fühmann wäre nicht Fühmann, wenn er die Szenerie in einem seiner letzten Briefe vom 31. Mai 1984 an Margarete Hannsmann nicht zu schildern verstünde: »Eine furchtbare Nacht im Hotel, ich dachte, mir zerreißt's den Leib – Ärzte können da gar nicht helfen, ich hab nur gekämpft, daß ich vor Schreien das Hotel nicht aufwecke.« Mit Hilfe seines Verlags im Westen, Hoffmann & Campe, wird ihm ein Flug nach Berlin gebucht, »dann bin ich halt so ins Flugzeug gekrochen, mehr gekrochen als gegangen, das konnt ich schon nicht mehr; mein Weib hat indes in der Charité angerufen, die haben ein Bett bereit gestellt, ja und dann hab ich von Frankf./BRD bis Berlin/DDR, einschließlich Grenzübergang, 1 1/2 Stunde gebraucht, und von Berlin-Fr.straße bis zur 800 m entfernten Charité 2 1/2 Std. – Ein Falschparker hatte den Wagen meines Schwiegersohns blockiert, ich lag vor dem Bahnhof auf der Straße; Taxi keins zu kriegen, der Krankentransport eine Odyssee oder besser: keine, denn die Odyssee fand ja statt, wogegen –«[475]

Am 8. Juli stirbt Franz Fühmann in der Charité. Christa Wolf sagt in ihrer Trauerrede in der Akademie der Künste: »Er konnte verachten, anhaltend und unversöhnlich. Aber er konnte auch – fast möchte ich sagen: vor allem – rückhaltlos bewundern und bejahen. … Ein anderes Bild: Sein Krankenzimmer, umhängt von den Grieshaberschen Darstellungen des Todes. Das war nach einer späteren Operation. Er hatte sich gedacht, das werde vielleicht nichts mehr, da habe er sich den Alten hingehängt, mal so zum Drangewöhnen. – Und wer dabei war, wird ihn im Gedächtnis behalten, wie er, wenig später, in diesem Saal unter Schmerzen, die man ihm nicht anmerken sollte, sein Plädoyer für Franz Kafka hielt.«[476]

Walter Jankas *Schwierigkeiten mit der Wahrheit* als geistiges Signal der Wende

Am 28. Oktober 1989 stand ich auf dem Platz vor dem Deutschen Theater in Berlin. Dort war eine Lesung von Walter Jankas *Schwierigkeiten mit der Wahrheit* angekündigt. Der DT-Schauspieler Ulrich Mühe sollte lesen. Diese Lesung war ein Signal, dass die Wende aus der Geschichte der DDR resultieren musste. Dass es tatsächlich um Reue angesichts der Geschichte gehen musste. Gulags und Massenmorde hatte es in der DDR nicht gegeben, aber davon, wie die politischen Prozesse in der DDR abliefen, hatten wir keine Ahnung.

Über Jankas Schicksal gab es allerdings Gerüchte, der Mann hatte immerhin in Spanien gegen Franco gekämpft, war in Frankreich interniert gewesen, nach Mexiko geflohen, wo er einen Exilverlag leitete, war Direktor der DEFA gewesen und Chef des Aufbau Verlags – und dann als politischer Verbrecher im Zuchthaus Bautzen verschwunden unter so üblen Bedingungen, dass er fast gestorben wäre. Schwerkrank kam er nach drei Jahren wieder frei, ein Aussätziger unter den eigenen Genossen, die während des Prozesses gegen ihn – wider besseres Wissen – geschwiegen hatten. Nach der Entlassung war er arbeitslos, Stellenangebote als Filmvorführer auf dem Lande hatte er abgelehnt. Aber er blieb in der DDR. Zwei Jahre später wurde er Dramaturg bei der DEFA, weil Katia Mann und Martha Feuchtwanger, die Janka als Aufbau-Verleger geschätzt hatten, Verfilmungsrechte an die Bedingung knüpften, dass Janka in die Arbeit einbezogen werde. So kam es, dass Janka Dramaturg bei Konrad Wolfs Feuchtwanger-Verfilmung *Goya* wurde, dieser abgründigen Parabel auf Kunst und Macht.

Tragödie oder bittere Farce? Der Platz vor dem Theater war bereits eine halbe Stunde vor Beginn übervoll. Keine Chance mehr, in den Zuschauerraum zu kommen. Aber die Wartenden harrten aus, es war wie eine stille Demonstration: Dies hier geht uns an, das ist ein Teil von uns! Schließlich betrat Intendant Dieter Mann den Balkon und sagte, dass wir gehen müssten, sonst könne man drinnen nicht anfangen – aber es werde eine Wiederholung der Veranstaltung geben. Was man in solchen Momenten der Überfüllung so sagt. Dann endlich verliefen sich die Wartenden, und im Frühjahr 1990 erschien ein schmales Buch in der Reihe »Aufbau Texte zur Zeit«, Walter Jankas *Schwierigkeiten mit der Wahrheit*, drei Kapitel aus seiner geplanten Autobiographie enthaltend: »Der Minister«, »Die Verhaftung«, »Der Prozess«.

Zum 1. Mai 1989 hatte Janka aus den Händen von Egon Krenz den »Vaterländischen Verdienstorden in Gold« erhalten. Janka, der Rentner und Parteiveteran, wie zu lesen war, wurde ausgezeichnet »in Würdigung hervorragender Verdienste beim Aufbau und bei der Entwicklung der sozialistischen Gesellschaftsordnung in der Deutschen Demokratischen Republik«. Der blanke Hohn, Ausdruck der Verlogenheit eines Staatswesens, das jede Moral und jeden Anstand eingebüßt hatte. Dreißig Jahre nachdem Janka in Bautzen in einer ungeheizten schmutzigen und dunklen Zelle um sein Überleben kämpfte, bekommt er von der gleichen Staatsmacht, die ihn ins Zuchthaus sperrte, für seine »Verdienste« einen der höchsten Orden der DDR. Statt offizieller Rehabilitation ein Trostpflaster – über das begangene Unrecht schwieg man.

Walter Janka war 1957 als »Mitglied einer konterrevolutionären Gruppe« und wegen »Boykotthetze« zu fünf Jahren Zuchthaft mit verschärfter Einzelhaft verurteilt worden, die er bis 1960 (da wurde er auf Geheiß Ulbrichts entlassen) im Zuchthaus Bautzen absaß. Im Publikum beim Schauprozess saß auch DDR-Justizministerin Hilde Benjamin, für die man einen Polstersessel hereintragen ließ. Generalstaatsanwalt Melsheimer erfüllt den gesetzten Anspruch, einen andere Intellektuelle des Landes abschreckenden Schauprozess zu veranstalten; der Richter Walter Ziegler jedoch führt den Prozess offensichtlich nicht scharf genug und wird im Anschluss nach Frankfurt/Oder strafversetzt. Wer war dieser oberste Ankläger der DDR, Melsheimer, der so wie Freisler vor dem Volksgerichtshof klang? Ein Berufsjurist, der 1933 aus der SPD ausgetreten war und darum im NS-Justizapparat als Landesgerichtsdirektor bleiben durfte. 1940 hatte er die »Treuemedaille des Führers 2. Klasse« erhalten und wurde – welch wundersame Karriere – 1949 Generalstaatsanwalt beim Obersten Gericht der DDR.

Besonders eifrig war Melsheimer in dem Prozess wohl auch, weil Justizministerin Hilde Benjamin unter den Zuschauern saß. Hilde Benjamin war vor 1933 Anwältin in Wedding gewesen, verheiratet mit dem Arzt Georg Benjamin (dem Bruder des Philosophen Walter Benjamin), der als Kommunist und Jude 1942 im KZ Mauthausen starb. Hilde Benjamin war voller Hass auf jene, die ihrer Familie dieses Unglück angetan hatten, und so agierte sie auch: ein Racheengel ohne Gnade. Von 1949 bis 1953 war sie Vizepräsidentin des Obersten Gerichts der DDR gewesen und verhängte als Richterin fast immer Höchststrafen. Auch Hilde Benjamin hatte eine schrill-agitatorische Art, Angeklagte niederzuschreien.

Der jetzige Richter war eher ruhig, drohte den Angeklagten nicht, sondern ließ sie ausreden. Schlecht für einen Schauprozess. Weshalb verurteilte man Janka überhaupt? Er hatte das offensichtliche Pech, in einen Machtkampf im Politbüro hineingeraten zu sein. Ulbricht hatte Stalins Tod 1953 als Staats- und Parteichef politisch überlebt, ebenso Chruschtschows Rede über Stalins Verbrechen auf dem XX. Parteitag der KPdSU. Aber es gab eine wachsende Opposition gegen ihn, um ZK-Mitglied Karl Schirdewan und den Minister für Staatssicherheit Ernst Wollweber. Als die Situation in Ungarn eskalierte, es zum Volksaufstand kam, der mit russischen Panzern niedergeschlagen wurde, sah Ulbricht die Chance, seine Gegner loszuwerden. (Beide wurden 1957 und 1958 aus ihren Ämtern entlassen und aus der SED ausgeschlossen – Erich Mielkes Karriere als Minister für Staatssicherheit begann.)

Einer spielte Ulbricht bei seiner Machtintrige in die Hände: Wolfgang Harich. Nach seiner Entlassung als Professor von der Humboldt-Universität war er seit 1954 Cheflektor im Aufbau Verlag. Ein Enfant terrible bis zu seinem Tod – jemand, der ständig für Skandale sorgte.

Nach dem XX. Parteitag der KPdSU soll Harich einen Gesprächskreis, den »Kreis der Gleichgesinnten«, initiiert haben, in dem es um Entstalinisierung der Gesellschaft und Fragen etwa nach den Bedingungen der deutschen Einheit ging. Auch der Verlagschef Walter Janka soll an diesen Gesprächen teilgenommen haben, so Harich. Offen habe man in diesem internen Kreis über die Notwenigkeit der Entmachtung Ulbrichts und die Möglichkeit der Wiedervereinigung als neutrales und entmilitarisiertes Deutschland gesprochen. Ob der Verlagschef tatsächlich in die Gespräche involviert war, ist fraglich, Janka bestreitet das. Fakt ist, dass Harich ein verschwörerisches Positionspapier verfasste, das er auch Rudolf Augstein vom *Spiegel*, sowie dem Ost-Büro der SPD zukommen ließ. Auch dem sowjetischen Botschafter in der DDR übergab er es. Ulbricht sah sich unter Zugzwang – und am 29. November 1956 wurde Wolfgang Harich verhaftet. Sein Prozess fand vor dem Prozess gegen Walter Janka, Gustav Just, Richard Wolf und Heinz Zöger statt. Harich hatte sie stark belastet und somit das Material für diesen zweiten Prozess geliefert – aber trotz seiner Willfährigkeit war er wegen »Bildung einer konspirativen staatsfeindlichen Gruppe« zu zehn Jahren Zuchthaus verurteilt worden, von denen er acht absaß.

In seinem Schlusswort bedankte er sich bei der Staatssicherheit dafür, dass sie ihn in seinem unheilvollen Treiben gestoppt habe: »Ich wäre nämlich nicht mehr aufzuhalten gewesen. Ich war wie so ein durchgebranntes Pferd, das man nicht mehr durch Zurufe aufhält. Mit diesen Ideen im Kopf bin ich eben durchgegangen, und wenn sie mich nicht festgenommen hätten, dann wäre ich heute nicht reif für die zehn Jahre, die der Herr Generalstaatsanwalt beantragt hat, sondern für den Galgen.«[477]

Derart belastet von Harich, der als Verurteilter auch im zweiten Prozess aussagte, stand Walter Janka auf verlorenem Posten. Aber anders als Harich wirkte Janka nicht – so wie es erwartet wurde – mit

Selbstanklagen und Belastung anderer an der eigenen Verurteilung mit. Er hatte als Kommunist während der Nazi-Zeit Erfahrungen mit politischer Strafjustiz gemacht – und leugnete alle gegen ihn erhobenen Vorwürfe. Ein harter Kampf mit Generalstaatsanwalt Melsheimer. Auch seinem Anwalt Friedrich Wolff machte er es nicht leicht, dem er wie folgt die Richtung vorgab: »Von Verteidigung kann keine Rede sein. Ich weiß nicht, was ich verteidigen soll. Ich werde verleumdet, für Dinge verantwortlich gemacht, die ich nicht zu verantworten habe.«[478] Sein Anwalt macht ihm klar, dass es keine Möglichkeit vor Gericht geben werde, sich politisch zu verteidigen. Er stehe als Krimineller vor Gericht: »Ich kann nur darauf achten, dass die formalen Bestimmungen eingehalten werden.«

Die wüsten Ausfälle des Generalstaatsanwalts zielen auf Einschüchterung – sowohl des Angeklagten wie auch der im Publikum vertretenen Prominenz (Jankas Ehefrau durfte nicht am Prozess teilnehmen), darunter Anna Seghers, Vorsitzende des Schriftstellerverbandes. Sie wollte Janka, ihren Verleger, der dies auch schon im mexikanischen Exilverlag war, noch kurz vor seiner Verhaftung nach Budapest schicken, um den mit ihr befreundeten Georg Lukács nach Berlin zu holen. Sie fürchtete um sein Leben. Aber im Prozess schweigt sie, auch als Lukács von Melsheimer als Konterrevolutionär verunglimpft wird. Helene Weigel winkt Janka auf der Anklagebank immerhin zu, das ist schon das Äußerste an Protest, der sich hier zeigt.

Die Szenerie soll Angst machen. Ulbricht fürchtet, in der DDR könnte es eine kritische Gruppe von Intellektuellen geben, die die SED-Politik in Frage stellte, so wie zuvor in Ungarn der Petőfi-Kreis. Angesiedelt sei die Gruppe im Aufbau Verlag unter Walter Janka, an ihm soll nun eine Exempel statuiert werden. Dazu passt die Auswahl der weiteren Angeklagten. Gustav Just etwa war bis zu seiner Verhaftung stellvertretender Chefredakteur der kulturpolitischen Wochenzeitung *Sonntag*. Später wird er über Melsheimer sagen: »Ich bin selten einem so abstoßenden Menschen gegenüber gesessen. Schwammig, grob, zynisch. In einem fort fraß er irgendwelche Tabletten.«[479] Und Stefan Heym urteilt nach der Lektüre von Melsheimers Anklagerede, es schaudere ihn, wenn er sie lese, »und nicht nur, weil ein geistig verwilderter

Analphabet Hitler, Freisler und Stalins Wyschinski zugleich nachzuahmen versuchte«.[480]

Alle Entlastungszeugen, die sich gemeldet hatten und deren Vernehmung die Verteidigung beantragt hatte – von Erika Mann bis Leonhard Frank –, wurden nicht zugelassen. Nur Paul Merker, dessen langjähriger Mitarbeiter Walter Janka seit der Emigration nach Mexiko war, wo sie die Bewegung »Freies Deutschland« gegründet hatten, wurde vorgeladen. Merker war bereits vor 1933 preußischer Landtagsabgeordneter für die KPD gewesen und blieb auch in der Untergrundarbeit und im Exil Mitglied des Zentralkomitees – gehörte also lange Zeit zum engsten Führungszirkel der KPD und dann auch der SED.

1950 geriet Merker in die Noel-Field-Affäre – das Misstrauen gegen Westemigranten war groß –, wurde der Spionage verdächtigt und aus der SED ausgeschlossen. Weil Präsident Wilhelm Pieck sich für ihn einsetzte, musste er nicht ins Gefängnis, sondern wurde nach Luckenwalde »verbannt«, wo er eine HO-Gaststätte leitete. Aber nur bis zur nächsten Verhaftung im Umfeld des Prager Slánský-Prozesses. Überall vermutete man Westspione. Diesmal blieb er zwei Jahre in Untersuchungshaft – und wurde 1955 »wegen Kriegs- und Boykotthetze« zu acht Jahren Zuchthaus verurteilt. Er sei ein »zionistischer Agent«, hieß es. 1956 sprach ihn das gleiche Gericht, das ihn im Jahr zuvor verurteilt hatte, in einem Geheimverfahren frei. Er wurde aus dem Zuchthaus entlassen – aber die von ihm geforderte Rehabilitierung blieb aus.

Und nun zwang man Paul Merker, diesen gebrochenen Menschen, im Prozess gegen Walter Janka auszusagen. Während die Angeklagten braungebrannt, als kämen sie aus dem Skiurlaub im Hochgebirge, vor Gericht gestellt wurden (man hatte ihnen vor Prozessauftakt Höhensonne verordnet), war Merker, der als freier Mann kam, blass und geradezu hinfällig. Er versuchte es zu vermeiden Janka mit seiner Aussage zu belasten, verwies auf dessen Verdienste im kommunistischen Kampf und als Verleger, wurde aber von Melsheimer rüde unterbrochen, er solle hier keine Laudatio auf einen Staatsfeind halten. Und dann forciert Melsheimer den Ton, droht offen, um zu der gewollten Aussage zu kommen: »Wissen Sie überhaupt, dass Sie eigentlich auf die Anklagebank gehören? Dass Sie nur ein Haar von dem Verräter Janka trennt? Sie gehören auf den Platz neben ihm. Und wenn Sie hier nicht die Wahrheit sagen, dann müssen Sie damit rechnen, den Platz neben ihm doch noch einzunehmen.«

Merker brach daraufhin in Tränen aus und machte mit erstickter Stimme seine belastende Aussage. Beim Verlassen des Gerichts musste er gestützt werden. – Was Kommunisten oder solche, die sich so nannten, ihren Genossen anzutun vermochten, darüber schreibt Janka sein Buch *Schwierigkeiten mit der Wahrheit.* Janka, der Hauptmann im Thälmann-Bataillon, das im Spanienkrieg kämpfte (wobei er mehrfach verwundet wurde, zwei Lungensteckschüsse bekam), macht sich schon früh keine Illusionen mehr über die herrschende Ideologie. Nach seiner Verhaftung begegnet ihm auch der angehende Minister für Staatssicherheit Erich Mielke, über den er schreibt, schon seit Spanien würde er ihn nicht mehr als seinen Genossen betrachten. Denn interne Geheimdienste, zu denen Mielke gehörte, machten schon damals Jagd auf »Abweichler«, Anarchisten oder Trotzkisten, die auf der Seite der Republik gegen Franco kämpften. Viele von ihnen wurden ermordet – nicht von Faschisten, sondern bei stalinistischen Säuberungen.

All das gehört zur Geschichte – oder Vorgeschichte – der DDR, diese Realität muss sich an den Ansprüchen messen lassen, mit denen dieser Staat das »bessere Deutschland« verkörpern wollte. Das Niveau Melsheimers, der auftragsgemäß kritische Intellektuelle zur Strecke bringt, ist beschämend – und es führt bereits in der Folge dieses Prozesses zu einem Rückzug der Intellektuellen von einer SED, die so brutal und plump agiert. Melsheimer in seinem Anklageplädoyer: Die Angeklagten hätten den vergeblichen Versuch unternommen, die Existenz einer solchen staatsfeindlichen Gruppe, »eines solchen Kessels, in dem das gegoren wurde«, zu leugnen. Aber dank der Zeugenaussage Wolfgang Harichs sei ihnen das nicht gelungen, Harich bringe den »absoluten Beweis für die Richtigkeit« der Anklage.

Über Janka sagt Melsheimer: »Ein Mann, der sich hier und in der Voruntersuchung als ein notorischer Lügner gezeigt hat. … Janka ist ein Mensch, der einmal Großes und Gutes für den Kommunismus getan hat. Janka ist ein Mensch, der sich hier nicht benimmt oder benommen hat, als das Verbrechen der Gruppe sich vollzog, wie sich ein Kommunist benimmt. Er ist ein Hasser unseres Arbeiter-und-Bauern-Staates. … Ich beantrage gegen Janka, diesen Kommunisten, der seine Partei verraten hat, dem die Pläne bekannt waren, der ein Lügner ist, der die größte Verantwortung als Verlagsleiter hatte, fünf Jahre Zuchthaus.«[481]

Dennoch plädiert Anwalt Friedrich Wolff im Angesicht Melsheimers – auch das war in der DDR möglich – auf Freispruch. Im Prozess habe Jankas Schuld nicht bewiesen werden können. Janka, der *Schwierigkeiten mit der Wahrheit* in der dritten Person abfasst, erinnert sich: »Die abkommandierten Schreier im Zuschauerraum hatten Jankas Anwalt mit Buhrufen in seinem Plädoyer unterbrochen. Er blieb bei der Forderung auf Freispruch. Das war Haltung.«[482] Aber natürlich wird er genau zu dem vom Generalstaatsanwalt geforderten Strafmaß verurteilt – zusätzlich erhält er verschärfte Einzelhaft.

Und so kommt Janka nach Bautzen II. In Bautzen I hatte er als von den Nazis wegen Vorbereitung zum Hochverrat verurteilter Kommunist bereits anderthalb Jahre verbracht, dann noch ein halbes Jahr im KZ Sachsenburg, bis er 1935 in die Tschechoslowakei abgeschoben wurde.

Nun also wird er vom antifaschistischen Staat nochmals nach Bautzen geschickt, mit allen Demütigungen und Schikanen, die man sich ausdenken kann. So ist seine Zelle – das wusste jeder vor Ort – nicht heizbar, deshalb wurde sie zuvor auch nicht mehr genutzt und war völlig verdreckt. Aber für den Staatsfeind Janka ist die genau richtig! Staatsanwalt Jahnke, Mitarbeiter des Generalstaatsanwalts, ist auch in Bautzen mit einer scharfmacherischen Rede zur Stelle. Dieser Insasse sei ein »gefährlicher Intellektueller«, der die härtesten Haftbedingungen verdiene. Sein Status als Verfolgter des Naziregimes war ihm im Prozess ebenfalls aberkannt worden – erst 1972 erhielt er ihn zurück.

Die sachlichen Schilderungen Jankas über seine Haft zu lesen, ist immer noch schockierend: »Das Leben in einer ungeheizten Zelle ist schwer zu beschreiben. Um sich eine Vorstellung zu machen, muss man es erlebt haben. Richtig erwärmen konnte sich Janka in der kalten Jahreszeit überhaupt nicht. Sooft er fünf Schritt auf und ab ging, gymnastische Übungen machte, ihm wurde nicht warm. Wenn man das über Monate ertragen muss, keiner Beschäftigung nachgehen darf, kein Buch bekommt, verliert das Leben seinen Sinn. Es gehört viel Kraft dazu, es nicht selbst zu beenden.«[483]

Er habe in dieser Zeit vor einem »Trümmerhaufen« gestanden. »Wie nach einem verlorenen Krieg«. Die Frage, ob er aufgeben oder durchhalten sollte, verließ ihn nicht bis zu seinem letzten Tag hinter Gittern. Zeugnis davon abzulegen, empfand er als seine Pflicht

Christa Wolfs einführende Worte zur Veranstaltung am 28. Oktober 1989 im Deutschen Theater wurden der Aufbau-Ausgabe von *Schwierigkeiten mit der Wahrheit* als Vorwort vorangestellt. Darin spricht sie über den »schleichenden Stalinismus«, den auch die Tatsache belege, dass Janka und die anderen in Schauprozessen Verurteilten bis zu diesem Zeitpunkt noch nicht rehabilitiert worden seien. Die Grundposition dieses Stalinismus laute: »Der Zweck heiligt die Mittel. Nun haben die unsittlichen Mittel den Zweck zersetzt. Nicht nur die Institutionen sind ausgehöhlt, auch die Werte, die sie verkörpern sollten, zerfielen in der langen Erosionsperiode, die hinter uns liegt. Die Krise, die aufgebrochen ist, signalisiert auch einen geistig-moralischen Notstand unserer Gesellschaft, der nicht so schnell zu beseitigen sein wird, wie ein Versorgungsnotstand oder ein Reisedefizit.«[484]

Heiner Müllers letzte Szenen zur DDR: *Wolokolamsker Chaussee*

1985 beginnt Heiner Müller mit dem Stück *Wolokolamsker Chaussee.* Als er zwei Jahre später den fünften und letzten Teil beendet, weiß er, dass er auch mit der DDR als Thema fertig ist: »Was ich geschrieben habe, ist ein Nachruf, auf die Sowjetunion, auf die DDR.«[485]

Am Anfang inspiriert er sich an Alexander Beks Roman *Die Wolokolamsker Chaussee.* Darin geht es auch um die Erschießung eines Soldaten wegen Desertion. Das Problem: Der Angriff, von dem der Soldat desertierte, war nur ein fingierter, eine Übung. Bek schrieb Anfang der sechziger Jahre auch den Roman *Die Ernennung*, das Porträt eines Wirtschaftsfunktionärs unter Stalin. Raissa Orlowa-Kopelew verfasste zum Erscheinen des Buches 1987 während der Perestroika ein Nachwort, worin sie sich erinnert, dass *Die Ernennung* bereits 1965 in der Zeitschrift *Nowi Mir* unter jenen Titeln angekündigt war, die im kommenden Frühjahrsprogramm erscheinen sollten, zusammen mit Rybakows *Die Kinder vom Arbat* und Konstantin Simonows *Fronttagebüchern*. Alle drei Bücher erschienen nicht, die »kleine Perestroika« von Anfang der sechziger Jahre war vorbei.

Als *Die Ernennung* 1987 schließlich herauskommt, liegt die Zeit, in der der Roman spielt – das Jahr 1956 –, bereits über dreißig Jahre zurück. Raissa Orlowa-Kopelew zitiert den Wirtschaftswissenschaftler Popow, der in der Zeitschrift *Wissenschaft und Leben* im April 1987 über die Gründe des Scheiterns dieser »kleinen Perestroika« in der allgemein »Tauwetter« genannten Zeit von Ende der fünfziger bis Mitte der sechziger Jahre schrieb: »Das System blieb bestehen. Es hat den Reformen standhaft Widerstand entgegen gesetzt. Das System – wir müssen den Mut haben, es einzugestehen – hat gesiegt, und es ist sogar in manchem stärker geworden … Es gibt auch heute eine Gefahr, dass die Perestroika ertränkt wird.«[486]

Am Anfang, im Jahr 1985, sei Gorbatschows Perestroika auch für ihn ein »Hoffnungssignal für das scheiternde Unternehmen ›Sozialismus‹« gewesen, so Müller in *Krieg ohne Schlacht*. Diese »Illusion von der Reformierbarkeit des Systems« habe eine Weile gedauert, »beinahe bis in den dritten Teil von ›Wolokolamsker Chaussee‹ 1986«.[487] Müller gesteht, er habe versucht »Hoffnung zu denken«. Wenn es nicht mehr heißen könne Sozialismus oder Barbarei, dann bliebe doch nur noch Untergang oder Barbarei. Das war sein Bild vom Westen, wenn dieser die Welt ohne Korrektive beherrscht. Was er in *Wolokolamsker Chaussee* schreibt, wird zum Requiem auf den Sozialismus.

Der kalte Blick auf die Anfangsgläubigkeit vom »neuen Menschen« im Sozialismus weicht hier der große Klage. Fast kann man von einem Jüngsten Gericht sprechen. Müller verbindet längst keine Hoffnung mehr mit dem sozialistischen System, das Thema einer Neuen Ökonomischen Politik hat ihn nie so recht interessiert. Das zeigt sich bereits in seiner Adaption von Fjodor Gladkows *Zement* (1973). Die Neue Ökonomische Politik bringt in Müllers Augen nur Konsum-Spießer hervor, lauter kleine Kapitalisten, mit denen man keine Tragödie spielen kann. Im fünften Teil der *Wolokolamsker Chaussee* heißt es: »Was geht mich euer Sozialismus an/Bald ersäuft er ganz in Coca-Cola.«[488]

Dabei sieht er auch in der DDR den kleinen Konsumkapitalismus, wenn auch ohne die große, Ende der sechziger Jahre abgebrochene Wirtschaftsreform Ulbrichts. Aber die Idee des Kommunismus war für ihn tot – von dieser endgültigen Verabschiedung zeugen die Teile drei bis fünf: »Die ›Wolokolamsker Chaussee‹ III bis V sind meine letzten drei Szenen zur DDR. Das Schreiben ging sehr schnell, es wurde leichter, je mehr die DDR an Gewicht verlor, an Legitimation. Die DDR bezog ihre Legitimation zunehmend nur noch aus den Toten …«[489]

Mit dem Lektor des Henschel Verlages Gregor Edelmann wettet er, dass diese letzten Teile von *Wolokolamsker Chaussee* nie in der DDR veröffentlicht werden können. Seltsamerweise verliert er diese Wette, die zuständigen Stellen wollen sich zu diesem – sehr stilisierten – Text nicht mehr erklären. Ist der Staat nun sogar zum Verbieten zu schwach geworden? Während der Anfang, der erste Teil von *Wolokolamsker Chaussee*, noch einem lang gehegten Plan Müllers entspricht – der »Weg der Panzer von Berlin nach Moskau und zurück« –, so ist das, was in den weiteren Teilen zu lesen sein wird, etwas so Endgültiges, dass es dem Autor selbst zu schaffen macht. »Ich weiß was ihr gebaut habt/Ein Gefängnis/Wenn hinter dir die Tür ins Schloss fällt morgen/Weiß du den Unterschied.« Die finale Konsequenz: »Ich lege mich freiwillig zu den Akten.«[490]

Was ihn dennoch weiter quält, das sagt er auch in dieser endgültigen DDR-Verabschiedung: »Die Bataillone eurer teuren Toten/Die ihr gestrichen habt aus dem Kalender/Und ausgelöscht auf den Fotografien/VERGESSEN UND VERGESSEN UND VERGESSEN.«[491] Das ist die Drohung, dass etwas begraben wird an Vergangenheit inmitten der rasenden Gegenwart, was in uns weiterleben sollte. Zumindest so lange, bis wir uns entschließen, es zu beerdigen – auf würdige Weise, als etwas, das zu Ende gelebt wurde.

Die düstere Vision, die Müller jedoch befreit vom fatalen Zwang zum Optimismus, ist bereits hier formuliert und nimmt den Verlauf des 89er-Herbstes als eine blutige Möglichkeit vorweg, die sich dann nicht realisieren wird. Oder doch: als Angsttraum, Schreckgespenst, das uns aus dem Tag bis in die Nacht verfolgt: »Die Munition die mich zerreißen wird/ist auch volkseigen und ich bin das Volk.«[492]

Die *Wolokolamsker Chaussee*, so Müller, sei nach *Germania* und *Zement* der »dritte Versuch in der Proletarischen Tragödie im Zeitalter der Konterrevolution«. Das klingt martialisch, nach unverbesserlichem Dogmatismus, der die Feindbilder – als einzige übrigens – aus dem völligen Zusammenbruch zu retten versucht. Jedoch, Müller denkt hier das Problem des Übergangs zwischen den Gesellschaftsformationen konsequent weiter, das er Mitte der sechziger Jahre in *Der Bau* aufgeworfen hatte: »Ich bin der Ponton zwischen Eiszeit und Kommune.« Dafür wurde er dann 1965 auf dem 11. ZK-Plenum der SED abgestraft, auf dem man die Tatsache der Transformationsgesellschaft offenbar nicht akzeptieren wollte.

Nun jedoch heißt es, im Nachklang zur *Wolokolamsker Chaussee*, die »Alternative sei der schwarze Spiegel, der nichts mehr herausgibt«. – »DER AUGENBLICK DER WAHRHEIT WENN IM SPIEGEL/ DAS FEINDBILD AUFTAUCHT«[493] Das ist der Verwandlungsmoment: Ich als mein eigener erbitterter Feind. Ich verfolge mich selbst – der Übergang der »Hamlet«-Thematik in die der »Hamletmaschine«. Die Quintessenz lautet dann: »die Tragödie als Farce«.[494]

Anders ist sie nicht mehr zu denken, weil sie anders auch nicht mehr existiert. Müller räumt ein, die *Wolokolamsker Chaussee* sei ein »elitärer Text« – es klingt, als sei dies die notwendige Reaktion auf eine gleichmacherische Vorgabe. Darum nennt er sie den »Klavierauszug einer Partitur, die aussteht«.[495]

Obwohl sich Müller sicher ist, dass *Wolokolamsker Chaussee*, diese hochartifizielle, aber darum um so weniger verhandelbare Absage an die DDR, dort weder gedruckt, noch aufgeführt werden darf, passiert etwas Unerwartetes, vermutlich, weil der Text dem surrealen Lautreamont-Ton näher ist als dem dissidentischen Protestgestus: »Von der Bezirksleitung auch kein Kommentar, kein Nein, kein Ja. Das Manuskript hätte sogar bei Honecker auf dem Tisch gelegen, niemand wollte mehr entscheiden. Das war Ende 1987, und da wusste ich: Es ist zu Ende. Wenn sie nicht mehr verbieten können, ist es aus.«[496]

Dieter Mann, Intendant des Deutschen Theaters in Berlin, organisiert für Müller eine Sonntagsmatinee, bei der er Teil V der *Wolokolamsker Chaussee* lesen soll. Ehrlicherweise klärt ihn Müller über die

Gefährlichkeit des Textes auf. Es bleibt bei der Zusage. Die Szenerie beschreibt Müller so: »Es war eine atemlose Stille im überfüllten Zuschauerraum. Die Leute hielten es noch im Januar 1988 nicht für möglich, dass so etwas laut gelesen wird. Auch ich hatte Schwierigkeiten, das zu lesen, ohne dass die Stimme zitterte, weil mir der Abschied von der DDR nicht leichtfiel. Plötzlich fehlt ein Gegner, fehlt die Macht, und im Vakuum wird man sich selbst zum Gegner.«[497]

Die Teile IV und V der *Wolokolamsker Chaussee*, herausgegeben von Sascha Anderson und Sabine Kunst, erscheinen 1988 in München mit Lithographien von A. R. Penck (im gleichen Jahr erscheint auch eine Ausgabe im Westberliner Rotbuch Verlag). Damit hat Müller – über München und Westberlin – den Generationenschritt hin zur Prenzlauer-Berg-Szene getan.

Als Erster bringt Jean Jourdheuil in Paris die vollständige *Wolokolamsker Chaussee* (in französischer Sprache) auf die Bühne. In der DDR werden alle fünf Teile erstmals 1989 in der Regie von Bernd Weißig am Hans-Otto-Theater in Potsdam gezeigt.

Doch zuvor war es bereits die Ostberliner Underground-Szene gewesen, die 1988 Teil V der *Wolokolamsker Chaussee* zweimal in der Galiläa-Kirche aufführte. Regie führten Thorsten Schilling und der spätere SPD-Politiker Thomas Krüger. Mit diesem Stück war Müller offensichtlich ein Schritt in jenes Abseits gelungen, aus dem man anders auf Vergangenheit und Zukunft blickt, wohl wissend: Die Zeit der Kunst ist eine andere als die der Politik. Diese wird zum Material der Kunst.

Ein unwürdiges Nachspiel findet 1993 statt. Müller ist zu dieser Zeit Intendant des Berliner Ensembles und Präsident der noch nicht mit der Westberliner Akademie vereinigten Ost-Akademie der Künste. Eine geistige Autorität, die ostdeutsche Erfahrung mit in die deutsche Einheit gebracht hat. Längst nicht allen gefällt das. Die Delegitimierung von Persönlichkeiten, die man kurz zuvor noch als demokratische Sozialisten und damit Oppositionelle in der DDR hofiert hat – von Stefan Heym, Christa Wolf bis Stephan Hermlin – ist in vollem Gange. Und nun soll es Heiner Müller treffen.

Kronzeuge der versuchten Demontage ist – man glaubt es kaum – jener Dieter Schulze, den Heiner Müller (wie auch Christa Wolf und

Franz Fühmann) in seinem Kleinkrieg mit den Behörden immer geschützt hatte, den er – da er keiner geregelten Arbeit nachging – mit regelmäßigen Zahlungen (Schulze selbst spricht von insgesamt 70 000 Mark, was allerdings fabulös klingt) vor der Anklage »asozialen Lebenswandels« bewahrt hatte. Wie Fühmann hält auch Müller Schulze für ein »Genie« – was den Spötter Adolf Endler dazu bringt, die Verse des bis heute ungedruckten Autors mit heimlicher Freude zu zitieren. Wo hörte der geniale Dilettantismus auf, noch irgendwie interessant zu sein? Ab wann ist ein Anarchist bloß noch ein Asozialer?

Müller jedenfalls sorgt sich um Schulze – nicht ahnend, dass er von diesem bloß benutzt wird. Müller (im Zusammenspiel mit Fühmann) erreicht, dass er – obwohl verurteilt – nicht nur nicht ins Gefängnis muss, er braucht auch seinen Wehrdienst nicht anzutreten. Müller bemüht sich um Publikationsmöglichkeiten, empfiehlt Schulze ans Literaturinstitut Johannes R. Becher. Dem Ministerium für Staatssicherheit bleibt das nicht verborgen. Noch mehr Öffentlichkeit für Schulze? Das wollen sie unterbinden. Als klar wird, dass Schulze entweder ins Gefängnis muss oder aber in den Westen ausgebürgert wird, drängen ihn Fühmann und Müller zur Ausreise – auch bei seinem Start in Westberlin sind sie ihm behilflich.

1993 meldet sich Schulze mit einem Flugblatt zu Wort, darin steht, sein einstiger Freund und Förderer Heiner Müller habe mit der Staatssicherheit zusammengearbeitet – und auch seine Ausbürgerung betrieben. Dafür kündigt er »belegbares Material« an. Schulze meint sich an Müller rächen zu müssen. *Die Zeit* nimmt sich des Vorwurfs an, am 15. Januar 1993 wird ein Kollektivtext von Robin Detje, Iris Radisch und Christian Wernicke veröffentlicht. Titel: »Des Müllers falsche Kleider«. Der marktschreierisch verbreitete Befund: Müller sei vom MfS als informeller Mitarbeiter geführt worden, er habe »Aufträge angenommen« und »Protokolle über bestellte Gespräche mit Ahnungslosen« verfasst.

Müllers Biograph Jan-Christoph Hauschild resümiert die sachlichen Zusammenhänge des forcierten Skandals: »Die Faktenlage erweist sich rasch als außerordentlich dürftig: Eine Täter-Akte mit sachdienlichen Berichten des ›Mitarbeiters‹ Müller existiert nicht, hat wohl auch nie existiert. … Von Verrat kann in Müllers Fall keine Rede sein: Nicht ein einziges Mal hat er Erkenntnisse zum Nachteil Dritter weitergegeben, sondern sich im Gegenteil für bedrängte Freunde eingesetzt.«[498]

Aber solch sachliche Abwägungen haben keinen Platz in der nun anbrechenden Kampagne, die verbreitet, auch Müller sei ein Helfershelfer, letztlich sogar ein Produkt des MfS gewesen! Müller selbst verweigert die Reue, das alte stalinistische Ritual von Kritik und Selbstkritik (Selbstkasteiung!) hat er endgültig hinter sich.

Er antwortet offensiv, bekennt sich zu Gesprächen mit Stasi-Offizieren: »Ich hätte auch mit Stalin geredet, wenn's um irgend jemand gegangen wär, oder mit Hitler.« Der Chor der Verdammer ohne Beweis ist größer als derjenige, der zur Besonnenheit mahnt. Zu Letzterem gehört Jörg Magenau, der im *Freitag* schreibt: »Heiner Müller hat bekannt, mit der Stasi geredet zu haben. Na und?«[499] Nach außen gibt sich Müller kalt und abgeklärt, er und seine Freunde wissen schließlich, dass er kein Denunziant war. Doch seine einstige Lebensgefährtin, die Schauspielerin Margarita Broich, weiß: »Die Stasi-Geschichte hat ihn stark angeschlagen.«[500]

Dennoch gelingt Heiner Müller etwas Erstaunliches: Er transformiert die schmutzige Alltagsgeschichte, die ihm angehängt werden soll, in einen mythischen Raum. Am 14. Januar 1993 abends findet eine lang geplante Lesung Müllers aus Texten von Franz Kafka im Berliner Ensemble statt. Die Atmosphäre ist angespannt: Wie wird er sich zu den Vorwürfen verhalten? Ganz einfach, er lässt Kafka sprechen!

Und plötzlich klingt alles, was er liest, als Kommentar zu dem, was im gerade wiedervereinigten Lande passiert. »Ein altes Blatt« etwa hebt an: »Es ist, als wäre viel vernachlässigt worden in der Verteidigung unseres Vaterlandes. Wir haben uns bisher nicht darum gekümmert und sind unserer Arbeit nachgegangen; die Ereignisse der letzten Zeit machen uns Sorgen.« Auf einmal seien überall Bewaffnete, nicht unsere Soldaten, sondern »offenbar Nomaden aus dem Norden«. Genauer: »Unsere Lebensweise, unsere Einrichtungen sind ihnen ebenso unbegreiflich wie gleichgültig. … Was sie brauchen, nehmen sie. Man kann nicht sagen, dass sie Gewalt anwenden. Vor ihrem Zugriff tritt man beiseite und überlässt ihnen alles. Auch von meinen Vorräten haben sie manches gute Stück genommen.«

Und zum Schluss: »Uns Handwerkern und Geschäftsleuten ist die Rettung des Vaterlands anvertraut; wir sind aber einer solchen Aufgabe nicht gewachsen; haben uns doch auch nie gerühmt, dessen fähig zu sein. Ein Missverständnis ist es; und wir gehen daran zugrunde.«[501]

Missverständnis ist in der deutsch-deutschen Szenerie so manches, und immer gehen sie auf Kosten des Ostens, der unter Beweispflicht steht. Warum, so fragen sich bis heute viele im Osten, sollen wir uns in unseren Lebenswidersprüchen, unseren kleinen Verrätereien und noch kleineren Heldentaten ausgerechnet vor jenen rechtfertigen, die sich nie für uns interessiert haben, die auch jetzt nur den Makel an uns suchen, um uns im Konkurrenzkampf um Macht und Einfluss ins Abseits zu schieben?

Dieter Schulze hat seinen Vorwurf, Heiner Müller sei ein Spitzel der Staatssicherheit gewesen, habe zudem aktiv an seiner Ausbürgerung mitgewirkt, noch 1993 wieder zurückgezogen. Er bedauere sein Verhalten zutiefst, ließ er die von ihm zuvor erregte Öffentlichkeit wissen.

Heiner Müller erkrankt an Krebs und stirbt zwei Jahre später. Volker Braun spricht von einem »Symptom des Ekels an den Verhältnissen«, gegen die Müller, »resistent gegen Verheißungen, aber nicht gegen Verblödung, keine Abwehrkräfte besaß«.[502]

EPILOG

Im Abendlicht

Zwischen den Zeiten … ist zwielichtiges Gelände, in dem verirrt man sich leicht und geht auf geheimnisvolle Weise verloren.
Christa Wolf, *Kein Ort. Nirgends*

In den letzten Jahren der DDR war ich zukunftsgierig und zukunftsängstlich zugleich. Man kann auch sagen, auf seltsam kraftvolle Weise melancholisch. Oder auch sehr jung und uralt zugleich. Womit lässt sich dieser Widerspruch erklären?

Zwei Zeitrechnungen, eine äußere und eine innere. Äußerlich werden Geschehnisse registriert und in eine chronologische Abfolge gebracht, aber im Innern passiert etwas, das sich der Verstandeskontrolle entzieht und ein mysteriöses Eigenleben führt. Da geht es nicht bloß voran oder zurück, es beginnen die Dinge zu kreisen.

Eines der poetischsten und darum auch erinnerungsstärksten Bücher über das vergangene Leben schrieb im Jahr 1898 Herman Bang mit *Das weiße Haus*. Das Sich-Hineinversetzen in Vergangenes hat nichts mit Verklärung zu tun, lerne ich an diesem Buch, das mit den berühmten Worten anhebt: »Kindheitstage, ich will euch zurückrufen, Zeiten ohne Neid, freundliche Zeiten, eurer will ich gedenken.«[503]

Wer kennt es nicht, dieses Paradies-Gefühl? Und sein Gegenteil dazu – dass dieses Paradies verriegelt ist, für alle anderen vielleicht, aber nicht für einen selbst zu betreten sein wird. Nach Ernst Bloch ist die Kindheit das einzige Paradies, aus dem man nicht vertrieben werden kann, vielleicht, weil in ihm der Traumstoff so stark ist, dass er lebenslang weiter in uns webt. Aber die Sehnsucht nach Harmonie ist nur die eine Seite, wie Herman Bang, als er sich auf die Suche nach Kindheitsspuren in seinem Leben macht, sehr wohl weiß, wenn er »die Toten wieder die sanften Stimmen erheben« lässt. Zur lebendigen Wahrheit gehört die andere Seite dazu: »Aber auch bittere Worte werden erklingen, schwere Worte, wie man sie sagt, wenn man den bitteren Kampf mit dem schweren Leben kennt.«

Die nicht zu leugnende Melancholie hat einen Grund: Die Dinge verloren nach 1990 mit der Patina ihres Herkommens auch ihre eigene Atmosphäre. Wurden sie schöner? Es kommt darauf an, was man darunter versteht. Meint man das Gegenteil von Altersspuren, von Verfall und Mangel, dann gewiss. Aber in all dem aufpolierten Oberflächenglanz ging etwas verloren: Spuren des gelebten Leben. Alles wurde modern, nichts moderte mehr vor sich hin – aber so büßten die Dinge schließlich ihre eigene Geschichte ein, die ihnen innewohnenden Geschichten ebenso, die sämtlich etwas mit Beschädigungen und Brüchen, mit Schutt und Schmutz zu tun hatten.

Stephan Hermlin hat mit dem Titel seiner autobiographischen Traumskizze *Abendlicht*, die er 1979 zu Beginn des letzten Jahrzehnts der DDR veröffentlichte, für diese Phase der langsamen Dämmerung, mit der eine Endzeit anhebt, jene Metapher gefunden, die ihre Gültigkeit behalten hat. Es ist der Chateaubriand-Ton, der mit Hermlin in die DDR kommt: »Wie schnell ist der Tag vergangen. Es hat sich eine Dämmerung aufgemacht; aus ihren Falten werden tiefe Finsternisse fallen. Wo einer fragt, werden andere keine Antworten wissen, und wo Antworten gegeben werden, werden Fragen warten.«[504]

Stefan Heym beobachtete Hermlin immer mit einer Mischung aus Bewunderung und Befremden. Sein Auftreten, seine Stellung zur deutschen Nation sei die eines »französischen Homme des Lettres« gewesen. Der Mensch ist das Ergebnis seiner Lektüre, wie Heym erstaunt bemerkt: »Schon als Knabe hat Hermlin sich einen Plan gemacht, was zu lesen und welche Musik zu hören wäre, um ein wahrhaft gebildeter Mensch zu sein, und hat sich eingeteilt, wieviel an jedem Tag, in jeder Woche, jedem Monat, ein Plan auf Jahre hinaus, an den er sich strikt hält. Die Logik des Gelesenen zwingt ihn, Kommunist zu werden.«[505]

Und als solcher blickt er nun dem Ende des Tages entgegen, *Abendlicht* endet in einer Geste vornehmer Resignation: »… die Stille trat in mich ein, ich war ein Teil von ihr geworden.«[506]

Im Rückblick von 1992, der unter dem Titel »Zur Lage« erschien, hat Stephan Hermlin die Situation der Nachwende dann explizit mit der in Frankreich von 1815 verglichen, so wie sie Stendhal beschrieben hatte: »Die Restauration erfindet sich eigene Helden.«[507] Da ist es folgerichtig, dass andere als jene, die bis eben künstlerische und moralischen Autoritäten im Lande waren, die Bühne besetzen sollten.

Der mediale Rufmord an dem Teil jener einstigen Elite, die den Wende-Herbst geistig vorbereitete, hat in Hermlins Augen Folgen bis in die Gegenwart: »Der DDR-Realität beizukommen, ist ein schwieriges Unterfangen, das eine lange Zeit erfordern wird. Der Hetze gegen die bekannten Autoren der DDR liegt der Wunsch zugrunde, diesen vergangenen Staat insgesamt als ein Nichts im Abgrund der Zeit verschwinden zu lassen. Das Problem liegt darin, diesen Staat dem faschistischen Deutschland trotz aller menschlichen Verrenkungen nicht gleichsetzen zu können, und zwar nicht nur, weil er keinen Angriffskrieg geführt noch Millionen von Menschen durch Gas, Fallbeil und Strick vertilgt hat, sondern auch, weil er der faschistischen Kulturvernichtung eine bedeutende und von der Welt anerkannte Kulturanstrengung entgegengestellt hatte – und dennoch ein Staat der Unterdrückung gewesen war.«

Und wieder die Parallele zur französischen Aufklärung, deren Akteure nicht zu Revolutionären werden wollten, eben weil sie es in ihrem geistigen Reich längst waren. Sie hielten nichts von der verbreiteten Auffassung, dass ihre Gedanken nur dafür gut seien, eine politische Praxis zu legitimieren: »Was das Stürzen von Regierungen betrifft, erinnere man sich, dass die Enzyklopädisten, soweit sie damals noch lebten, am Sturm auf die Bastille, den sie vorbereitet hatten, nicht teilnahmen.«[508]

Das wohl ist die Arbeit des Intellektuellen angesichts jeglicher Geschichte. Er denkt der Zeit voraus.

Dabei bleibt jener Anspruch Walter Benjamins in »Über den Begriff der Geschichte« gegenwärtig: »Vergangenes historisch artikulieren heißt nicht, es erkennen ›wie es denn eigentlich gewesen ist‹. Es heißt, sich der Erinnerung bemächtigen, wie sie im Augenblick einer Gefahr aufblitzt.«[509] Ein höchst gegenwärtiges Unterfangen also ist es, das Bild der Vergangenheit zu zeichnen. Man streitet um deren legitime Lesarten, mit offenem Ausgang.

Dabei geht es nicht zuletzt um die Befreiung – wieder Walter Benjamin – vom dem, was an Zukunft mit der Vergangenheit voreilig begraben wurde. Ernst Bloch nannte es das »Unabgegoltene« in der Geschichte.

Was nun?, Wolfgang Mattheuer

PS. Etwas fehlt immer. Und auch diesem Buch, das sich – zwischen launigem Übermut und ernster Melancholie pendelnd – eine Schneise durch die Zeit schlägt, fehlt vieles. Nein, es sind keine Reste, die übrig blieben, sondern schlicht andere Wege, mit anderen Aus- und Einsichten, die ich dieses Mal nicht gegangen bin. Warum nicht? Weil man sich an Kreuzungen immer wieder entscheiden muss, welchen Abzweig man nimmt – und dann ist die Summe dieser oft intuitiven Entscheidungen schließlich der Weg, den man geht.

Mir war es bei dieser Reise durch die Zeit vor allem wichtig, Stephan Hermlin, Stefan Heym, Franz Fühmann, Heiner Müller, Christoph Hein, Jurek Becker, Klaus Schlesinger, Volker Braun, Werner Tübke und Wolfgang Mattheuer zu folgen (und auch da galt es bereits vieles Wichtige wegzulassen), parallel dazu von den Russen Michail Bulgakow, Tschingis Aitmatow, Daniil Granin, Valentin Rasputin, Michail Schatrow, die Regisseure Andrej Tarkowski, Tengis Abuladse … in den Fokus zu rücken, natürlich vor allem Michail Gorbatschow selbst – zu viel bereits für ein mitteldickes Buch?

Doch die, die fehlen, haben ebenso ihre Geschichten zu erzählen. Ihre Abwesenheit schreit nach Anwesenheit! Irmtraud Morgner schreibt 1983 den Hexenroman «Amanda», ein Solitär auf siebenhundert Seiten in der deutschsprachigen Literatur bis heute. + Durs Grünbein hat mit »Grauzone morgens« dem Lebensgefühl des Prenzlauer Bergs der achtziger Jahre – unabhängig von jeder Szene – einen poetischen Ausdruck gegeben, der bleibt: »In diesen Breiten ruft man die Dinge / nicht an, jeder weiß das: kein / Grund zur Beschwörung.« + Hermann Kant veröffentlicht 1977 einen bemerkenswerten Roman: »Der Aufenthalt«. Darin geht es um den neunzehnjährigen Wehrmachtssoldaten Mark Niebuhr, der 1945 in polnischer Kriegsgefangenschaft verdächtigt wird, an SS-Verbrechen beteiligt gewesen zu sein. Die schmerzhafte Lektion, die er lernt: Es wäre möglich gewesen. Kant stellt dem Buch die Verse von Brecht voran: »So bildet sich der Mensch // In dem er ja sagt, indem er nein sagt / Indem er schlägt, indem er geschlagen wird …« Frank Beyer kehrt 1983 aus der Bundesrepublik in die DDR zurück, um (mit Sylvester Groth als Niebuhr) für die DEFA »Der Aufenthalt« zu verfilmen. Ein bedrückendes Meisterwerk, das jedoch bei offiziellen Stellen in Polen für Unwillen sorgt. »Der Aufenthalt« wird zur Berlinale nach Westberlin eingeladen, aber die SED-Spitze verbietet Beyer die Teilnahme, der Film darf dort – trotz Intervention von Hermann Kant bei Erich Honecker – nicht gezeigt werden. Ein quasi verbotener Film, denn auch in der DDR läuft er nur in Studiokinos. + Aitmatows »Die Richtstatt«, der 1987 bei Volk und Welt erschien, ist eine apokalyptische Vision über menschliche Verrohung und Umweltzerstörung vor dem Hintergrund eines solidarischen Wolfsrudels. + Andrej Platonows »Tschewengur« von 1927 über die Brutalität des Alltags der ersten Jahre der Sowjetunion konnte erst 1988 erscheinen – es ist eines der klassischen Perestroika-Bücher, das auch kurz vor der Wende auf deutsch bei Volk und Welt erschien, ohne die ihm gebührende Beachtung zu finden. + Eva Strittmatter, viel gelesene Lyrikerin, die manche zu Unrecht wegen ihrer liedhaften Texte unter Kitschverdacht stellen, hatte einen durchaus sicheren Sinn für das Poetische, wovon man sich in ihren Essays »Poesie und andere Nebendinge« überzeugen kann. In »Mai in Pieštany« reflektiert sie die Antriebe ihres Schreibens, in denen plötzlich Abgründe aufscheinen: »Sowieso wird der Drang zu schreiben, je stärker er wird, desto zweifelhafter.« + Als Jugendlicher stieß ich 1983 auf Uwe Grünings im Union Verlag erschienenen Band mit Miniaturen »Laubgehölz im November«: »Ich lese in meinen Kindheitsbildern, die Anmaßung spürend, die darin liegt, daß einer, noch nicht vierzigjährig, seine Erinnerung sucht, als könne, was er erlebt hat, schon etwas bedeuten, als gewönne unsere Kindheit ihren Sinn nicht erst durch das, was wir im Alter geworden sind, und mehr noch durch das, was wir versäumt haben.« Dann jedoch folgte bis zur Wende nichts mehr von ihm. Dass dies auch Zensur-Gründe hatte, ahnte ich nicht. + Winfried und Barbara Junge drehten von 1961 bis 2007 ihre »Kinder von Golzow«, das Porträt einer Landschulklasse im Oderbruch, die älteste Langzeitbeob-

achtung des internationalen Films. Aus den Kindern sollten einmal »sozialistische Persönlichkeiten« werden – wurden sie aber auch schon vor 1989 nicht, oder vielleicht doch, aber jenseits aller Klischees. + Ulrich Mühe war d e r Schauspieler der zweiten Hälfte der achtziger Jahre am Deutschen Theater in Berlin, einer, der kalte Ekstasen spielen konnte wie kein zweiter. Sein Hamlet in Heiner Müllers Wendezeitinszenierung von »Hamlet/Hamletmaschine« war eine Sternstunde des Theaters, aber mit einer eigentlich hierher gehörenden Betrachtung dieser außergewöhnlichen Inszenierung endete bereits mein Buch »1965. Der kurze Sommer der DDR«. Damals ahnte ich nicht, dass noch eine Fortsetzung folgen würde. Das Hamlet-Drama eines jungen Intellektuellen vor der Macht, das sich mehr und mehr zu einer Hamletmaschinen-Groteske wandelt, wird zur symbolischen Klammer der späten Jahre der DDR. + Rainer Simon drehte 1981 »Jadup und Boel« (mit Kurt Böwe), ein Film über das gespenstische Fortleben von Vergangenheit in der Gegenwart und den moralischen Verfall der Funktionsträger des Staates. Es war der letzte DEFA-Film, der gleich nach seiner Fertigstellung verboten wurde. Erst 1988 kam er in wenigen Kopien ins Kino. + Kurt Böwe war auch der Hauptdarsteller (zusammen mit Gudrun Ritter) in Vera Loebners Fernsehzweiteiler »Späte Ankunft« von 1988. Ein Berliner Modearzt von Ende des neunzehnten Jahrhunderts steigt aus seinem gesichert-bürgerlichen Leben aus und geht als Landarzt in die Provinz. Äußerlich ein vielen unverständlicher sozialer Abstieg, innerlich der Versuch einer Seelenrettung. Eine brillante Aussteiger-Studie, korrespondierend mit dem Geist der achtziger Jahre in der DDR, als nicht wenige mit dem Gedanken spielten, sich irgendwo abseits eine Nische zu suchen, in der sie zu sich finden konnten (oder die Gefahr zu bannen vermochten, sich zu verlieren). + Die FDJ war durchaus mehr als eine »Winkelemente« schwenkende Folkloretruppe im Blauhemd, die Jugendorganisation war auch an Großbaustellen der Sowjetunion beteiligt, bis 1979 an der Erdgastrasse »Drushba«, dann beim Bau der Baikal-Amur-Magistrale (BAM), einer Eisenbahnlinie quer durch Sibirien, auch »Trasse der Verzweiflung« genannt. + Den Versuch politisch handlungsfähig zu bleiben, spiegelt der Bau des Fährhafens Mukran bei Sassnitz auf Rügen, mit dem 1980 begonnen wurde, um einen direkten Handels-Weg der DDR nach Klaipeda in Litauen aufzubauen, unter Umgehung Polens, das durch die Solidarność-Bewegung als politisch unzuverlässig eingestuft worden war. 1986 nahm er den Betrieb auf. + Sigmund Jähn, dieser freundliche Anti-Held, war der erste Deutsche, der am 26. August 1978 für einen Woche ins All reisen durfte. Kein Astronaut, kein Spationaut, sondern ein Kosmonaut. + Im selben Jahr reiste mein Vater, Spezialist für Pflanzenkrankheiten an der Universität Rostock, als Mitglied einer Expertengruppe ins Bürgerkriegsland Moçambique, um die Möglichkeit von in DDR-Regie betriebenen Bananenplantagen zu prüfen, um so eine bessere Bananenversorgung der Ostdeutschen zu ermöglichen. Von der Sache her wäre es möglich gewesen, aber da man keine kolonialen Billigunterkünfte plante, sondern sozialistische Musterstädte für Afrika, wurde die Sache als zu teuer verworfen. + 1983 wurde der Roman von Hans Weber »Einzug ins Paradies« als Mehrteiler für das DDR-Fernsehen verfilmt, dieser sollte ein Lobgesang auf das Wohnungsbauprogramm sein, das Satellitenstädte auf die grüne Wiese stellte – wurde es aber keineswegs, sondern eine subtile Sozialstudie samt artistischer Höhenflüge der Darsteller (die zumeist vom Deutschen Theater kamen) über Neuanfang und Entwurzelung im Plattenbau. Der Film wurde nicht freigegeben – erst Ende 1987 kam er dann doch ins ost- und westdeutsche Fernsehen. Der Autor Hans Weber war mit fünfzig Jahren kurz vor der Ausstrahlung gestorben. Kein Paradies, nirgends …

Anmerkungen

1 Wolfgang Mattheuer. *Bilder als Botschaft – Die Botschaft der Bilder*, hg. v. Ursula Mattheuer-Neustädt, 1997, 124
2 Stefan Heym, *Schwarzenberg*, 11
3 Fernando Pessoa, *Das Buch der Unruhe*, 13
4 In: Christa Wolf, *Auf Weg nach Tabou*, 146
5 Ebd., 152
6 Klaus Schlesinger, *Von der Schwierigkeit, Westler zu werden*, 11
7 Ebd., 14
8 Christa Wolf, *Kindheitsmuster*, 9
9 »Heiner Müller und Gorbatschow – Geschichte einer Annährung«, Michael Gaißmayer im Gespräch mit Stephan Suschke, in: Arbeitsbuch Theater der Zeit *Welten – Wenden*, 2009, 33
10 Ebd., 34
11 Ebd., 35
12 Heiner Müller, *Krieg ohne Schlacht*, 351
13 Daniil Granin, *Das Jahrhundert der Angst*, 5
14 Ebd., 7
15 Friedrich Schorlemmer, »Sowjetische Filme und Bücher vor 1989«, in: *Palmbaum* 2/2019, 57
16 Klaus Schlesinger, *Von der Schwierigkeit*, 26
17 Hans Mayer, *Der Turm zu Babel*, 258
18 Heiner Müller, »Das Liebesleben der Hyänen«, Vorwort zu Thomas Grimm, *Was von den Träumen blieb*, 8
19 Erwin Strittmatter, *Der Zustand meiner Welt. Aus den Tagebüchern 1974–1994*, 117
20 Cornelia Klauß und Frank Böttcher (Hg.), *Unerkannt durch Freundesland*, 18
21 Ebd., 20
22 Ebd., 99
23 Timothy Garton Ash, *Ein Jahrhundert wird abgewählt*, 16

24 Ebd.

25 Ebd., 15

26 Vgl. Jörg Rösler, *Geschichte der DDR*, 92

27 Ebd., 83

28 Thomas Grimm, *Was von den Träumen blieb*, 62

29 Jörg Roesler, *Geschichte der DDR*, 87

30 Vgl. Jörg Roessler, *Was wäre geschehen wenn …*, Hefte zur DDR-Geschichte 128, 33

31 Ebd., 29; vgl. auch Monika Kaiser, *Machtwechsel von Ulbricht zu Honecker*, 382 ff.

32 Stefan Wolle, *Die heile Welt der Diktatur*, 38

33 Erich Honecker, *Bericht des Zentralkomitees an den VIII. Parteitag der SED*, Berlin 1971, 37

34 Stefan Wolle, *Die heile Welt*, 70

35 Christa Wolf, *Ein Tag im Jahr*, 233

36 Ebd., 271

37 Wolf Biermann, *Warte nicht auf bessre Zeiten. Die Autobiographie*, 330

38 Vgl. Roland Berbig, Arne Braun u. a (Hg.), *In Sachen Biermann*, 49

39 Ebd., 84

40 Wolf Biermann, *Warte nicht*, 333

41 Stefan Heym, *Der Winter unsers Missvergnügens*, 35

42 Roland Berbig/Arne Braun, *In Sachen Biermann*, 70

43 Stefan Heym, *Der Winter*, 39

44 Ebd., 42

45 Ebd., 83

46 Manfred Krug, *Abgehauen*, 16

47 Ebd., 23

48 Ebd., 30

49 Ebd., 42

50 Ebd., 33

51 Stefan Heym, *Der Winter*, 79

52 Manfred Krug, *Abgehauen*, 87

53 Adolf Endler, *Tarzan am Prenzlauer Berg*, 25

54 Stefan Heym, *Der Winter*, 14

55 Ebd.

56 Franz Fühmann, *Die Briefe Bd. 3, Briefwechsel mit Joachim Hamster Damm*, 87

57 Ebd., 86

58 Ebd., 88

59 Sarah Kirsch, Christa Wolf, *Der Briefwechsel*, 133
60 Ebd., 134
61 Ebd., 135
62 Erwin Strittmatter, *Der Zustand meiner Welt*, 65
63 Ebd., 69
64 Ebd., 67
65 Ebd., 70
66 Ebd.
67 Ebd., 80
68 Ebd., 100
69 Ebd., 101
70 Ebd., 109
71 Erwin Strittmatter, *Wundertäter III*, 21
72 Ebd., 52
73 Ebd., 338
74 Ebd., 385
75 Erwin Strittmatter, *Der Zustand meiner Welt*, 154
76 Sabine Zurmühl, *Das Leben, dieser Augenblick*, 285
77 Maxie Wander, *Guten Morgen, Du Schöne*, 79
78 Ebd., 104
79 Ebd., 7
80 Christa Wolf, in: Wander, *Guten Morgen, du Schöne*, 9
81 Ebd., 11
82 Maxie Wander, *Leben wär' eine prima Alternative*, 7
83 Ebd., 10
84 Ebd., 13
85 Ebd., 15
86 Ebd., 21
87 Ebd.
88 Ebd., 224
89 Monika Maron, »Ich war ein antifaschistisches Kind«, in: Elke Gilson, *»Doch das Paradies ist verriegelt …« Zum Werk von Monika Maron*, 17
90 Ebd., 16
91 Monika Maron, *Flugasche*, 16
92 Ebd., 25
93 Ebd., 32
94 Ebd.
95 Ebd., 33
96 Ebd., 244

97 Klaus Polkehn, »21. Juni 1974: Flugasche in Bitterfeld«, in: Gilson, *Doch das Paradies*, 144

98 Horst Barthel, *Umweltpolitik in beiden deutschen Staaten*, Hefte zur DDR-Geschichte 69, 24

99 Klaus Polkehn, »Flugasche in Bitterfeld«, 145

100 Vgl. Sarah Kirsch/Christa Wolf, *Briefwechsel*, 221

101 Stephan Hermlin, *In den Kämpfen dieser Zeit*, 23

102 Ebd.

103 Ebd., 23

104 Ebd., 31

105 Ebd., 27

106 Ebd., 32

107 Ebd.

108 Günter de Bruyn, *Märkische Forschungen*, 43

109 Ebd., 75

110 Ebd., 58

111 Ebd., 99

112 Ebd., 101

113 Günter de Bruyn, *Vier Jahrzehnte. Ein Lebensbericht*, 176

114 Ebd., 178

115 Ingrid Poss, Peter Warnecker (Hg.), *Spur der Filme*, 377

116 Christine Wolter, *Die Alleinseglerin*, 15

117 Ebd., 42

118 Ebd., 124

119 Ebd., 7

120 Ebd., 125

121 Ebd., 137

122 Ebd., 141

123 In: Joachim Walther u. a. (Hg.), *Protokoll eines Tribunals*, 65

124 Kurt Bartsch, Adolf Endler, Stefan Heym, Karl-Heinz Jakobs, Klaus Poche, Klaus Schlesinger, Rolf Schneider, Dieter Schubert und Joachim Seyppel

125 Joachim Walther u. a., *Protokoll eines Tribunals*, 97

126 Ebd., 98

127 Christa Wolf, *Briefe 1952–2011*, 380

128 Ebd., 379

129 Ebd., 374

130 Joachim Walther u. a., *Protokoll eines Tribunals*, 73

131 Ebd., 44

132 Christa Wolf, *Ein Tag im Jahr*, 292
133 Ebd., 292
134 Ebd.
135 Ebd., 301
136 Ebd., 296
137 Ebd., 294
138 Ebd., 300
139 Ebd., 301
140 Christa Wolf, *Kassandra, Erste Vorlesung*, 22
141 Ebd., 18
142 Christa Wolf, *Kassandra*, 75
143 Ebd., 44
144 Ebd., 48
145 Ebd., 47
146 Michail Bulgakow, *Tagebücher und Briefe*, 94
147 Ebd., 111
148 Vgl. M. Tschudakowa, »Michail Bulgakows Stück über Stalin«, in: *Kunst und Literatur, Sowjetwissenschaften*, H. 1/1990, 30
149 Michail Bulgakow, *Der Meister und Margarita*, 417
150 Ebd., 11
151 Ebd., 12
152 Michail Bulgakow, *Tagebücher und Briefe*, 195
153 Michail Bulgakow, *Der Meister und Margarita*, 380
154 Marietta Omarowna Tschudakowa, »Bulgakows Stück über Stalin«, 35
155 Michail Bulgakow, *Tagebücher und Briefe*, 238
156 Marietta Omarowna Tschudakowa, »Bulgakows Stück über Stalin«, 35
157 Michail Bulgakow, *Tagebücher und Briefe*, 244
158 Fritz Mierau, *Mein russisches Jahrhundert*, 233
159 Ebd., 234
160 Bulgakow, *Der Meister und Margarita*, 304
161 Peter Hacks, *Zur Romantik*, in ders., *Werke*, Bd. 15, 96
162 Ebd., 85
163 Ebd., 87
164 Christa Wolf, »Kein Ort. Nirgends«, in: Christa Wolf und Gerhard Wolf: *Ins Ungebundene geht eine Sehnsucht. Gesprächsraum Romantik*, 184
165 In: Christa Wolf, *Die Dimension des Autors*, 449
166 Christa Wolf/Gerhard Wolf, *Ins Ungebundene*, 376
167 Christa Wolf, »Kein Ort. Nirgends«, in: *Ins Ungebundene*, 140
168 Ebd., 121

169 Christa Wolf, »Der Schatten eines Traumes, Karoline von Günderrode«, in: *Ins Ungebundene*, 212
170 Christa Wolf, »Kein Ort. Nirgends«, in*: Ins Ungebundene*, 160
171 Ebd., 147
172 Christa Wolf, *Sommerstück*, 11
173 Peter Hacks, *Zur Romantik*, 86
174 Stephan Hermlin, *Lektüre*, 96
175 Ebd., *In den Kämpfen*, 97
176 In: Ebd., *Lektüre*, 98
177 Ebd., 86
178 Stephan Hermlin, *In den Kämpfen*, 25
179 Ebd.
180 Sergej Dowlatow, *Der Koffer*, 57
181 Ebd., 97
182 Ebd., 36
183 Ebd., 106
184 Jurek Becker, *Aller Welt Freund*, 15
185 Ebd., 149
186 Ebd., 150
187 Jurek Becker, *Schlaflose Tage*, 66
188 F. J. Raddatz, »Integre Wahrheit – wahrhaftige Literatur«, in: *Die Zeit*, 11/1978
189 Jurek Becker, *Schlaflose Tage*, 39
190 Ebd., 89
191 Ebd., 105
192 Christoph Hein, *Der fremde Freund*, 20
193 Ebd., 25
194 Ebd., 27
195 Ebd., 210
196 Christoph Hein, *Horns Ende*, 263
197 Ebd., 279
198 Ebd., 82
199 Ebd., 281
200 Jörg Magenau, *Christa Wolf*, 405
201 Ulrich Greiner in *Die Zeit*, 1. 6. 1990
202 Frank Schirrmacher in *FAZ*, 2. 6. 1990
203 Wolf Biermann in *Die Zeit*, 24. 8. 1990
204 Christa Wolf, *Stadt der Engel*, 111
205 Ebd., 112

206 Uwe Kolbe, *Renegatentermine*, 51
207 Christa Wolf, *Ein Tag im Jahr*, 270
208 Ebd., 270
209 Christa Wolf, *Was bleibt*, 15
210 Ebd., 43
211 Ebd., 56
212 Mi 4,1–4
213 Stephan Hermlin, *In den Kämpfen*, 42
214 Ebd., 46
215 Alexander Jakowlew, *Die Abgründe meines Jahrhunderts*, 544
216 Ebd., 543
217 Ebd., 545
218 William Taubman, *Gorbatschow: Der Mann und seine Zeit*, 260
219 Ebd., 261
220 Alexander Jakowlew, *Die Abgründe*, 547
221 Michail Gorbatschow, *Erinnerungen*, 38
222 Michail Lermontow, *Ein Held unserer Zeit*, 79
223 Ebd., 41
224 Michail Gorbatschow, *Erinnerungen*, 42
225 Ebd., 43
226 Ebd., 44
227 William Taubmann, *Gorbatschow*, 45
228 Michail Gorbatschow, *Erinnerungen*, 45
229 Michail Gorbatschow, *Erinnerungen*, 61
230 Vgl. William Taubman, *Gorbatschow*, 123
231 Ebd., 159
232 Michail Gorbatschow, *Erinnerungen*, 31
233 Ebd., 138
234 William Taubman, *Gorbatschow*, 202
235 In: William Taubmann, *Gorbatschow*, 259
236 In: Nikolai Ryschkow, *Mein Chef Gorbatschow*, 33
237 William Taubman, *Gorbatschow*, 29
238 Vgl. Ebd., 285
239 Vgl. Ebd., 286
240 Michail Gorbatschow, *Erinnerungen*, 329
241 Ebd., 331
242 Michail Gorbatschow, *Umgestaltung und neues Denken*, 6
243 In: William Taubman, *Gorbatschow*, 298
244 Michail Gorbatschow, *Erinnerungen*, 291

245 Ebd., 289
246 Nikolai Ryschkow, *Mein Chef Gorbatschow*, 36
247 Michail Gorbatschow, *Erinnerungen*, 313
248 Ebd., 201
249 Jörg Roesler, *Geschichte der DDR*, 96
250 Hans-Dieter Schütt, *Glücklich beschädigt*, 213
251 Ebd., 217
252 In: *Neues Deutschland*, 8. 3. 1994
253 In: *Die Zeit*, 4. 12. 1987
254 Hans-Dieter Schütt, *Traum Trotz Trauer – Stephan Hermlin*, 118
255 Marx-Engels-Werke (MEW), Bd. 1, 337
256 Daniil Granin, *Sie nannten ihn Ur*, 127
257 Ebd., 166
258 Ebd., 383
259 Vgl. Ilse Jahn, »›Minerva verhüllt ihr Gesicht und schickt ihre Eule aus, um Mäuse zu fangen‹. Ein kleines Kapitel Lyssenkoismus in der DDR«, in: *Naturwissenschaftliche Rundschau*, 6/2001
260 Daniil Granin, *Sie nannten ihn Ur*, 302
261 Ebd., 303
262 Ebd., 306
263 Ebd., 254
264 Ebd., 308
265 Ebd., 260
266 Tschingis Aitmatow, *Novellen, Erzählungen, Autobiographie*, 13
267 Ebd., 14
268 Tschingis Aitmatow, *Der Tag zieht den Jahrhundertweg*, 37
269 Ebd., 54
270 Ebd., 142
271 Ralf Schröder, *Roman der Seele, Roman der Geschichte*, 190
272 Tschingis Aitmatow, *Der Tag zieht den Jahrhundertweg*, 208
273 Irmtraut Gutschke, *Der Versprechen der Kraniche*, 5
274 Ebd., 14
275 Ebd., 15
276 In: *Die Zeit*, 50/1987
277 Ebd.
278 Ebd.
279 Stephan Hermlin, *In den Kämpfen*, 12
280 Ebd., 8
281 Ebd., 12

282 Ebd., 13

283 Ebd., 9

284 Ebd., 11

285 In: *Die Zeit*, 50/1987

286 In: Stefan Wolle, *Die heile Welt der Diktatur*, 318

287 Ebd., 318

288 Christa Wolf, *Störfall. Nachrichten eines Tages*, 118

289 Ebd., 9

290 Jörg Magenau, *Christa Wolf*, 344

291 Christa Wolf, *Störfall*, 21

292 Ebd., 14

293 Ebd., 98

294 Ebd., 37

295 Ebd., 43

296 Chr. Wolf, *Ein Tag im Jahr*, 452

297 Ebd., 446

298 Marcel Reich-Ranicki, »Macht Verfolgung kreativ?«, *FAZ*, 21. 11. 1987

299 Christa Wolf, *Briefe 1953–2011*, 550

300 Ebd., 563

301 Ebd., 566

302 Ebd., 568

303 Stefan Ernsting, *Der rote Elvis*, 41

304 Ebd., 181

305 Ebd., 223

306 Ebd., 221

307 Daniil Granin, *Die Spur ist sichtbar noch*, 5

308 Ebd., 6

309 Ebd., 97

310 Ebd., 122

311 Ebd., 124

312 Ebd., 125

313 Daniil Granin, *Das Gemälde*, 6

314 Ebd., 21

315 Ebd., 192

316 Ebd., 414

317 Ebd., 442

318 Ebd., 464

319 Ebd., 467

320 Ebd.

321 Volker Braun, *Werktage. Arbeitsbuch 1977–1989*, 478

322 Ebd., 479

323 Volker Braun, *Hinze-Kunze-Roman*, 5

324 Franz Fühmann, *Erzählungen*, 513

325 Franz Fühmann, *Drei nackte Männer*, 514

326 Ebd., 522

327 Volker Braun, *Hinze-Kunze-Roman*, 8

328 Ebd., 131

329 Volker Braun, *Werktage*, 503

330 Ebd., 706

331 Ebd., 709

332 Ebd., 710

333 Christoph Hein, *Der Tangospieler*, 27

334 Ebd., 68

335 Ebd., 52

336 Ebd., 94

337 Ebd., 182

338 Hans Mayer, »Der Turm von Babel«, in: Ders., *Erinnerung an die Deutsche Demokratische Republik*, 251

339 Ebd., 252

340 Christoph Hein, *Die Ritter der Tafelrunde und andere Stücke*, 185

341 Hans Mayer, »Der Turm von Babel«, 265

342 Gerd Irrlitz, »Ernst Bloch der Philosophiehistoriker«, in: *Sinn und Form*, 4/1985, 840

343 Ebd., 854

344 Ernst Bloch, *Freiheit und Ordnung – Abriss der Sozialutopien*, 7

345 Stephan Hermlin, »Über Endre Ady«, in: Ders., *Äußerungen 1944–1982*, 386

346 Stephan Hermlin, »Von älteren Tönen«, *Sinn und Form* 1/1988, 179 ff.

347 Ebd.

348 Wolfgang Engler, *Die Ostdeutschen*, 330

349 Rudolf Bahro, *Die Alternative*, 55

350 In: Charlotte Wiedemann, »Sehnsucht nach dem Guten«, *Die Woche*, 1. 8. 1997

351 Rainer Land, »Eine demokratische DDR? Das Projekt ›Moderner Sozialismus‹«, in: *Aus Politik und Zeitgeschichte* 2010

352 Ebd.

353 Wolfgang Engler, *Die Ostdeutschen*, 334

354 Erich Hahn, »Positionen zum SED/SPD-Dialogpapier von 1987«, Hefte zur DDR-Geschichte 84, 30

355 Vgl. Andreas Malycha, Peter Jochen Winters, *Die SED. Geschichte einer deutschen Partei*, 274
356 Vgl. Christa Wolf/Sarah Kirsch, *Briefwechsel*, 232
357 Gerhard Wolf, *Wortlaut, Wortbruch, Wortlust – Dialog mit Dichtung*, 359
358 Hans-Dieter Schütt, *Tankstelle für Verlierer*, 88
359 Ebd., 56
360 Valentin Rasputin, Vorwort zu Ryschkow, *Mein Chef Gorbatschow*, 10
361 Ebd., 7
362 Valentin Rasputin, *Abschied von Matjora*, 117
363 Ebd., 116
364 Ebd., 9
365 Ebd., 30
366 Ebd., 44
367 Ebd., 282
368 Ebd., 319
369 Valentin Rasputin, *Der Brand*, 34
370 Ebd., 5
371 Ebd., 15
372 Ebd., 31
373 Ebd., 38
374 Ebd., 99
375 Hans-Dieter Schütt (Hg.), *Klaus Gysi – Zwischen Buch und Botschaft*, Hefte zur DDR-Geschichte 149, 67
376 Ebd., 14
377 Alfred Wellm, *Pause für Wanzka*, 11
378 Ebd., 323
379 Vgl. Carsten Wurm, Nachwort in Alfred Wellm, *Pause für Wanzka*, 363
380 Franz Fühmann, *Die Briefe, Bd. 3, Briefwechsel mit Joachim Hamster Damm*, 11
381 Ebd., 24
382 Ebd.
383 Ebd., 25
384 Alfred Wellm, *Morisco*, 409
385 Ebd., 112
386 Ebd., 438
387 Ebd., 279
388 Ebd., 540
389 In: Hans-Dieter Schütt, *Die Erotik des Verrats. Gespräche mit Frank Castorf*, 7
390 Thomas Irmer, Matthias Schmidt, *Die Bühnenrepublik. Theater in der DDR*, 246

391 Ebd., 248
392 Ebd., 250
393 Hans-Dieter Schütt, *Die Erotik des Verrats*, 25
394 Hans-Dieter Schütt, Kirsten Hehmeyer, *Castorfs Volksbühne*, 10
395 Jürgen Balitzki, *Castorf, der Eisenhändler*, 66
396 Hans-Dieter Schütt/Kirsten Hehmeyer, *Castorfs Volksbühne*, 79
397 Thomas Irmer/Matthias Schmidt, *Die Bühnenrepublik*, 291
398 Martin Linzer (Hg.), *Alexander Lang – Abenteuer Theater*, 130
399 Georg Seidel, *In seiner Freizeit las der Angeklagte Märchen*, Nachwort von Irina Liebmann, 139
400 Ebd., 128
401 Ebd., 135
402 Georg Seidel, *Carmen Kittel*, abgedruckt in *Theater der Zeit* 1/2013, 48 ff.
403 Ebd.
404 Ebd.
405 Ebd.
406 Ebd.
407 Harald Hauswald, *Ferner Osten. Die letzten Jahre der DDR*, 7
408 Werner Tübke, *Mein Herz empfindet optimistisch. Aus Tagebüchern, Skizzen und Notizen*, 375
409 Ebd., 349
410 Ebd., 350
411 Werner Tübke in *Tübkes Teatrum mundi*, Regie: Ted Tetzke, DEFA 1989
412 Werner Tübke, *Mein Herz*, 351
413 Ebd., 349
414 Ebd., 349
415 Ebd., 353
416 Gerhard Wolf, *Beschreibung eines Zimmers*, 8
417 Roger Melis, *Künstlerporträts*, 8
418 Roger Melis, *Paris zu Fuß*, 7
419 Monika Nakath, *SED und Perestroika*, 23
420 Vgl. *Kurzer Lehrgang der Geschichte der KPdSU (B)*, 1938 (russ.), 1939 (dt.)
421 Michail Schatrow, *Weiter, weiter, weiter*, 23
422 Ebd.,
423 Ebd., 18
424 Ebd., Nachwort, 147
425 Detlef Nakath, *SED und Perestroika*, 23
426 »Leserbriefe – Eine Dokumentation«, in: Michail Schatrow, *Weiter, Weiter, Weiter*, 156

427 Ebd., 155

428 Ebd., 156

429 Michail Schatrow, *Weiter, weiter, weiter*, Nachwort, 156

430 Ebd., Anhang, 163

431 Ebd., Anhang, 175

432 Ebd., Anhang, 173

433 Ebd., Nachwort, 152

434 Ebd., Nachwort, 137

435 Adolf Endler, *Tarzan am Prenzlauer Berg*, 203

436 Peter Wawerzinek, »Zwischen den Zeiten braucht es keine Sendezeit«, in: Ronald Galenza, Heinz Havemeister (Hg.), *Wir wollen immer artig sein*, 647

437 Christoph Tannert, »Von Renft bis AG Geige«, in: Galenza/Havemeister, *Wir wollen immer artig sein*, 22

438 In: Steffen Krautzig (Hg.), *Utopie und Untergang*, 169

439 In: Antje Vollmer, Hans-Eckardt Wenzel, *Konrad Wolf, Chronist im Jahrhundert der Extreme*, 340

440 Egon Bahr, Vorwort zu Markus Wolf, *Die Troika – Geschichte eines nichtgedrehten Films*, 11

441 Christa Wolf, *Sommerstück*, 129

442 Ebd., 129

443 Sarah Kirsch/Christa Wolf, *Briefwechsel*, 296

444 Ebd., 297

445 Ebd., 162

446 Ebd., 297

447 Ebd., 298

448 Ebd., 301

449 Ebd., 302

450 Ebd., 309

451 Ebd., 312

452 Ebd., 314

453 Ebd., 315

454 Ebd., 319

455 Ebd., 320

456 Ebd., 322

457 Franz Fühmann, *Die Briefe, Bd. 2, Briefwechsel mit Ingrid Prignitz*, 379

458 Fritz Rudolf Fries, »Die Bergwerke zu Falun«, *Sinn und Form*, 1/1987, 188

459 Franz Fühmann, *Im Berg. Texte aus dem Nachlass*, 33

460 Fritz Rudolf Fries, »Die Bergwerke zu Falun«, 190

461 Franz Fühmann, *Briefwechsel mit Ingrid Prignitz*, 440
462 Ebd., 442
463 Franz Fühmann, »Dialektik und Praxis der Abwesenheit«, in: Ders., *Essays, Gespräche, Aufsätze*, 462
464 Franz Fühmann, *Essays*, 463
465 Ebd., 467
466 Ebd., 467
467 Ebd., 474
468 Franz Fühmann, *Briefe*, hg. v. Hans-Jürgen Schmitt, 386
469 Adolf Endler, *Tarzan am Prenzlauer Berg*, 225
470 Franz Fühmann, *Briefe*, hg. v. Hans-Jürgen Schmitt, 388
471 Ebd., 465
472 Ebd., 468
473 Franz Fühmann, *Briefwechsel mit Ingrid Prignitz*, 447
474 Franz Fühmann, *Briefe*, hg. v. Hans-Jürgen Schmitt, 472
475 Ebd., 474
476 Christa Wolf, Trauerrede auf Franz Fühmann, in: Dies., *Monsieur – wir finden uns wieder, Briefe 1968–1984*, 149
477 Walter Janka, *Schwierigkeiten mit der Wahrheit*, 91
478 Friedrich Wolff, *Verlorene Prozesse*, 50
479 In: Ebd., 56
480 *Berliner Zeitung*, 13./14. 8. 1994
481 Friedrich Wolff, *Verlorene Prozesse*, 57
482 Janka, *Schwierigkeiten mit der Wahrheit*, 106
483 Ebd., 112
484 In: Walter Janka, *Schwierigkeiten mit der Wahrheit*, 8
485 Heiner Müller, *Krieg ohne Schlacht*, 348
486 In: Alexander Bek, *Die Ernennung*, Nachwort
487 Heiner Müller, *Krieg ohne Schlacht*, 348
488 Ebd., 244
489 Ebd., 349
490 Heiner Müller, *Die Stücke 3*, 245
491 Ebd., 244
492 Ebd., 246
493 Ebd.
494 Ebd.
495 Heiner Müller, *Krieg ohne Schlacht*, 343
496 Ebd., 351
497 Ebd.

498 Jan-Christoph Hauschild, *Heiner Müller oder Das Prinzip Zweifel*, 478

499 In: Ebd., 480

500 In: Ebd., 481

501 Franz Kafka, *Erzählungen*, 209

502 In: Jan-Christoph Hauschild, *Heiner Müller*, 506

503 Herman Bang, *Das weiße Haus*, 9

504 Stephan Hermlin, *Abendlicht*, 7

505 Stefan Heym, *Der Winter unsers Missvergnügens*, 34

506 Stephan Hermlin, *Abendlicht*, 120

507 Stephan Hermlin, »Zur Lage«, in: Ders., *In den Kämpfen dieser Zeit*, 100

508 Stephan Hermlin, *In den Kämpfen*, 102

509 Walter Benjamin, *Sprache und Geschichte*, 144

Verzeichnis der verwendeten Literatur (Auswahl)

Aitmatow, Tschingis, Der Tag zieht den Jahrhundertweg, Berlin 1982
– Novellen, Erzählungen, Autobiographie, Berlin 1984

Bahro, Rudolf, Die Alternative, Berlin 1990
Balitzki, Jürgen, Castorf, der Eisenhändler, Berlin 1995
Becker, Jurek, Aller Welt Freund, Rostock 1983
– Schlaflose Tage, Frankfurt a.M. 1978
Bek, Alexander, Die Ernennung, Nachwort Raissa Orlowa-Kopelew, Berlin 1988
Berbig, Roland u. a. (Hg.), In Sachen Biermann, Berlin 1994
Bertram, Mathias (Hg.), Das pure Leben, Fotografien 1975–1990, Leipzig 2014
Biermann, Wolf, Warte nicht auf bessre Zeiten!, Autobiographie, Berlin 2016
Braun, Volker, Hinze-Kunze-Roman, Leipzig 1990
– Werktage, Arbeitsbuch 1977–1989, Frankfurt a. M. 2009
Bulgakow, Michail, Der Meister und Margarita, Berlin und Weimar 1983
– Tagebücher und Briefe, München 2017
de Bruyn, Günter, Märkische Forschungen, Leipzig 1990
– Lesefreuden. Über Bücher und Menschen, Frankfurt a. M. 1995
– Was ich noch schreiben will, Göttingen 1995
– Das Leben des Jean Paul Friedrich Richter, Halle-Leipzig 1975
– Vierzig Jahre, Ein Lebensbericht, Frankfurt a. M., 1996

Czechowski, Heinz, Von Paris nach Montmartre, Halle-Leipzig 1981

Dieckmann, Friedrich, Vom Einbringen, Vaterländische Beiträge, Frankfurt a.M. 1992
Dudinzew, Wladimir, Weiße Gewänder, Berlin 1990

Endler, Adolf, Tarzan am Prenzlauer Berg, Leipzig 1994
Engler, Wolfgang, Die Ostdeutschen, Kunde von einem verlorenen Land, Berlin 1999
Ernsting, Stefan, Der rote Elvis, Dean Reed oder Das kuriose Leben eines US-Rockstars in der DDR, Berlin 2006

Falin, Valentin, Politische Erinnerungen, München 1993
- Konflikte im Kreml, Der Untergang der Sowjetunion, Berlin 2014
Flierl, Thomas/Raddatz, Frank (Hg.), Welten-Wenden, Arbeitsbuch Theater der Zeit, Berlin 2009
Friedrich II. von Preußen (Hg. Ingrid Mittenzwei), Schriften und Briefe, Leipzig 1985
Fühmann, Franz, Essays, Gespräche, Aufsätze 1964–1981, Rostock 1983
– Briefe 1950 - 1984 (Hg. Hans-Jürgen Schmitt), Rostock 1994
– Briefwechsel mit Ingrid Prignitz (Hg. Kirsten Thietz), Rostock 2017
– Briefwechsel mit Wieland Förster 1968 - 1984 (Hg. Roland Berbig), Nun lesen Sie mal schön!, Rostock 2016
– Briefwechsel mit Joachim Damm 1975–1984 (Hg. Joachim Hamster Damm), »Der grüngefleckte Teufel soll dich holen«, Rostock 2018
– Im Berg (Hg. Ingrid Prignitz), Texte aus dem Nachlass, Rostock 1993

Galenza, Ronald/Havemeister, Heinz, Feeling B, Berlin 2010
Garton Ash, Timothy, Ein Jahrhundert wird abgewählt, Europa im Umbruch 1980–1990, München 2019
Gilson, Elke (Hg.), »Doch das Paradies ist verriegelt …«, Zum Werk von Monika Maron, Frankfurt a. M. 2006
Gorbatschow, Michail, Erinnerungen, Berlin 1995
– Umgestaltung und neues Denken für unser Land und die ganze Welt, Berlin 1988
Granin, Daniil, Das Gemälde, Berlin 1981
– Sie nannten ihn Ur, Berlin 1988
– Das Jahrhundert der Angst, Berlin 1999
– Die Spur ist sichtbar noch, Berlin 1996
Grimm, Thomas (Hg.), Mit einem Vorwort von Heiner Müller, Was von den Träumen blieb, Eine Bilanz der sozialistischen Utopie, Berlin 1993
Grün, Leopold, Dean Reed, Der rote Elvis (DVD), Deutschland 2007
Gutschke, Irmtraud, Das Versprechen der Kraniche, Reisen in Aitmatows Welt, Halle (Saale) 2018

Hacks, Peter, Werke Fünfzehnter Band, Die Maßgaben der Kunst III, Berlin 2003
Hahn, Erich, Positionen zum SED/SPD-Dialogpapier von 1987, Hefte zur DDR-Geschichte 84, Berlin 2003
Hauschild, Jan-Christoph, Heiner Müller oder Das Prinzip Zweifel, Berlin 2003
Hauswald, Harald, Ferner Osten, Die letzten Jahre der DDR (Hg. Mathias Bertram), Fotografien 1986–1990, Leipzig 2013
– Vor Zeiten, Alltag im Osten (Hg. Mathias Bertram), Fotografien 1976–1990, Leipzig 2013
Hein, Christoph, Der fremde Freund, Berlin und Weimar 1985
– Horns Ende, Berlin und Weimar 1987
– Der Tangospieler, Berlin und Weimar 1989
– Öffentlich arbeiten, Essais und Gespräche, Berlin und Weimar 1987
– Die Ritter der Tafelrunde und andere Stücke, Berlin und Weimar 1990
– Gegenlauschangriff, Berlin 2019
Hermlin, Stephan, Abendlicht, Leipzig 1982
– Lektüre, Berlin 1997
– Äußerungen 1944–1982, Berlin und Weimar 1982
– In den Kämpfen dieser Zeit, Berlin 1995
Heym, Stefan, Nachruf, Frankfurt a. M. 1990
– Stalin verlässt den Raum, Leipzig 1990
– Der Winter unseres Mißvergnügens, München 1996

Irmer, Thomas/Matthias Schmidt (Hg. Wolfgang Bergmann), Die Bühnenrepublik, Theater in der DDR, Berlin 2003

Jakowlew, Alexander, Die Abgründe meines Jahrhunderts, Leipzig 2003
Janka, Walter, Schwierigkeiten mit der Wahrheit, Berlin und Weimar 1990

Klauß, Cornelia/Frank Böttcher (Hg.), Unerkannt durch Freundesland, Illegale Reisen durch die Sowjetunion, Berlin 2012
Köhler, Astrid, Klaus Schlesinger, Berlin 2011
Kolbe, Uwe, Renegatentermine, Frankfurt a. M., 1998
Krampitz, Karsten, 1976 – Die DDR in der Krise, Berlin 2016
Krautzig, Steffen (Hg.), Utopie und Untergang, Kunst in der DDR, Dresden 2019
Krug, Manfred, Abgehauen, Düsseldorf und München 1998

Linzer, Martin, Alexander Lang, Abenteuer Theater, Berlin 1987

Magenau, Jörg, Christa Wolf, Berlin 2002
Maron, Monika, Flugasche, Frankfurt a. M. 1993
Mattheuer-Neustädt, Ursula, Bilder als Botschaft – Die Botschaft der Bilder, Leipzig 1997

Mayer, Hans, Der Turm zu Babel, Erinnerung an die Deutsche Demokratische Republik, Frankfurt a. M. 1991
– Wendezeiten, Über die Deutsche und Deutschland, Frankfurt a. M. 1993
– Zeitgenossen, Erinnerung und Deutung, Frankfurt a. M. 1998
Melis, Roger, Geleitwort Stephan Hermlin, Paris zu Fuß, Berlin 1986
– Künstlerporträts (Hg. Mathias Bertram), Fotografien 1962–2002, Leipzig 2008
Mierau, Fritz, Mein russisches Jahrhundert, Hamburg 2002
Mittenzwei, Ingrid, Friedrich II von Preußen, Köln 2012
Mittenzwei, Werner, Die Intellektuellen, Literatur und Politik in Ostdeutschland 1945–2000, Leipzig 2001
Müller, Heiner, Krieg ohne Schlacht, Köln 1994
– Werke Bd. 5 (Hg. Frank Hörnigk), Die Stücke 3, Frankfurt a. M. 2002
– Werke Bd. 8 (Hg. Frank Hörnigk), Schriften, Frankfurt a. M. 2005
– Wolokolamsker Chaussee IV und V, mit Lithografien von A. R. Penck, Berlin 1988

Nakath, Monika, SED und Perestroika, Hefte zur DDR-Geschichte 9, Berlin 1993
Nick, Harry, Mangelwirtschaft in der DDR, Hefte zur DDR-Geschichte 68, Berlin 2001
Noll, Dieter, Kippenberg, Berlin und Weimar 1981

Podewin, Norbert, Walter Ulbrichts späte Reformen und ihre Gegner, Hefte zur DDR-Geschichte 59, Berlin 1999

Rasputin, Valentin, Abschied von Matjora, München 1977
– Der Brand, Berlin 1987
Riedel, Manfred, Nietzsche in Weimar, Leipzig 1997
Ryschkow, Nikolai, Mein Chef Gorbatschow, Berlin 2013
Roesler, Jörg, Geschichte der DDR, Köln 2012
– Was wäre geschehen wenn …, Nachdenken über Alternativen zum Verlauf der DDR-Geschichte, Hefte zur DDR-Geschichte 128, Berlin 2013
– Das sogenannte Schürerpapier, Hefte zur DDR-Geschichte 152, Berlin 2020

Seidel, Georg (Hg. Elisabeth Seidel und Irina Liebmann), In seiner Freizeit las der Angeklagte Märchen, Köln 1992
Schatrow, Michail, Weiter, Weiter, Weiter, Köln 1988
Schlesinger, Klaus, Von der Schwierigkeit, Westler zu werden, Berlin 1988
Schorlemmer, Friedrich, Klar sehen und doch hoffen, Mein politisches Leben, Berlin 2012
– Wie kann ein Mensch Mensch sein? Zur Ermutigung durch sowjetische Filme und Bücher vor 1989, in: Palmbaum, Literarisches Journal aus Thüringen, 2/2019
Schröder, Ralf, Roman der Seele, Roman der Geschichte, Aufsätze, Leipzig 1986

Schütt, Hans-Dieter, Tankstelle für Verlierer, Gespräche mit Gerhard Gundermann, Berlin 2018
– Die Erotik des Verrats, Gespräche mit Frank Castorf, Berlin 1996
– Klaus Gysi – Zwischen Buch und Botschaft, Hefte zur DDR-Geschichte 149, Berlin 2019
– Glücklich beschädigt, Republikflucht nach dem Ende der DDR, Berlin 2009
Strittmatter, Erwin, Der Wundertäter Dritter Band, Berlin und Weimar 1980
– Der Zustand meiner Welt, Aus den Tagebüchern 1974–1994, Berlin 2014

Taubman, William, Gorbatschow, München 2018
Tübke, Werner, Mein Herz empfindet optisch, Göttingen 2017

Vollmer, Antje/Wenzel, Hans-Eckardt, Konrad Wolf – Chronist im Jahrhundert der Extreme, Berlin 2019

Walther, Joachim u. a. (Hg.), Protokoll eines Tribunals, Die Ausschlüsse aus dem DDR-Schriftstellerverband 1979, Reinbek bei Hamburg 1991
Wander, Maxie, (Vorwort Christa Wolf) «Guten Morgen, du Schöne», Darmstadt und Neuwied 1978
– Leben wär eine prima Alternative (Hg. Fred Wander), Darmstadt und Neuwied 1980
Wellm, Alfred, Morisco, Berlin und Weimar 1987
Wenzel, Siegfried, War die DDR 1989 wirtschaftlich am Ende?, Hefte zur DDR-Geschichte 52, Berlin 1998
Wolf, Christa, Was bleibt, Berlin und Weimar 1990
– Kassandra, Vier Vorlesungen, eine Erzählung, Berlin und Weimar 1983
– (zus. mit Gerhard Wolf), Ins Ungebundene gehet eine Sehnsucht, Gesprächsraum Romantik, Berlin und Weimar 1986
– Auf dem Weg nach Tabou, Texte 1990–1994, Köln 1994
– Störfall, Berlin und Weimar 1997
– Sommerstück, Berlin und Weimar 1989
– Die Dimension des Autors (2. Bd.), Berlin und Weimar 1986
– Fortgesetzter Versuch, Aufsätze, Gespräche, Essays, Leipzig 1982
– Briefe 1952–2011 (Hg. Sabine Wolf), Man steht sehr bequem zwischen allen Fronten, Berlin 2016
– Umbrüche und Wendezeiten (Hg. Thomas Grimm), Berlin 2019
– (Hg. Gerhard Wolf), Moskauer Tagebücher, Berlin 2014
– Briefwechsel mit Sarah Kirsch (Hg. Sabine Wolf), Wir haben uns wirklich an allerhand gewöhnt, Berlin 2019
– Ein Tag im Jahr 1960–2000, Frankfurt a. M. 2008
– Stadt Engel, Berlin 2010
– Christa Wolf/Franz Fühmann, Monsieur – Wir finden uns wieder, Briefe 1968–1984, Berlin 1998

Wolf, Gerhard, Wortlaut, Wortbruch, Wortlust, Leipzig 1988
Wolf, Markus, Die Troika, Geschichte eines nichtgedrehten Films, Berlin 2000
Wolff, Friedrich, Verlorene Prozesse 1953–1998, Baden-Baden 1999
Wolle, Stefan, Die heile Welt der Diktatur, Alltag und Herrschaft in der DDR 1971–1989, Berlin 1998
Wolter, Christine, Die Alleinseglerin, Berlin und Weimar 1982

Zurmühl, Sabine, Das Leben dieser Augenblick, Biographie der Maxie Wander, Berlin 2001

Personenregister